高职高专生物技术类专业系列规划教材

农业企业经营管理

主　编　陈春叶

副主编　张君艳　赵维峰

参　编　陈仲军　郭　毅　黄艳丽

重庆大学出版社

内容提要

本书分 12 个项目主要介绍农业企业经营管理的基础、经营战略、经营决策、农业企业中的人、财、物、资金、技术等资源要素管理,以及种、养、加等企业生产管理的特点和方法;在市场经济条件下农户家庭经营管理、农场经营管理、农业产业化经营管理、农业科技园区运作管理、经营效益分析等内容。编写时既重视继承原有教材的精华,又注重吸收当今涉农企业管理实践中的新经验、新成果,突出了农业企业管理的农业特色和时代特色,是一门集知识、工程、技术于一体的综合性教材。

本书可作为高职高专院校生物技术、生物工程、农学、管理等相关专业的教学用书,也可作为从事现代农业经营管理工作等相关人员的培训教材和参考用书。

图书在版编目(CIP)数据

农业企业经营管理/陈春叶主编.—重庆:重庆大
学出版社,2016.1(2025.1 重印)
高职高专生物技术类专业系列规划教材
ISBN 978-7-5624-9332-7

Ⅰ.①农… Ⅱ.①陈… Ⅲ.①农业企业管理—高等职
业教育—教材 Ⅳ.①F306

中国版本图书馆 CIP 数据核字(2015)第 160698 号

农业企业经营管理

主 编 陈春叶
副主编 张君艳 赵维峰
责任编辑:袁文华 版式设计:袁文华
责任校对:邬小梅 责任印制:赵 晟

*

重庆大学出版社出版发行
出版人:陈晓阳
社址:重庆市沙坪坝区大学城西路 21 号
邮编:401331
电话:(023)88617190 88617185(中小学)
传真:(023)88617186 88617166
网址:http://www.cqup.com.cn
邮箱:fxk@cqup.com.cn(营销中心)
全国新华书店经销
重庆市国丰印务有限责任公司印刷

*

开本:787mm×1092mm 1/16 印张:18.5 字数:439 千
2016 年 1 月第 1 版 2025 年 1 月第 5 次印刷
印数:6 501—7 500
ISBN 978-7-5624-9332-7 定价:45.00 元

高职高专生物技术类专业系列规划教材
※ 参加编写单位 ※

（排名不分先后）

北京农业职业学院

重庆三峡医药高等专科学校

重庆三峡职业学院

甘肃酒泉职业技术学院

甘肃林业职业技术学院

广东轻工职业技术学院

河北工业职业技术学院

河南漯河职业技术学院

河南三门峡职业技术学院

河南商丘职业技术学院

河南信阳农林学院

河南许昌职业技术学院

河南职业技术学院

黑龙江民族职业学院

湖北荆楚理工学院

湖北生态工程职业技术学院

湖北生物科技职业学院

江苏农牧科技职业学院

江西生物科技职业学院

辽宁经济职业技术学院

内蒙古包头轻工职业技术学院

内蒙古呼和浩特职业学院

内蒙古医科大学

山东潍坊职业学院

陕西杨凌职业技术学院

四川宜宾职业技术学院

四川中医药高等专科学校

云南农业职业技术学院

云南热带作物职业学院

总　序

大家都知道,人类社会已经进入了知识经济的时代。在这样一个时代中,知识和技术比以往任何时候都扮演着更加重要的角色,发挥着前所未有的作用。在产品(与服务)的研发、生产、流通、分配等任何一个环节,知识和技术都居于中心位置。

那么,在知识经济时代,生物技术前景如何呢?

有人断言,知识经济时代以如下六大类高新技术为代表和支撑,它们分别是电子信息、生物技术、新材料、新能源、海洋技术、航空航天技术。是的,生物技术正是当今六大高新技术之一,而且地位非常"显赫"。

目前,生物技术广泛地应用于医药和农业,同时在环保、食品、化工、能源等行业也有着广阔的应用前景,世界各国无不非常重视生物技术及生物产业。有人甚至认为,生物技术的发展将为人类带来"第四次产业革命";下一个或者下一批"比尔·盖茨"们,一定会出在生物产业中。

在我国,生物技术和生物产业发展异常迅速,"十一五"期间(2006—2010年)全国生物产业年产值从 6 000 亿元增加到 16 000 亿元,年均增速达 21.6%,增长速度几乎是我国同期 GDP 增长速度的 2 倍。到 2015 年,生物产业产值将超过 4 万亿元。

毫不夸张地讲,生物技术和生物产业正如一台强劲的发动机,引领着经济发展和社会进步。生物技术与生物产业的发展,需要大量掌握生物技术的人才。因此,生物学科已经成为我国相关院校大学生学习的重要课程,也是从事生物技术研究、产业产品开发人员应该掌握的重要知识之一。

培养优秀人才离不开优秀教师,培养优秀人才离不开优秀教材,各个院校都无比重视师资队伍和教材建设。多年的生物学科经过发展,已经形成了自身比较完善的体系。现已出版的生物系列教材品种也较为丰富,基本满足了各层次各类型的教学需求。然而,客观上也存在一些不容忽视的不足,如现有教材可选范围窄,有些教材质量参差不齐、针对性不强、缺少行业岗位必需的知识技能等,尤其是目前生物技术及其产业发展迅速,应用广泛,知识更新快,新成果、新专利急剧涌现,教材作为新知识、新技术的载体应与时俱进,及时更新,才能满足行业发展和企业用人提出的现实需求。

正是在这种时代及产业背景下,为深入贯彻落实《国家中长期教育改革和发展规划纲要(2010—2020年)》和《教育部 农业部 国家林业局关于推动高等农林教育综合改革的若干意见》(教高〔2013〕9号)等有关指示精神,重庆大学出版社结合高职高专的发展及专业教学基本要求,组织全国各地的几十所高职院校,联合编写了这套"高职高专生物技术类专

业系列规划教材"。

从"立意"上讲,本套教材力求定位准确、涵盖广阔,编写取材精练、深度适宜、份量适中、案例应用恰当丰富,以满足教师的科研创新、教育教学改革和专业发展的需求;注重图文并茂,深入浅出,以满足学生就业创业的能力需求;教材内容力争融入行业发展,对接工作岗位,以满足服务产业的需求。

编写一套高职高专生物技术类专业系列教材,涉及教材种类的规划与布局、课程之间的衔接与协调、每门课程中的内容取舍、不同章节的分工与整合……其中的繁杂与辛苦,实在是"不足为外人道"。

正是这种繁杂与辛苦,凝聚着所有编者为本套教材付出的辛勤劳动、智慧、创新和创意。教材编写团队成员遍布全国各地,结构合理、实力较强,在本学科专业领域具有较深厚的学术造诣及丰富的教学和生产实践经验。

希望本套教材能体现出时代气息及产业现状,成为一套将新理念、新成果、新技术融入其中的精品教材,让教师使用时得心应手,学生使用时明理解惑,为培养生物技术的专业人才,促进生物技术产业发展作出自己的贡献。

是为序。

全国生物技术职业教育教学指导委员会委员

高职高专生物技术类专业系列规划教材总主编　王德芝

2014 年 5 月

前　言

　　我国市场经济体制的建立和现代农业的崛起,给农业企业经营管理课程建设提出了新的要求。编写本书的指导思想是在充分反映农业领域市场经济理论的成果以及在各种形式的现代农业企业丰富实践的基础上,继承发展,尝试创新,体现农业特色和时代特色。以高职院校生物技术类专业学生的就业为导向,以工作过程中涉及的专业知识与技能为课程主线,以各专业化方向共同具有的岗位职业能力为依据,与行业紧密结合,培养学生职业能力(专业能力、动手能力、自学能力、通用能力、社会能力、创新能力等);把所学的知识应用于生产实践中,初步培养学生具有发现问题、分析问题和解决问题的能力,切实提高学生的实际动手能力和处理实际问题的综合素质能力,加强工作实践能力的训练,进而加深对相对抽象的理论基础的认识和理解,提高学生的学习热情和效果,培养生产、建设、管理、服务第一线的高素质应用型技能人才和管理人才。

　　本书主要阐述了农业企业经营管理的基本理论、基本方法和基本运作技术,从企业战略、企业资源、企业运营、企业发展等方面,对农业企业经营管理的构架体系进行重新设计,增设了农户家庭经营管理、农场管理、农业产业化经营管理、农业科技园区企业化管理,以及农业企业组织创新等新章节,分析了不同农业经营主体的经营方式和管理模式,使农业企业经营管理的研究对象更加明确化、实体化;突出了种植业、养殖业、农产品加工业、绿色食品开发与生产,以及工厂化农业生产过程的组织管理;分析了不同农业企业的经营管理特点,使农业企业经营管理的研究内容更加具体化、丰富化;克服了要素管理的局限性,对人力、物力、财力、技术等经营资源赋予了新的内涵,强化了大资源观念;突出了技术资源对农业企业持续发展的作用;重视了农业企业成本费用和利润管理的科学决策,从经营战略的高度,突出了风险预测及管理的重要性,体现了教材的科学性和系统性。

　　本书内容上紧密结合农业生产经营实际,理论基础重点突出农业生产经营实际技能所需要的内容,并与农业技术实训项目密切配合,同时也注重对当今发展迅速的先进技术的介绍和训练,具有较强的实用性、技术性、可操作性,是一本集知识、工程、技术于一体的综合性教材。

　　本书由陈春叶(甘肃林业职业技术学院)担任主编,张君艳(甘肃林业职业技术学院)和赵维峰(云南热带作物职业学院)担任副主编,陈仲军(甘肃林业职业技术学院)、郭毅(甘肃林业职业技术学院)和黄艳丽(甘肃林业职业技术学院)参与了编写。具体编写分工如下:绪论和项目12由陈春叶编写;项目2和项目6由张君艳编写;项目3和项目4由赵维峰编写;项目5由郭毅编写;项目7由黄艳丽编写;项目1、项目8、项目9、项目10和项目11

由陈仲军编写;全书由陈春叶、陈双艳统稿。

  本书是面向高职高专院校《农业企业经营管理》课程的教材,同时可供高等职业教育农林经济管理专业作为相关课程的教材使用,也可作为对现有农业企业经营者、专业合作社社长、职业农民以及各类专业大户、农村经纪人、农场庄园主等农村能人、普通农业生产者的培训教材用,还可作为正在从事现代农业经营管理工作人员的参考用书。

  本书的编写参考了近几年出版的相关教材的一些成果。在编写过程中,还得到了重庆大学出版社的帮助,以及各参编单位的大力支持。在此,一并表示真诚的谢意。

  由于编者水平有限,加之农业发展迅猛,所涉及生产领域广泛,书中难免出现疏漏,甚至偏颇错误等不妥之处,恳请广大读者提出宝贵的意见和建议,以便进行修订和完善。

编 者
2015 年 9 月

目 录 CONTENTS

绪　论

【知识目标】

1. 了解我国农业发展概况。
2. 熟悉农业企业经营管理的研究对象和内容。
3. 理解农业企业经营管理的内涵。

【能力目标】

能阐述农业企业经营管理的内容。

农业是支撑整个国民经济不断发展与进步的保证。我国经济发展的历史证明,农业发展顺利,增长速度快,整个国民经济发展的速度就快;反之,农业生产出现倒退,就会给国民经济的发展和人们的生活带来不便。20 世纪 80 年代以来,农业已逐渐成为一个庞大的开放系统,现代科学技术不断地渗透和改造着农业,计算机技术的运用、设施农业、精确农业、虚拟农业技术的问世,使得当代的农业逐步成为区域化、专业化、企业化、集团化、国际化的一种高度集中的现代农业。过去的传统农业是一种弱势产业,产值很低。当今由于生物工程技术、分子技术、转基因技术的出现,农业正在成为一个高附加值的产业,而不再是落后的代名词。农业企业经营管理就是研究农业中生产力与生产关系、经济基础与上层建筑的相互作用发展规律的学科,具有很强的实践性,也是一门应用学科。

0.1 农业企业经营管理内涵

0.1.1 基本概念

1)农业

农业是一个特殊的生产部门,又称为国民经济的第一产业。它是指通过人们的劳动,以土地为基本生产资料,以农业生物为劳动对象,将外界环境条件中的太阳能、营养元素和水分转化为人类所需要的生物性产品的物质生产部门。农业有广义和狭义之分。广义的农业包括种植业、林业、畜牧业和渔业,一般简称农、林、牧、渔四业;狭义的农业仅指种植业,如粮、棉、油、菜等。我们一般所说的农业是指广义的农业或者称大农业。

20 世纪 80 年代以来,我国对农业的理解也有了扩大和发展。1982 年于光远第一次提出了"十字形大农业"的概念,把农林牧副渔称为"一字形农业",即农业的"产中";而把为农业提供生产资料如种子、化肥、农药等服务性行业称为农业的"产前";把农产品的运输、储藏、保鲜、加工、销售称作农业的"产后";由农业的产前、产中、产后组成纵向的"一字形农业",两者结合起来便形成了"十字形大农业"的概念。

20 世纪 80 年代中后期,山东诸城第一次提出了"农业产业化"的概念,很快风靡全国,并在全国各地付诸实践,大大地促进了我国农业持续、稳定的发展。过去,在计划经济体制下,农业经济再生产过程的生产、加工、购销、服务各个环节是相互分离的,从市场经济的角度看,农业还不能称为真正意义上的产业。农业产业化则强调以市场为导向,优化组合各种生产要素,将农业生产的产前、产中、产后诸环节,联结整合为一个完整的产业系统而纳入农业的范围,这就使农业的概念大大地扩展了。

2)企业

目前,企业的概念在世界各地不统一,主要有以下三种理解:

①欧美国家认为:企业是一个经济人。经济人是英国古典政治经济学家亚当·斯密(Adam Smith,1723—1790)第一次提出,并认为这是人永恒不变的本性。所谓经济人就是以追求经济利益为唯一动机,一切以经济利益为最高行为准则的人。用中国人的话说,就是"大利大干,小利小干,无利不干"。

②日本人认为:企业是一个社会人。企业除了追逐经济利益之外,还要履行自己的社会责任。企业是一个家族,董事长、总经理就是这个家族的家长,企业的员工就是企业这个家族中的成员。所以,日本的劳资关系是世界资本主义国家中最好的,工人很少有罢工闹事的现象。

③中国人认为:企业就是集合一定数量的生产要素,以盈利为目的而为社会提供产品和服务,并首先垫付一定的资本,付出一定的代价,承担相应的后果和风险,具有法人资格的经济单位。

3)农业企业

所谓农业企业,是指以动植物和微生物为劳动对象,以土地为基本生产资料,通过人工培育和饲养动植物,以获得人类必需消费品的生产经营企业。基于对"十字形大农业"和"农业产业化"的理解,农业企业的范围就更大了,凡是直接或间接为农业生产服务,从事农产品加工、贮运、销售的企业,都可被认为是农业企业。

4)农业企业经营管理

农业企业经营管理是指对农业企业整个生产经营活动进行决策、计划、组织、控制、协调,并对企业成员进行激励,为取得最佳经济效益而采取的各种经济、组织措施的总称。合理地组织生产力,维护和完善社会主义生产关系,适时调整上层建筑,使供、产、销各个环节相互衔接,密切配合,人、财、物各种要素合理结合,充分利用,以尽量少的劳动消耗和物质消耗生产出更多的符合社会需要的产品。

0.1.2　农业企业经营管理的性质

同其他企业管理一样,农业企业经营管理的性质也具有二重性,即生产力属性和生产关系属性。两者相互联系、相互作用,并属于生产要素结合和供、产、销等环节运行之中。

经营管理的生产力属性,是指经营管理是一切共同劳动的要求,起着组织生产力的作用。马克思指出"一切规模较大的直接社会劳动或共同劳动,都或多或少地需要指挥,以协调个人的活动,并执行生产总体的运动,不同于这一总的独立器官的运动是所产生的各种一般职能。一个单独的提琴手是自己指挥自己,一个乐队就需要一个乐队指挥。"可见,管理是人类社会活动的客观需要。经营管理职能早已成为企业生产经营活动中不可缺少的一种特殊职能。在同样的社会制度下,有些企业其外部环境基本相同,内部条件如资金、设备、原材料、产品、技术水平基本类似,但经营结果、生产水平却相差悬殊,其根本原因就在于经营管理。由于不同的企业管理者采用了不同的管理思想、管理制度和管理方法,其经营要素配置不同,如不同生产部门、项目、工序占用劳动力的比例关系,生产工艺流程的划分与结合方式,产品营销策略等不同,从而产生完全不同的效果。

经营管理的生产关系属性,是指经营管理是生产关系的体现,起着维护和巩固一定生产关系的作用。经营管理的权限为谁掌握,经营管理的终极目的就要符合谁的利益,归根到底取决于生产关系的性质和生产资料所有制。当今社会所发生的新变化,正深刻地影响着企业经营管理的生产关系属性。在资本主义企业中,经营管理不只是资本家剥削工人的工具,作为企业的职业管理者在行使管理职能时,既要满足资本家及所有股东对股息和红利的追求,又要保证壮大企业实力的需要;既要千方百计追求企业利润最大化,又要处理好企业和政府

的关系,遵从政府的各种法规。但生产资料的私有制决定了资本主义的经营管理最终是维护资本主义生产关系。

在我国随着社会主义市场经济体制的确立,企业制度创新尤其是国有大中型企业"改制"和"改治"不断深入,企业经营管理的形式正在发生急剧变化,但管理的生产关系属性并未发生根本性变化。社会主义企业的经营管理的预期目的都是为了使人与人之间的关系以及国家、集体和个人的关系更加协调。在以生产资料公有制为主的企业中,经营管理权掌握在劳动者及其代表人手中,经营的直接目的虽然是获得最大利润,但借助于企业的分配制度和国家宏观调控政策,最终要服从全体人民的整体利益,走向共同富裕。

学习和认识经营管理的二重性理论,将使我们更加明确企业经营管理的任务,既要合理组织生产力,又要正确处理生产关系,认识不同社会制度下经营管理的共性和特性,正确对待西方企业管理的方法和经验,从中吸取合乎科学的成果,以提高我国农业企业经营管理的水平,不断推进农业企业经营管理学科的发展。

0.2 农业在国民经济中的地位及作用

经过长期的发展,农业成为我国国民经济的重要组成部分,具有极其重要的地位及作用,具体体现在以下几个方面:

1)是国民经济的基础

农业是人类社会的衣食之源、生存之本,况且我国是人口大国,解决好吃饭问题才有精力发展其他产业,才能保证社会的稳定。社会不稳定何谈第二、三产业的发展,何谈现代化建设。中国这样一个人口大国,只有拥有了充足的粮食才能不受制于人,才能在错综复杂的国际关系中谋求自己的繁荣和强大。

2)调节和改善人们的饮食结构,增强人们身体健康

农业能给人们提供水果、蔬菜等植物性素食,拥有丰富的营养物质。它们所含的各种维生素与矿物质、纤维素,是其他食品难以取代的,经常食用可以预防高血压、动脉硬化,减少肥胖等,如经常食用黑木耳可降低血脂。蔬菜与果品的营养及特殊的医疗价值已渐渐地深入人心,成为人们的共识。

3)促进农业产业结构的调整与升级

发展农业可改变粗、宽、单一的农村二元经济结构,使农业走向生产、加工、销售一体的多元化发展;优化农村产业结构,增加竞争力。如利用葡萄果品的酿酒业,制造各种果品饮料,果品与蔬菜的干鲜加工都随农业的发展而迅速增长,加速了农业产业结构化生产型向生产深加工与销售为一体的产业化转化。

4)是吸纳农村剩余劳动力的密集型产业

农业生产属于劳动密集型产业,需要大量的劳动力资源。我国是一个农业人口大国,农业生产对于吸纳农村大量剩余劳动力,促进农村劳动力合理转移,具有重要现实意义。

5)发展农业可扩大出口创汇

我国已加入世界贸易组织,农业又是劳动力密集型产业,而我国是劳动力资源大国,比较具有优势,尤其是价格优势明显。我们可以利用自己的农产品优势参与国际竞争,在国际市场上占有一席之地,进一步推动我国农业的快速发展。

6)提供食品工业和轻化工的原料,具有重要的经济价值

莲藕、金针菜、百合的鳞茎可食用;果品除鲜食外,还可以加工成果干、果脯、果汁、果冻、蜜饯、果酱、罐头和果酒等食品,柿的落果可制成柿漆,核桃、板栗、石榴的叶片、树皮、果皮可提炼擴料和染料,杏核、桃核的硬壳可制成活性炭;观赏植物金银花、菊花等可加工制成饮料,牡丹和芍药的根、荷花的叶、蜡梅的花等可入药,栀子、国槐等都是染料工业的重要原料,橘花、橘皮、白兰、丁香、玫瑰等可提炼香精、香料油等。

7)保护自然生态环境

作为以生物有机体为劳动对象的农业企业,不仅是利用生物自然界生产各种产品以满足社会物质需求,而且要依据系统内外环境的生态条件和经济条件适时增加物质和能量的投入,实行集约化经营和科学化管理,不断改善农业生态环境,形成一个有利于农业生产稳定发展的生态基础和资源基础,使农业企业内部系统与外部系统取得最佳统一。

0.3　我国农业可持续发展概况

0.3.1　影响因素

1)人口增长给农业持续发展带来巨大压力

从绝对值讲,中国地大物博,但用众多人口来平均,中国却成了世界上人均资源严重匮乏的国家之一,人均占有土地资源和水资源量不到世界水平的1/2。水是农业的命脉,人口的增加使我国人均淡水资源不断下降,1983年为2 550立方米,2007年下降到1 250立方米,淡水资源危机迫在眉睫;耕地是农业生产最基本的生产资料,是土地的精华,由于我国人口增长、发展工业、交通不断占用耕地,再加上开荒的潜力有限,致使我国人均耕地面积不断下降。

2)自然灾害频繁制约农业持续发展

水灾、旱灾、冰雹、霜冻、低温冷害、北方麦区的干热风、南方双晚稻的寒露风等自然灾害严重威胁着农业稳定高产,中国至今尚未摆脱"靠天吃饭"的局面。

3)土地素质量差是农业可持续发展的一大障碍

据1992年遥感普查,中国现有水土流失面积3.67×10^6平方千米,占国土面积的38.2%,其中水蚀面积1.794×10^6平方千米,风蚀面积187.6×10^4平方千米,水土流失量每年约5.0×10^9吨,带走了大量的肥土。

4)农业环境污染威胁农业生产

据统计,全国每年发生急性污染事件3 000多起,其中60%~80%是农牧渔业污染事故,每年经济损失1.0×10^9元以上。

0.3.2　我国农业发展变化趋势

当前我国正处于工业化、信息化、城市化、国际化、市场化深入发展阶段,处于全面建设小

康社会、加快推进社会主义现代化建设的历史时期,农村农业也正在发生重大深刻变化。从经济基础的角度来观察,对农业生产方式、农民生活方式和农民的收入增长影响最直接、最明显的主要是三大变化。

1)农产品供求格局发生阶段性变化

20世纪90年代后期,我国农产品供求实现了从长期短缺到总量大体平衡、丰年有余的历史性转变。近10年来,我国经济迅速上增,农业生产稳定发展,市场环境深刻变化,消费者结构明显升级,农产品供求出现了一些新情况、新特点,又发生了一些重要的阶段性变化。从供给看,国内资源短缺,生态约束趋紧,扩大生产、增大供给难度越来越大。耕地减少趋势不可逆转,水资源短缺日益加剧,生态建设、环境保护任务越来越重,开发农业资源、增施化肥农药受到明显制约,发展生产的生态成本和经济成本不断提高;从贸易看,农产品国内外市场联系得越来越紧密,国际市场对国内市场传导影响越来越大。

2)农业生产形势发生阶段性变化

近年来,农村劳动力转移呈现加快趋势。据农业部统计,2007年进城打工的农民有1.19亿,在城乡企业就业的有1.48亿,扣除重复部分,农村劳动力转移总数在2.1亿人左右,再算上半年的季节工、临时工,转移外出的总量还要大。这么多农村劳动力外出,对促进整个国家工业化、城镇化发挥重要的作用,也成为农民增收的重要渠道,对改变农村落后面貌作出了重要贡献。

3)农业发展的外部关联度发生阶段性变化

随着工业化、信息化、城市化、市场化、国际化进程加快,农业生产要素和产品在产业间、国际间加速流动和配置,引发农业发展与其他产业和其他国家的关联度明显增强。由此导致我国生产机会成本上升、比较效益下降;从国内看,新兴产业不断涌现,非农业产业技术进步加快、企业效益提升,又导致人量优质资源外流。总之,我们必须从全球的视野、战略高度来审视和把握农业发展的新变化,要统筹城乡谋发展,着眼全局工作。

0.4 农业企业经营管理研究对象和内容

农业企业经营管理是为了适应农业企业发展的需要,不断总结实践经验、认识其内在规律性、汲取相关自然科学、社会科学的成果而逐步产生和发展起来的。究其渊源可追溯到古代经营思想,直到20世纪初从农学中分离出来,成为经济学、管理学的一门分支学科。

0.4.1 研究对象

随着我国市场经济体制的完善和市场农业的崛起,反映市场经济理论在农业领域的应用及其研究成果,以及各种形式的现代农业企业的丰富实践,如农业产业化经营、农业工厂化经营、农业科技园区的企业化经营等不断涌现,为农业企业经营管理的研究内容增添了新的亮点。苏州农林大世界是集农业科技博览、示范、交流、贸易、培训于一体的农业高科技园区,它由农业科技博览区、高新农业产业区、现代农业市场区、现代农产品加工区和科技开发区等五大区组成,一开始就贴近国际先进水平,抢占市场制高点、自主经营、自我发展,其独特的运作方式将成为我国农业现代化过程中一道亮丽的风景线,被人们称之为"未来的农业硅谷"。这些高起点的农业科技园区企业化经营,以及将农民引向市场的农业产业化经营等,代表着我国农业企业化发展方向,更应当列入本学科的研究对象。

农业企业经营管理的研究对象,是农业企业中生产力诸因素的合理组织,生产关系诸方面的正确调节,以及上层建筑的适时调整,以促进生产力的发展。概括地讲,就是研究农业企业经营要素结合和经营过程运转的规律及其应用的方法。在生产力组织方面,研究农业企业生产力诸因素在质上的关联性与量上的比例性,诸如企业的产品结构、生产调度、劳动力在各个生产项目、作业、工序之间的占用比例以及技术定额及操作规程的制订等,借以处理人与物之间的关系;在生产关系调节方面,研究农业企业经营过程中人与人之间的关系,诸如企业内部的产权关系,分配关系,所有者、经营者、劳动者之间的权、责、利关系,以及与企业外部的协作关系,经营合同关系,债权与债务关系,企业与国家之间的经济关系等;在上层建筑方面,研究农业企业的经营思想、经营战略、企业文化以及国家方针、政策、法令的贯彻执行等。因此,农业企业经营管理必须从生产力与生产关系、经济基础与上层建筑的相互作用中来研究农业企业经营管理的规律。

农业企业经营管理是一门边缘性学科,它以经济科学与管理科学为基础,同统计学、会计学、计量经济学、运筹学、技术科学有着密切的关系,并且要应用这些学科的知识来研究和解决经济管理中的问题。

农业企业经营管理是一门应用学科,它不仅研究农业经营管理的理论,还要研究经营管理的方法,具有很强的实践性。以资金管理来说,既要研究资金运动规律,又要研究筹资、融资的方法以及加速资金周转,提高资金利用效果的途径;又如人力资源管理,既要研究人力资本理论,又要研究人力资源规划与组织以及企业员工的培训、激励,以提高人力资源利用效果等。综上所述,农业企业经营管理应立足现实,面向日益发展的农业产业化经营,既要总结我国农业企业发展的历史经验,又要吸收当今农业企业经营管理实践中的新经验和新成果,以丰富自己的研究内容和获得新的研究方法。

0.4.2 研究内容

本学科的研究内容包括农业企业经营管理的各个方面,着重研究社会主义市场经济下农业企业如何正确解决生产经营什么、生产经营多少、如何生产经营以及为谁生产经营等这些基本问题,主要包括:合理确定农业企业的经营形式和管理体制,设置管理机构,配备管理人员;搞好市场调查,掌握经济信息,进行经营预测和经营决策,确定经营方针、经营目标和生产结构;编制经营计划,签订经济合同;建立、健全经济责任制和各种管理制度;搞好劳动力资源的利用和管理,做好思想政治工作;加强土地与其他自然资源的开发、利用和管理;搞好机器设备管理、物资管理、生产管理、技术管理和质量管理;合理组织产品销售,搞好销售管理;加强财务管理和成本管理,处理好收益和利润的分配;全面分析评价农业企业生产经营的经济效益,开展企业经营诊断等。

0.4.3 研究方法

农业企业经营管理和其他科学一样,是以唯物辩证法作为方法论基础,结合本学科研究

领域的特点,采用多种方法,探索农业企业经营管理的自身规律。

1)系统分析法

系统分析法是唯物辩证法的具体运用,强调以普遍联系的观点去研究问题。20 世纪 60 年代美国的理查德·约翰逊(Richard A. Johnson)和弗里蒙特·卡斯特(Fremont E. Kast)等人,将系统原理应用于企业经营管理而形成了系统学派,认为一个企业、一项经营管理工作都可视为由两个以上要素组成的具有特定功能和目的的系统。借助系统的相关性分析,揭示系统中要素、结构、功能与目的之间的关系,以寻找优化要素组合、增强系统功能的途径。这是认识农业企业经营系统的基本方法。

2)案例分析法

强调企业科学管理应以管理经验为主要的研究对象,选择成功与失败的典型案例,进行对比、分析,从中总结成功案例的经验与失败案例的教训,并使之上升为理论,用以指导企业经营管理实践。这是典型调查法与比较分析法的综合运用。

3)模拟实验法

其前提条件是构建一个模拟情景,这个情景模拟企业经营管理过程中各种不断变化着的环境,提出决策问题,并给出一定的基本条件,利用计算机技术、多媒体技术,依据经济学、管理学原理和相关动态分析法,进行"网上决策",并评估某种决策方案与措施的经济效果,以此判断其是否具有推广的价值,如投资规模决策、产品定价决策等。随着现代信息技术的发展,模拟实验法将广泛应用于管理学科的研究和教学。

4)定性分析法

这是在占有充分而系统的资料的基础上,运用分析、综合、类比、归纳概念、范畴和规律,反映事物的本质与内在联系,即反映企业生产经营活动及成果的质的规定性。正如马克思所指出的"分析经济形式,既不能用显微镜,也不能用化学试剂。二者都必须用抽象力来代替。"

5)定量分析法

企业生产经营活动及其成果,既有质的规定性,又有量的规定性。定量分析主要是运用数量指标和经济计量模型来反映企业生产经营的规模、速度与效益,以寻求最优方案和实行最优控制。比如,研究适度规模经营、盈亏平衡点产量、边际生产力、最小成本的饲料配方和企业经营效益等,都必须进行定量分析。

项目 1

农业企业经营战略

【知识目标】

1. 了解农业企业经营管理的职能、方法和基本原理。

2. 熟悉农业企业经营战略环境、类型和经营形式。

3. 掌握农业企业经营战略的实施。

【能力目标】

1. 会农业企业经营战略环境、类型和经营形式的分析。

2. 能用农业企业经营管理的职能、方法和基本原理进行农业企业经营战略的实施。

任务 1.1　农业企业经营管理基础

农业企业是国民经济的细胞,是社会经济运行的基层组织,是创造社会财富的经济组织主体,实行独立核算和自负盈亏是农业企业的根本特征,也是区分独立经济实体与其他非经济实体的标志。

1.1.1　经营与管理

1)经营与管理的概念

经营是指在一定条件下,为实现企业目标,对企业各种经营要素和供、产、销环节进行合理地分配和组合,并以获得经济效益为目的的全部经济活动过程。

管理是指企业为了实现预期的经营目标,对经营要素的结合与经营过程的运转进行决策、计划、组织、指挥、协调、控制等全部工作的总和。管理体现在企业的所有经营活动中,具有明确的目的性、特定的范围、权限、管理的主体和管理的中心等内容。

经营是一种目标,而管理是一种手段。经营与管理是两个不同的概念,它们既有区别又有联系。

2)经营与管理的区别

管理适用于一切社会组织,经营适用于营利性的组织,经营与管理毕竟是两个不同范畴,具有一定的区别,主要有以下几点:

①范畴不同。经营属于商品经济范畴;管理属于人类共同劳动的范畴。

②侧重点不同。经营侧重于处理人与物(资金)的关系;管理侧重于处理人与人的关系。

③直接目的不同。管理的直接目的是提高效率;经营的直接目的是提高效益。

④形态不同。经营多属于实体形态(如时、物等);管理多属于非实体形态。

⑤趋向不同。经营是面向市场、外向的;管理是组织协调、内向的。

⑥成果不同。经营的成果是有形的,便于衡量、计量;管理成果多是无形的,难于定量、计量。

3)经营与管理的联系

在企业活动中,经营与管理是互相渗透、互相作用、密不可分的。一方面,经营与管理好比生活中的阴与阳,必须共生共存,在相互矛盾中寻求相互统一,经营与管理也相互依赖,忽视管理的经营是不能长久,不能持续的;另一方面,忽视经营的管理是没有活力的,是僵化的。经营是龙头,管理是基础,管理必须为经营服务。企业经营的好坏关键是决策,管理则是实现正确决策的手段。一个企业没有明确的经营目标和正确的决策,生产就会陷入盲目性,管理也就失去了目标。没有科学、有效的管理,企业的正确决策就不能顺利地实施,那么生产交换、分配活动就会发生混乱和中断,经营目标也就难以实现。由此可见,经营与管理是紧密联系,不可分割的统一体,两者交织在一起,共存于各种经营性组织中。

1.1.2　农业企业经营管理的职能

1)农业企业的职能

农业企业的职能,是指农业企业在社会经济活动中所产生的功能或发挥的作用。同其他类型企业一样,农业企业既具有共性职能又具有其特殊职能。

(1)农业企业的一般职能

①组织生产力方面:根据市场需求,把握企业发展方向,调整生产结构,规划生产布局,制订各种劳动定额、技术定额及生产操作规程;依照农业生产过程的季节性、顺序性等特点,配置和合理利用企业经营资源,诸如劳动力、土地、机器设备、物资资料等,生产适销对路的产品,以处理人与物的关系。

②调节生产关系方面:即正确处理农业企业生产经营活动中所发生的人与人之间的关系,以调动人的积极性。它包括企业内部的产权关系,分配关系,所有者、经营者与劳动者之间的责、权、利关系;与企业外部的协作关系,契约合同关系,商品交换关系,债权与债务关系,以及与国家之间的经济关系等。

(2)农业企业的特殊职能

农业的特点决定了农业企业有别于其他类型企业,具有特殊的职能:

①为社会提供基本的物质资料。一是生活食用品,如粮、棉、油、蔬菜、水果等农副产品;二是生产加工用品,如各种可供生产加工的农副产品等初级原料,这是其他企业所不能替代的作用。

②保护自然生态环境。作为以生物有机体为劳动对象的农业企业,不仅是利用生物自然界生产各种产品以满足社会物质需求,而且要依据系统内外环境的生态条件和经济条件,适时增加物质和能量的投入,实行集约化经营和科学化管理,不断改善农业生态环境,形成一个有利于农业生产稳定发展的生态基础和资源基础,使农业企业内部系统与外部系统取得最佳统一。

③提高农民组织化程度。21世纪,世界农业的发展趋势要求把分散的农业生产组织起来,走农业企业化经营的道路。我国改革开放以来的实践证明,解决小生产、小农户与大市场的矛盾有多个有效途径:一是在边界意义上,将农业家庭经营的市场交易整合到合作社的交易系统之中,通过合作社的公司企业(农业企业)把农民组织起来参与市场竞争;二是通过农业产业化经营形式,如"公司+基地+农户、公司+农户"等形式组织农民进入市场;三是以各种形式的农业(农业科技)园区企业化经营将农民网络起来(如濮阳园区按照"两头在园,中间在区,以园带区,园区联动"的经营思路,重点抓好名优珍奇瓜果菜生产示范、脱毒种苗繁育、瓜菜统一回收、加工、运销)。只有高组织化的农民,才有高效率的农业生产力。

2)农业企业经营管理的职能

农业企业经营管理的具体职能既包括由劳动社会化产生的属于合理组织社会化大生产的职能,又包括由这一劳动过程的社会性质所决定的属于维护生产关系方面的职能。具体有7个方面,即计划、组织、领导、控制、协调、激励和创新。

(1)计划

计划就是通过调查研究,在预测未来、方案选优的基础上,确定目标及安排实现这些目的

措施的过程。计划最重要的和最基本的作用在于使员工了解他们所要求的目标和应完成的任务,以及实现目标过程中应遵循的指导原则。计划是企业管理的首要职能。企业计划主要包括企业人事计划、企业市场销售计划、企业生产计划和企业财务计划等。

(2)组织

组织就是将管理系统的各要素、各部门在空间和时间的联系合理地组织起来,形成有机整体的活动。

(3)领导

领导是管理系统内的负责人员,按照组织体系进行调整,调解各部门之间的联系,并对企业员工施加影响,使企业员工为部门和企业的目标作出贡献。领导的原则有:目标协调一致原则、激励原则、领导原则、信息沟通的明确性原则、信息沟通的完整性原则、补充使用非正式组织原则。

(4)控制

控制就是在检查管理系统实际运行情况的基础上,将实际运行与计划进行比较,找出差异,分析产生差异的原因,并采取措施纠正差异的过程。控制与计划密切相关,控制要以计划为依据,而计划要靠控制来保证实现预期目标。

(5)协调

在企业管理活动中,不可避免地会遇到各式各样的矛盾与冲突,这就需要协调,这是管理的重要职能,是在管理过程中引导组织之间、人员之间建立相互协作和主动配合的良好关系,有效利用各种资源,以实现企业共同预期目标的活动。

协调可分为企业内部协调、对外协调、纵向协调和横向协调,管理协调就是正确处理人与人、人与组织以及组织与组织之间的关系。

(6)激励

激励是激发人的动机,诱导人的行为,使其发挥内在潜力,为追求欲实现的目标而努力的过程,激励是管理的重要手段。特别是现代管理,强调以人为中心,如何充分开发和利用人力资源,如何调动企业职工的积极性、主动性和创造性,这是至关重要的一个问题。这就要求激励者必须学会在不同的情境中采用不同的激励方法,对具有不同需要的职工进行有效的激励形成机制,表现为个人需求和它所引起的行为,以及这种行为所期望实现的目标之间相互作用关系。

(7)创新

所谓创新,是指事物内部新的进步因素通过矛盾斗争战胜旧的落后因素,从而推动事物向前发展的过程,创新是一切事物向前发展的根本动力。在现代管理活动中,创新是创造和革新的合称,创造是指新构想、新观念的产生,革新则是指新观念、新构想的运用。从这个意义上讲,创造是革新的前导,革新是创造的继续,创造与革新的整个过程及其成果就表现为创新。因此,创新是通过创造与革新达到更高目标的创造性活动,是管理的一项基本职能。

正确处理管理职能的普通性与差异性,这些职能是一切管理者即不论何种组织、所处何种层次、属于何种管理类型都要履行的。同时也必须认识到,不同组织、不同管理层次、不同管理类型的管理者,在具体履行管理职能时又存在着很大差异性。例如,高层管理者更关注计划和组织职能,而基层管理者则更重视领导和控制职能,即使对同一管理职能,不同层次的管理者关注的重点也不同,对计划职能,高层管理者更重视长远、战略性计划,而基层管理者则只安排短期作业计划。正确理解各管理职能之间的关系,每一项管理工作一般都是从计划开始,经过组织、领导到控制结束,各职能之间同时相互交叉渗透,控制的结果可能又导致新的计划,开始又一轮新的管理循环,如此循环不息,把工作不断推向前进。创新在这一管理循环之中处于轴心的地位,成为推动管理循环的原动力。

1.1.3 农业企业经营管理的方法

农业企业管理方法是行使农业企业管理职能、贯彻管理原则、实现管理目标的手段。农业企业管理原理必须通过农业企业管理方法才能在管理实践中发挥作用,农业企业管理方法是管理原则指导管理活动的具体实施措施,其作用是一切管理理论、原理本身所无法替代的。

近几十年来,管理方法在数量和质量上都有了很大发展,由单一方法的简单运用转为多种方法的综合运用,一般定性分析转为较准确的定量分析,对"物"的管理转为对"人"的行为控制等。在吸收和运用多种学科知识的基础上,管理方法已逐步形成一个相对独立、自成体系的研究领域。

1)行政方法

(1)行政方法的主要特点

行政方法是依靠领导者的权威,运用命令、指令、指示、监督等行政手段,按照管理层次行使管理职能的一类管理方法。其主要特点有:

①权威性。上级指示和命令的贯彻执行,取决于权力和权威。

②垂直性。上级指示和命令一般都是自上而下,纵向直线传达,不能越级传达。

③强制性。下级服从上级,不能违抗。

④稳定性。行政系统一般都具有严密的组织机构、统一的目标、统一的行动及有力的调节和控制,对外部环境的干扰有较强的抵抗作用。

⑤非经济性。主要是根据政治、行政管理的需要,上级对下级的人、财、物的占用和调动不讲等价交换原则,不考虑价值补偿问题。

(2)行政方法的独特作用

①便于统一领导和指挥,有效地贯彻上级的方针和政策。

②令行禁止,迅速排除阻力,及时解决问题。

③便于处理特殊问题,上级能对下级实行有力的控制,能及时针对具体问题发出命令、指示,保证各方面工作协调进行。

(3)行政方法的局限性

①管理效果受领导者水平的影响。行政方法的管理效果基本上取决于行政领导人的知识水平、领导艺术、心理素质、道德修养等,较多地体现人治,而不是法治。

②强调令行禁止,不利于发挥下级的主动性和创造性,不利于权宜应变地处理问题。

③强调条条管理,横向沟通困难。

④权、责、利三者结合不紧密,容易产生权、责不相符和忽视经济效益的倾向。

因此,要正确地运用行政方法,必须与管理的其他方法特别是经济方法有机地结合起来。

2）法律方法

法律方法是运用立法和司法的手段行使管理职能的一类管理方法,法律作为上层建筑,是为经济基础服务的,是广大人民群众的意志表现。法律方法中讲的法,不仅仅指国家制定的法律、法令,还包括各种组织、团体制定的条例、守则、规章制度等。法律方法主要特点有:

①强制性。违法必究,违法者要承担法律责任,比行政方法的强制性更大。

②规范性。法律是行为的规范,对于违法程度和处理办法都有明确的规范,是所有组织行动统一的准则。

③稳定性。这里的稳定性即严肃性,立法必须按一定的程序,法律一旦制定就不能随意改变,具有相对的稳定性。

④平等性。在法律面前人人平等。

应当看到,法律方法由于缺少灵活性和弹性,有时会不利于基层单位发挥其主动性和创造性;法律方法也不可能解决所有问题,在法律范围以外还有各种大量的经济关系、社会关系需要采用其他方法来调整。因此,法律方法的有效性还有赖于同管理的其他方法紧密结合起来综合使用。

3）经济方法

经济方法是指运用经济杠杆和其他经济手段,调节人们之间的物质利益关系,从而行使管理职能的一类管理方法。用经济方法管理经济,是通过各种经济手段和经济方式的运用来实现的。经济手段是指费用、成本、利润、税收、信贷、工资、奖金、罚款等价值工具;经济方式是指经济合同、经济责任制、经济核算等经济管理方式。经济方法有以下特征:

①利益性。贯彻物质利益原则,即通过利益机制引导被管理者去追求某种利益,且使个人利益同企业经营成果联系起来,使企业具有内在动力。

②间接性。不是采用行政命令的强制方法直接干预,而是借助经济杠杆和各种经济手段,调节人们之间的物质利益关系,引导企业按照市场需求组织生产经营活动。

③灵活性。一方面,经济方法针对不同的管理对象,可以采用不同的手段;另一方面,对于同一管理对象,在不同情况下可采用不同的方式,如用信贷及利率的差别,鼓励或限制某一产品项目的生产等。

经济方法同其他管理方法一样,必须加以正确运用才能发挥其功能。一是要注意与其他方法配合使用,因为经济方法也不是万能的,人们作为"社会人",除了物质利益需要以外,还有更多的精神和社会方面的需要。随着社会的发展、科技的进步,物质生活越来越丰富,物质利益的驱动将相对减弱,如果单纯采用经济方法,容易产生一切向钱看的负作用。二是要强调经济方法的综合运用,应当看到各种经济方法都是相互联系、相互制约的,在各种各样经济方法各自作用的同时,更要注重整体上的协调配合。

4）教育方法

教育方法是指利用一定的培训、教育等方式,全面提高人的素质,以影响和调节人们的经济行为,达到行使管理职能的一种管理方法。劳动者是构成生产力的决定因素,任何管理活动首先是对人的管理,充分调动人的积极性、创造性是管理者最重要的任务。而这一任务的完成,正是教育方法所应发挥的作用,就单个的人来讲,其行动的一切动力都一定要通过自己的头脑,一定要转变为自身的愿望和动机,才能使之行动起来。教育方法的实质就是激发劳动者的主动精神,变管理者意图为劳动者的自觉行为,把潜在的生产力变成现实生产力。尤其是现代社会科学技术的迅猛发展,加快了人们知识更新的速度,因此全面提高人的素质,包括政治思想素质、文化知识素质、专业技术素质等,对组织成员不断进行培训和教育,已是现代管理与传统管理相区别的显著标志。

1.1.4 农业企业经营管理的基本原理

农业企业管理原理是对农业企业实现管理现象的抽象和概括,是客观规律的体现和管理实践经验的总结。企业管理原理是指企业管理活动中必须遵循的行动准则和规范,它是企业管理实践经验的概括和总结,反映了企业管理活动的客观规律性。现代企业管理的基本原理有着十分丰富的内容,这里主要介绍以下几种:

1)系统原理

所谓系统,是由许多相对独立、相互联系、相互制约的要素组合而成的具有特定功能的有机整体。系统原理就是把管理对象作为一个系统,从系统整体性的观点出发,对管理系统及诸要素进行全面研究和系统分析,使其从整体上达到最优化目标。农业企业系统具有以下特征:

①集合性。系统是由相互区别的各个要素所组成的集合。

②相关性。各要素相互联系、相互作用。

③目的性。凡系统都具有明确的目的。

④整体性。一个系统是由若干从属于它的子系统所构成的有机整体。

⑤层次性。由系统、子系统、子子系统构成了多层次的阶层结构。

⑥环境适应性。任何系统都存在于更大的系统(环境)之中,要适应环境的变化。

管理系统原理是把管理组织或管理过程视为一个系统,进行系统分析和系统优化,实现优化组织设计和优化管理的理论系统分析,就是运用逻辑推理和分析计算的方法,对一个系统的集合性、相关性、目的性、整体性、层次性和环境适应性进行分析,实现系统优化,即提高系统的功能,获得整体效益的最大化。

2)整分合原理

整,就是集权,统一领导;分,就是分权,分级管理。整分合原理,就是指在企业管理中,把集中统一领导和分级归口管理有机地结合起来,在整体规划下明确分工,在分工基础上进行有效的综合。这一原理,首先强调整体观念,否则分工是盲目的;但分工又是关键,没有明确的分工,必然会使管理陷入混乱,导致工作效率的低下。

3)反馈原理

反馈是控制论中一个极其重要的概念。管理的主要职能之一是控制,因而在管理中必然存在反馈。管理的反馈原理是指所管理的系统把信息送出去,又把其作用结果收集回来,并对系统的投入发生影响,起到控制的作用,以达到预定的目的。

企业面对不断变化的内部条件和外部环境,如何按照市场和消费者的需要组织生产经营,使系统的管理有效,关键在于是否有灵敏、准确、适用的反馈。如果反馈时间耽搁太久、信息不准、信息匮乏或未加筛选,都会不同程度地影响管理效能的降低,甚至导致瞎指挥和重大的决策失误。

4)封闭原理

封闭原理是指一个系统内各管理机构、管理制度、管理方法之间应具有相互制约的关系,使管理活动构成一个连锁的封闭回路,以进行有效的管理。企业管理中运用封闭原理的要点有以下几点:

①企业各管理机构要形成相互制约的关系。一个管理系统可分解为指挥中心、执行机构、监督机构和反馈机构。管理的起点是指挥,然后是执行指挥的指令及监督执行的情况,然后将执行情况输入反馈机构,反馈机构又将执行结果返回指挥中心,指挥中心再根据反馈信息发出新的指令,这就形成了管理的封闭回路。管理活动只有在封闭回路中才能相互推动,不断前进。

②企业领导体系要实行相对封闭式领导。企业领导关系应实行相对封闭式领导,应使企业不同层次的管理者之间、各管理部门之间以及管理者与被管理者之间形成相互制约的关系,彼此分工协作,相互监督。这样才能减少管理中的失误,避免官僚主义,充分发挥企业员工的积极性和创造性,提高管理效率。

③按封闭式管理法规建立各级管理制度。一项管理制度的建立和实施,需要建立相应的其他管理制度与之相配合,一种管理措施的执行,要对其后果进行评价,并在执行过程中采取相应的对策加以封闭,以防止出现偏离目标的情况。只有从后果评估出发,从各种后果中循踪追迹,才能实现封闭管理。

5)能级原理

能,即能量,是做功的本领。管理中的能量指干事的本领。能量有大有小,可以分级。把能量按大小排列,犹如梯级,称为能级。能级原理是指在管理系统中,建立一套合理的能级,即根据各个单位和个人的能量大小来安排其地位和任务,使其才职相称。这样一种结构才能发挥不同能级的能量,才能保证结构的稳定性和有效性。要实现能级原理,必须做到:

①建立稳定的正立三角形的管理机构。在这中间分为四个层次:最高层是经营决策层,第二层是管理层,第三层是执行层,最低层是操作层。它们使命不同,能级也不同。

②对不同能级应给予不同的权力、物质利益和精神荣誉。各个层次要在其位、谋其政、尽其责、获其酬。

③各类能级必须动态地对应。使有相应才能的人处于相应能级的岗位上,同时,人的才能是在变化的,才能变化了所处的能级也应变化,或升或降实现动态对应,才能经常保持最佳的管理效能。

6)弹性原理

弹性原理是指管理必须保持充分的弹性,及时适应客观事物各种可能的变化,才能有效地实现动态管理。企业管理是在众多因素的有机联系中进行的,百分之百地反映客观规律的管理是不存在的,且各种因素的变化大,对任一细节的疏忽都可能产生巨大的影响,因此,企业管理必须尽可能考虑一切可能的因素,综合平衡,以求得最佳的经济效益。

管理弹性包括局部弹性和全局弹性。局部弹性是任何一类管理必须在一系列管理环节上保持可调节的弹性,特别是重要的关键环节。全局弹性是指各个层次的弹性,它标志着系统的可塑性和适应能力。

7)动力原理

企业管理必须要有强大的动力,只有正确地运用动力,才能使管理运动持续而有效地进行下去,这就是动力原理。动力是管理效能的决定性因素。由于管理的目标最终是要靠人去实现,因此,如何调动和发挥人的积极性、主动性和创造性是管理的根本问题。动力原理的基本要求就是最大限度地调动人的积极性。管理有以下三种基本动力:

①物质动力:是指人们在追求物质利益的过程中产生的动力。企业管理中,实行必要的物质奖励,是激励企业和职工行为的一种动力。但它不仅是物质刺激,更重要的是经济效益,使物质财富不断增加,以满足人们日益增长的物质生活的需要,这是产生强大的、持久的动力基础。

②精神动力:是指人们追求精神满足过程中所产生的动力,泛指人的信仰、精神鼓励、日常的思想工作、成就感、社会尊重等。在特定的条件下,精神动力可以成为决定性的动力。重视精神动力的作用,是社会主义企业的重要标志。管理者必须善于运用精神激励来调动人的积极性,实现企业的目标。

③信息动力:是指人们在信息交流过程中产生的动力。企业管理中的信息动力主要表现在两个方面:一是通过信息交流可以使人们开阔视野,认清形势,找出差距,明确方向,催人上进;二是外界信息的输入使新知识、新成果进入企业,可以丰富职工知识,提高职工素质。

一个管理系统要有动力才能运转,只有正确地运用动力,才能推动管理系统有效运转,并实现管理目标。管理者不仅要找到动力源,而且要正确地运用动力,人是管理系统中的能动因素,管理系统的动力来自激发人的积极性。

8)竞争原理

"优胜劣汰,适者生存"。企业必须要充分掌握市场,提高适应市场的能力,在市场竞争中取胜。以全新的观念、开阔的思路,不断拓展发展空间,创造更大的市场。

任务 1.2　农业企业经营战略概述

经营战略是一种以变革为实质,寻求竞争优势的指导方针。现代市场是一个风云变幻的市场,竞争异常激烈。企业要在这样的环境中生存发展,就必须不断地对企业进行创新,创造性地经营企业,也就是说,企业要通过实施具有改革创新实质的经营战略,以适应未来激烈多变的环境。

1.2.1　经营战略的作用

农业企业的经营战略对企业的生产与经营起着巨大的作用,具体表现在:

1)使企业能够顺利发展

制订经营战略能够对农业企业当前和长远发展的经营环境、经营方向和经营能力有一个正确的认识,全面了解本企业的优势和劣势、机会和威胁,从而做到"知己知彼",不失时机把握机会、利用机会、扬长避短,求得企业的生存和发展。

2)提高生产经营的目的性

农业企业有了经营战略,就有了发展的总纲,就有了奋斗的目标,从而可以进行人力、物力、财力的优化配置,统一全体员工的思想,调动员工的积极性和创造性,实现企业的生产经

营战略目标。

3）增强有效管理

运用经营战略,使之达到企业的外部环境、内部条件、经营目标三者的动态平衡,就可以理顺内部的各种关系,适应外部环境的变化,随时审时度势,正确处理"企业目标与国家政策""产品方向与市场需求""生产与资源""竞争与联合"等一系列关系。

4）提高企业家的素质

企业应用经营战略,有利于企业高层领导人集中精力去思考并制订经营战略目标、战略方针、战略措施等带有全局性的问题,这些问题的解决都需要企业家具有战略头脑,并可以培养和造就一大批优秀的企业家。

1.2.2 农业企业经营战略的基本概念及特点

具体说来,企业经营战略就是在保证实现企业利益条件下,扬长避短,充分利用企业内外环境中的各种机会,并积极不断地创造新机,确定企业同环境之间的关系,规定企业经营所从事的范围、发展方向、竞争策略,根据情况不断调整企业结构和分配企业的全部资源。由此可以看出,企业经营战略是经营思想的集中体现,企业的一系列规划与决策都围绕企业经营战略而进行。

1）基本概念

①经营目标:是指在一定时期内企业经营活动预期要达到并获得的成果。

②企业战略:是指企业为适应未来环境的变化,在充分了解企业内外环境的基础上,不断发展而进行的总体性谋划。

③农业企业经营战略:是指农业企业的高层领导人在现代市场经济观念的指导下,为实现组织的经营目标,通过对农业企业外部环境和内部条件的全面估量和分析,从企业发展的全局出发,从而做出的较长时期总体性谋划和活动纲领。

2）农业企业经营战略的特点

①全局性。农业企业经营战略是组织高层领导者负责制订的组织经营活动的纲领,而不是具体管理的一般性决策,因而具有全局性,它对农业企业的各项工作都有着普遍性、权威性的指导作用。

②长远性。农业企业经营战略是关于农业企业经营管理长远发展,为使企业适应未来变化有目的的决策,它们的目的不在于维持农业企业的现状,而在于创造农业企业的未来。

③竞争性。市场没有竞争也就没有企业经营战略,更没有农业企业经营战略,所以农业企业经营战略总是针对特定的竞争对手而制订的。

④风险性。农业企业经营战略的重点是决策,但由于农业企业经营战略外部环境是变化不定的,较难把握,因此,能否把握客观环境变化的规律作出正确的决策,就带有一定的风险性。

⑤特殊性。农业企业经营战略没有一个统一不变的模式,它总是根据农业企业不同时期、不同内外部条件制订的,各个农业企业组织的经营战略都具有自己的特色。

⑥相对稳定性和变动性。农业企业经营战略建立在对自身客观环境长期发展趋势进行科学分析预测的基础上。它不是急功近利的产物,因而不能朝令夕改,在一定的历史阶段具

有相对稳定性。但同时,企业经营战略还是动态的,它要随着变化了的主客观条件,尤其是随着外部环境的变化进行扩充、调整和完善。

1.2.3 农业企业经营战略的内容

1)经营战略的要素

农业企业要素是指直接或间接为农业企业经济活动服务的生产力要素。它包括有形要素和无形要素两大类。有形要素包括土地、物资、设备和劳动力;无形要素包括信息和技术。其中,土地是农业企业最基本的生产要素,物质和设备是农业企业生产经营活动的基础,人力是农业企业财富的创造者,技术是农业企业获得竞争优势的有利手段,信息是农业企业生存之本。当然,资金也是农业企业的重要要素之一,它是企业用于生产经营活动的资产的货币表现,具体反映在土地、物质、设备、劳动力等要素上,资金有它独特的运行规律。由于经营战略管理关系到农业企业的全局发展,所以涉及的因素十分繁杂,主要有企业的外部环境、行业环境、企业的使命、资源运用、经营组织的文化、协同作用等。

（1）企业的外部环境

农业企业处在一定社会环境之中,必然会受到社会、经济和政治等因素的影响。环境中各因素都是动态变化的,只是变化有强弱快慢之分。在外部环境中,人口、社会风俗的变化相对较弱较慢,而政治、经济、科技与法律因素的变化相对较强较快,因而对经营组织的影响就相对较大。环境因素对于一些经营组织来说是约束、威胁,对另一些经营组织则是机遇、机会,企业要生存和发展,要健康成长,就必须研究外部环境,抓住机会,避开威胁,因此,外部环境是农业企业经营战略必须考虑的要素。

（2）企业使命

农业企业使命是经营组织存在的目的或理由,要求决策者慎重考虑本组织经营活动的性质与经营领域。确定企业使命和经营领域时应考虑企业从事何种产品（服务）的生产,面向哪些市场,采用何种技术。

（3）行业环境

农业企业要获得竞争优势,最重要的是行业环境。行业环境是企业制订战略必须考虑的重要因素,经营组织首先要判断该行业是否存在机会,如果存在行业机会,接着就要分析行业结构和竞争状态。竞争分析主要分析五种基本竞争因素:现有竞争对手、新加入竞争对手、顾客的讨价还价、供应者讨价还价、替代产品的威胁。

（4）企业的资源运用

农业企业资源是组织经营战略的构成要素,是农业企业组织生存发展不可缺少的因素,它体现为企业内在的经营能力、经营组织资源的多寡、资源质量的高低,这对组织经营战略的制订与实施有着重要影响。企业在经营中可能面临着很多不同类型的机会,但关键是要挖掘那些有能力抓住的机会,没有相当的资源,企业的机会是一句空话,企业所具备的优势使自己适合于抓住某些机会,企业的弱势则使它丧失另一些机会,因此,在制订战略时,要客观评价企业能够和应该做哪些事,不能够和不应该做哪些事。

（5）企业的文化

每个组织都有自己的信念、价值观和特征等,这些反映在组织的行为上,就形成了经营组

织自己的文化。农业企业文化使企业具有了特有的形象和个性。例如,有些公司在技术上是开路先锋,引导技术新潮流;有些公司则注重产品质量,品质超群;还有些公司则特别注重社会意识,对满足消费者需求有一种执着的追求等,这些都是企业文化的体现。这些与文化有关的价值观念和信念会影响战略决策者的思维,决定企业对外界环境的反应,从而影响企业对战略的选择。

(6)协同作用

协同作用是指农业企业从资源配置、企业使命以及经营领域的决策中所能寻求到的各种共同努力的效果,在企业管理中,企业总体资源的收益要大于各部分资源收益之和。从总体看,衡量农业企业协同作用的方法有两种:一是企业收入一定时,评价由于联合经营而使企业成本下降的情况;二是企业投资一定时,评价由于联合经营而使企业纯收入增加的情况。

2)农业企业经营战略目标

①对社会贡献目标:体现了为社会提供农业产品的品种、质量和数量,以及对自然资源和其他资源的合理利用、生活需要等方面内容。

②市场目标:体现在对新市场的开发、传统市场的巩固、农业经销产品的增加以及经济效益的提高等方面。

③发展目标:包括对农业产品的更新改造,新产品的开发,生产能力的不断扩大,能源及原材料的节约,生产成本的降低,为社会和人民提供优美的环境,增加企业的经济效益和发展能力。

④利益目标:包括国家利益目标和企业利益目标,二者是统一的,利益目标表现为实现利润、利润率、自留利润率、奖金和福利水平等。

⑤人才目标:企业发展靠科技,科技发展靠人才,企业间的竞争是产品的竞争,说到底是人才的竞争,人才是企业的宝贵财富,企业求生存、求发展,应把吸引人才、培养人才放在首位。

⑥精神文明建设目标:农业绿化建设可以丰富精神文明建设的内容,精神文明是物质文明的保证,物质文明是精神文明的基础。因此,在建设社会主义物质文明的同时,必须建设社会主义精神文明,进一步加强企业文化建设。

1.2.4 农业企业的类型与形式

1)农业企业的类型

由于各个农业企业所处的领域不同,同时在资金、技术、管理水平、业务范围、生产资料所有制等方面也存在着很大的差异,因此农业企业可根据不同的标准进行分类:

(1)按资产的所有制性质分类

①国有农业企业。由国家出资兴办的农业企业,如国有农牧场。

②集体农业企业。由集体出资兴办的农业企业,如农业合作社。

③私营农业企业。由社会个人出资兴办的农业企业。

④股份制农业企业。由多个投资主体共同出资兴办的农业企业,如股份有限公司、有限责任公司等。

（2）按生产产品的类别分类

①种植业企业。即单纯从事种植业的生产经营实体。

②农业、林业（园艺）企业。即从事林木营造和园艺产品生产经营的实体,如林场、园艺场、茶园等。

③畜牧业企业。即从事动物养殖的生产经营实体,如牧场、养殖场等。

④水产企业。即从事水产捕捞和水产养殖的生产经营实体,如渔业公司、水产养殖场。

⑤农产品加工企业。即从事简单加工的生产经营实体。

（3）按产业链的长短分类

有长产业链农业企业、中产业链农业企业、短产业链农业企业。

（4）按大农业的范围分类

有农产品生产企业、农产品经营企业、农产品加工企业、农业服务企业。

（5）按生产要素的构成分类

①劳动密集型企业。主要指技术装备程度低、用人多、产品成本中活劳动消耗所占比重比较大的企业。

②资金密集型企业。这是前者的对称,主要指投资较多、技术装备程度较高、用人较少的企业。该类企业具有较高的劳动生产率,单位产品成本低,但最初需要大量的资金投入。

此外,还有技术密集型和知识密集型。由于二者是综合运用先进的科学技术进行生产,因而企业的技术装备程度较高,资金的密集程度也很大,故常把二者归为资金密集型。

（6）按集资方式分类

①独资企业。是指由单方出资经营,并归该方所有和控制的企业。

②合资企业。是指由两人或两人以上的自然人或法人集资组成,企业归出资者共同所有。包括合伙企业和公司。该企业可由出资者共同管理或委托某一方或他方管理。合资的方式可以是资金、土地、劳务、厂房、设备、信用、技术、专利、营销网络等。合资各方的集资额,所享有的权利和义务等都明确写入书面合约之中。

③合作企业。主要是指经济地位弱小的小规模生产者、供销企主和消费者等,为了强化它们的经济地位,保障自身的利益而出资合作的企业形式。合作企业的目的不是追求盈利,而是为了帮助社员经营事业的发展。

④联合企业。主要有横向联合、纵向联合、混合联合。根据企业联合的紧密程度可分为松散联合、紧密联合。企业间联合的主要形式有供销公司、农工商联合公司、工贸公司、集团公司等。

2）农业企业的经营形式

农业企业经营形式是在一定的所有制条件下,实现农业企业再生产过程的经营组织、结构、规模、责、权、利关系及生产要素的组合形式。1979年起,我国农业企业的经营形式按照生产资料所有权与经营权适当分离的原则,以实行家庭联产承包责任制作为农村经济体制改革的突破口,使单一的集体经营形式转变为家庭经营与集体经营相结合的承包经营、租赁经营、双层经营、股份制经营等多种形式。

（1）承包经营

承包经营是指在所有权与经营权分离的前提下,企业投资主体把所有的资产经营权按约定条件,承包给承包人经营的一种特定经营形式。承包经营由发包方和承包方构成。发包方把自己所拥有的一部分生产资源交给承包方经营,承包方对承包经营的资源和财产安全负责,并按承包合同规定的责任、指标,完成上交任务。

承包经营是农村实行双层经营时一种普遍采用的经营形式,由于能够较好地处理上下层的经济关系与权责利益关系,并具有较强的可操作性,因而具有较强的生命力。农村实施的承包制是村级合作经济组织(发包方)与农户(承包方)签订承包合同,把土地等生产资源承包给农户经营。发包方的基本权利是:行使土地生产资料的所有权,按合同规定向承包方提取承包金或集体提留,按合同规定监督承包方的生产经营。承包方的基本权利按《农业法》规定主要有:生产经营决策权、产品处置权、收益权、转包和转让权、优先承包权和继承权等。

（2）租赁经营

租赁经营是指在不改变财产所有权的前提下,资产所有者将其资产出租给承租者使用,并定期收取租金的一种经营方式。租赁经营的对象是企业资产,租赁程序和方法一般是通过公开招标、投标确定中标者。

①租赁经营的形式按承租方的类型划分,主要有以下几种:

a.个人租赁。是指一定时期内把企业财产租给个人经营。承租者要有一定数量的个人财产担保,或由其他担保人承担其租赁经营风险。个人租赁,责权利与个人紧密结合,风险、利益与个人紧密相关,经营风险大。要求承租人必须有较强的责任心和经营才能,否则,如果经营失败,出租方可能遭受损失。

b.合伙租赁。即两人或两人以上共同承租企业财产。企业的经营责任由各方承租者共同承担,从而提高了承担风险的能力。

c.集体租赁。又叫全员租赁,即企业全体职工集体作为承租人,共同承租企业财产,由全体职工选举产生承租委员会,推选主要负责人作为企业法人代表,负责租赁和生产经营等事务。全体职工共享租赁收益,共担经营风险,这样有利于调动全体职工的积极性。

d.企业租赁。即出租方为企业,承租方以企业的全部资产为抵押,承租出租方的某项资产或全部资产享有租赁资产的经营权。这种租赁方式的好处在于,由于承租方是企业,有足够的资产作为租赁企业财产的抵押,出租方不会因承租方经营失败或破产而受损失。承租企业可投入资金、技术等帮助出租方发展。

②与承包经营相比,租赁经营具有以下特点:

a.合同的标的不同。承包经营是以经营目标为标的,承包者必须保证完成各项承包任务;租赁经营则以有偿出让资产的使用权为标的,承租人必须按期缴纳租金。

b.当事人之间的关系不同。承包经营中发包方与承包方之间一般存在着行政隶属关系,租赁经营的出租方同承租方之间则是地位平等的商品交换关系。

c.所有权与经营权分离的程度不同。承包经营必须按照承包合同组织生产经营活动,在重大决策上受发包方的调控;承租者除缴纳租金和不破坏生产资料外,可以完全自主地组织生产经营活动,并享有产品处置权。

（3）双层经营

我国农村实行家庭联产承包责任制,导致了地区合作经济组织的集体经营与承包制家庭经营相结合的双层经营(统一经营与分散经营相结合的双层经营)的产生。

①家庭经营。地区合作经济组织的承包制家庭经营,即分散经营,是在坚持土地等主要生产资料公有制的基础上,在地方合作经济组织的统一管理下,将集体的土地发包给农户耕种,实行自主经营、包干分配。承包制农业家庭经营的责、权、利,是借助于承包合同的规定,获得土地的使用权和经营的自主权。在利益的分配上,除了上交集体的部分提留和承包费用以外,其剩余部分都属于承包者自己支配。

国有农场的承包经营是指国有农场由国家经营转变为农场承包经营,它是以国家核定的盈亏包干指标(财务包干指标)为依据的。农场在完成包干任务的前体下,实行自主经营,自负盈亏,包干结余留用。国有农场的双层经营表现为"大农场套小农场"的统分结合的双层经营体制。这里讲的大农场是指国有农场,小农场是指职工家庭农场。职工家庭农场是在国有农场的领导下,以户为单位,实行家庭经营、定额上缴、自负盈亏的经营单位。实践证明,这种经营形式有利于正确处理国家(所有者)与农场(经营者)之间的责、权、利关系。

②集体经营。即地区性合作经济组织的另一个经营层次,是以生产资料集体所有制为基础的集体经营,即统一经营。它主要从事不适于家庭经营的以及为家庭经营提供产前、产中、产后的服务项目,如农田水利设施、农产品加工、储运、销售、农机修理、技术咨询、信息服务等。

集体统一经营与家庭分散经营构成农业经营的两个层次,相互依存、相互补充、相互促进。这种经营形式把集体和家庭的优势有机地结合起来,把农业社会化生产同专业化管理有机结合起来,既保留了家庭经营的长处,调动农民生产投入的积极性,又有利于在更大范围内合理配置生产资源,实行宏观决策和调控,弥补了小生产的局限性;既克服了过去集体管理过分集中的缺点,又发挥了集体统一经营的优势。双层经营符合农业生产的特点,适应我国农业生产力发展和农业企业管理水平。

(4)股份合作经营

农业股份合作制是继农业家庭联产承包责任制之后,农村经济体制改革的又一创兴。它是一种具有中国特色的、新型的农业企业经营形式。农业股份合作制企业是指以土地等自然资源为基础,投资者按照章程或协议,以资金、土地、实物、技术、劳力等,折股投入、自愿组织、合作经营、民主管理、自负盈亏,实行按劳分配与按股分红相结合,并独立承担民事责任,依法建立具有法人地位的经济实体。

农业股份合作制企业具有股份制与合作制的双重特征,既不同于泛指的股份制,也不同于合作制。在联合上,股份制是资金的联合,合作制是劳动的联合,股份制合作既有资金的联合又有劳动的联合,体现"劳资两合";在分配上,股份制是按资分配,合作制是按劳分配,股份合作实行以按劳分配为主,实行有限按资分红,体现"劳资兼顾";从生产资料与劳动者的结合方式上,合作制是直接结合,股份制是两相分离,股份制合作既有结合又有分离;在股金管理上,合作制是入股退股自由,股份制是只能入股不能退股,股份制合作是死股与活股并存;在股权上,合作制实行一人一票制,股份制实行一股一票制,股份制合作实行劳资结合制。与农村中第二、第三产业中的股份合作制企业相比,农业股份合作制企业表现出更浓厚的农业特色,具体为:

①集体资产所有权的社区性。农业生产资料中基本的要素,如土地、山林、水面、滩涂、草原等,除法律规定为国有的以外,均属社区范围内的劳动人民集体所有。

②股权分配的平等性。从集体资产转换而成的股权,一般在本社区有户口的农业人口中进行平等分配,户口迁出或本人去世便自动失去股权,这部分股权规定不能赠送、转让和买卖,也不能退股。股权分配的平等性有利于缩小社区间农民之间的收入差距,为逐步实现共同富裕创造条件,也有利于消除离土农民的后顾之忧,促进剩余劳动力的流动,优化资源配置。

③投股要素的多样性。农业股份合作制企业除可用资金入股外,还可用土地、山林、水面、滩涂、草原等生产资源的所有权和经营权折价入股,也可用技术、劳动投入或其他生产资料折价入股,为在农村管好、用好、用活集体资产,发展开发性农业,走农业产业化、企业化的路子创造了条件。

股份合作经营制的发展适应了我国农村现阶段生产力水平,适应市场经济和社会化大生产的客观要求,具有广泛的适应性和强大的生命力。它有利于明晰产权关系;有利于多渠道筹集资金,优化配置各种生产要素,促进农业现代化发展;有利于完善企业运行机制,增强企业自我调节、自我发展能力;有利于强化企业劳动者的主人翁意识,完善民主管理和监督机制;有利于保证国有、集体、企业资产的保值增值,增强企业发展后劲。

(5)股份制企业

股份制企业是指两个或两个以上的利益主体,以集股经营的方式自愿结合的一种企业组织形式。它是适应社会化大生产和市场经济发展需要,实现所有权与经营权相对分离,利于强化企业经营管理职能的一种企业组织形式。在现代化建设中,股份制有利于调整经济结构;有利于筹集建设资金,促进社会需求结构合理化和经济综合平衡;可以进一步明确产权关系,有利于正确分离所有权和经营权,使企业管理体制进一步合理化;可以为建立适合现代化大生产和多方集中投资建设的新体制,提供十分有益的经验。

股份制企业主要有三种类型:一是法人持股的股份制,二是企业内部职工持股的股份制,三是向社会公开发行股票的股份制。我国股份制企业主要有股份有限公司和有限责任公司两种组织形式。

①股份制企业的主要特点:

a.发行股票。作为股东入股的凭证,一方面借以取得股息,另一方面参与农业企业的经营管理。

b.建立农业企业内部组织结构。股东代表大会是股份制企业的最高权力机构,董事会是最高权力机构的常设机构,总经理主持日常的生产经营活动。

c.具有风险承担责任。股份制企业的所有权收益分散化,经营风险也随之由众多的股东共同分担。

d.具有较强的动力机制。众多的股东都从利益上去关心企业资产的运行状况,从而使企业的重大决策趋于优化,使企业发展能够建立在利益机制的基础上。

②股份制企业和股份合作制企业在经营上的主要区别:

a.集资方式上,股份制企业面向社会募集股份,股份合作制企业向企业内部募股。

b.在合资方式上,股份制一般仅是资本的联合,而股份合作制是在劳动合作的基础上的资本联合,企业职工共同劳动,共同占有和支配生产资料。

c.在表决方式上,股份制实行一股一票制,股份越多表决时越有发言权,而股份合作制则实行一人一票制,企业实行民主管理,决策体现多数人的意愿。

d.在股份的操作上,股份公司的个人股经批准可上市交易,而股份合作制的职工个人股不得上市交易,企业职工利益共享,风险共担。

e.分配方式上,股份制实行按股分红,而股份合作制除了按股分红外,还有按劳分配。

f.适用范围上,股份制作为现代企业的一种资本组织形式,不具有基本制度属性,而股份合作制是我国城乡群众在改革中产生的新事物,是公有制的组成部分。

当然,股份制与股份合作制也有共同的地方,如资本采取股份形式,股东以其认购的股份承担有限责任,企业以其全部资产独立承担民事责任等。

（6）现代企业

现代企业是建立在劳动分工基础上,拥有现代企业制度、现代科学技术、现代经营技术、经营权完整的经济组织;是在生产力发展到一定水平,企业经营规模进一步扩大,向多元结构、多角化经营、多功能性质、国际化方向发展的基础上,建立起来的一种开发性的经济联合体。其典型的集团化经营形式是企业集团或集团公司。企业集团一般以生产要素为纽带,以扩大生产能力为着眼点,由规模不等的多个法人企业联合组成,实行资产一体化经营,其特征如下:

①现代企业比较普遍地运用现代科学技术手段开展生产经营活动,拥有现代化的管理,企业的规模日益壮大,管理层次越来越多;管理幅度也越来越大;同时,企业与社会的联系程度非常紧密,企业所承担的社会责任也大大提高。

②现代企业内部分工协作的规模和细密程度极大地提高,劳动效率呈现逐步提高的态势。

③现代企业经营活动的经济性和盈利性。现代企业的基本功能是从事商品生产、交换或提供服务,经济性是现代企业的显著特征;现代企业又是为赢利而开展商品生产、交换或从事服务活动的,盈利构成了现代企业的根本标志。

④现代企业的环境适应能力不断增强。企业竞争已从本地化、国内化过渡到国际化、全球化,企业所面临的环境更加复杂多变,多因素的影响大大胜于单一因素的作用,而且每一因素的变化节奏明显加快。

⑤企业发展已由单一化向多元化经营发展。现代企业把许多单位置于控制之下,企业规模庞大,经营地点分散,经营类型多样、产品丰富。

在我国经营比较成功的农业集团公司是泰国的正大集团,它在我国的不少省份建立了成员企业,重点进行养鸡、饲料加工的综合经营,包括选育优良品种、孵化种鸡供应、肉鸡蛋鸡生产和各种型号配合饲料的生产等。

任务 1.3　农业企业经营战略

1.3.1　农业企业经营战略环境分析

农业企业经营战略环境分析是为制订农业企业经营战略,而对未来外部环境及内部条件的信息进行收集、预测、加工处理和研究,并得出环境分析报告的过程。它是企业确定战略目标、制订战略规划、配置战略资源和组织战略实施的重要依据,也是制订企业经营战略的一个重要环节。有什么样的环境,就有什么样的战略,战略是跟着环境走的,只有情况明,才能决心大。离开了环境分析,就难以制订出竞争能力强、能引导企业走向兴旺发达之路的经营战略。

分析外部环境就是要找出外部环境中存在的机会和问题,机会是对企业发展有利的因素,问题是对企业发展不利的因素。分析外部环境是通过分析找到和利用市场机会,采取措施克服存在的问题,使企业的生产经营活动能适应环境的变化。分析企业内部条件,就是要弄清本企业在内部条件上的优势和劣势,分析内部条件的作用是通过分析发挥优势、扬长避短,使企业能有效地使用自己的资源,更好地适应外部环境变化的要求,如果对企业内部条件上的优势和劣势认识不足,往往会造成战略上的失误。

1)外部环境分析

农业企业的外部环境包括一般环境和特定环境。

（1）一般环境因素（宏观环境）

人们也称之为非市场因素,它影响着社会中的一切组织,不论管理者是否意识到它的存在,它都或多或少地影响着组织的发展,这些环境因素是由特定社会中的经济、技术、社会、政治和自然等要素构成的社会环境及这个社会所处的国际环境,是对农业产品市场发生间接影响的因素。一般环境因素可分为以下几个方面:

①经济环境。它主要包括:整个国民经济的发展状况,如国民经济的迅速增长、调整或紧缩等;产业结构的构成与发展,如初级产品工业和次级产品工业的力量构成及变化等;价格的升降和货币价格的变化;银行利率的升降和信贷资金的松紧程度;国际经济状况,如初级产品价格的升降、石油价格的升降、汇率的变化等。

②技术环境。技术是企业外部环境因素中最活跃的因素,它可以给企业带来巨大的成功,也可以使企业陷入困难境地。因此,重视对有关科技发展的研究和分析是企业生存与发展的前提条件之一。一般来讲,它包括两个方面的内容:一是注重对宏观科技发展趋势的研究分析。例如,新技术革命的成果迅速推动了核能、太阳能、生物能、风能、潮汐能等替代性能源的发展,减少了世界经济发展对非再生性石油能源的依赖,这对于石油工业部门是一个重要信息。二是企业对科学技术发展的研究要着重于与本企业产品、材料、制造工艺、技术装备等相关科技发展的研究、分析。这些相关科技的发展水平和发展速度,对于企业提高技术水平、发展新产品等具有决定性的意义。

③社会环境。社会因素主要包括人口环境和文化环境。人口环境是指人口的增减对需求的增减程度,文化环境是指人们在特定的社会制度下所形成的道德观念、规范、民族习俗、宗教信仰、文化水平等。对社会环境进行分析,需要了解消费者和用户所在国家的文化背景、风俗习惯、传统礼仪、价值观念、宗教信仰、审美观念、商业习惯以及人口总数、人口发展趋势、结婚率、离婚率、出生率、死亡率、环境保护状况等。

④政治环境。政治因素主要是指国家的政治形态、独立自主程度、政局的安定程度和在世界上的战略地位。政治因素是企业外部环境分析的重点之一,企业必须注重对政治形势的分析,把握政治形势的发展变化。

⑤自然环境。企业的自然因素主要是指资源及地理气候等自然条件,如土壤资源、土壤特性、空气、水等气候自然条件。企业的经营活动依赖于物质资源,也受自然物质资源的限制。就农业企业而言,地理、气候等自然条件对企业经营产生着极大的影响。

(2)特定环境因素(微观环境)

人们也称之为主体环境因素,是指与企业经营直接有关的外部环境因素,诸如对企业具有潜在影响的竞争对手、服务对象、资源供应者、管理部门等。与上述一般环境因素相比,企业对于特定环境因素能施加一定的影响,因而在企业经营战略或策略规划中具有一定的主动权。特定环境因素主要有以下几点:

①股东。股东是农业企业的出资者或所有者,股东对企业的态度影响企业的经营发展。

②顾客。顾客是企业产品的消费者和使用者,顾客对企业的态度要从企业产品的好坏来看,他们是企业生存与发展的决定因素,也是农业企业之间竞争的唯一目标。

③金融机构。金融机构是向农业企业提供融资,从企业支付利息中获利的部门,它是企业能够获得足够资金的重要支柱,能在很大程度上促进和限制企业的经营。

④竞争企业。是指将相同或相似产品投向与本企业相同市场的企业。竞争企业是本企业同一产品市场的争夺者,它的发展动向及兴衰与本企业有密切的关系,因此是企业环境分析的重要内容之一。

⑤外部机关团体。包括政策机关、教育机关和宗教团体等,它们虽然不直接参与企业的经营,但是对农业企业有重要的作用,如教育机关里的大学科研所向企业提供新概念、新技术或与企业合作开发新产品;调查机关向农业企业提供必要的情报;宣传机关为企业进行各种形式的宣传和广告等。这些团体机关对促进企业的经营有重大作用。

(3)外部环境的特征

从经营角度来看,农业企业的外部环境是指那些与企业有关联的外界因素的集合。它具有以下特征:

①客观性。环境是客观存在的,外部环境发生变化是自然规律和经济规律的客观体现。

②复杂性。农业企业自身是极其复杂的,而围绕着它的环境就更加复杂,且具有随机性。

③不可控性。环境是不可控制因素的集合,农业企业系统只能调整内部因素来适应环境的变化。

④动态性。环境在不断地变化,并且多维地、加速度地变化。由于经营环境具有这些特征,所以,农业企业在制订经营战略和进行经营决策时,必须进行经营环境的分析,获取有关知识和信息,以适应环境的变化,取得自身的生存和发展。

2)企业内部条件

农业企业经营的内部条件是指构成企业内部生产经营过程的各种要素,也有的称为素质或结构,但指的都是同一性质的概念。农业企业内部条件是指构成农业企业内部生产经营过程的各种要素,它体现为企业总体的经营能力,如领导指挥能力、协同能力、应变能力、竞争能力、获利能力、开发创新能力等。企业内部环境因素是可控因素,经过努力可以创造和提高企业的经营能力,也可能由于管理不善而失控和削弱企业的经营能力。从不同的角度来看,企业内部条件主要有两种分类方式。

（1）按构成要素划分

按构成要素划分，企业内部条件可分为人、财、物、技术、信息五个方面：

①人力资源因素。这是构成企业内部环境中最基本和最具活力的因素，它包括领导人员的素质、管理人员和工程技术人员的素质、生产工人的素质，既包括个人的素质，也包括群体的素质。

②资金因素。它反映企业的财力状况，包括信贷能力和筹资的能力。

③物资因素。包括两个方面：一是技术装备的素质，包括现有技术装备的数量、技术性能、技术先进程度、技术磨损程度以及它们之间的构成和配置状况、生产效率等；二是劳动对象的素质，包括各种主要原材料、关键零部件和配套件、燃料和动力类物资供应的来源和质量，以及企业本身所拥有的资源状况。

④生产技术因素。这是指企业人员所拥有的生产技术方法、技术水平和先进程度，以及拥有的专利、专有技术、配方等。

⑤信息因素。它包括企业所拥有的科技情报资料、技术档案、销售和用户的资源、市场信息，以及信息的构成状况等。

（2）按能力划分

①经营管理能力。它包括企业的领导能力、协同能力和内部的组织管理能力等，反映企业整个经营机制是否充满生机和活力。

②应变能力。这是指农业企业能否适应市场需求变化的能力，包括多角化经营，产品多样化，产品的质量、价格、信誉、产品寿命周期等。

③竞争能力。这是指同竞争对手相比较所处的优势和劣势，如市场占有率、产品、成本、服务、销售渠道是否具有比竞争对手更为优越的地位和特色。

④创新开发能力。这是指开发新产品、采用新技术、新工艺的能力和拥有的条件，如新产品开发的数量、质量和速度，投入市场的时机，新技术采用的程度，以及科研开发人员、机构及装备水平等。

⑤生产能力。包括原有设计的生产规模、生产率、生产技术条件，以及可能采取变更生产能力的策略等。

⑥销售能力。它包括销售网络、销售人员的数量和质量、运储能力、信息反馈，以及所应用的促销策略，反映农业企业是否具有较强的经销力量。

⑦获利能力。它体现各种要素、各种能力综合的结果。

⑧财务能力。它包括企业的实有资产负债的比例、营运资本的变动状况等。

1.3.2　农业企业经营战略类型

在战略环境分析的基础上，农业企业必须建立经营战略体系。它是由企业经营战略的内容体系、组织体系、层次体系等相互联系、相互制约而构成的一个整体。由于企业环境、各自情况以及其生产经营的特点各不相同，每个企业的总体战略千差万别。通常依据企业在行业中所处的地位、基础水平和战略态势的不同，将企业经营战略分为成长型战略、稳定型战略和紧缩型战略。

1) 成长型战略

成长型战略又称发展战略、进攻型战略。它是现有企业依靠自身的力量或与其他企业联合,以促进企业快速成长发展的战略,它是国外企业普遍采用的一种经营战略。近年来,我国许多大企业或企业集团也通过实施成长型战略,使企业在激烈的国内市场竞争中发展壮大。农业企业成长战略类型包括以下几种:

(1) 产品——市场战略

企业经营战略的四项要素(即现有产品、未来产品、现有市场、未来市场)有四种组合,即市场渗透(现有产品和现有市场的组合)、产品开发(未来产品与现有市场的组合)、市场开发(现有产品与未来市场的组合)、全方位创新(未来产品与未来市场的组合)。市场渗透战略是扩展企业现有产品市场、促进企业成长发展的一个重要途径。市场渗透战略希望通过对现有产品进行小的改进,从现有市场上赢得更多的顾客。产品开发战略是针对现有市场,不断开发适销对路的新产品,以满足用户不断增长的需要,它是企业成长发展的一个重要途径。市场开发战略是企业采用种种措施,把原有产品投放到新市场上去,以扩大销售。它是发展现有产品的新顾客层或新的地域市场,从而扩大产品销售的战略。全方位创新战略是市场开发战略和产品开发战略的组合,这种战略是企业向一个新兴市场推出其他企业从没生产过的全新产品。

(2) 一体化经营战略

农业一体化经营战略是指企业充分利用自己的产品、市场和技术的优势,不断地从后向、前向和水平方向发展的总体性谋划。一体化战略的基本形式有纵向一体化和横向一体化。

纵向一体化战略,又称垂直一体化战略,它是将生产与原材料供应或者生产与产品销售联结在一起的战略形式,使企业进入一种或多种经营以求得成长的战略。纵向一体化包括后向一体化和前向一体化两种。后向一体化战略是指企业利用自己在产品上的优势,把原来属于外购的原材料或零件改为自行生产的战略。如农业生产企业所需要的植物种苗由企业自己建种苗基地繁殖。前向一体化战略是指企业根据市场需求和生产技术可能的条件,利用自己的优势把成品进行深加工的战略。如农业产品生产与深加工联合,提高产品的附加值。

横向一体化战略,又称水平一体化战略,是指把性质相同或生产同类型产品的同行业竞争企业进行联合,发展成为集团化公司的战略。目的是为了扩大生产规模、降低产品成本、巩固企业的市场地位、提高企业竞争优势、增加企业实力。横向一体化的战略可以通过契约式联合、合并同行业企业两种方式实现。

(3) 多角化战略

多角化战略又称多角化经营战略,是指农业企业同时生产和提供两种以上基本经济用途不同的产品或劳务的一种经营战略。目前,多角化经营战略已成为企业适应新形势、开拓市场的必然选择,它是由新产品领域和新市场领域组合而产生的,即增加产品种类和增加新市场两者同时发生作用的一种战略。

2) 稳定型战略

稳定型战略是指企业遵循过去相同的经营目标,保持一贯的成长速度,同时不改变基本的产品或经营范围,它是农业企业对产品、市场等方面采取以守为攻、以安全经营为宗旨,不冒大风险的一种战略。稳定型战略是一种内涵型经营的战略,它是向企业内部结构合理发

展,在取得经济效益最大化的同时减少不必要的资源浪费。当然,这种战略在提高效益的同时,农业企业生产经营规模增长速度是缓慢的。其特点是针对本企业在经营管理等各方面存在的问题,在尽量不增加生产要素投入的条件下,致力于调整企业内部结构,挖掘内部潜力,使企业的产品结构、组织结构及其他各项工作合理化,以提高技术水平、优化产品工艺等来实现企业扩大再生产。

3) 紧缩型战略

紧缩型战略是采取从农业企业现有战略基础起点往后倒退的战略,当企业面临艰难的经营局面或者经营现状不佳,采用发展、稳定型战略都无法达到企业目标时,不得不缩小业务范围或者出让资产、关闭下属工厂,以渡过难关。在国民经济产业结构调整时期,许多企业关、停、并、转,就是国家采取的经济紧缩战略。紧缩型战略一般包括以下几种战略类型:

(1) 转变战略

转变战略是指企业经营由危机状况转变为正常状态的战略,其重点是改善经济效益。在公司经营充满了问题,但还不是很严重的情况下,采用这种战略最适宜。总之,转变战略的目的是通过各种努力扭转企业财务状况不佳局面,以顺利地渡过难关,争取形势的好转。

(2) 放弃战略

放弃战略是指在转变战略中为求生存,企业仅削减某些成本或项目,而在放弃战略中企业要关闭或出售其所属某个事业部门或子公司。当企业遇到很大困难,预计难以通过转变战略扭转局面或当采用转变战略失败后,企业可以采用放弃战略,将经营资源从这一领域中抽走,这种战略是从企业的现状出发,以尽快收回现金为目的,最后放弃这一领域。当企业面临困境时,采用这种战略,能使企业及时转变或撤退,渡过难关,转危为安。但采用紧缩型战略使企业陷入消极经营状态,员工士气低落,由此恶性循环,加剧了企业经营的困难,当公司作出放弃或分离决定时,若优柔寡断,该放弃和分离的经营领域不能及时地放弃或分离,将拖垮整个公司,甚至使公司倒闭或破产。

1.3.3 农业企业经营战略的实施

1) 农业企业经营战略实施的过程

农业企业要实现经营战略,一般需要经历三个阶段,即经营战略分析、经营战略形成、经营战略实施。这三个阶段互相衔接而形成了农业企业经营战略管理的有机整体,也体现了农业企业经营战略管理的动态过程。

(1) 经营战略分析阶段

这一阶段是经营战略的目的,是在企业经营战略指导思想和指导方针下,根据农业企业生产经营的特点、企业能力状况、企业外部环境状况及变动趋势,确定企业的使命和经营战略目标。主要内容包括:收集各种有关制订经营战略的资料和信息;分析企业的用户和竞争对手的情况及其发展动向;分析研究企业外部环境给企业带来的机会和威胁;分析研究自身的实力,找出优势和劣势;最终明确企业经营战略的使命、任务和目标。通过这一阶段管理工作,为企业下一步正确制订经营战略奠定基础,并提供科学的依据。

(2) 经营战略形成阶段

在第一阶段工作的基础上,进行经营战略的选择,拟订并设计农业企业得以生存和发展的经营战略方案,以及对经营战略方案进行评估并最终决策,同时,围绕经营战略的目的阐明经营战略的政策,为经营战略实施提供条件,这就是农业企业经营战略的第二阶段,即经营战略形成阶段。具体包括四项重要内容,即经营战略类型的选择、经营战略方案的设计、经营战略方案的评估与决策、制定阐明经营战略的政策。

(3)经营战略实施阶段

农业企业战略实施的过程本质上是一个进行企业运行规划的过程,它所关心的主要内容是如何进行资源的有效配置和生产经营成果。为此,在战略实施的过程中,必须围绕企业使命和目标,对企业的组织、资源等结构加以适应性的调整,以使得企业环境结构能够更好地满足实现企业战略的需要。它是围绕已制订的经营战略,保证农业企业在今后的运行中得到有效的贯彻实施,并达到预定的经营战略目标。正确的企业战略需要通过有效的组织实施来保证,企业经营战略实施工作组织的好坏,既可使一个坚实的企业经营战略走向失败,也能让一个有争议的企业战略获得成功。

2)农业企业战略的实施

战略实施是战略管理的行动阶段。战略实施要求企业树立年度目标、制订政策、激励员工和配置资源,以便使制订的战略得以贯彻执行。战略实施活动包括培育支持战略实施的企业文化、建立有效的组织结构、调整企业经营方向、制订预算、建立和使用信息系统,以及将员工报酬与组织绩效挂钩等内容。实施意味着动员员工和管理者将已制订的战略付诸行动。战略实施是战略管理过程中难度最大的阶段,它要求企业人员守纪律,有敬业和牺牲精神。战略实施的成功与否取决于管理者激励员工能力的大小,与其说是一门科学,更不如说是一种艺术。已经制订的战略无论多么好,如未能实施便不会有任何实际作用。战略实施活动会影响到企业中的所有员工及管理者,每个分公司或部门都必须回答诸如"为实施企业战略中属于我们责任的部分,我们必须做什么?""我们能将工作做得多好?"之类的问题。战略实施是对企业的一种挑战,它要求激励整个公司的管理者和员工以自豪感和热情为实现已明确的目标而努力工作。

上述几种战略实施模式在制订和实施战略上的侧重点不同,在实际运用过程中,上述战略实施模式并不是互相排斥的,但也不是任何一种模式都能通用于所有的企业,这取决于企业各种经营的程度、发展变化的速度,以及企业目前的文化。经营战略的实施需要遵循以下原则:

(1)目标分解、任务合理的原则

农业企业经营战略目标应分解为企业各部门和下属各单位的具体目标,以便落实责任和检查监督。各部门、各单位直至个人应完成的具体目标应合情合理,既有利于挖掘潜力,调动各方面的积极性,又要切实可行,具备实施条件,有实现目标的可靠保证。

(2)统一领导、组织协调的原则

实施农业企业经营战略,必须由企业高层管理者进行统一领导,加强协调,使企业各部门、各单位以及全体职工统一行动、步调一致、相互配合、密切协作,以保证企业经营战略总体目标的实现。

(3)突出重点、兼顾全局的原则

一个合理的经营战略方案应明确地规定战略重点,以突出企业的主攻方向。这些重点一

般应是对企业发展的全局有决定性影响的方面,如企业的优势或制约全局的薄弱环节、主要矛盾等。抓住重点,有利于推动全局,同时也要兼顾全面,用重点带动一般,用一般保证重点。

（4）适应变化、机动灵活的原则

农业企业战略是对未来一定时期的谋划和方略,在战略实施过程中,环境总会发生这样或那样的变化。战略的制订者和实施者应机动灵活,适时调整和修改原有的战略方案,使之符合变化了的新环境,以充分发挥战略的指导作用。

3）农业企业战略的控制

（1）农业企业战略控制的含义

农业企业战略控制是指农业企业战略管理过程的最后阶段,在战略计划实施过程中,为了保证按农业企业战略计划的要求进行生产经营活动,所采用的不断评审实际工作,将反馈回来的实际成效信息与计划目标比较,及时发现偏差、采取纠正措施的活动。农业企业经营战略的实施过程,有时同不断变化的环境之间存在着一定的矛盾,实施结合也会同预定目标产生一定的偏差,这就需要及时采取纠正措施加以控制,主要是建立一套战略实施的控制系统。

农业企业战略控制是企业系统中战略层控制的活动,不同于管理层、作业层的控制。其特点表现为:

①战略控制系统是开放的,因为战略层的活动处于农业企业与外部环境的衔接处。

②战略控制的标准依据是企业的总体目标,因为战略是追随农业企业总目标的一个方面,当战略规划目标接近企业总体目标时,才能起到控制标准的作用。

③战略控制的标准有两种类型,即成效标准和废弃标准。当战略执行过程中出现偏差时,若这一偏差值落入成效标准范围内,就可以采取修正措施或修正规划,以保证战略目标的实现;当这一偏差值落入废弃标准范围内时,则表明原战略规划所依据的假设条件发生了重大变化,原有的战略就应废弃。

④战略控制的功能是既要保护战略规划的稳定性,又要允许其变化,使农业企业系统维持一种动态的平衡,使农业企业系统具有足够的稳定性,以承受周期性的冲击,走向相关的目标,同时,又主张变化,但这种变化是可接受的和符合期望的。

（2）战略控制的过程

农业企业战略控制过程是将实际工作情况与工作评价标准进行对比,发现差距,找出原因并进行纠正的过程。战略控制是一个活动过程,它由以下几个步骤组成:

①确定控制标准。评价标准是战略控制的依据,是工作成果的规范,是从一个完整的战略计划中所选出的对工作成果进行计量的一些关键点,它用来确定是否达到战略目标和怎样达到战略目标,战略目标以及低层次的组织目标、个人目标和计划要求都是评价标准,一般以战略目标的具体化——战略计划及其指标体系作为评价和控制战略执行效果的标准,评价标准一般由定量和定性两个方面的标准组成。定量评价标准一般可选用下列指标:资金利税率、人均创利、劳动生产率、销售利润率、销售增长额、市场占有率、投资收益、股票价格、每股平均收益、工时利用率等;定性评价标准一般从以下几方面加以制订:战略与环境的一致性、战略中存在的风险、战略与资源的配套性、战略执行的时间性、战略与企业组织机械的协调性等。

②检查实施，衡量成效，寻找偏差。对战略执行前、执行中、执行后信息反馈的实际成效加以分析比较，将执行的结果与计划目标、指标进行比较，是完成还是未完成？如果完成了，超过多少？如果未完成，差额多少？找出实际活动成效与评价标准的差距及其产生的原因，这是发现战略实施过程中是否存在问题和存在什么问题，以及为什么存在这些问题的重要过程。要做好这项工作，必须建立管理信息系统，并采用科学控制方法和控制系统，在适当的地点来进行评价。

③分析原因，采取措施，纠正偏差。对通过成效衡量发现的问题，必须针对其产生的原因采取纠正措施，才能真正达到农业企业战略控制的目的。纠正的措施有的是改变战略实施的活动、行为，有的是改变战略的目标、措施和计划。

④改进调整，完成战略目标。农业企业经营战略是指导企业中长期发展的，应当在相当长的时期内具有稳定性，但农业企业外部环境和内部条件是经常变化发展的，因而农业企业经营战略不可能绝对地一成不变。为了发挥经营战略的正确指导作用，必须根据市场需求、环境变化和企业内部条件的变化及时进行调整，以保证它的正确性。在采取必要的纠偏措施后，要按规定的目标继续努力，加以完成。

上述几个方面的活动有机结合在一起，构成了完整的农业企业战略控制过程。

(3)农业企业战略控制的方法

进行农业企业战略控制，可以有不同的控制方式，需根据实际情况作出选择。选择控制方式，一要考虑控制的可行性，二要考虑控制要求、控制量和控制成本。总之，要从农业企业实际出发，作出正确的选择。农业企业经营战略实施控制的方法主要有：

①避免控制。就是管理人员采取适当的手段，使不适当的行为没有机会产生，从而达到需要进行控制的目的。例如，采用自动化手段减少所需要的控制，或把权力集中于少数高层管理人员手里，以减少分层控制所造成的矛盾。

②直接控制。是指农业企业必须将经营战略纳入控制过程，采取控制措施并进行控制活动，这类控制主要有具体活动的控制、成果控制、人员控制等。

③事前控制。在实施战略之前，要设计好正确有效的战略计划。该计划要得到企业领导人的批准后才能执行，其中有关重大的经营活动必须经过企业领导人的批准同意才能开始实施，他所批准的内容往往就成为考核经营活动绩效的控制标准，这种控制多用于重大问题的控制，如任命重要人员、签订重大合同、购置重大设备等。

④事后控制。这种控制方式是在农业企业经营活动之后，才把战略活动的结果与控制标准比较，这种控制方式工作的重点是要明确战略控制的程序和标准，把日常的控制工作交由员工。

⑤经营审核。经营审核是在弄清经营成果的基础上，深入到农业企业政策、职权应用、管理重量、管理方法等方面进行综合分析研究和专门分析研究，分析它们的效果，作出正确评价，从而推动经营管理工作的改进，保证战略目标的实现。

⑥个人现场观察。是指农业企业各级领导者深入到各种生产经营现场进行直接观察。有经验的领导者即使偶然到车间、办公室走一下，也能从中得到许多有用的情报。

4)农业企业的经营风险

(1)基本概念

经营风险是指由不确定因素导致经营者蒙受风险损失或获得风险报酬的可能性。风险

损失是指风险项目收益低于无风险项目收益的损失额,风险报酬是指风险项目收益高于无风险项目收益的额外收益。

(2)农业企业经营风险的类型与识别

①经营风险的类型:

按风险的成因分类,可分为自然风险、社会风险、经济风险、技术风险;按风险的表现形式分类,可分为投资风险、生产风险、销售风险、财务风险、人事风险;按风险可否投保分类,可分为静态风险、动态风险。

②经营风险的识别:需要对企业内外环境进行详尽的调查、系统的分析与综合的分类,以揭示潜在的风险及其性质。具体方法为:宏观领域中的决策分析、可行性分析、统计预测分析、投入产出分析和背景分析等;微观领域中的流程图分析、资产负债分析、因果分析、故障树分析、损失清单分析、保障调查法和专家调查法等。

(3)农业企业经营风险的处置与防范

①经营风险处置的原则:风险和报酬相均衡;采用的方法与企业承受能力相适应;全面性和针对性相统一。

②经营风险处置的对策:风险避免;风险自留;风险分散;风险组合。

 思考与练习

一、简答题

1. 简述农业企业经营管理的职能。

2. 简述农业企业管理的基本原理。

3. 承包经营与租赁经营主要区别表现在哪些方面?

4. 农业企业经营战略制订包括哪些步骤?

5. 农业企业战略控制的方式有哪些?

二、实训题

1. 有人说管理是利用他人的智慧把事情办好的艺术,一些人并不是管理科班出身,但却成为著名的管理专家,你对此有何看法?

2. 选择并参观一家企业,试着对其内部条件和外部环境进行分析,并写出分析报告。

三、案例分析

青州园艺公司的经营形式

20世纪90年代初,天津市青州园艺公司主要经营蔬菜生产,同时也设有花木店兼营花木零售。在长期与客户的经营交往中,发现许多宾馆、酒楼、公司和企事业单位买了花卉回去,由于不会管理或照料不善,使花卉很快就失去了娇美的秀色,甚至枯萎凋零。于是这家公司便决定迎合客户需求,推出了新的经营点子——花卉租摆。

这项新业务一改,原来的卖花转为租花,将客户点要的玫瑰、月季、菊花、茶花、绿萝等盆花送上门为客户摆放,并定时派人上门进行浇水料理等日常服务,等到租出去的花卉需要保养时,便送另一盆新的去租摆,并换回需要保养的花卉。

这样的经营方式,既为客户免去了日常管理花卉的麻烦,也不必频频另买盆花,只需花较

少的钱就能使会客厅或办公室秀色长驻;而对花木公司来说,不但有了长期稳定的客户,也减少了花盆、花卉的无谓损耗。花卉租摆使双方各得其利,大受用户欢迎。

到1992年,已有250多家宾馆、公司和企事业单位成了青州园艺公司的常年客户,该公司1992年仅"花卉租摆"一项就收入了80多万元,占了该公司全年农业绿化工程总收入的近一半。

分析讨论:1.青州园艺公司经营成功的主要原因是什么?

　　　　2.上述案例对我们有什么启示?

天盛公司的策略问题

北京天盛花木有限公司是一家从事花木生产、销售的企业,在计划经济时代,由于国家的扶持,理所当然地得到了发展。但现在,这家企业强烈地感觉到了同行的竞争,经营业绩每况愈下。公司总经理很是担心,便请来了某高校的一位管理学教授帮助分析原因。该教授经过调查,提出了以下看法:企业的目标大多数是为期一年的,而且主要是一些经济指标,一般地,各主管人员是好的"消防战士",但他们只注重"救火",而不太注意事先防止问题的发生,没有什么集体的努力,每一个主管人员都集中精力于自己的任务,主管人员大都只关心内部的经营活动,而不关心外界的环境变化。总经理认真地听取了教授的报告,认为重要的问题是现在应该怎么办才能解决这些问题,从而增强企业的竞争能力。

分析讨论:当总经理征求你的意见时,你将如何回答?

项目 2
农业企业管理体制

【知识目标】

1. 了解现代企业制度含义、特征和内容。
2. 理解企业的法律组织形式。
3. 掌握农业企业的组织设计与创新。

【能力目标】

1. 会分析企业的法律组织形式。
2. 能进行农业企业组织的设计和评价农业企业组织创新。

任务 2.1 现代企业制度

2.1.1 现代企业制度的内涵和特征

1)现代企业制度的内涵

1993年11月,党的十四届三中全会通过的《中共中央关于建立社会主义市场经济体制若干问题的决定》,明确提出"建立现代企业制度是发展社会化大生产和市场经济的必然要求,是我国国有企业改革的方向。"现代企业制度,是指以企业法人制度为基础、企业产权制度为核心,由若干具体制度组成的产权清晰、权责明确、政企分开、管理科学的一种企业制度。

现代企业制度的内涵主要包括:现代企业制度是指企业制度的现代形态;现代企业制度实质上主要就是19世纪末期以来发展起来的、在当代发达市场经济占据主导地位的公司制度;现代企业制度的基础是企业法人制度;现代企业制度的核心是产权制度;现代企业制度的典型形式是公司制农业作为一个独立的产业部门,在企业制度、组织形式等方面,与一般企业并没有很大差别。

2)现代企业制度的特征

和传统的企业制度相比,现代企业制度主要具有以下基本特征:

(1)产权清晰

产权,即所有者对财产所拥有的权力。产权清晰,是指公司制企业的出资者和企业法人之间,以及企业的出资者之间、企业法人财产与借贷所形成的企业资产之间的产权内容及其归属清晰。公司制企业依法(公司法)对出资者注入企业的资本金及其增值形成的财产,拥有独立的企业法人财产权,成为享有民事权力、承担民事责任的法人实体。

(2)职责明确

企业拥有独立的法人地位,享有法律所赋予的企业法人财产权,可以其全部法人财产自主经营、自负盈亏、照章纳税,对出资者承担企业资产保值增值的责任,对债权人承担清偿责任;同时,出资者按其投入企业的资本额,享有所有者的权益,即资产受益、重大决策和选择管理者等权利。

(3)政企分开

政府与企业是市场经济的主要组成部分。前者为市场经济宏观调控的主体,是服务性的行政组织;后者为市场经济活动的微观主体,是从事生产经营、讲求盈利、为社会创造财富和价值的经济实体。政府与企业不存在任何的行政隶属关系。企业依法经营,照章纳税,政府不得直接干预。即"政府调节市场,市场引导企业",企业不承担政府的行政管理职能。

(4)管理科学

所谓管理科学,就是按照市场经济发展的规律,树立现代企业的管理理念,建立合理的组织机构,健全内部各项管理制度,采用科学的管理方法和经济手段,而不是采用行政手段,以优化资源配置,提高企业管理效率。通过科学的制度建设,以诱导企业正确处理产权关系,以

及所有者、经营者、管理者、生产者等各方面的责权利关系,形成激励与约束相结合的经营机制,企业发展才能有源源不断的动力。

2.1.2　现代企业制度的内容

建立现代企业制度,就其内容而言,至少应包括以下几个方面:

1）法人产权制度

由投资主体对企业注入资本金形成经营性资产,所产生的财产权益即为产权。产权制度即以产权为依托,对企业各种财产关系进行合理组合、调节的制度安排。法人产权制度是以法人企业制度的形成为前提,其明显的特征是产生了原始产权(企业股权)与法人产权(财产物权)的双重产权结构,从而引起了一系列企业制度的变化。

（1）法人产权与原始产权的分离

这是企业所有权与经营权第一次具有法律意义的分离。法人产权是指公司作为法人对公司财产的排他性使用权、经营权、收益权和处置权;原始产权是指公司资产的投资者,拥有所出资部分的财产原始所有权。作为原始所有者的股东保留对财产的价值形态——股票的占有权利(股权),而公司法人享有对财产的实物形态——生产资料的占有权利(物权)。虽然原始产权与法人产权的客体是同一财产,但反映的是不同的价值形态和经济法律关系。原始产权体现了该财产最终归谁所有;法人产权则体现了该财产由谁占有、使用和处置。

（2）经营权与法人产权的分离

这是企业所有权与经营权的第二次分离。经营权是企业对其经营管理的财产享有占有、使用的权利。它同法人产权都是从所有权分离出来的权能,但两者有重要区别:

①表述的角度不同。企业经营权是相对于所有权而言;法人产权则相对于原始所有权和其他民事权利而言。

②内涵不相同。经营权不包含收益权和处置权,而法人产权包含收益权和处置权,必要时企业可用占有的资产抵债,经营者则无权这样做。

③权利的期限不同。经理人员拥有经营权的期限小于法人产权的存续期限,只要公司法人资格不变,法人产权永远不会改变。

④权利的界区不同。经营权集中于经理手中,法人产权集中于董事会。总之,法人产权的独立是现代公司制的核心。

2）有限责任制度

现代企业的有限责任制度,是指企业与出资者各方对企业债务清偿所承担的责任和义务均为有限的一种制度安排。即在企业破产清算时,投资者只以投入企业的资本金额为限,承担债务清偿责任。对企业来说,它负有对出资者财产保值、增值的责任;在企业破产清盘时,要以其全部法人财产为限对所负债务承担清偿责任。同时,有限责任制度也提醒企业的债权人,要注意了解和监督企业的经营和财务状况,不断强化和完善外部约束,促进企业改善经营管理。

3）组织领导制度

现代企业是通过公司法人治理结构来行使领导职能的。所谓法人治理结构,是指由股东会、董事会和高级经理人员组成的三层管理组织机构。实行董事会领导下的总经理负责制。

①股东大会:是公司的最高权力机构,行使公司财产的最终管理权。作为公司财产的原始所有者——股东,主要通过股权代表机构——股东会,举手投票选举董事会,以对企业重大决策进行表决,反映自己的意愿,制约董事会的行为。

②董事会:是公司的决策、管理机构,是公司法人财产的代表,由股东大会投票选举出的若干名董事组成。它以股东对其信任为基础,托管和经营公司资产,对公司重大问题进行决策,承担资产经营风险;同时受股东利益的制约,对经理人员进行监督。董事会的根本职责是保证公司的经营符合股东利益,促进公司法人治理结构有效运行。

③经理层:是公司的日常管理与执行机构,是公司的经营者,由以总经理为首的经理人员所组成。主要经理人员,是由董事会或股东会精心选聘的;经理层主要负责企业日常的经营管理业务,直接对董事会负责。

以上三大机构,形成了公司完整的权力层次和有机的组织领导结构,为维护公司资产的完整性和体现公司法人团体的意志提供了有力的组织保障。

4) 内部管理制度

内部管理制度,其主要作用是规范企业与员工的行为,协调各方面的利益关系,确保企业生产经营活动的正常进行。主要包括以下内容:

(1)劳动用工制度

在现代企业中,劳动用工制度主要是全员劳动合同制,即劳动主体(员工)与用工主体(企业)双方,在平等自愿的基础上经过相互选择、协商,以契约的形式规定各自的责权利,并具有法律效力。这种以市场为基础、以经济为保障的劳动用工制度,赋予了企业自主用工和劳动者自主择业的权力,因而有利于劳动力资源的优化配置和组合。

(2)人事分配制度

人事分配制度是关于企业人事变动、职工劳动报酬和收入分配的制度。具体包括:职工的晋级提升、选拔招聘、员工培训、工资奖金、生活福利、股利分配、企业提留等制度。企业在不违反国家有关法律规定的前提下,可以完全自主地确定这些制度。

(3)财务会计制度

财务会计制度是有关企业资金营运的财会活动原则和规范的制度安排。主要包括:企业资本金制度、折旧制度、资产负债制度、成本管理制度、利润分配制度、资金结算制度等。

(4)管理工作制度

管理工作制度是关于企业日常生产经营管理方面的工作条例、规定和规程。主要包括:计划管理制度、生产管理制度、销售管理制度、质量管理制度、劳动管理制度、技术管理制度、物资设备管理制度、安全生产管理制度等。

5) 企业破产制度

破产是指债务人不能清偿到期债务时,法院依法将其全部财产抵偿其所欠各种债务,并依法免除其无法偿还的债务的一种法律行为。债权人或债务人均可申请企业破产。债权人提出申请破产时,应当提供债权数额、有无财产担保以及债务人不能清偿到期债务的有关证据。债务人申请破产时,应当说明企业亏损情况,提交会计报表及债权债务清册。企业宣告破产后,要依法清产还债,公平分配,使债权人的合法权益得到必要的保护;同时,企业以其全部财产抵偿债务时,不足部分不再偿还,以使企业从长期的债务中解脱出来。现代企业破产

制度是市场经济条件下企业制度的重要内容,它有利于加大企业压力,促使企业以经济效益为目标,加强企业经营管理,提高劳动生产率和资源的利用效率。

任务2.2　企业的法律组织形式

创办和组建企业,首先要确立企业的法律组织形式。所谓企业的法律形式,是指企业资产的所有形式在国家法律上的认可。企业的组织形式一般都通过法律条文予以明确规定。世界各国企业法律形式不尽相同,但基本的法律形式主要有三种,即独资企业、合伙企业和公司制企业。这三种形式都有各自的优点和缺点,它们的组建程序及其在经济活动中作用也各有差异。因此,作为农业企业的发起人,必须要按照各种企业组织形式的特点和自身的要求及条件,在法律认可的范围之内,选择一种比较合适的企业组织形式。

2.2.1　独资企业

独资企业又称个人业主制企业,就是由一个自然人出资自主经营或雇人经营,资产和盈利归投资个人所有,投资人以其个人财产对企业债务承担无限清偿责任的经营实体。独资企业在法律上为自然人企业,不具有法人资格,是最古老、最简单的企业形式,也是在现代经济社会中数量占绝对多数的企业。即使是在经济高度发达的美国,独资企业数也占全国企业总数的75%左右。

1)独资企业的优点

独资企业之所以盛行世界各国,主要在于它具有以下优点:

(1)开办和停业简单,产权能自由转让

该企业开办手续最为简单,资本金无严格限制,只需个人出资,有合法的企业名称,固定的生产经营场所和必要的生产经营条件,在当地工商行政管理机关申请,15日内即可登记注册,领取营业执照。此外,业主可在任何时候停办自己的企业,停办成本相对较低,但停办之前,业主必须以企业和其个人的其他财产,清偿所欠职工工资和社会保险费用、所欠税款、所有债务。企业产权转让完全由业主自己决定。

(2)无双重课税,税负较轻,利润归业主个人所有

独资企业只征收业主的个人所得税。如果全年应纳税所得额在3万~5万元,税率为30%;不足3万元的,税率更低。独资企业的经营收入扣除成本、费用、损失和个人所得税后的经营利润,全部归业主个人所有,无须与其他任何人分享。由于独资企业的利润即业主个人所得,因而业主善于精打细算,勤俭持家,故生产成本及各项费用开支很低,企业的产品和服务也具有很强的竞争优势。

(3)经营灵活,决策迅速,受人为制约较少

由于独资企业规模小,几乎没有任何管理机构,企业的经营管理均由业主个人做主,无须与别人商量。只要业主看准的事情,马上可以付诸实施,故企业能充分发挥"船小好调头"的优势,迅速适应市场发展的变化。

（4）独享企业的经营管理权,能使个人得到最大的满足

独资企业属于业主所有,归业主控制。业主能够完全按照自己的意愿经营管理企业,企业的经营目标、经营项目、经营时间、经营方式等,完全由业主自己决策,自己承担责任,这样更容易实现个人的理想抱负和人生价值,使业主的事业心、领袖欲等得到最大限度的满足。

（5）容易保守商业秘密

由于独资企业通常是业主一人负责企业全面的经营管理,且企业经营各方面情况无须向外公布,如经营决策、产品销量、经营利润、生产工艺、技术设备、财务状况等,因而有利于保守商业秘密,为企业竞争赢得优势。通常除个人所得税表格中所列项目之外,其他均可保密。

2）独资企业的缺点

（1）承担无限责任

独资企业一旦经营失败,业主对企业的债务负有全部清偿责任。若企业资产不足以偿债,业主必须以个人家庭财产抵付。这对独资企业的业主来讲,是一种巨大的、后果严重的风险。

（2）资金筹集困难

一般说来,由于独资企业的出资者只有一人,故其筹资能力十分有限,筹资渠道仅限于个人积累、向亲朋好友借款。银行贷款常常由于业主个人信用和可用于抵押的财产有限而受到很大限制。

（3）企业发展受到局限

受业主个人资金、经营能力和时间、精力所限,独资企业的规模不可能发展得很大。况且,个人所得税采用的超额累进税制也不利于独资企业规模的扩大。当独资企业规模发展到一定程度时,业主的个人所得税的税率会高于公司所得税税率。

（4）企业寿命有限

独资企业的存在完全取决于业主。如果业主不愿经营,或精神失常,或犯罪在押或死亡,则企业随之寿命终结。虽然业主的亲人也可以继续经营,但由于经营能力所限,很难维持企业长久生存。因此,企业的员工和债权人的风险较大。

正是由于上述困难与问题,限制了独资企业的广泛应用,促使许多独资企业的业主希望能够找到合适的合作伙伴建立合伙企业。

2.2.2 合伙企业

合伙企业就是由两个或两个以上的个人出资者订立合伙协议,共同出资、共同经营、利润共享、风险共担,并对企业债务承担无限清偿责任的经营实体。合伙企业主要分布在零售商业、服务性行业和制造业,常见的有零售商店、诊所、会计事务所、律师事务所、广告事务所、商标事务所、股票经纪行等。合伙企业的数量远低于独资企业和公司制企业,不到企业总数的10%。成立合伙企业,必须事先经合伙人协商同意,然后订立书面的合伙协议,明确规定各个合伙人在合伙企业中的责任、权利和义务,以共同维护各个合伙人的利益。合伙人出资可以是资金或实物,也可以是权力、信用和劳务等。

合伙协议一般包括以下内容:

合伙企业的名称和经营场所;合伙经营的目的和经营范围;合伙人的姓名与住所;每个合

伙人的出资方式、数额及期限;合伙人的种类及其责任和主要业务分工;利润分配及亏损分担;老合伙人退伙和新合伙人入伙的办法;企业解散与清算;违约责任;协议上未规定的争端解决方式;协议有效期;所有合伙人在协议上签字盖章。

合伙企业也属于自然人企业,即没有脱离合伙人单独的法人地位,二者在法律上是一个统一体。不过合伙企业也具有一定的独立性,如可以用合伙企业的名义取得房地产的产权,而不必使用一个或更多合伙人的名义;可以用合伙企业的名义起诉和应诉等。

在合伙企业中,拥有合伙企业并在合伙协议上签字的人即为合伙人。根据是否参加企业经营管理及负无限责任还是有限责任分,可分为普通合伙人、有限合伙人和其他合伙人(如不参与企业管理的合伙人、秘密合伙人、匿名合伙人、名义合伙人等)。普通合伙人是合伙企业必备的合伙人,也是合伙企业经营管理中最重要的、最有权力的合伙人。每个普通合伙人都拥有分得利润和参与管理的基本权利,都有权代表企业对外签订重大的经济合同,同时承担债务无限清偿责任和连带责任。

1)合伙企业的优点

(1)资金来源较多

由于合伙企业的合伙人较多,故筹资能力比独资企业较强,企业信用和可用于抵押的财产较多,故比较容易得到银行贷款和赊销商品。特别是有限合伙人对企业债务仅限于出资额的有限清偿责任,可吸引众多的投资者成为合伙企业的有限合伙人,在一定程度上拓宽了企业资金的来源。

(2)提高企业经营管理水平

合伙企业的合伙人一般都是志同道合、相互比较了解,都可以参与企业的经营管理并进行相互监督。由于所有权与经营管理权紧密相连,无形中会强化合伙人之间的信任感、责任感。同时,还可以根据每个合伙人的特长进行科学合理的分工协作,以汇集众合伙人的知识、经验、智慧、能力,形成很强的整体优势,全面提高企业的经营管理水平。

(3)较长的企业寿命

由于上述优点大大增强了合伙企业的生存发展能力,故其平均寿命要比独资企业长得多。美国《福布斯》杂志最近的一项研究表明,自1960年以来,美国合伙企业的生存率为个人业主制企业的4倍。

(4)税收负担轻

与独资企业一样,合伙企业设立简单,政府干涉和控制较少,税收负担较轻。由于合伙企业作为一个会计主体,不是法人,所以合伙企业不承担纳税义务,而是由各合伙人分得的收入总计交纳个人所得税。故当个人应纳所得税额较低时,税负较轻。

2)合伙企业的缺点

(1)无限连带偿债责任

普通合伙人对合伙企业的债务负有无限清偿责任,即如果合伙企业的合伙财产不足以偿债时,普通合伙人都必须以其个人财产加以弥补。当普通合伙人不止一个时,他们之间还存在着连带责任。所谓连带责任就是有清偿能力的普通合伙人对没有清偿能力的普通合伙人应付债务的连带清偿责任,哪怕是企业不抵债的严重损失是由某个普通合伙人的行为不当所致。

（2）产权转让比较困难

合伙人一旦加入合伙企业，由于种种原因很难从合伙企业脱身，其产权转让必须征得所有合伙人同意方可进行。

（3）合伙人之间易产生分歧

尽管合伙人事先通过签订合伙协议的方式，对企业经营管理、业务分工协作、利润分配、企业损失和风险分担等方面加以明确规定，但实际情况错综复杂，协议很难规定得清楚、合理，尤其是那些在经营管理方面对企业作出了巨大贡献的合伙人其所得与其投入长期不符，这就给今后分歧和矛盾的产生埋下了伏笔。这些分歧和矛盾的产生，往往会导致一些合伙人缺乏工作热情与责任感，致使企业缺乏效率。

（4）企业发展仍受局限

和公司相比，其融资渠道和融资能力仍很有限，不能满足企业大规模扩张的需要。此外，合伙企业的设立和发展的基础是合伙人之间的相互信任、相互监督。一旦企业规模过大、合伙人过多，必然造成信任危机和监督困难，合伙人各种机会主义产生，因此，合伙制企业本身就不宜发展过大。

（5）企业寿命仍然有限

一旦合伙协议期满，合伙人不愿续签或关键合伙人中途退出、破产、丧失经营能力、死亡等，合伙企业就会很难维持下去。

2.2.3 公司

公司是由一定人数（自然人或法人）以上集资并依法成立的以盈利为目的法人企业。在当今世界上，公司是最重要的企业组织形式，也是分布领域最广、最适合现代化大企业的法律组织形式。公司的经营规模一般很大，在国民经济的发展中举足轻重。虽然其数量仅占企业总数的15%左右，但其收入和利润及员工却占总量的70%以上，世界上许多著名企业都是公司。

1）公司的优点

（1）独立法人地位

公司是法人企业，公司的财产属于公司所有，但独资、合伙企业的财产属于业主所有。公司一旦设立，即在法律上拥有脱离于公司股东的、独立的法人地位，具有独立的生命。除非其自身破产或歇业，否则其生命永续。公司的业务也不会因为任何股东的股权转让、丧失经营能力、死亡等而终止。而独资和合伙企业都是自然人企业，没有脱离业主的单独的法律地位，业主与企业在法律上是一个统一体。

（2）有限清偿责任

公司股东对公司债务只承担其股金范围内的有限清偿责任。

2）公司的缺点

（1）设立手续复杂，组建费用较高

如法定资本金数额大，需请律师或代理人，需要法定验资机构的验资证明、公司章程、组织机构等。

（2）政府限制较多

公司涉及众多的股东和数额巨大的投资,也是国家的重要税源。为了保障股东的权利和国家的税收,维护社会的稳定,政府主要通过法律,如公司法、证券法、税法、广告法、不正当竞争法等,对公司进行严格的管制。

（3）不能严格保密

一般情况下,公司不仅要向政府报告经营状况,而且要定期将公司的财务状况告知股东,甚至公告于众,特别是上市的股份有限公司。公司有做好各项记录和报告的义务,政府有权检查。因此,竞争对手有可能得知公司的有关情况,从而对企业构成某种威胁。

（4）双重缴纳所得税

公司首先要上缴公司所得税;其次,公司用税后利润给股东分发股利时,股东还要缴纳个人所得税。故对股东而言,公司的税负比合伙企业要重。

3）公司的种类

在现代社会中,国际上公司种类很多,主要有无限责任公司、有限责任公司、两合公司、股份有限公司、股份两合公司、一人公司等。我国主要有有限责任公司、股份有限公司两类,此外还有国有独资公司,股份合作制企业主要分布在农村的乡镇企业和农民合作经济组织等。

（1）有限责任公司

有限责任公司是指依法成立,由一定人数的有限责任股东所组成的公司。这是现代企业制度中数量最多的一类公司企业,大大超过了股份有限公司,许多中小企业往往采取这类形式。如联邦德国的200万公司企业中,有限责任公司占85%、美国占75%。

①有限责任公司的特点有:

a.股东对公司仅承担有限责任。公司以其资产对其债务承担全部清偿责任。股东按投入公司的股本额享有所有者的资产收益、重大决策和选择管理者等权利。

b.股东人数较少且有严格的上限。许多国家的《公司法》如中国、英国、法国和日本等都规定:股东人数必须在2~50人。如遇特殊情况超过上限时,须向法院申请特许或者转为股份有限公司。有限责任公司不仅股东人数较少,而且多是亲朋好友或者相互了解和信赖的人员,因此股东之间的关系也比较密切。公司一旦组建,非经全体股东同意不能随意增加新股东。

c.不得发行股票。股东各自出资额,一般由他们协商确定。在他们各自交付其应付的股金之后,由公司出具书面的股权证书作为他们在公司中享有权益的凭证。公司禁止邀请公众公开认购其股份,也不允许股份在证券交易所公开出售。

d.股份不得任意转让。万一需要转让,须经全体股东一致同意。如一股东欲转让其股份,其他股东有优先购买权。

e."两权"常常合二为一。由于股东人数较少且相互信任,股东的股份不单是投资,大多还是其生计的主要来源,故全体股东往往会全力以赴,直接参加公司管理及其业务活动。

f.账目可以不公开。尤其是公司资产负债表一般不公开。因为有限责任公司不向公众筹集资金,因此它也没有义务向非公司成员公开账目。法律一般也不规定有限责任公司必须向公司以外的人公开账目。

②有限责任公司的优点有:设立简单,只有发起设立,而无募集设立,股东只要在公司成

立时足额出资即可;组织机构简单,一般采取董事单轨制管理,即由董事兼任经理;股东风险较小,因股东只对公司债务承担有限清偿责任;股东间便于沟通和协调,因股东人数少且关系比较密切。

③有限责任公司的缺点主要有:因股东只对公司债务承担有限清偿责任,因而影响公司的信用;股份转让受到严格限制;易助长股东的投机心理,以较少的资本投资风险大、报酬率高的项目。

④有限责任公司设立必须具备的条件有:股东符合法定人数;股东出资达到规定的法定资本最低份额;股东共同制定公司的章程;有公司的名称,建立符合有限责任公司要求的组织机构;有固定的生产经营场所和必要的生产经营条件。

(2)股份有限公司

股份有限公司是以确定的资本分为若干股份,由一定人数以上的有限责任股东所组成的公司。股份有限公司特别适合于投资额巨大而需长期经营才能盈利的行业,或有较大风险、市场变化快的行业。

①股份有限公司的特点有:

a.公司的全部资本分为若干等额股份。这是股份有限公司的最重要特征,也是与有限责任公司的最主要区别。股份不仅是公司资本和权益的计量单位,也是股东权利与义务的表现。出资大的股东则占有的股份数多。股东拥有股份的多少是其股息分配和投票表决的依据。股份表示股票的价值,股票是股份的证券表现形式。

b.股东个人财产与公司财产相分离。任何人(无论自然人还是法人)只要愿意支付股金,都可认购股票而成为股份有限公司的股东。股东仅仅是股票的持有者,他对公司的所有权利和全部义务都体现在股票上,并随着股票的转移而转移。一旦公司破产或解散后进行清算,公司债务完全由其全部资产偿付,股东只以认购的股份对公司债负清偿责任,即公司债权人只能对公司全部资产提出要求而无权直接向股东起诉。

c.公司发起人的股东人数不少于法律规定的最低限。因为股份有限公司要公开招募股东,所以各国的公司法都规定了公司的最低股东人数,一般情况下公司发起人不得少于 3 ~ 7人,但没有规定上限,股东可多达数百万。

d.绝大多数公司的所有者与经营者相分离。由于股份有限公司的股东成千上万并分散在各地,因此,由股东大会选出的代理人组成的董事会或股东大会选聘的经理人员,负责公司的一切经营管理活动。其中,经理常常要以自己的全部财产对其行为负责,如果因其失职而造成公司经济损失的,一般应负有连带责任。

e.公司的设立与招股必须严格遵守法律。首先,公司设立的程序、公司发起人人数必须符合法定要求;其次,必须制定公司章程并作为确定公司权力的文件;第三,公司认股的程序一般采用发起设立,即由发起人一次融资全部股份,也可采用募股设立,即发起人认股后再向社会公开招股;第四,公司的招股章程既是一个包括发行条件的文件,也是一个向公众邀约认购其股份的申请,投资者填写认股书并认购一定股份后即成为公司的股东。

f.公司的账目必须公开。各国公司法一般都规定,股份有限公司必须在每个财政年度终了时公布公司年度报告,其中包括董事会的年度报告、公司损益表、资产负债表以及财务变动表等。

g.公司规模较大。由于股份有限公司可以广泛发行股票,因此股东人数多,股本大,资金雄厚,故其经营规模、营业范围、市场竞争能力等方面,都超过了其他企业形式,具有广泛的社会性和国际性,以致当代的多数巨型跨国公司大都采用股份有限公司的形式。

②股份有限公司的优点有:

a.集中小资本,兴办大事业。股份有限公司可以向社会公开发行股票和债券筹资。由于股票是股份有限公司总资本分成若干相等小额的股份的凭证,是具有盈利性、分权性、可交易性的有价证券,而债券则是股份有限公司对外举债以筹措资金,并承诺将来一定时期还本,并按一定利率付息的凭证,是具有收益性、安全性、还本性、可交易性的有价证券。因此二者均能大量吸引社会上众多的小额资金和游资,集聚成巨额资本,从而推动企业发展更大的事业。

b.资本证券化,转让自由化。投资者认购股份即可成为股东并得到股票,这些股票可在股东必要时在证券市场上自由出售。一般小公司的股票需要股东自己寻找购买者,而大公司的股票则可随时在证券交易所出售变成现金。因此,股份有限公司资本的证券化,使得公司的资本流动性很强,不仅有利于公司之间的竞争,而且有利于资本的重组和优化配置,有利于刺激公众的投机心理,从而分散投资风险。

c.两权相分离,管理效率高。独资企业、合伙企业和小的有限责任公司,往往是出资者兼任管理的全部职能。而股份有限公司,尤其是大中型的股份公司,所有者和经营者几乎完全分离,股东不再直接管理公司,公司的经营管理职能转由各方面专家承担,如会计师、销售专家、广告专家、律师等。由于这些人都是各方面专业的内行,所以能比股东更有效地管理企业。即使在企业迅速发展、环境激烈变化的情况下,也能管理得很好。

d.公司职工可以购买股票成为股东,大大强化其主人翁意识,充分调动其积极性,改善公司的管理。

e.企业寿命可以很长。由于上述原因,所以只要股份有限公司不亏损,则任何股东或高级职员的死亡都威胁不到公司的存在。公司的寿命可以延续很久。如美国许多大公司已有百年左右的历史,如通用电气公司1892年成立,福特汽车公司1903年成立,国际商用机器公司1911年成立等,这一点和独资企业完全不同,和合伙企业也不一样,合伙企业是一个普通合伙人死了,企业往往解体。

此外,股份有限公司的缺点主要表现在:每股一票行使表决权的原则,容易使公司的决策权落在少数大股东的手中,排挤与干涉小股东对公司业务的建议,从而使小股东的权益受到损害;公司的设立程序复杂且十分严格,因而组建时较为困难;其机构比较庞大,决策与执行不够迅速和灵活,管理成本较高;公司损益表及资产负债表等必须公开,股东人数较多且流动性大,所以公司保密困难;股东对债权人只负有限责任,并且不直接对债权人负责,所以公司信誉较无限责任公司要低。

③股份有限公司设立必须具备的条件有:发起人符合法定人数(5人以上),其中半数以上应在中国境内居住;发起人认缴和社会公开募集的股本达到法定资本最低限额;股份发行、筹办事项符合(公司法)规定;发起人制定公司章程,并经创立大会通过;有公司名称,建立符合股份有限责任公司要求的组织机构;有固定的生产经营场所和必要的生产经营条件。除此之外,还必须经国务院授权部门(证券管理部门)和省级人民政府批准。

任务 2.3　农业企业的组织设计与创新

2.3.1　农业企业组织结构的形式

现代企业组织结构,包含既相互联系又相互区别的法律上的结构和管理上的结构。"法律上的结构"是指出资人与公司的法律关系和股权关系;"管理上的结构"是指为了更好地管理企业,提高企业的经营效益,而构造的企业组织内部关系。这里主要讨论企业管理上的组织结构形式。

1)单体型企业组织形式

单体型企业组织是指单一企业法人的企业。依据我国公司法规定,即有限责任公司和股份有限公司两种形式。

(1)有限责任公司的组织形式

常见的有职能型和参谋型。

①职能型:一般规模较小、产品数量少的企业适合采用这种形式。如图 2.1 所示。

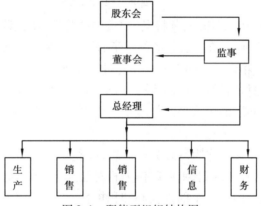

图 2.1　职能型组织结构图

②参谋型:一般适合于规模大、产品数量多的企业采用。如图 2.2 所示。

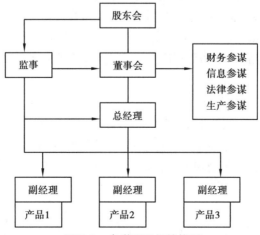

图 2.2　参谋型组织结构图

（2）股份有限公司的组织形式

一般地说，如组织规模大，可采用事业部制形式，如图2.3所示；如组织规模小的企业，则采用职能制。

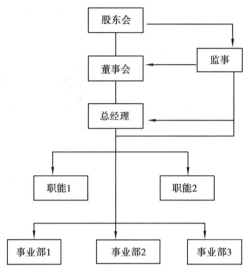

图2.3　事业部制组织结构图

事业部制组织，也称"M型"组织，其特点是"集中政策，分散经营"，即在集权领导下实行分权管理。这种组织结构，就是在总公司的领导下，按产品或地区或市场（顾客）划分而建立的、具有供产销权限、实行相对独立的类似于分公司的事业单位。事业部设立职能部门，实行单独核算，对产品设计、原材料供应、产品生产、销售和售后服务等负全面责任。总公司只保留预算、人事任免和重大问题的决策等权力，运用利润等指标对事业部进行控制，而不要求与事业部的职能部门上下对口、垂直领导。

①事业部制的优点：事业部作为一种分权组织，有利于企业高层管理者摆脱日常行政事务，专心致力于战略决策、长期规划；事业部作为相对独立自主、相对独立利益和相对独立市场的结合体，有利于调动部门和职工的责任心和积极性，培养管理人才；事业部任务单一，便于组织专业化生产，开发新产品，采用新技术；事业部有较大的管理权限，实行独立经营，有利于按照市场需求变化作出经营决策，提高企业的应变能力和竞争能力。

②事业部制的缺点：增加了管理层次、管理人员和管理费用；由于各事业部实行独立经营，不利于事业部之间信息、人才、技术等交流，容易滋长不顾总公司整体利益的本位主义倾向；事业部组织适用于产品多、市场分布广的大型或超大型的股份公司。

（3）国有独资公司的组织形式

国有独资公司，是受国有资产管理委员会的委托或授权，公司国有资产的运营，并参与市场平等竞争的法人实体。它是代表国家行使国有资产的投资经营权，其本身不直接参与公司的生产经营活动，只是通过委派董事和董事会及董事会聘请的总经理，间接地参与公司的管理。为了更好地管理公司，监督公司的经营，一般采用直线参谋职能型的组织形式，如图2.4所示。

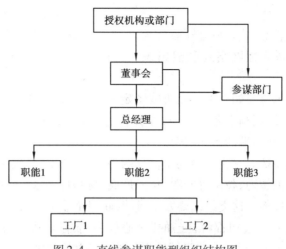

图 2.4 直线参谋职能型组织结构图

①直线参谋职能型,兼有直线职能型和参谋型的管理优势:由于直线领导,有利于统一指挥和集中控制;由于参谋机构的谋划帮助,有助于解决因公司过分集权而带来的风险问题;由于实行管理专业化,可以提高管理效率。

②直线参谋职能型缺点:各参谋部门与指挥部门之间的目标有时不一致,容易产生矛盾;要求各职能部门的经理具备许多不同行业的专业知识是较困难的。

2)联合型企业组织形式

联合型企业组织形式,是指由若干个独立法人企业所组成的联合体。按其联结方式的不同,可分为契约联合型企业组织和资产联合型企业组织两种形式。

(1)契约联合型企业组织

契约联合型企业组织是指联合的企业为了某一个共同目标,或某一段时间的共同利益,通过契约、合同等联结方式而联合起来的企业组织。联合企业组织中的各企业仍保持独立法人资格,享有平等权利,整个联合企业组织的管理都是通过契约、合同进行。这是一种松散型的联合,其具体组织形式有以下几种:

①特许连锁经营企业组织形式。特许连锁经营企业的联合组织,一般有一个声誉较大的中心企业(授权方),它拥有著名产品及其商标、技术、服务标志等,其他成员企业(被授权方)则通过契约、协议联结方式获得以上特许经营权。参加这种联合组织的企业,经营同一标准商品,使用同一服务标志,采用同一经营方式;联合组织的管理是由授权方负责,主要监督特许经营合同的执行情况。如遍布全国各大城市的"肯德基""麦当劳"等连锁企业。特许连锁经营在食品、餐饮业较多地采用。连锁经营是生产力发展和经营方式发达的产物。它是以消费的增长、交通的便利、科技的进步和市场竞争为前提的。我国的连锁经营从 20 世纪 90 年代初起步,发展较快,连锁经营已成为我国商品流通体制改革和结构调整的主要方向。

②联营企业组织形式。它是由产品上、品牌上、技术上享有盛誉的大企业,联合若干个小企业而组成的联合体。参加联营的企业各自是独立地生产销售,但它们生产相同或相配套的产品,销售相同的品牌,并由提供产品、品牌和技术的龙头大企业(或中心企业)按照协议负责某些方面的协调。如联营企业是协作型单位,中心企业只负责把好配套产品或零部件的质量关,同时负有包购这些配套产品或零部件的义务。联营企业同特许连锁经营企业相类似,在

管理上是松散的。

③战略联盟公司组织形式。战略联盟公司,是指为完成某一特定任务,通过电子手段、信息技术而临时组成的暂时性网络式联盟组织。这种全新的联合企业组织模式,其突出特点有:

a.组织灵活,聚散迅速。如有某一商机或特定任务,一个公司会立即联合其他公司协同会战,一旦各自需求解除,则马上各奔东西;如又有别的机会,该公司将用相同方式去达到目的。这样有助于利用变化多端的市场机会。

b.技术先进,联结便捷。它主要借助于信息网络、通讯技术,打破了联合公司之间的时空阻隔,利用了联盟企业的智力、技术等资源,从而形成一种力量强劲、效益最佳的组合。

c.彼此信任,发挥优势。这类组织要取得成功,联盟企业之间必须有更多的相互信任,为着"一种共同的使命",每个公司都将自己的"核心优势"贡献出来,因而可能创建一个"一切都是最优秀"的机构。此类组织形式,只用于高新技术的共同研究和开发。

(2)资产联合型企业组织

资产联合型企业组织是指以资产为纽带所形成的联合体。联合体中的成员企业之间的连结纽带是资产,也就是一个企业持有或控制另一个企业的股份。主要分为企业集团和跨国公司两种。

①企业集团:即由两个或两个以上企业以资产为纽带形成的有层次的企业联合组织。企业集团本身不是法人,而其企业成员都是法人。一般来说,企业集团分为四个层次:第一核心层,由一个或多个大的企业构成,它对其他成员企业都有持股和控股行为;第二紧密层,由核心层的控股子公司构成;第三半紧密层,由紧密层的子公司或核心层的控股公司构成;第四松散层,主要由与企业集团成员有一定联系,如持股关系、协作关系等的企业组成。

企业集团是当今世界最有影响、最具成熟的企业联合组织。不同国家或地区的企业集团都有各自的特色,如日本的三菱集团、住友集团、三井集团等,它们的最高权力机构是经理会,经理会是由集团成员企业的经理或董事长组成。德国的企业集团称为康采恩,其最高权力机构是企业集团的董事长,董事会成员由集团成员的企业董事长组成。我国企业集团的核心层是集团公司,它是一个独立的经济实体,其本身可能是国有独资公司或股份有限公司或有限责任公司等形式,它作为母公司既负责本公司的生产经营,又要通过控股、持股对成员企业进行管理、控制。可见,我国企业集团的最高权力机构管理是由集团公司兼管。

②跨国公司:是指通过资产纽带控制着多个在不同国家的公司(子公司)的总公司(母公司)。尽管跨国公司的类型和形式多种多样,但它们具有一些共同特点:跨国公司在国外的子公司是独立的经营实体,在人力和资金方面拥有统一的核算体制;企业具有全球性的经营战略;跨国公司控制或持有国外子公司的大部分股权,并使其服务于母公司的全球战略;跨国公司的经营活动相当大部分是在公司体系内进行的,如内部贸易、技术转让等。

2.3.2 农业企业组织的创新

1)农业企业组织创新的动因

(1)来自企业外部的压力

经营环境的不确定性,必然影响企业组织的稳定性、适应性、创新性。经营环境对组织创新的影响主要有以下几个方面：

①全球经济一体化。主要表现是市场竞争的国际化,使得任何一个企业都难以摆脱奇特经济主体的影响,最明显的例证就是 2008 年爆发起来的金融危机,严重影响到各个主要经济体的主要企业。在这种背景下,必须适时地对企业组织结构进行改革与创新。

②新型经济形态的发展。与工业经济时代相比较,新型经济形态的发展,也对企业的组织结构创新形成了要求。在知识经济时代,企业管理理论与实践,已经和正在发生着深刻的变化,管理方式逐渐由"以产值为中心"的依法治厂管理,转向"以信息为中心"的智能化管理。随着科学技术的发展,生产力的提高,企业以往凭借价廉物美在竞争中取胜的简单模式,已经被多层面的竞争所替代,过去那种在静态假设下四平八稳的管理方法已经过时,变化成为知识经济时代的主旋律。这就使得过去金字塔式的等级森严的官僚化管理被一种扁平式、网络式的管理体系所替代。

（2）来自企业内部的推力

①战略调整。外部经营环境的变化,给企业带来了风险和机遇,因而,企业经营战略必须适时地作出调整。作为实施战略的组织本身也应作出相应的变革,例如采取扩张战略,必然要求组织结构扩展;采取收缩战略,必然导致机构精简等。

②规模经济。包括两方面含义:一是企业经营必须逐步实行适度规模经营,提高内在规模经济,即以企业经营规模的扩大而获得的经济效益。主要包括劳动力规模扩大,优化分工协作而获得的效益;土地规模扩大,采用先进技术而获得的效益;机械设备规模扩大,提高其利用效率,降低作业成本而获得的效益;购销规模扩大,节省流通费用,增强市场竞争力而获得的效益;以及在上述基础上,优化生产要素组合和合理组织经营过程,提高整体效应而获得的效益。二是农业企业必须克服传统的"小而全"的经营格局,提高外在规模经济,即在一定地域内,产业规模扩大,社会化协作和服务使企业获得的经济效益。主要包括产业规模扩大,当地通信、道路等基础设施改善而获得的效益;扩大社会化生产协作,改变"大而全"或"小而全"的经营格局,促进生产专业化而获得的效益;改善农业社会化服务体系而获得的效益等。

③企业技术进步。技术进步推动着企业组织变革,如新产品开发导致科研机构的增加;新设备、新工艺的采用引起劳动生产率大幅度提高,可能会导致生产组织减少;网络技术和办公自动化技术导致管理机构精简等。

④企业功能的变化。现代企业除了具有生产功能外,诸如企业内部人际关系、企业与外界关系的协调功能,更是不可或缺的。良好的公共关系是企业宝贵的无形资产,它能为企业带来长期效应。因而,企业增设"公关部""外联部"等组织机构已成为必然。

⑤企业文化的推动。企业文化是指一个企业所创造的具有本企业特色的精神财富,包括思想道德、价值观念、人际关系、精神风貌以及与此相适应的组织与活动。企业文化也是一种生产力,良好的企业文化能优化组织结构。它强调组织结构和行为应具有高度的弹性与适应性,以激发员工进行创造性劳动,企业效益即可持续增长。

2）农业企业组织创新的思路

（1）坚持以农户家庭经营为基础的组织创新观念

家庭经营组织具有广泛适应性和多种优越性。在农业现代化水平较高的日本,70%的耕地和草地是由小规模农户经营的,其中经营面积在 1 公顷以下的农户占 69%。韩国在小规模的农户家庭经营组织的基础上,实现由农业社会向工业社会的转变。美国在实现农业现代化的过程中,家庭农场始终占主体地位。早在1987年,由个人或夫妇经营的独资农场占87.3%,合伙农场占10%,公司农场占2.7%。而且,大多数合资农场和88%的公司农场是委托给家庭经营的。到20世纪90年代中期,家庭农场的比重上升到89%,拥有81%的耕地,83%的谷物收获量和77%的农场销售额。虽然美国家庭农场的规模比日本、韩国大,但以家庭为组织单位的特征没有变。实践证明,家庭经营组织既适应传统农业,又适应现代农业;既适应小规模经营,又适应大规模经营;既适应农业生产的特点,又适应农民的组织习惯和文化心理。

(2)克服农户家庭经营组织创新的制约因素

作为分散的农户家庭经营单元,与农业现代化生产要求相比,有其局限性的一面,具体表现在以下几个方面:

①生产经营规模较小。农户家庭经营规模小,对新技术的推广与应用往往形成一定制约,在农业机械化技术的应用方面表现特别突出,不利于获得规模经济效益;在市场经济条件下,抵御市场风险能力差,实现产品价值的交易费用高,农产品商品率低下。

②组织结构缺乏弹性。农业现代化不仅要求生产手段、生产技术和生产管理的现代化,而且要求组织结构富有弹性化。我国农户家庭经营组织,具有明显的地域性、血缘化的特点,组织结构缺乏弹性,其创新的空间较小。

③土地使用权流转不畅。目前,我国土地使用权流转的法律法规尚不健全,如农户之间耕地使用权流动一体化经营、农业科技园区等。最典型的是农业产业化组织形式,具体有:公司+农户;公司+基地+农户;市场中介+农户;专业协会+专业户;农户联合体;专业合作社和股份合作制企业,等等。又如,在国外,美国和日本的组织扩展模式:"垂直式"一体化农业公司;大公司与农场主"契约式"一体化组织;韩国实行的"农协+家庭农场";泰国实行的"政府+公司+银行+农户"的组织扩张模式等,都具有参考借鉴意义。农户之间耕地使用权流动也是一种生产力,良好的企业文化,能优化组织结构。

思考与练习

一、简答题

1. 现代企业制度的演变经历了几种形式,它的发展趋势是什么?

2. 现代企业制度的内涵和特征是什么?

3. 我国国有企业如何建立现代企业制度?

4. 什么是独资企业、合伙企业和公司制企业? 它们的区别和联系是什么?

5. 单体企业组织结构的形式有哪些? 各有什么特点?

6. 你认为评价农业企业组织创新的主要标准有哪些?

二、实训题

课后查阅有关成功(或失败)的企业资料,根据收集的资料,结合本章所学的内容分析具有优秀企业家和建立现代企业制度对于企业成长和发展的重要性。

三、案例分析

段永平的故事

提到段永平,人们自然会想到这位在中国电器行业叱咤风云的人物。毕业于浙江大学无线电系的段永平,1989 年在中山市的日华电子厂担任了厂长,那时的日华电子厂还处在亏损的困难境地。担任厂长的段永平开始注意到正在受到人们关注但当时国内还处于生产空白的学习机。1992 年,段永平开始生产学习机,并将工厂的名字改为"中山市小霸王电子工业有限公司"。

经过段永平的精心策划,小霸王学习机以较高的技术水准、成功的市场策略和强有力的广告宣传,很快就成为了我国学习机的市场霸主,最为成功的时候,企业占领了全国学习机市场份额的 81%。读者可能还记得,由香港影星成龙所拍的小霸王学习机广告中,成龙一摆冲天的功夫影星形象,以极其可亲的形象向小霸王的群体——小朋友说道:"同是天下父母心,望子成龙小霸王。"小霸王学习机的成功使段永平成为了当时家喻户晓的人物,因此也被广东省评为"广东省十大杰出青年企业家"和"全国优秀青年企业家"。

到了 1995 年 9 月,小霸王电子工业有限公司 9 个月的产值就已经达到了 9 亿元人民币,有关机构对小霸王学习机品牌的评估价值也达到了 5 亿元人民币。但是,良好的公司业绩并没有进一步激发段永平的创业激情,他提出的对小霸王电子工业有限公司进行股份制改造的意见被投资公司怡华集团所否定,使其感到个人的发展受到限制,自己希望成为"大陆李嘉诚"的愿望难以实现。

在 1995 年 9 月段永平毅然辞去了公司总经理的职务,到东莞市长安镇组建了步步高电子有限公司,并带走了小霸王电子工业有限公司技术开发部的技术骨干以及包括外销部长、内销部长、生产部长、财务部长等高层管理人员。在步步高电子有限公司,段永平实现了按股份制方法构建公司的设想,生产的产品主要还是与小霸王相近的学习机、游戏机、电话机等产品,并根据电子产品市场发展的需求变化进入了 VCD 市场,与当时的 VCD 广东的霸主——爱多展开了激烈的竞争。把"敢为人后,后中争先"作为自己竞争理念的段永平将该理念发挥得淋漓尽致,很快在 VCD 市场上也取得了巨大的成功。在 1997 年的中央电视台的广告竞标中,以 8 012.345 6 万元的报价参与竞争,到了 1998 年段永平在广告竞标中又投入了 1.59 亿元参与竞争,成为了中央电视台当年的标王。

时至今日,步步高依然是中国电子行业中的知名企业,而失去了段永平的小霸王电子工业有限公司却很快失去了竞争的实力,逐渐消失在中国电子行业的激烈竞争中。

分析讨论:段永平为什么要辞职?中山市小霸王电子工业有限公司从哪些方面限制了他的发展?

项目 3
农业企业市场调查与预测管理

【知识目标】

1. 了解市场体系的构成、调研方案的撰写、问卷的设计及样本的组织方法。
2. 熟悉市场调查方法与信息的收集方法。
3. 掌握调查资料的基本处理与初级分析方法;调查报告的撰写及市场预测方法。

【能力目标】

1. 会撰写调研方案、人员组织安排、问卷的设计和调查方法的选择。
2. 能针对具体的调研项目组织开展调研工作,包括信息的收集处理、资料的分析加工、调查报告的撰写和进行初步的市场预测。

任务 3.1　农业市场及市场体系

3.1.1　农业市场的概念

1)市场的概念

"市场"从不同的角度来看,有五种不同但又紧密联系在一起的含义:市场是商品交换的场所;市场表示商品交换的数量,即市场需求和市场供给共同决定的市场规模;市场是指市场原则,即在特定社会经济条件下人们的经济行为原则;市场是卖方与买方的结合,是商品供求双方相互作用的总和,此种理解是从市场的基本关系即商品供求关系角度提出的;市场是一种进行资源配置的机制,市场中各种资源的稀缺程度通过价格得到反映,交易参与者再根据价格变化来作出反应。

2)农业市场的概念

农业市场是一个动态的过程,这个过程包含四方面的内容:

(1)市场制度的形成

在农村生产经营、交换、分配环节中,通过市场机制进行资源配置,市场运行机制是市场经济的灵魂和机能所在,完善的市场运行机制要形成包括供求机制、竞争机制、价格机制以及由此决定的利益机制和进入退出机制,以确保市场体系能够健康有效地运转起来,市场所具有的功能能得到正常发挥。

(2)市场主体的发育

市场经济主体是产权分明、自主经营、自负盈亏、自我发展和自我约束的经济实体。市场主体的发育是发展市场经济的先决条件,农业市场化的任务之一就是要塑造市场主体;同时,必须建立健全适应市场经济发展和国际农产品贸易规则要求的法律和规章,以此规范市场主体的行为,形成符合市场经济法制化要求的市场关系,即市场主体之间的关系。

(3)市场组织的建立和完善

市场组织的重要功能就是降低市场交易费用,促使市场制度更好地配置资源,从而提高市场运行效率。

(4)市场体系的建立和健全

现代市场经济下的市场,是包括产品市场和生产要素市场的完整体系。市场体系是市场经济存在和运行的物质载体,健全的市场体系在市场类型上,主要包括农产品市场、农业要素市场和消费品市场;在层次上,要形成上有国际农产品贸易市场和期货市场,中有全国和地区性农产品批发市场和农业要素市场,下有小型批发或专业市场和乡村集贸市场的完整市场网络体系。

3.1.2 农业市场体系及特点

1)农业市场体系的构成

根据不同的依据标准,可对农业市场进行以下分类:

①按照经济用途划分:可分为农业生活资料市场、农业生产资料市场。

②按照流通环节划分:可分为批发商品市场、零售商品市场。

③按照经营方式划分:可分为专业市场、综合市场、传统市场等。

④按照上市商品范围划分:可分为工业品市场、农产品市场。

⑤按照业务内容来划分:可分为商品市场、资金市场、技术市场、劳动力市场、旅游市场、服务市场等。

⑥按照地理位置来划分:可分为东北农业市场、华北农业市场、西北农业市场、西南农业市场、华南农业市场、华东农业市场、华中农业市场、沿海农业市场等。

2)各市场体系构成的特点与形式

(1)农业生产资料市场

农业生产资料市场是指进行农业生产的物质要素,是包括农、林、牧、副、渔业等所需物质资料的总称(不含土地、水域)。具体为:农业生产设备,如拖拉机、柴油机、水泵、抽水机、粉碎机、碾米机等;中小农具,如竹、木、铁制农具;耕畜,如牛、马等;肥料、农药、农用塑料薄膜;各种种子、种苗等;农、林、牧、副、渔的特种设备与原材料等。

农业生产资料市场的特点有:购买的主要对象是乡镇工业、国有农场等企业和广大的农户;购买次数少,但购买数量大、金额多,季节性需求强。

(2)农业生活资料市场

农业生活资料市场是满足个人和家庭消费需求的最终市场。它与人们的生活密切相关,为广大群众提供了丰富的商品。

①农产品生活资料市场分类。包括集贸市场和各种专业市场、批发市场,如粮食市场、副食品市场、饮食市场等。

a.集贸市场。是我国农业生活资料市场极其重要的组成部分,市场以农副产品为主,交易时间性极强(部分集市分日期和早晚市),商品十分丰富,客流量大,人员集中,单个客户购买量小,整个市场交易量大。

b.副食品市场。包括肉禽蛋奶、水产品、蔬菜、瓜果、食糖、食油、食盐、烟、酒、果酱及各种调料、饮料等。实际上,在农村集贸市场和副食品市场两者相互交叉,极端相似而又不可替代。集贸市场所有的商品如竹、木、家具、耕畜等,是副食品市场所没有的;而副食品市场经营者和商店、商品等相对稳定,也是集贸市场不可比拟的。集贸市场购买者一般为个人和家庭消费,而欲走亲访友送礼物则多到副食品市场购买副食。副食品市场的特点是:有固定的交易场所或商店,全天营业,商品较稳定,价格变化慢,但商品多属鲜、活、易损、易腐物品。

c.粮食市场。是靠交易大米、小麦、大豆、玉米、高粱、红薯等粮食品种为主的专业市场和批发市场。

d.农村饮食市场。是指农村范围内专门从事加工烹制的饮食品,包括餐馆、饭馆、小吃部、酒馆、冷饮店等提供消费设备的场所,农村饮食市场兼有加工、销售、服务三种职能,具有

明显的地方性、较强的技术性、服务的直接性、卫生的严格性,它就地供应顾客,是直接满足消费需求的经济活动。

②生活资料市场的特点有:

a. 生活资料购买者数量多。人们对生活资料的需要涉及方方面面,一般购买数量小,购买次数多,并且受民族、地区、性别、年龄、爱好的影响,购买者的差异较大。

b. 农产品市场具有明显的季节性。农产品的收获季节极为集中,有的农作物一年只收获1~2次,蔬菜具有明显的季节性,禽类的繁殖和成长与季节有明显的关系。但是消费者对粮食、蔬菜、副食品等的需求是均衡的。农产品的收获具有不稳定性,农业生产受自然条件变化的影响很大,产量有丰有减,生产有淡有旺,年成有好有坏,因而农产品上市数量、质量极不稳定。

c. 农产品流通关键性强。农业生产者分散在全国广大的农村,而农产品消费又主要集中在城市和工矿区,消费地则相对集中。农产品的流通方向由分散到集中,由农村到城市,农产品大都易于腐坏损耗,特别是像鱼、肉、蛋、奶、蔬菜、果品一类的鲜、嫩、活商品,不耐藏,不便长途运输,这就给商品的运销工作带来很大困难。

(3)农业金融市场

农业金融市场是农业资金融资、有价证券买卖的场所,是农村要素市场中的重要市场,也是我国金融市场体系中的一个重要组成部分。金融市场的资金融资有两种形式:一是直接融资,即由资金的供给者与需求者直接进行融资,一般通过发行债券、股票等信用工具的形式,吸收社会剩余资金,作为资本投入到企业生产或项目中去;二是间接融资,即资金的供给者与需求者不直接接触,而是通过金融机构进行融资,如通过银行、信托投资公司、基金会来进行融资。农业金融市场的资金融通也不外乎上述两种方式。

①金融市场的特点主要有:多样化的体系,金融市场包括货币市场、资本市场、外汇市场和黄金市场等;多样化的信用形式、金融工具,包括货币、支票、股票、债券、可转让定期存单、承兑汇票、信用证等;现代化的传递手段,现代金融市场通过计算机和通讯系统的应用使世界金融市场联结在一起;法制化的管理,现代金融市场以完善的公司法、银行法、证券法、票据法等法律为基础,使交易规范进行,市场主体的利益得到保护。

②农业金融市场的特点主要有:农业金融机构,尤其是农业信用社的资金来源中,储蓄存款是主要来源;贷款额度小,农业金融机构服务对象是面向广大农民,农民收入水平不高,因此单笔资金贷款额度较小;抵押担保资产少,农民能够用于抵押款的资产不多,有些落后地区的农民甚至没有资产可以用来抵押;经营风险大,农业生产具有不稳定性,农业盈利水平不高,这就造成了农户还本付息能力不强;贷款需求的时间性较强,农户对贷款的需求与农业生产季节性关联度较大,如冬天到了,要贷款建温室大棚,春播秋种要贷款买种子化肥等。

我国农业金融市场的发展是从两个完全不同的领域,以两种完全不同的方式推进的:一个是自发形成的民间融资活动,这是一个无组织的非正规金融市场;另一个是在改革中有组织建立的正规金融市场,包括银行同业拆借市场、票据市场、证券市场等。

非正规金融市场是在我国农业以家庭经营为主,经营分散,经营规模小,各地区经济发展不平衡等条件下形成的。它适应了我国农业经济的特点,在相当长一段时间还会继续存在。如各地的老乡会、互助会、商会、扶贫基金会等新的合作金融组织,在农业金融市场上表现得非常活跃。非正规金融市场是一个非管制的市场,管理法规尚未健全,约束机制主要不是法律规范,而是伦理准则,其约束力远不如法律规范的约束具有强制性。因此,非正规资金融通活动的风险性较大,市场营运也较低级。

正规金融市场是由国家银行为主导地位的公开市场。它按照有关法律规范建立起来,并受法律规范的约束。在农业正规金融市场上,同业拆借市场发展最快,农业票据市场和证券市场也推行发展起来。目前,农业正规金融市场还处于建立、开拓阶段,还有很多金融市场工具需要进一步挖掘和完善。我国各地农业经济发展很不平衡,农业金融市场的发展也有先有后、有快有慢。

(4)农业技术市场

交易的是农业技术。技术市场上的商品一般以图纸、专用技术资料等形式出现。技术商品的使用价值表现为大幅度提高劳动生产率,提高产品质量,降低原材料消耗及开发新产品等。但由于技术商品的生产具有极强的探索性和创造性,需要耗费大量复杂的脑力劳动,甚至要经历无数次的失败,因而它的价值往往高于一般商品价值的许多倍。

①技术市场的主要形式:

a. 科技成果交易会。举办单位将全国一些省、市,或某一行业科研部门、大专院校的科技成果集中在某一场所供购买者选择,它是一种定期或不定期的、综合性的、专业性的临时性技术市场。这种交易会的特点是信息量大,供需双方直接见面,易于交流、沟通,并达成协议,是促进科技成果交易的好形式。

b. 技术商店。它是有固定地点、固定人员的常设性的技术商品交易场所和联营机构,有民营、联营和与国外合营的多种形式。这种常设性技术市场主要为办专利申请和技术转让沟通渠道,为科技开发提供各种器材,为科研新产品提供试销和推广途径。

c. 科技咨询服务。组织专家教授,运用现代科学技术解决社会经济和企事业单位遇到的实际问题为之进行服务,它以决策咨询、工程技术咨询、管理咨询和信息咨询为主要内容。

d. 行业技术开发。主要从事行业中有先进性、共同性、基础性的技术开发工作,为全行业服务。其服务的主要内容有:制定本行业技术发展的目标、规划和政策;参与本行业技术改进、引进和开发;提供解决本行业生产技术关键的诊断、指导和信息。

e. 科研生产联合体。以技术为资本,入股与企业组成科研生产联营实体。

②农业技术交易的主要方式:

a. 许可证贸易。通常是指买卖双方签订许可证协议,技术输出方在一定条件下,允许技术引进方使用专利、专有技术和商标的交易。也就是说,买方从卖方获取使用、生产和销售某种产品的技术和权利,并付给对方一定的报酬,承担有关义务。

b. 技术咨询服务。即咨询服务机构凭借自己掌握的知识、技术和信息,对委托方所提出的问题,进行认真的科学的分析处理,委托方付给技术费用。

c. 技术培训。技术所有者通过办培训班等形式,传授农业技术。

③农业技术市场的主要特点:

a. 农业技术商品开发具有较长的周期性。农业科学研究与技术开发,研究对象主要是有生命的动、植物,特别是农作物,由于受生命周期的限制,使实验周期相应延长。种植业和养殖业技术在人类技术进步过程中发展速度最慢,和其生长周期密切相关,并受自然环境的制约。例如,一个新品种育成后,还要经过各种试验程序才能用于生产,不仅需要测定该品种在各种条件下的表现性状,还要研究应用该品种的栽培技术等。

b.农业技术经营的综合性。传统农业向现代农业转变,农业的产业结构由单一的种植业向农、工、商综合经营方向发展。在种植、养殖业中,由单一的农业向农、林、牧、渔综合方向发展。这种综合经济的发展势头,必然要求农业技术市场的技术商品多样化。

c.农业技术经营的层次性。在我国广大农村中,由于各地科技人员、资金、技术装备很不平衡,因此,各地对技术的吸收能力就有很大差异。农业对技术的多层次需求,必然形成农业市场对技术商品结构的要求具有明显的层次性。在经营的技术商品中,既有先进性、适用性的,也有传统性的。

任务 3.2　农业企业市场调查和预测

3.2.1　市场调查与预测的概念

1)市场调查

应用科学的方法,系统地收集、记录、整理和分析有关市场信息的资料,从而了解市场发展变化的现状和趋势,为市场预测和经营决策提供科学依据。

2)市场预测

根据过去和现在市场调查阶段的有关数据和统计资料,通过分析与研究,探求市场营销的变化规律和发展趋势来判断未来的过程。

3.2.2　农业企业市场调查和预测内容

1)市场需求的调查

①市场需求品种的调查。主要调查和分析市场的现实需求和潜在需求,以及产品的供求变化。即市场需要哪些产品,其市场效益如何,供求发生了什么变化等,以便为生产和销售决策提供依据。

②市场容量调查。即调查企业生产的产品目前和将来的总需求量有多大,前景如何。

③销售状况调查。即调查产品的销售总量、销售价格、不同质量产品的销售状况以及产品销售中存在的问题等。

④竞争状况调查。即对同类生产企业进行调查,主要调查竞争对手的总体情况和竞争能力,如产品数量、生产规模、质量水平、技术装备、经营特点等。

2)经营环境的调查

①政府有关方针、政策的调查。如国家产业政策、扶持导向、税收政策、外汇政策、外贸政策等的变化。

②社会状况的调查。如人口增长、收入水平、居民消费习惯的变化等。

③自然环境的调查。如影响农业生产的气候、雨量、温度的变化等。

④疫情调查。应特别重视严重危害农作物和畜禽流行病的调查。

3）市场预测内容

①市场需求预测。重点从市场潜力、销售前景入手进行预测。公司必须全面调查市场产品销售潜力，从政治、人口、文化、消费习惯、销售渠道特点、品牌基础、竞品分析等方面预测产品的销售前景。

②市场购买力预测。重点预测当地现有的经济水平、购买力水平、潜在的购买力水平及消费结构情况。及时了解各项政府政策因素对购买力的影响，增强预测前瞻性准确性。

③新产品开发预测。从4"C"消费者需要研究中，结合公司现状预测新产品的开发方向、结构变化，并注重竞争品的分析，及时开发市场竞争需要的产品，保证公司建立具有综合竞争力的产品线。

④产品资源预测。预测产品供应市场的可能来源及供应量，是否能够保证新产品投入市场后的上游原料供应，是否能够创建收编上游原料供应链、保证竞争优势，同时考虑竞争品也有资源需求的竞争因素。

⑤产品价格变动趋势预测。科学预测价格涨落情况，对于公司利润及竞争优势十分重要。没有系统的预测，将会出现不必要的损失。卖场一般都有市场行情预测机构，他们往往知己知彼，预测产品价格未来走势，时机成熟便会与公司签订一定时间段的贸易采购单。

⑥产品库存预测。预测产品库存情况，充分了解市场经销商和批发商终端等环节库存，建立淡旺季安全库存，以此为依据建立自有的各时期安全库存。同时，要结合生产能力并考虑竞争因素。对于特殊市场行情要及时调整库存数量。

⑦市场占有率预测。预测产品上市销售中在市场占有的比重、变化情况和发展趋势。这在部分公司中与销售任务同等重要，它决定产品在市场的地位，体现公司持续发展力、竞争力。对于整体产品线的综合开发也有着重要作用。

⑧产品生命周期预测。预测产品市场发展水平处在何种周期。并针对产品处在导入期、成长期、成熟期、衰退期不同的生命周期，制定不同的应对方法，保证产品充分完成公司的使命，达到各项目标。

⑨营销效果预测。对市场产品各个时期的经销的营销效果进行预测。保证公司追求的品牌、利润、销量等各项目标的顺利实现。

3.2.3　农业企业市场调查和市场预测的方法

市场调查与市场预测有机结合，专家的知识经验与历史调查数据的科学分析有机结合。数据分析方法采用国际公认的 SPSS 软件进行数据处理与预测分析，并灵活运用到企业经营中需要的各种预测技能，包括定性预测方法和时序列分析法、因果分析法三大类定量预测方法。

定量预测方法中包括移动平均法、指数平滑法、一元回归、多元回归等多种方法。目前常用的方法主要有：

①询问法：即根据事先拟定好的调查提纲和项目，用当面或书面等调查方式取得调查资料的方法。具体有访问调查、电话询问、问卷调查和邮寄调查等。

②观察法：即调查者直接进入现场实地了解情况的方法。如对产品市场进行销售观察，

直接了解消费者对产品的意见和要求。

③实验法:即通过小规模试销、展销新产品,以征求客户对产品意见的方法。这种方法最适用于加工新产品(或引进新品种)的生产、销售。通过小规模试销,然后确定是否大规模生产或投入市场销售。

④资料分析法:收集有关资料,分析市场和社会经济状况,了解国家的有关方针、政策以及无法从市场中直接得到的其他信息。

3.2.4　市场调查和预测对农业企业经营的意义

1)为农产品及其加工品的生产与销售提供可靠的信息资料

农产品及其加工品不易保存,生产出来之后必须及时销售出去,否则造成积压,容易引起损失,也不利于资金的周转。如果生产者了解市场的现实需求及其变化趋势,就知道应当生产什么、生产多少才能满足市场的需要,生产的产品也就能适销对路,从而可减少因产品积压造成的损失。

2)市场调查资料是经营预测和决策的基础

通过市场调查,取得市场活动的情报和变化信息,企业领导者就能根据这些现实情报结合历史资料,分析研究市场需求的发展趋势,并预测未来,制订出正确的行动方案和经营计划,有效地组织生产经营矛盾。

3)市场调查可为新产品的开发提供客观依据

企业通过调查、了解市场对产品需求的变化和掌握潜在的需求动向,预测出新产品开发的价值,可为开发新产品提供可行性论证的客观资料。

4)市场预测是市场决策的重要前提和基础

正确的决策必须以科学而准确的预测为前提和基础。没有科学的预测,决策就难以避免失误,就不能进行科学的决策,这势必造成重大的经济损失。

5)市场预测是制订市场营销和策略计划的依据

计划是决策方案在未来时间和空间上所做的安排和部署。在编制和执行计划过程中,必将遇到各种不确定因素的影响。只有通过预测,才能及时采取各种有力的措施,减少经营风险;才能充分利用各种有利条件,争取获得最佳的经济效益,从而使编制的经营计划切实可行,确保经营目标的实现。

 思考与练习

一、简答题

1.市场调研与市场预测的关系是什么?

2.简述网上调查的步骤。

3.观察误差产生的原因有哪些?

4.什么是市场调研与预测设计?

5.问卷设计应遵循什么程序?

二、计算题

1.某一生产空调的厂家对某一城市居民潜在的空调消费需求量进行调查。

假定该市有居民用户100万户,确定计划抽取样本1 000个。家庭收入按高、中、低分层,其中高收入户为60万户,中等收入户为20万户,低收入户为20万户。假定其标准差估计值为S,家庭收入高的为300,中等的为200,低等的为100。采用分层最佳抽样法,应抽出各层样本数分别为多少?

2.一家婴儿车生产企业,通过对若干年的销售统计分析发现,某市每出生1 000个婴儿能销售出婴儿车48辆。又知本年度全市人口200万,人口出生率13‰,假定该企业产品在该市的市场占有率为80%。预测下年度该企业婴儿车的需求量。

三、案例分析

资生堂的市场调查

日本资生堂公司为了在激烈的广告竞争中击败对手,对消费者就化妆品的需求心理和消费情况进行调查,他们将消费者按年龄分成四种类型:第一种类型为15～17岁的消费者,她们讲究打扮、追求时髦,对化妆品的需求意识较强烈,但购买的往往是单一的化妆品;第二种类型为18～24岁的消费者,她们对化妆品采取积极的消费行动,只要是中意的商品,价格再高也在所不惜,这一类消费者往往是购买整套的化妆品;第三种类型为25～34岁的消费者,她们大多数已结婚,因此对化妆品的需求心理和消费行为也有所变化,化妆已是她们的日常生活习惯;第四种类型为35岁以上的消费者,她们中间可分为积极派和消极派两种类型,但也显示了购买单一化妆品的倾向。资生堂公司根据上述情况,制订了"年龄分类"的广告销售策略,在广播、电视和报刊上,针对各类型的特点大做广告,并努力使化妆品的式样、包装适应不同类型消费者的特点和需要,使产品受到普遍欢迎,有效地打击了竞争对手。

分析讨论:日本资生堂公司为了在广告竞争中击败对手,进行了哪些市场调查活动?

分析提示:首先确定资生堂公司开展市场调查活动属于微观环境调查,然后将微观环境调查的相关内容列出,再将资生堂公司开展的具体调查活动与之进行关联分析,结论是资生堂公司对目标市场、消费者等方面进行了市场调查。

快餐公司的市场调查

快餐公司每年花费十多亿美元的促销费来吸引消费者。有关快餐销售的理论有很多。Taco Bell公司将其认为最重要的因素缩写成FACT:Fast food(快餐食品)、Accurate orders(准确无误)、Cleanliness(清洁)和Temperature(食物温度适当)。

消费者声称,到餐厅的方便程度要比快捷的服务更重要。密苏里州芬顿(Fenton)的Maritz市场调研公司调查了许多消费者,其中26%的成年人认为,在选择餐厅时地理位置是最重要的因素。男性比女性更看重方便,他们的比率分别为31%和23%。65岁以上的老年人并不像年轻人那样注重这一点。

一般美国人认为,在餐厅地理位置因素之后最重要的是快餐本身。25%的被调查者认为,在选择餐厅时食物的质量是决定性因素。这可能意味着他们认为食物更重要,但也可能意味着他们更注重在不同时间、不同地点得到品质相同的食物。妇女、年轻人、老年人比其他人更注重食物的品质。

只有12%的成年人认为,他们根据服务的速度来选择快餐。只有8%的成年人认为,价格是决定性因素。25岁以下的成年人的收入低于平均收入,所以他们比一般消费者更注重价格,价格是他们选择餐厅最重要的因素。

中年人不太关注菜单上的内容,这可能是因为他们经常带着孩子,而成年人在任何时候要的食物基本上都是一样的。35~44岁的成年人中,有3%的人声称他们的选择主要是受孩子偏好的影响,这或许是为什么他们不像其他年龄段的人那样,对价格的关注程度仅次于年轻人,对快捷服务的关注程度仅次于55~64岁的老年人。中年人最有可能根据品牌名称作出决策,这可能也是由于他们孩子的缘故。

这个案例表明,一个企业要在竞争中生存下去,市场营销活动是必需的,市场营销中一个基础的环节就是了解市场、分析市场。而要做到充分有效地了解市场,其中一个最重要的方法就是市场调查。

项目 4

农业企业经营决策管理

【知识目标】

1. 了解认识经营决策的特征及类型。

2. 识别经营计划的种类。

3. 掌握经营决策的程序。

【能力目标】

1. 会编制农业企业经营计划。

2. 能够运用经营决策方法进行分析。

任务 4.1 农业企业经营决策概述

4.1.1 农业企业经营决策的定义及特点

1)农业企业经营决策的定义

决策有狭义和广义两种解释。狭义的决策,就是人们常说的"拍板定案""做决定"。广义的决策,是把决策理解为一个动态过程,包括决策问题的提出、资料的搜集、决策目标的确定、决策方案的设计、方案的分析评价选择执行、检查和监督执行情况等一系列环节。农业企业经营决策就是运用决策方法,对企业总体活动和重要经营活动的目标、方针和策略进行的抉择。

2)农业企业经营决策的特点

①超前性。决策是针对未来的行动,要求具有一定的超前意识和预测事物发展的趋势。

②目标性。决策是为了解决问题,没有目标的或目标不明确的决策是无效的。

③选择性。决策是从两个及以上的备选方案中,通过比较和综合评判从中选定的。

④可行性。决策的备选方案必须都是可行的,能解决实际问题的。

⑤过程性。决策不是简单的灵机一动,而是一个多阶段多步骤的研判过程。

⑥科学性。决策者进行选择的时候需本着科学的原则,遵循事物的发展规律作出科学的正确的决策。

⑦风险性。决策面临诸多不可控因素,需冒一定的风险。

4.1.2 农业企业经营决策的内容

农业企业生产经营的整个过程中均含有决策的过程,农业企业生产经营活动的每个时空都离不开决策。内容主要包括:农业企业经营战略决策、农业企业市场营销决策、农业企业技术开发决策、农业企业财务决策、农业企业组织和人事决策及日常管理决策等。

4.1.3 农业企业经营决策的程序

决策过程包括调查研究、发现问题、确定目标、拟定备选方案、对比择优、实施过程的反馈与修正等一连串的活动。一般可分为四个基本步骤:

1)确定决策目标

决策目标既是决策的预期结果,又是拟定和选择方案的重要依据。因此,确定决策目标是决策的关键性工作。一旦决策目标失误,必将导致方案选错,造成不良后果。确定决策目标的常规做法如下:

(1)发现和诊断问题、设置目标

通过调查研究,发现问题,对问题的症结及产生的原因加以诊断。把某一事物的应有现

象与实际现象加以对比,找出差异,进而分析其产生的原因、时间、地点,以便对问题的性质、特点、程度、范围、原因和后果等有一个较系统的认识,然后根据需要和可能,针对解决某个问题的要求即预期结果,确定决策目标。

(2)准确地表述目标

一是目标的概念要明确,应当是单义的,而不是含糊不清的或多义的解释。二是目标要尽可能数量化。有些目标本身就具有量的规定性,如产量、产值、成本、利润等;有些目标则采用间接测定法使其数量化,如用适时作业率反映农机作业符合农时要求的程度等。三是目标实现的前提与期限。只有在规定的前提条件下和期限内,达到目标规定的指标,才能说是实现了决策目标。

总而言之,对决策目标应从定性质、定数量、定前提条件、定完成期限等方面加以准确地规定。这是拟定、评价、执行、检查决策方案的前提。

2)拟定多种备选方案

决策目标确定以后,就要根据目标和所掌握的信息,提出各种可供选择的可行性方案。一般分为两步进行:第一步,初步设想。即提出备选方案的毛坯。决策人要有气魄,敢于大胆创新,并要发挥集体智慧,提出各种合理化建议,从不同角度和途径去设想目标方案,以供选择。第二步,精心设计。在初步设想的基础上,对方案的优劣进行论证,对方案的细节进行设计,对方案的实施效果进行预测。这时,决策人应以求实的态度全面地看问题,防止片面性。

为了做到决策合理,在拟定备选方案时,还要求具备两个条件:一是整体详尽,备选方案应包括所有的可行性方案。二是拟定的备选方案之间要相互排斥,只有这样,才能进行选择和必须进行选择。决策方案取决于决策人员、参谋人员的知识能力以及对信息的了解把握程度。而决策者所掌握的知识、信息是有限的,这就有必要充分征求决策层和智囊团的意见,调动大家的积极性和创造性,并征询专业技术人员的意见,集思广益,精心设计出多种可供选择的备选方案来。

3)选择方案

选择方案就是按照一定的择优准则,从多种备选方案中选出一个最优方案。要通过分析、比较、评价,最终选择出一个符合决策目标要求的、比较满意的方案作为决策方案。选择最优方案主要从以下两方面做好工作:

①明确评价方案的标准,最优方案应是最能满足技术上的先进性、经济上的合理性、生产上的可行性这三个要求,最终还要看经济效益和社会效益的大小,以及能否实现决策目标。

②采用科学的择优方法。选择最优方案的方法大致有三类:一是经验判断法,即根据以往的经验和历史资料作出决断;二是数学分析法,即通过数据计算,进行比较分析,找出最优方案;三是试验法,即依据试验中取得的数据来作出决断。这些方法应按实际情况选用,或者结合起来运用。

4)决策方案的实施和反馈

方案一经确定,就要付诸实施。在实施过程中,要拟定具体的实施计划并加强检查,以便进行控制,对出现的新情况、新问题要及时采取措施加以解决。如果决策失误,或实际情况发生重大变化,影响决策目标的实现时,就需要对决策目标和方案进行适当修正,这一过程称之为反馈。

上述四个步骤并非一定要机械地按从头到尾的顺序进行,而应该根据实际情况的需要,作适当调整。科学决策是一个不断发展的动态过程。

任务 4.2 农业企业经营决策的方法

决策时所运用的基本方法有五类:确定型决策、不确定型决策、风险型决策、多级决策、多目标决策。

1)确定型决策

确定型决策是指在未来事件发生的条件已知情况下的决策。确定型决策的方法很多,通常采用的是直观法、盈亏平衡点分析法和线性规划法。

(1)直观法

直观法是根据决策者的实践经验和判断能力,从多方案中选出最佳方案。如对牲畜育肥方式进行决策,阶段育肥法成本低、周期长,而一贯育肥法则成本高、周期短;若以成本最小为决策目标,应采用阶段育肥法;如以周期短、肉质嫩为决策目标,则应采用一贯育肥法。

(2)盈亏平衡点分析法

盈亏平衡点分析法是通过揭示产量、成本、价格、盈亏之间的数量关系,进行短期经营决策的一种方法。其做法是:首先将成本划分为固定成本和变动成本,然后根据产量、固定成本、变动成本、价格等因素之间的关系,列出总收入、总成本、单位成本的计算式,作为决策分析工具。

(3)线性规划法

线性规划法是一种在具有确定目标,而实现目标的手段和资源又有一定限制,且目标和手段之间的函数关系是在线性的条件下,从所有可供选择的方案中求解出最优方案的数学方法。也就是在满足用线性不等式表示的约束条件下,使线性目标函数最优化(最大化或最小化)的一种数学方法。

2)不确定型决策

不确定型决策是指在未来事物的条件发生概率不确定情况下的决策。这种决策主要依赖于决策者的态度和判断能力,具有不确定性。主要方法有:小中取大法,也叫悲观法;大中取大法,也叫乐观法;大中取小法,也叫懊悔值法、机会均等法。

3)风险型决策

风险型决策是指未来事件的条件虽不能肯定,但已知其发生概率情况下的决策。这种决策的目标能否实现,具有风险性。其方法是根据已知概率计算出各种方案的期望值,取其最大者为最佳方案。

4)多级决策

多级决策是指相对于确定型、不确定型和风险型等单级决策而言的。对于复杂的事物来说,它的活动过程是由若干相互联系的阶段组成的,其中每一个阶段往往有若干个可供选择的方案,多级决策就是在未来事件发展的每一个阶段都要作出决策,并在此基础上选择最优方案,它适用于解决长期复杂的问题。通常运用决策树分析法、动态规划法。

（1）决策树分析法

决策树分析法是用树枝形态来表示方案、状态及其概率、损益和期望的一种决策技术。具体做法是：按照决策级次画出决策点、方案节点、结果点，然后标明各种状态发生的概率、各种方案的损益，再按运行的逆方向计算出各点上的期望值。

（2）动态规划法

当决策的级数很多，难以用决策树来解决问题时，可采用此法。其基本原理是在多级决策系级中，按运行的逆方向逐段地进行部分最优化，进而实现整个系统的最优化。

5）多目标决策

解决较复杂问题时，有时需要满足多项目标，必须采用多目标决策。这些目标有的互相矛盾，有的难以计量，给决策方案评价带来困难，现时多目标决策采用的方法主要有：抓主要目标，将各目标按重要性分类排队，如划分为"必须达到目标"和"希望达到目标"，以前者为主，兼顾后者；归并类似目标，剔除从属目标；必须达到的目标作为约束条件进行条件决策；多目标数量化。

对于较复杂的决策问题，运用上述方法处理后，仍然出现多目标，为便于评价各种方案，就需要使多目标在同度量基础上数量化。通常采用综合评分法。首先，按照目标的重要性确定各个方案目标的权数；然后，依据满足目标的程度对各个方案进行评分；最后，用加权平均法计算出每个方案所得总分数，总分最高者为最优方案。

任务 4.3　农业企业经营计划

1）企业经营计划的意义

企业经营计划是企业在其经营思想指导下，根据外部环境和内部条件的变化，在对经营目标和经营方针作出战略决策的基础上，为获得更大的经济效益和发展能力，对未来一定时期内生产经营活动所作出的各种计划安排的总称。它是企业经营思想、经营目标、经营方针和经营策略的具体化，是统帅企业全部安排经济活动的总纲。

经营计划有助于各部门、单位和个人明确今后工作的目标；有助于协调局部与整体的关系；有助于控制企业的经营活动；有助于提高企业的工作效率，提高企业的经济效益；有助于评价实际与目标的差距。

2）企业经营计划的特点

企业经营计划的特点主要包括：目标性，即总目标明确，分目标具体；主导性，即在组织、领导、控制、协调各职能中处于主导地位；普遍性，即涉及企业中的所有人和事；效益性，即快而好是目的。

3）企业经营计划类型与内容

企业计划，依内容、用途和时间等标志而有不同的计划。这些计划互相联系、互相补充，构成一个完整的计划体系。例如，按内容分，有综合计划、专题计划；按用途分，有基建计划、经营计划和作业计划；按时间分，有中长期经营计划、年度经营计划和阶段工作计划等。

（1）中长期经营计划

中长期经营计划又称长远规划或远景规划，一般指 3～5 年或 5 年以上的计划。它主要从战略上确定企业长远的发展方向、目标、规模和速度,以及为完成战略目标所采取的重大技术措施、方针、结构和进行的基本建设项目。

①中长期经营计划的特点:包括较多的主观判断和价值观念的成分;未来不确定的因素较多;其依据大多是外部环境的经济信息;涉及的范围广、时间长;属创始性计划,是其他计划的依据;其内容具有整体性。

②中长期经营计划的主要内容:总体目标规划,即根据市场潜在需求,确定企业经营方向,各部门、各项目的发展规模和增长速度,以及它们之间的比例关系等;规定实现战略目标的基本步骤,如实现战略目标的阶段划分、主要任务和主要指标等;基本措施规划,包括土地资源开发与利用、农业基本建设、资金筹集与分配使用、设备购置及劳动力技术培训等规划;主要经济指标估算,包括计划期内农产品总产量、总产值、增长率、商品率、土地生产率、劳动生产率、投资效益、经营利率、积累和消费水平、人均收入增长率等。

由于中长期经营计划时间长,影响因素不确定且复杂多变,故计划不可能订得详尽、具体,因而是一个粗线条的计划。

(2)年度经营计划

年度经营计划是指按一个日历年度编制的实施计划。它是根据当年的实际情况,结合对市场的供求预测制订的,以达到生产发展目标、市场占有率目标和盈利水平的具体而详尽的经营计划。主要内容包括:

①产品销售计划。包括国家要求的农产品定购计划和市场销售计划两部分。前者根据企业与国家签订的定购合同,后者根据市场需求预测进行制订。销售计划包括产品品种、数量、销售渠道和方式、销售价格和收入等指标。

②生产计划。生产计划是年度计划中最重要的计划。它是根据土地资源,按农、林、牧、渔业的不同生产项目制订的。农作物(包括饲料作物)生产计划包括播种面积、单位面积产量、总产量和商品量等指标;畜牧业生产计划包括畜禽种类、繁殖数、饲养头(只)数、畜禽群体结构、周转计划、防疫计划、畜产品产量和商品量等指标;林业生产计划包括育苗、造林面积、木材采伐量以及果品产量等指标;渔业生产计划包括水产养殖品种、养殖面积、产品量等指标。

③土地利用计划。根据年度生产计划需要,合理调整和分配各类用地面积,制订出具有一定结构的土地利用计划。

④劳动力利用计划。根据不同作业项目的劳动定额配备劳动力,制订出需要数、招工数或转移数,并制订年度培训数。

⑤物资供应计划。为了保证生产需要,应对全年所需的各种生产资料,如种子、肥料、农药、燃料、饲料、农机具和其他农用物质等作出全面预购安排,合理确定需要量、库存量、采购量和供应时间。

⑥财务计划。它是用货币形式反映企业生产经营成果和各项消耗的计划。主要内容包括财务收支计划、现金计划、成本计划和盈利计划等。此外,还可根据财务计划和贯彻生产责任制的情况,制订收入分配计划。

(3)阶段工作计划

阶段工作计划就是企业在年度计划内,根据一定阶段或季节性的工作特点制订的具体作

业计划。在农业生产经营中,不同阶段有不同的工作内容和重点,客观上要求制订短期的阶段计划,以保证年度计划的落实和完成。在阶段工作中,要根据各阶段的作业特点,合理调配人力、财力、物力,组织产、供、销过程,保证各环节在进度上相互衔接和有序进行。其主要内容有作业期限、作业项目、完成任务、质量要求、劳力安排、作业方法、物资和资金使用额度等。通过长计划短安排,上下衔接,使全年计划按步骤、分阶段、有条不紊地进行,最终便可达到预定的计划目标。

4)计划的编制程序

(1)准备阶段

①企业市场环境分析。就是把对市场调查、预测所获得的各种有关资料进行分析。其目的是掌握企业所处的客观环境的变化规律,了解企业现状是否与客观环境的变化相适应。只有搞好环境分析,才能使企业的经营计划适应客观环境的变化,并在多变的环境中寻找发展的机会。如分析国家产业政策的变化,消费者购买力的变化,市场需求的变化等。

②企业能力分析。即权衡,要从企业自身的实际情况出发,主要是对企业的生产能力、销售能力和经营能力的分析。其目的在于充分掌握企业的长处和不足,不做那些力所不及的事,以便在制订计划时更切合实际。

③企业成绩分析。对企业以往的生产销售和其他业务活动情况的分析,通过分析可以掌握企业的经营管理水平、效率和克服困难的能力,同时也要估计到计划可能出现的问题,以及采取什么措施解决问题。

(2)制订目标阶段

主要是依照企业的经营战略和方针,确定涉农企业的经营目标,规定具体指标,如目标实现的时间、数量和具备的条件等。首先,要根据环境的变化和企业的实际情况,制订企业的经营战略和方针,如决定扩大哪些项目、多大规模,产品结构以及产品市场策略等;其次,确定企业的经营目标和企业在计划期间要达到的水平;再次,制订应完成的具体指标,从而形成完整的指标体系,如产量、产值、纯收入、成本、劳动生产率等。

(3)拟订方案,比较选择

为实现同一目标,可有多种可行性计划方案,每个方案都有其相对的优点和缺点。通过反复比较,逐步淘汰,选择最适合的计划方案。

(4)编制计划阶段

首先,注重企业外部环境与目标间的相互平衡;然后,进行企业内部的综合平衡。

5)企业经营计划编制的方法

(1)综合平衡法

综合平衡法是企业为了达到既定的计划目标,将人类、物力、财力等资源条件在各部门和各生产项目之间进行合理分配,实现需求与可能之间的平衡。综合平衡表内容包括:销售量与生产量之间的平衡;企业内各部门之间平衡;生产任务与生产能力之间的平衡。

纵横平衡表的类型包括:产品生产与分配平衡表;物资平衡表;资金平衡表和劳动力平衡表。

(2)滚动计划法

滚动计划法是保证计划在执行过程中,能够根据实际情况变化,适时地修正和调整的一种现代计划方法。

（3）产品系列评价法

产品系列评价法是根据市场引力和企业实力两个综合性指标,通过评分的方法进行评价,依据分数的高低对产品进行综合评价,然后作出相应的决定,经过平衡工作,编制产品品种的计划。

6）计划的执行和检查

编制计划只不过是计划的开始,更重要的是保证计划的实施与实现。这就需要在生产经营过程中,以计划的要求来控制其行动,经常把计划执行情况与计划目标比较,如发现偏离应及时查明原因。若是计划本身的问题,如指标高了或低了,以及未能预料的情况如自然灾害,则应随时修订或补充原来的计划,否则就会丧失计划指导生产的作用;若是执行不力造成的,则应采取补救措施,使之完成既定的计划。企业在实施生产经营计划时,重要的是要把计划的具体指标落实到每个部门及每个员工,让每个员工都自觉地去执行计划,时时刻刻以计划要求来控制其行动,否则,计划定得再好也会落空。

 **思考与练习**

一、简答题

1. 如何理解决策的含义? 决策的原则与依据各是什么?

2. 决策的影响因素有哪些?

3. 影响行业进入障碍的因素有哪些?

二、案例分析

企业是否应该如此经营?

某商场主要经营食品、饮料、烟、酒、茶等商品,是几位下岗职工合伙办的一个中型零售企业。由于他们的营销知识和管理经验缺乏,在经营过程中无章可循,经营效益一直不好,其原因是进什么货、什么时间进货没有统筹安排,经常是什么货没有了才去进。由于缺货流失了很多顾客,加之货架上摆放的商品很零乱,有时售货员东翻西翻找不着货。更有甚者,个别合伙人经常随便拿烟抽、拿饮料喝。由于几个合伙人都是老朋友,谁也不想撕破脸皮,因此谁也不想多管,经营在艰难中维持着。

分析讨论:你认为这个合伙企业的前景如何,谈谈你的看法?

分析提示:企业是一个经济组织,经济组织就要有管理,就要进行经济核算。

项目 5

农业企业人力资源管理

📖【知识目标】

1. 了解农业企业人力资源管理的概念及特点。

2. 熟悉农业企业人力资源规划的程序。

3. 掌握农业企业人力资源管理,包括人员招聘与录用、人员培训、绩效考核、激励、沟通和劳动的管理。

📖【能力目标】

1. 会编制人力资源计划。

2. 能制订工作目标并进行绩效考核,把握工作激励的原则和农业企业的劳动管理。

任务 5.1 农业企业人力资源管理概述

5.1.1 农业企业人力资源管理的概念及特点

企业要进行生产,就必须具备人、财、物三种基本资源。由于财力是货币表现,因此,企业生产最基本的资源就是人力和物力。

1)农业企业人力资源的概念及特点

农业企业的人力资源,或称劳动力资源,是指农业企业所拥有的劳动力数量和质量。劳动力的数量是指能够参加劳动的人数;劳动力的质量是指劳动者的智力高低、体力强弱、技术水平及劳动熟练程度、经营管理能力等。它有如下的特点:

①人力资源的生物性。它存在于人体之中,是有生命的"活"的资源,与人的自然生理特征相联系。

②人力资源的能动性。人不同于自然界的其他生物,因为人具有思想、感情,具有主观能动性,能够有目的地进行活动,能动地改造客观世界。人具有意识,这种意识是对自身和外界具有清晰看法,对自身行动作出抉择,调节自身与外部关系的社会意识。由于人具有社会意识,并在社会生产中处于主体地位,因此表现出主观能动作用。

人力资源的能动性主要表现在:自我强化,即人类的教育和学习活动,是人力资源自我强化的主要手段;选择职业,即在市场经济环境中,人力资源主要靠市场来调节,人作为劳动力的所有者可以自主择业,选择职业是人力资源主动与物质资源结合的过程;积极劳动,即敬业、爱业、积极工作,创造性的劳动,这是人力资源能动性的最主要方面,也是人力资源发挥潜能的决定性因素。

③人力资源的动态性。人作为生物有机体,从事劳动的自然时间被限定在生命周期的中间一段,人的劳动能力随时间而变化,特别是"劳动人口与被扶养人口"比例不断变化。因此,必须研究人力资源形成、开发、分配和使用的时效性、动态性。

④人力资源的智力性。人类在劳动创造中创造了机器和工具,通过开发智力,使器官有效地得以延长,从而使得自身的功能迅速扩大。人类的智力具有继承性,人力资源所具有的劳动能力随着时间的推移而得以积累、延续和增强。根据有关专家研究,正常情况下,员工的潜力平均只发挥了 40%~60%,其余的部分有待管理者的进一步开发。

⑤人力资源的再生性。它基于人口的再生产和劳动力的再生产,通过人口总体内部的不断更替和"劳动力耗费—劳动力生产—劳动力再次耗费—劳动力再次生产"的过程得以实现,当然人力资源的再生产除了遵守一般生物学规律之外,还受人类意识的支配和人类活动的影响。

⑥人力资源的社会性。人类劳动的群体性,构成了人力资源社会性的微观基础。从宏观上看,人力资源又与一定的社会环境相联系,从本质上讲,人力资源是一种社会资源,归属社会所有,而不仅仅归属于某一具体社会组织单位。

人力资源管理是指运用现代的科学方法,对与一定物力相结合的人力进行合理的培训、组织与调配,使人力、物力经常呈最佳比例,同时对人的思想、心理和行为动机进行恰当的诱导、制约和协调,充分发挥其主观能动性,使人尽其才,事得其人,人事相宜,从而实现组织目标。在社会化大生产过程中,人力与精力在数量上的比例是客观存在的,客观上也要求人力与物力按比例合理配置,使人力物力都充分发挥出最佳效应。这就要求在人力资源管理中,实现对人力资源外在要素——质的管理。就人的个体而言,主观能动性是积极性和创造性的基础,而人的思想、心理活动和行为动机都是人的主观能动性的内在表现。因此,在人力资源管理中,还必须十分重视对人的心理和行为动机的引导、协调和控制,以实现对人力资源内在要素——质的管理。

2)农业企业人力资源管理的特点

农业企业人力资源管理的产生,是和工业革命导致的快速技术革新及劳动专业化水平提高分不开的。管理科学、政府干预、行为科学的发展,都促成了对原有"人事管理"认识的转变,也使农业企业人力资源管理在发展中显示出以下几个突出的特点:

①综合性。人力资源管理是一门相当复杂的综合性管理活动,需要综合地考虑种种因素。

②实践性。概括和总结,并反过来指导实践,接受实践的检验。

③发展性。人们对客观规律的认识总要受一系列主客观条件的影响,不可能一次完成,需要一个漫长的认识过程。

④民族性。人的行为深受其思想观念和感情的影响,而人的思想感情无不受到民族文化传统的制约。

⑤社会性。社会制度是民族文化之外的另一重要因素,影响劳动者工作积极性和工作效率的诸因素中,生产关系(分配制度、领导方式、劳动关系、所有制关系等)和意识形态是两个重要因素,而它们都与社会制度密切相关。

5.1.2 农业企业人力资源管理的内容

农业企业人力资源管理分为四个层次:规章制度与业务流程(基础性工作)、基于标准化业务流程的操作(例行性工作)、人力资源战略(战略性工作)以及战略人力资源管理(开拓性工作)。

1)基础性工作

基础性工作主要是指要建立企业人力资源运作的基础设施平台,这个平台首先要包括一套完善的人力资源管理规章制度,这是人力资源部门一切管理活动的企业内部"法律依据"。如果没有标准化的操作流程作支撑,管理的规章制度在具体操作上或多或少会存在因人而异的混乱现象。对人力资源管理者而言,如果解决不了操作层面的问题,人力资源管理就仅限于纸上谈兵。因此,建立一套有效的人力资源操作流程,是人力资源管理迈向实务的重要保障。

2)例行性工作

例行性工作是在规章制度与标准操作流程这一基础设施平台之上进行操作的,主要包括人力资源规划、员工招聘、档案、合同、考勤、考核、激励、培训、薪资、福利、离职等管理内容,是

人力资源管理中不可回避的基本事务,也是目前我国农业企业人事管理部门的主要工作。具体工作大致包括以下几点:

①人力选用。根据业务需要制订人力计划及需用人员应具备的资格条件,作为征募及考选人员的依据;鼓励应征及采用有效方法予以考选任用及迁调的一般原则,外求与内举的配合运用,以及任用方法与权责的说明;工时、休假、请假规则,应当履行的义务及激励的规则及其实施;考绩问题的探讨,考绩的程序,奖惩规划作业;训练的规则及其实施,培育人才的方法,以及人力计划的发展。

②激发潜能意愿。员工行为分析,心理卫生维护,意愿潜能的激发;沟通的原则与程序,鼓励员工参与,改善员工态度,提高士气的方法;工厂会议,团体协约,劳资争议处理的规划实施。

③保障生活安全。制订薪给的原则,各种计时薪资、奖励薪资的设计,给予津贴的规定,奖金制度的建立;劳动管理最低基准的制订,职业灾害的统计与防范,劳工安全卫生的维护;各种保险制度及福利措施的规划推行;抚恤、退休、资遣的原则、制度的制定及其施行。

④其他。人事资料的建立(运用于电脑处理);人事机构与人事职员的设置,工作态度的规定等。

3) 战略性工作

要求人力资源管理者能站在企业发展战略的高度,主动分析、诊断人力资源现状,为企业决策者准确、及时地提供各种有价值的信息,支持企业战略目标的形成,并为目标实现制订具体的人力资源行动计划。人力资源战略是企业农业人力资源部门一切工作的指导方针。

4) 开拓性工作

强调人力资源管理要为企业提供增值服务,为直接创造价值的部门提供达成目标的条件。人力资源管理部门的价值是通过提升员工和组织的效率来实现的,而提升员工与组织效率的手段就是要结合企业战略与人力资源战略,重点思考如何创建良好的企业文化、个性化的员工职业生涯规划、符合企业实际情况的薪酬体系与激励制度,并特别关注对农业企业人力资源的深入开发。实际上,对人才的吸引、使用、保持以及培养等工作的成败,关键不在于日常的管理工作是否到位,而在于是否营造了一个适合人才工作与发展的环境,这个环境的创造,就需要农业企业人力资源管理者在开拓性工作上花更多的时间和精力。

任务 5.2　农业企业人力资源规划

人力资源规划处于人力资源管理活动的统筹阶段,它为人力资源管理确定了目标、原则和方法。人力资源规划的实质是决定企业发展方向,并在此基础上确定组织需要什么样的人力资源来实现企业最高管理层确定的目标。

5.2.1　人力资源规划的含义

人力资源规划,又称人力资源计划,是指企业根据内外环境的发展制订出有关的计划或方案,以保证企业在适当的时候获得合适数量、质量和种类的人员补充,满足企业和个人的需

求。它是系统评价人力资源需求,确保必要时可以获得所需数量且具备相应技能的员工的过程。

人力资源规划主要有三个层次的含义:

①一个企业所处的环境是不断变化的。在这样的情况下,如果企业不对自己的发展作长远规划,只会导致失败的结果。俗话说:人无远虑,必有近忧。现代社会的发展速度之快前所未有,在风云变幻的市场竞争中,没有规划的企业必定难以生存。

②一个企业应制定必要的人力资源政策和措施,以确保企业对人力资源需求的如期实现。例如,内部人员的调动、晋升或降职,人员招聘和培训以及奖惩都要切实可行,否则,就无法保证人力资源计划的实现。

③在实现企业目标的同时,要满足员工个人的利益。这是指企业的人力资源计划还要创造良好的条件,充分发挥企业中每个人的主动性、积极性和创造性,使每个人都能提高自己的工作效率,提高企业的效率,使企业的目标得以实现。与此同时,也要切实关心企业中每个人在物质、精神和业务发展等方面的需求,并帮助他们在为企业作出贡献的同时实现个人目标。这两者都必须兼顾,否则,就无法吸引和招聘到企业所需要的人才,难以留住企业已有的人才。

5.2.2　制订人力资源规划的程序

制订人事规划是新的企业或企业经营状况有较大变动的企业人事管理的首要工作或基础性活动。人事规划的制订程序如图5.1所示。

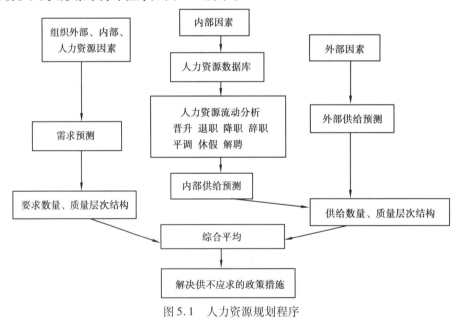

图5.1　人力资源规划程序

人力资源规划的过程大致分为以下几个步骤:

1)调查、收集和整理相关信息

影响企业经营管理的因素很多,比如产品结构、市场占有率、生产和销售方式、技术装备的先进程度以及企业经营环境,包括社会的政治、经济、法律环境等因素,都是企业制订规划的硬约束,任何企业的人力资源规划都必须加以考虑。

2)核查组织现有人力资源

核查组织现有人力资源就是通过明确现有人员的数量、质量以及分布情况,为将来制订人力资源规划作准备。它要求组织建立完善的人力资源管理信息系统,即借助现代管理手段和设备,详细占有企业员工各方面的资料,包括员工的自然情况、录用资料、工作执行情况、职务和离职记录、工作态度和绩效表现。只有这样,才能对企业人员情况全面了解,并准确地进行企业人力资源规划。

3)预测组织人力资源需求

预测组织人力资源需求可以与人力资源核查同时进行,它主要根据组织战略规划和组织的内外条件选择预测技术,然后对人力需求结构和数量进行预测。了解企业对各类人力资源的需求情况以及可以满足上述需求的内部和外部的人力资源的供给情况,并对其中的缺点进行分析,这是一项技术性较强的工作,其准确程度直接决定了规划的效果和成败,是整个人力资源规划中最困难、最关键的工作。

4)制定人员供求平衡的规划政策

根据供求关系以及人员净需求量,制订出相应的规划和政策,以确保组织发展在各时间点上人力资源供给和需求的平衡。也就是制订各种具体的规划,保证各时间点上人员供求的一致,主要包括晋升规划、补充规划、培训发展规划、员工职业生涯规划等。人力资源供求达到协调平衡是人力资源规划活动的落脚点和归宿,人力资源供需预测是为这一活动服务的。

5)对人力资源规划工作进行控制和评价

人力资源规划的基础是人力资源预测,但预测与现实毕竟有差异,因此,制订出来的人力资源规划在执行过程中必须加以调整和控制,使之与实际相适应。因此,执行反馈是人力资源规划工作的重要环节,也是对整个规划工作的执行控制过程。

6)评估人力资源规划

评估人力资源规划是人力资源规划过程中的最后一步,人力资源规划不是一成不变的,它是一个动态的开放系统,对其过程及结果必须进行监督、评估,并重视信息反馈,不断调整,使其更加切合实际,更好地促进企业目标的实现。

7)人力资源规划的审核和评估工作

应在明确审核必要性的基础上,制订相应的标准。同时,在对人力资源规划进行审核与评估过程中,还要注意组织的保证和选用正确的方法。

人力资源规划编制完毕后,应先与各部门负责人沟通,根据沟通的结果进行反馈,最后再提交给公司决策层审议通过。

5.2.3 农业企业人员的招聘与录用

一个企业要有效地进行人力资源开发与管理,一个重要的前提就是要了解每一种工作和能胜任某种工作的人员特点,这就是工作分析的主要内容,也是企业招聘与录用人的前提。

1)工作分析

工作分析是现代企业人力资源开发与管理的基础,换句话说,一个企业如果不进行工作或不重视工作分析,那么要有效地进行人力资源开发与管理几乎是不可能的。工作分析需要

有两个前提条件:一是明确组织结构,二是明确组织目标,这两者明确以能通过调查研究实施工作分析为准。

工作分析包括两方面的内容:一是关于工作本身,如工作的内容、责任、权限、环境等,这样的书面表述称为工作说明;二是有关担任某工作的人员应具备的最基本条件的信息,如任职人员的资质、能力、个性、态度、教育程度、经验等,这些信息的书面表述称为工作范围。分析的具体内容包括:

（1）工作名称分析

工作名称分析的目的是使工作名称标准化,以求通过名称就能使人了解工作的性质和内容。工作名称由工种、职务、工作等级等组成,如树木养护高级工、农业设计师等。工作名称的分析包括:

①工作任务分析。明确规定工作行为,如工作的中心任务、工作内容、工作的独立性和多角度、完成工作的方法和步骤、使用的设备和材料等。

②工作责任分析。目的是通过对工作相对重要性的了解来配备相应权限,保证责任和权力相对应,尽量用定量的方式确定责任和权力,如财务审批的权限和金额数、准假天数的权限。

③工作关系分析。目的在于了解工作的协作关系。包括:该工作制约哪些工作;受哪些相关工作的协作关系;在哪些工作范围内升迁或调换。

（2）劳动强度分析

目的在于确定工作的标准活动量。劳动强度可用本工作活动中劳动强度指标最高的几项操作来表示,如劳动的定额、工作折算基准、超差度、不合格率、原材料消耗及工作循环周期等。

（3）工作环境分析

工作环境分析包括物理环境、安全环境和社会环境的分析。

①工作物理环境。即湿度、温度、照明度、异味、空间等以及人员每日和这些因素接触的时间。

②工作的安全环境。包括:工作的危险性;可能发生的事故;过去事故的发生率;事故的原因以及对执行人员机体的哪些部分造成危害,危害程度如何;劳动安全卫生条件;易患的职业病,患病率及危害程度如何。

③社会环境。包括:工作所在地的生活方便程度;工作环境的孤独程度;上级领导的工作作风;同事之间的关系。

（4）工作执行人员必备条件分析

旨在确认工作执行人员,履行工作职责时应具备的最低资格条件,具体为:

①必备知识分析。学历最低要求和专业等级要求分析。

②必备经验分析。指各工作对执行人员为完成工作任务所必需的操作能力和实际经验的分析,包括:执行人员过去从事同类工作或相关工作的工龄及成绩;应接受的专门训练及程度;应具备的有关工艺规程、操作规程、工作完成方法等活动所要求的实际能力。

③必备操作能力分析。根据前两项提出的要求,通过典型操作来规定从事该项工作所需的决策能力、创造能力、组织能力、适应性、注意力、判断力、智力及操作熟练程度。

④必备的心理素质分析。即根据工作的特点确定工作执行人员的职业倾向,执行人员所应具备的耐心、细心、勤奋、主动性、责任感、支配性、掩饰性、情绪稳定性等气质倾向。

2) 人员招聘

通常情况下,企业通过招聘才能满足企业对人力资源的需求。为了达到这一目标,招聘就要有明确的目的,并要确立严格的标准,也就是要根据工作分析的成果补充缺员。招聘的方法应是广开渠道,依据所需人员类型的不同采取相应的办法。一般的招聘,既可以从原有人员中续聘,也可以从外部招聘;既可以由别人推荐,也可以毛遂自荐。总之,要贯彻公平竞争、择优录取的原则。

(1)企业对员工的一般要求

企业对员工的一般要求是工作勤奋、态度良好、经验丰富、稳定性好、机智、责任感较强。

(2)招聘的途径和方法

企业招聘员工不难,但要招聘合适的员工却很不容易。为了保证员工队伍的素质和质量,提高职工的劳动效率,在招聘过程中要注意:

①把握招聘原则。招聘的原则大致上有:

a.公开原则。指把招考单位,工作种类,招工数量,报考的资格、条件,考试的方法、科目和时间均面向社会公告周知,公开进行。

b.竞争原则。指通过考试竞争或考核鉴别来确定人员的优劣和人选的取舍。

c.平等原则。指对所有报考者一视同仁,不得人为地制造各种不平等的限制或条件(如性别歧视),以及各种不平等的优惠政策,努力为社会上的有志之士提供平等竞争的机会,不拘一格地选拔、录用各方面的优秀人才。

d.全面原则。对报考人员从品德、知识、能力、智力、心理、过去工作的经验和业绩等方面进行全面考试、考核和考察。因为一个人能否胜任某项工作或者发展前途如何,是由多方面因素决定的,特别是非智力因素对将来的作为起决定性作用。

e.择优原则。择优是招聘的根本目的和要求。只有坚持这个原则,才能广揽人才,选贤任能,为本单位引进或为各个岗位选择最合适的人员。

f.级能原则。人的能量有大小,本领有高低,工作有难易,要求有区别。招聘工作不一定要最优秀的,而应量才录用,做到人尽其才、用其所长、职得其人,这样才能持久高效地发挥资源的作用。

②多途径寻找合适人选。通过多途径可以帮助企业相对容易地找到合适的人选。招聘的途径有:

a.企业内部。在大多数管理层,寻找候选人的第一个地方是管理层内部。采用这种方法不仅方便,而且会获得更好的职员,提高士气。

b.私人途径。即从工友、同僚、朋友、亲属、邻居之中找到候选人,并了解候选人的情况。

c.临时代理。如果雇用临时工,这也是一个不错的选择。通过劳务公司等中介组织,能较方便地找到比较合适的候选人。因为,在正式雇用他们之前,将得到机会去试用他们。如不喜欢,只要告诉代理处,他们会派来替换者;如果对雇佣的临时工感到满意,大多数代理会用名义上的酬金或经过最短时间的委任来雇佣他们。

d.职业社团。大多数职业都有相应的社团(协会),这里有助于找到有专长的员工。

e.中介公司。如果要补充一个特殊专业化的职位,劳动或人才中介能帮助企业找到高薪水应聘者。

f.因特网。可以在因特网上制作网页,网页使企业几乎不受任何限制地发布工作信息,同时可以通过浏览人才网寻找到合适的雇员。

g.招聘广告。在报纸上刊登广告会收到许多自荐材料,在此之中,也许有企业所设岗位的合适人选。

h.设摊。在政府人事部门或劳动部门指定的招聘场所设摊,寻找合适人选。

(3)提高面试质量

世界上最优秀的面试技巧就是认真并充分地准备面试。理想的面试有五个步骤:

①热情地欢迎求职者。热情地向求职者打招呼,并且同他们随意聊天,以便他们轻松面试。比如,聊一些关于天气的情况,然后谈谈面试官自己在工作中寻求简易方法时遇到的困难,以及他们是怎样了解这个职位的,这些话题都是一些常见的开场白。

②简要概括职位。简要地描述一下职位、企业需要什么样的人,以及面试过程。

③提问。所提问题应当与求职者申请的职位相符合,并且要包括求职者的工作经验、所受教育状况和其他一些有关的话题。

④找出求职者的强项和弱点。尽管可以要求求职者对自己的优势和弱点进行介绍,但是做法似乎并不可靠,最好是要通过他们回答问题来了解他们的一些情况,因此提问是必要的。

⑤结束面试。给求职者机会,允许他(她)更进一步阐述自己的情况,这些对作出最后的选择是很必要的。对他们求职的兴趣表示感谢,并且告诉他们公司何时与他们取得联系。

注意,面试提问是一个很重要的环节。通过提问及观察设法了解:该应聘人员为什么来应聘? 能为我们做些什么? 他(她)属于哪一类人? 本企业能让他(她)满意吗? 在面试的时候可多做些笔记,记笔记不单是为了记清每一个候选人的情况,还是招聘决策人评估候选人的重要依据,面试可以进行多次。

3)录用

在面试结束以后、决定录用以前,还要做三个工作:核实证件;向求职者现在或以前的上司了解情况;征求同事的意见。在录用员工时,一定要做到任人唯贤,不要草率雇用一个人来补空缺。

5.2.4　人员培训

知识经济时代是学习的时代,人员培训是企业人力资源积累和企业可持续发展的保障。人员培训是指由企业人力资源主管部门负责规划、组织,通过教学或经验的方式在知识、技术、态度、道德、观念等方面改进职工行为的方式,以达到期望的标准或水平。人员培训的内容包括员工知识的培训、技能的培训、态度的培训和职前培训。

职前培训是使新聘人员熟悉和适应工作环境的过程。它的目标是使新职员在进入工作岗位之前,完成自身的社会化并掌握必要的工作技能。在职前培训上花费较多的时间、精力、财力和物力是值得的,它将对新职员未来的工作行为和生活态度产生决定性的影响。职前培训要使新职员顺利地接受企业的文化观、价值观、规章制度;通过示范教育和实习操作,要使新职员学会基本的工作技能,学会解决工作的有关技术问题;要使他们真正成为企业大家庭中负责任的、认真的、具有奉献精神的一员。职前培训还要解决新职员的社交问题,消除障碍,提供机会,使他们了解工作环境,学会与同事、上司交往的方式。

从企业方面看,人员培训就是要把因员工知识和能力不足、态度不积极而产生的机会成本减少到最低限度,提高员工的能动性,以利于提升企业整体素质;从员工个人看,通过培训可以提高其自身的知识水平、工作能力,使员工在为实现企业发展目标过程中,充分实现自我价值。

任务 5.3　农业企业人力资源绩效考核

5.3.1　农业企业人力资源绩效考核

所谓绩效考核,就是个体或群体能力在一定环境中表现的程度和效果,以及个体或群体在实现预定的目标过程中所采取的行为及其做出的成绩和贡献。绩效考核可为任免、提升等人事决策提供依据,或者决定对工作人员付出的劳动作出合理补偿。同时,只要考核合理、奖罚分明,自然会产生激励效果。

1)农业企业人力资源绩效考核变量因素

农业企业人力资源绩效考核变量因素主要包括三个方面:

①绩效构成因素。包括工作效率,如组织效率、管理效率和机构效率等;工作任务,如工作数量和工作质量;工作效益,如经济效益、社会效益和时间效益。

②工作情景因素。这是对绩效形成的环境因素进行考察,主要包括工作任务或工作目标实现的难度及环境因素对绩效影响的结果。

③绩效主体因素。群体或个体在实现工作绩效过程中的行为方式和主观努力程度。

2)农业企业人力资源绩效考核的步骤

绩效考核的目的是为了提高员工的劳动效率。绩效考核的第一步是设置岗位目标,第二步是监测绩效,第三步是评价绩效,帮助员工提高绩效。

(1)设置目标

目标决定发展方向和目的。有了目标,就可以把员工的精力放在有助于朝着目标前进的工作上。在设置目标时,必须注意这个目标是可行的。可行的目标的特点是:具体目标必须是明确的、不含糊;具体的目标能确切地告诉员工,期望他们做什么,什么时候做以及做多少。如有具体目标,能很容易地根据员工的工作完成情况衡量他们的进度。具体表现为:

①可衡量。如果年度目标是不可衡量的,就永远不会知道员工是否在朝着成功的方向前进。不仅如此,当员工没有可衡量目标来指明他们的进度时,就很难刺激他们去实现目标。

②能达到。目标一定要实现,并且普通员工就能够完成,最好的目标是员工稍做努力就能实现,并且不是极端的。也就是说,目标既不能高于也不能低于标准绩效。设定的目标太高或太低都会毫无意义,员工会很容易对它们熟视无睹。

③相关性。目标是实现公司伟大远景和使命的重要工具。因此,员工的目标必须与企业的总体目标相一致。

④限定时间。目标必须有起点、终点和固定的时间段。约定最后期限,可以使员工集中精神按时或提前完成目标。没有计划或最后期限的目标,容易被一天天地拖下去,影响目标的实现。

总的来说,目标的表达不能多于一句话,目标越简明扼要,越容易被员工所理解,就越有可能实现。

(2)监测绩效

监测个人绩效就像走钢丝一样,要步步小心。不能过度地监测员工,这样做只能导致繁文缛节和官样文章,会对员工的能力产生负面影响,从而影响他们的工作。但也不能做得不足,如果过少地监测员工,会出现任务不能及时完成或费用大大超过预算的情形。

监测员工绩效的主要目的,不是当员工犯了错误或错过了重要的事情时去惩罚他们,而是鼓励员工继续按计划表工作,并弄清楚他们在工作时是否需要额外的帮助和支持。监测绩效的时点可设在起点、终点和工作进展过程中的关键点。关键点是指:能告诉领导和员工在实现共同目标的路上还有多远的检查点。

例如,设定了一个目标,在3个月内完成公司预算。目标要求最迟在10月15日前,把部门预算草案交给部门经理。如果在10月15日部门经理还没有递交预算草案,那么工作进度落后于计划表;如果在10月1日交上所有的预算草案,那么工作进度先于计划,就可以提前达到最后目标,即完成公司预算。

对于一些较为复杂的工作,我们可用条形图等工具来确定监测点。例如,在6周内完成预算报告。如图5.2所示,时间限制处在条形的顶端,时间界限从6月1日到6月11日,每一个增额代表一个星期。在6月11日之前的每个关键点,如6月6日、6月12日、6月17日都可以作为监测时点,以衡量任务的完成情况。

行 动	0	5	10	15	20	25	30
1.研究上一月报告	--						
2.研究当月详细报告	--						
3.与同事会面		-----	------				
4.研究每个人的职位状况				---			
5.提出草案预算			------		------	------	
6.研究草案预算			---				---
结果:递交预算报告							

图5.2 条形图表明了制作预算报告的主要活动

(3)评价绩效

评价员工的绩效有五个步骤:

①设定目标、期望和标准。在员工达到目标或完成期望以前,必须给他们设定目标和度量,并制订标准来衡量他们的绩效,然后,必须在评价员工以前把评价标准传达给员工。实际上,绩效审查从工作的第一天就真正开始了。从第一天开始,就要告诉员工如何评价,向他们展示所用的评价方式,并解释评价程序。

②给予连续的、明确的反馈。无论哪一天,看到员工做得对,就要在当时当地告诉他们,

如果错了,也要告诉他们。不断地、经常地进行反馈,比把问题积累起来在某些场合反馈要有效得多(尤其当反馈是负面时)。

③准备一份正式的书面绩效评价。每个企业对正式绩效评价有着不同的要求。一些评价比较简单,仅有一张表格,只要求在表格上打号,其他的评价则要求广泛的叙述事实根据。不管特定部门的要求,正式绩效评价应当是评价阶段中与员工讨论过的重大事件的总结概述。用事实来支持评价,要使评价与步骤中设立的目标、期望和标准相关,这样才能使对员工的评价有意义。在现实评价中,可以让员工来填写自己的绩效评价,然后对比领导的评价与员工自己的评价,发现的不同之处将成为讨论的主体。

④亲自会见员工,讨论正式绩效评价。只有亲自接触员工,才能让员工理解领导要传达的信息,留出合适的时间会见员工并讨论他们的绩效评价。合适的时间不是5分钟或10分钟,而是至少1小时或更久。当准备正式的绩效会议时,要一是一、二是二。会议应该是积极向上的,即使不得不讨论绩效问题时,也要设法和员工一起合作来解决问题。

⑤设定新目标、新期望和新标准。正式的评价会议给领导和员工提供了一次机会,利用这次机会双方都可从一些不可避免的日常话题中退出,再从大局出发进行考虑,双方都有机会审查和讨论表现好的或表现不好的绩效。在这个评价基础上,就可以为下一个审查阶段设定新期望和新目标,绩效评价过程的最后一步变成了第一步,新的评价又开始了。

5.3.2 人员考核的内容

人员考核的对象、目的和范围复杂多样,因此考核内容也颇为复杂。但就其基本方面而言,主要包括德、能、勤、绩四个方面。

1)德

德是指人的政治思想素质、道德素质和心理素质。德是一个人的灵魂,是用以统领帅才的,它决定了一个人的行为方向——为什么人生为目的而奋斗;决定了行为的强弱——为达到目的所作努力的程度;决定了行为的方式——采取什么手段达到目的。

德的标准不是抽象的,而是随着不同时代、不同行业、不同层级而有所变化。在改革开放的今天,德的一般标准是坚持党的基本路线,坚持集体主义价值观,富有使命感、责任心和进取精神,遵守职业道德,遵纪守法等。

2)能

能是指人的能力素质,即认识世界和改造世界的本领。能力不能孤立地、抽象地存在,因此,对能的考核应以素质为依据,结合职工在工作中的种种具体表现来判断。一般来讲,能包括一个人的动手操作能力、认识能力、思维能力、研究能力、创新能力、表达能力、组织指挥能力、协调能力、决策能力、综合分析能力、调剂人际关系能力等,人不可能是无所不能的,有能就有其不能。因此,对不同的职位,对能的要求应有不同的侧重。

3)勤

勤是指勤奋敬业精神,主要指人员的工作积极性、创造性、主动性、纪律性和出勤率。不能把"勤"简单地理解为出勤率。出勤率高是勤的一种外在表现,但并非内在的东西,也可能出勤不出工,出工不出力,动手不动脑。真正的勤,不仅出勤率高,更重要的是以强烈的责任感和事业心,在工作中投入全部的体力和智力,并且投入全部的情感。因此,人员考勤工作应

将形式的考勤与实质的考勤结合起来,重点考核其敬业精神。

4)绩

绩是指人员的工作绩效,包括完成工作的数量、质量、经济效益和社会效益。数量、质量、效益之间,经济效益与社会效益之间,都是对立统一的、辩证的关系,在考核和评价人员的绩效时,应充分注意这一点,对不同职位考核的侧重应有所不同,但效益应该处于中心地位,在考核"绩"时,不仅要考核工作数量、质量,更应当考核其工作满足社会需要所带来的经济效益和社会效益,即工作的社会价值。

5.3.3 绩效考核的方法

我国目前常用的绩效考核方法有自我评价与小组鉴定相结合、组织考查法、实践考验法、考试法和领导判断法。这些方法简便易行,但一般来讲,动态考虑少,静态考核多;客观衡量少,主观印象多;定量少,定性多。下面介绍一些农业企业使用的人员考核方法:

1)民意测验法

该方法是把考核内容分为若干项,制成考核表,每项后面空出五格,以优、良、中、及格、差,然后将考核表发至相当范围。考核前,也可先请考核者汇报工作,做出自我评价,然后由参加评议的人填好考核表,最后算出每个被考核者得分平均值,借以确定被考核者工作的档次。民意测验的参加范围,一般是被考核者的同事和直属下级,以及与其发生工作联系的其他人员。此法的优点是群众性和民主性较好,缺点是主要从下而上考察干部,群众缺乏足够全面的信息,会在掌握考核标准上带来偏差或非科学因素,一般将此法用作辅助的、参考的手段。

2)共同确定法

考核小组共同确定法目前被广泛用于职称的评定,即由考核小组成员按考核内容,逐人逐项打分,然后,去掉若干最高分和若干最低分,余下的取平均分,用以确定最终考核得分。

3)配对比较法

该法是将人员用排列组合配对比较方法决定优劣次序。比较时以排列组合法决定职工对数,将每一对职工姓名写在纸上,比较其工作,判断孰优孰劣,一一比较之后,以得优次数多少进行排序。此法优点是准确性较高,操作烦琐,如有 10 人左右,应比较 40~50 对,因此每次考核人数宜少,通常 10 人左右。

4)等差图表法

该法主要由两部分组成,即考核的项目和评定的分级,如主考官可对每一项目就计分尺上任一点标出记号作为评分,最后将各项得分相加,总分便是最后评价。如图 5.3 所示。此法使用简便,考核项目较全面,打分档次较多,尤其适合对工人的考核。缺点是主考的个人主观因素会带来偏差。

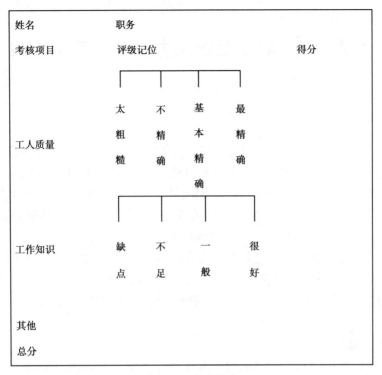

图 5.3 等差图表

5.3.4 绩效考核应注意的问题

1) 绩效评价标准不清

如果绩效评价标准不清,则会出现不同的评价人员对好、中、差作出不同的解释,从而无法得出客观的评价结果,导致绩效评价工作失败。

2) 晕圈效应

当评价者仅把一个因素看成最重要的因素,并根据这一因素对被评价者作出一个好坏的评价,这就是晕圈效应,即所谓的"一好都好,一坏俱坏"。

3) 居中趋势

这是不根据真实情况拉开差距,而是对被评价的所有人均做出接近平均或中等水平的评价。

4) 偏紧或偏松倾向

考核偏紧,考核对象的工作无法与工作成果对应;偏松,无法及时发现考核对象的问题并进行指导。

5) 带有个人偏见

这样考核的结果不公平。

任务5.4 农业企业人力资源激励与沟通

5.4.1 农业企业人力资源激励

所谓农业企业人力资源激励,就是通常所说的调动人的积极性。激励员工的方法有两种,即奖赏和惩罚。如果员工按照企业的要求做到了,就用他们想得到的东西奖励他们,如奖金、物品奖励、表扬、给予荣誉称号等;相反,如果员工没有完成企业交给他们的工作,就要用他们不希望得到的东西惩罚他们,如警告、训诫、降职、解雇等。人的本性就是这样,对于喜闻乐见的事情争先恐后地靠前站,对于憎恶之事掩鼻而避之。激励变来变去,但是刺激员工的办法无非就是:奖励和惩罚。奖励比惩罚更为有效,但惩罚在工作中不是毫无作用的,有时不得不采取惩罚、训诫甚至解雇,但在此之前,首先应从正面理解和赞扬员工、奖励员工,企业会因此有一个最佳的工作环境。农业企业人力资源激励最好的管理方法就是"一分耕耘,一分收获"。

1)工作激励的原则

激励员工的工作积极性,必须遵循的原则有:组织目标与个人需要相统一;重视人们的物质利益,坚持按劳分配;思想教育、精神鼓励与物质鼓励相结合。

2)奖励的技巧

①对于不同的员工应采用不同的激励手段。对于低工资人群,奖金的作用十分重要;对于收入水平较高的人群,特别是对于知识分子和管理干部,则晋升职务、授予职称,以及尊重其人格,鼓励其创新,放手让其工作,会收到更好的激励效果;对于从事笨重、危险、环境恶劣的体力劳动的员工,搞好劳动保护,改善劳动条件,增加岗位津贴,都是有效的激励手段。为此,应对员工的需要进行调查。

②注意奖励的综合效价。即尽量增加物质奖励的精神含量,不仅使获奖的人在物质上得到实惠,而且在精神上受到鼓励,激起荣誉感、光荣感、成就感和自豪感,从而使激励效果倍增。发达国家的一些成功的企业,特别重视颁奖会的仪式,绞尽脑汁使仪式搞得隆重热烈,震撼人心,让人终生难忘。

③适当拉开实际效价的档次,控制奖励的效价差。效价差过小,搞成平均主义,会失去激励作用;但效价差过大,超过了贡献的差距,则会走向相反,使员工感到不公平。应该尽量使效价差与贡献差相匹配,使员工感到公平、公正,才会真正使先进者有动力、后进者有压力。

④适当控制期望概率,即适当控制员工主观上认为自己获奖的概率,否则会诱发一系列挫折心理和挫折行为,影响员工以后的积极性。

⑤注意期望心理的疏导。如上所述,每次评奖阶段是员工期望心理高涨的时刻,希望评上一等奖的员工,一般总是大大多于实际评上一等奖的员工,一旦获奖名单公布,其中一些人就会产生挫折感和失落感。解决这个问题的办法是及时对员工的期望心理进行疏导,将目标转移到"下一次""下一个年度",树立新的目标,淡化过去,着眼未来。特别要及时消除"末班车"心理,以预防争名次、争荣誉、闹奖金的行为发生。

⑥注意公平心理的疏导。根据亚当斯的公平理论，每位员工都是用主观的判断来看待是否公平，他们不仅关注奖励的绝对值，还关注奖励的相对值。尽管客观上奖励很公平，也仍有人觉得不公平。因此，必须注意对员工公平心理进行疏导，引导大家树立正确的公平观。正确的公平观包括三个内容：要认识到"绝对的公平是不存在的"；不要盲目地攀比；不应"按酬付劳"，造成恶性循环。

⑦恰当树立奖励目标。在树立奖励目标时，要坚持"跳起来摘桃子"的标准，既不可太高，又不可过低，过高会使期望概率过低，过低则使目标效价下降。对于一个长期的奋斗目标，可用目标分解的办法，将其分解为一系列阶段目标，一旦达到阶段目标，就及时给予奖励，即把大目标与小步子相结合，这样可以使员工的期望概率较高，维持较高的士气，收到预期的激励效果。

⑧注意掌握奖励时机和奖励频率。奖励时机直接影响激励效果，犹如烧菜，在不同时机加入佐料，菜的味道就不一样。奖励时机又与奖励频率密切相关，奖励频率过高和过低，都会削弱激励效果，奖励时机和奖励频率的选择要从实际出发，实事求是地确定。一般来说，对于十分复杂、难度较大的任务，奖励频率宜低；对于比较简单、容易完成的工作，奖励频率宜高；对于目标任务不明确、需长期方可见效的工作，奖励频率宜低；对于目标任务明确、短期可见成果的工作，奖励频率宜高；对于只注意眼前利益、目光短浅的人，奖励频率宜高；对于需要层次较高、事业心很强的人，奖励频率宜低；在劳动条件和人事环境较差、工作满意度不高的单位，奖励频率宜高；在劳动条件和人事环境较好、工作满意度较高的单位，奖励频率宜低。当然，奖励频率与奖励强度应恰当配合，一般而言，二者呈反向相关关系。

⑨其他奖励技巧。除了物质以外，还可以使用一些其他激励员工的办法，例如：

a. 对雇员做的每一件出色的工作，要亲自向他们表示感谢，可采用面谈或书面形式，或者二者都用。做这件工作时要诚心诚意，要做到及时、经常。

b. 当员工想要或需要说些什么时，愿意花时间聆听他们的心声。

c. 向员工详尽地、并且经常地反馈他们做出的成绩，支持他们把工作做得更好。

d. 对优秀的员工给予认可、奖励，及时提升他们的职务，及时对不合格或合格的员工做出处理，帮助他们改进工作或劝其离开工作岗位。

e. 向员工提供关于公司为何赢利或亏损的原因、未来的新产品，以及竞争中的服务和策略方面的信息，解释员工在整个计划中的重要作用。

f. 让员工参与决策，尤其是对他们有直接影响的决议，他们的意见同样重要。

g. 给员工以成长和学习新技能的机会，鼓励他们尽全力创造优秀业绩，告诉他们在完成企业目标方面将如何帮助他们，与每个员工结成工作伙伴关系。

h. 在员工工作时以及在他们的工作环境中，创造一种企业主人意识，这种主人可以是象征性的，比方，为所有员工提供交易卡片，无论他们在工作中是否需要。

i. 力求创造一个开放的、可以信赖的、并且有趣的工作环境。鼓励提出新的意见、建议及首创精神。从失误中吸取教训，而不是一味地惩罚。

j. 取得成绩就要进行庆贺，不管是部门的还是个人的，这样工作起来才有创造性和新鲜感。

3)惩罚的技巧

①不能不教而诛。应该把思想教育放在一边，只有对那些经教育不改或造成十分严重的

后果者才实行惩罚。

②尽量不伤害被罚者的自尊心。宣布惩罚的方式要有所选择,应使被罚者自尊心的损伤降到最小,特别是应尊重其隐私权,不要使用侮辱性的语言。

③不要全盘否定。应把其成绩和错误分开,不要一犯错误就全面否定其一切工作和个人长处,在处罚的同时,应看到其闪光点,抓住积极因素,促使其向好的方向转变。

④不要掺杂个人恩怨。不能在惩罚中掺杂个人好恶、个人恩怨,更不能以执行纪律为名打击、迫害、报复或排除异己之实。

⑤打击面不可过大。每次惩罚打击面不可过大,"法不责众"正是说明这样的道理,对于涉及较多人员的违纪违法事件,应该采用"杀一儆百"的办法,尽量缩小打击面,扩大教育面。

⑥不要以罚代管。惩罚只是管理的一个环节,而且带有一定的负面作用,因此惩罚应慎用,不要过分依赖惩罚去推动工作和树立领导权威,更不应以惩罚代替全面的管理。

⑦不可以言代法。是否该罚,罚到什么程度合适,都不能由领导者主观决定,而应该有明确的标准,这个标准只能是有关法律法规,坚持依法惩罚,是惩罚权不被滥用,惩罚比较公平、公正的保证。

⑧将原则性与灵活性相结合。坚持原则,就是严字当头,执法要严,"严是爱,松是害",这句话在执行纪律、运用惩罚时十分重要。但鉴于事务的复杂性,在不违背法律法规前提下,掌握一定的灵活性则是完全必要的。惩罚中讲究灵活性就是要严得合理、严得合情,达到教育一大批的目的,这就是管理艺术。

5.4.2 农业企业人员沟通

1)沟通的过程

沟通是指可理解的信息或思想在两个或两个以上人群中的传递或交换的过程。没有沟通就没有管理,因为没有沟通,管理就只是一种设想和缺乏活力的机械行为。沟通是企业组织中的生命线。沟通的过程如图5.4所示。

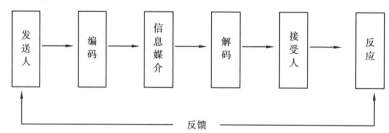

图5.4 沟通的过程

沟通的过程有三个基本环节:

①发送者需要向接受者传送信息或者需要给接受者提供信息,这里所说的信息包括很广,如想法、观点、资料等。必须将这些信息译成接受者能够理解的一系列符号,为了有效地进行沟通,这些符号必须能符合适当的媒体。

②接受人要把信息转化为自己所能理解的东西,必须对信息进行"译进"。

③接受人对"译进"信息反应,然后把这种反应传递给发送人,这个过程称为"反馈"。

2)沟通的障碍与克服

在沟通的过程中,由于存在着外界干扰及其他种种原因,传递不能发挥正常的作用。

(1)沟通的障碍

农业企业管理沟通的障碍主要有六个方面:

①组织结构不合理。组织内部层次过多,影响沟通的速度;内部部门过多,增加了平行沟通的次数和需要协调的单位,从而影响到沟通的效果;另外,在上行沟通和下行沟通时,由于组织层次过多,每层主管都可能加上自己的理解和补充意见,这样,意见或信息的传递就可能走样而影响沟通效果。

②地位身份的差异。如果地位身份相差悬殊,会影响发送和接收的效果,位高者考虑自己的尊严,在发送信息时,简单扼要,不作过多的说明,致使地位低接收者心情紧张,对不明了之处也不敢多问或陈述自己的看法,致使无法真正理解发送者的意图,造成沟通上的障碍。

③心理因素所引起的障碍。由于个体的人格差异,使得在态度、观念、思想、处理问题的方法及情绪等方面,均具有个别差异。这种个别差异常导致沟通双方对问题的看法和态度上的不一致,往往引起沟通上的严重障碍。另外,接收者若对信息发送者抱有不信任感,心怀敌意,或由于紧张、恐惧而影响接收效果,或歪曲了对方传达的内容等,均会造成沟通上的严重障碍。

④内容过杂,数量过大。信息接收者对信息的复杂性都具一定的接受限度,超过了这种限度,则会发生接收困难。此外,信息量过大,致使接收者无法完全接受,也会影响到沟通的效果。

⑤知识水平上的差异。由于发送者与接收者之间的知识和经验水平相差甚远,对方无法理解,或者造成对问题看法不同,致使双方的沟通遇到障碍。

⑥发送信息的含义不明。发送者如果对自己所要发送的信息内容没有真正的了解,不清楚自己到底要向对方说明什么,那么沟通过程的第一步就受到了阻碍,整个沟通过程就变成团队以一种简便的方式吸取所有员工(而不仅仅是管理者和经理)的知识及谋略来解决的困难。

(2)沟通障碍的克服

有资料表明,企业管理者70%的时间用在了沟通上。开会、谈判、谈话、做报告是最常见的沟通方式。另外,企业中70%的问题是由于沟通障碍引起的,无论是工作效率低,还是执行力差,领导力不高等,归根结底都与沟通有关,因此,提高管理沟通水平显得特别重要。那么,如何使沟通更顺畅呢?

①首先让管理者意识到沟通的重要性。沟通是管理的较高境界,许多企业管理问题多是由沟通不畅引起的。良好的沟通可以使人际关系和谐,顺利完成工作任务,达成绩效目标;沟通不良则会导致生产力、品质与服务不佳,使得成本增加。

②在公司内建立良性的沟通机制。沟通的实现有赖于良好的机制,包括正式渠道和非正式渠道。员工不会做领导期望他去做的事,只会做能得到奖励的事和被考核的事,因此引入沟通机制很重要,应纳入制度化、轨道化,使信息更快、更顺畅,达到高效高能的目的。

③以良好的心态与员工沟通。与员工沟通必须把自己放在与员工同等的位置上,"开诚布公""推心置腹""设身处地",否则当大家位置不同就会产生心理障碍,致使沟通不成功。

沟通应抱有"五心",即尊重的心、合作的心、服务的心、赏识的心、分享的心。只有具有这"五心",才能使沟通效果更佳,尊重员工,学会赏识员工,与员工在工作中不断地分享知识、分享经验、分享目标、分享一切值得分享的东西。

④要学会"听"。对管理人员来说,"听"绝不是件轻而易举的事情。"听"不进去一般有三种表现:根本不"听"、只"听"一部分、不正确地"听"。如何才能较好地"听"呢? 如图5.5所示。

"要"	"不要"
①表现出兴趣 ②全神贯注 ③该沉默时必须沉默 ④选择安静的地方 ⑤留适当的时间用于辩论 ⑥注意非言暗示 ⑦当你没有听清楚时,请以询问的方式重复一遍 ⑧当你发觉遗漏时,直截了当地问	①争辩 ②打断 ③从事与谈话无关的活动 ④过快地或提前作出判断 ⑤草率地给出结论 ⑥让别人的情绪直接影响你

图5.5 听的"要"与"不要"

⑤缩短信息传递链,拓宽沟通渠道,保证信息的畅通无阻和完整性。信息传递链过长,会减慢流通速度并造成信息失真,这是人所共知的事实,减少组织机构重叠,层次过多,确实是必须要做的事情。此外,在利用正式沟通渠道的同时,可开辟从高级管理人员至低级管理人员的非正式的直通渠道,以便于信息的传递。

⑥非管理工作组。当企业发生重大问题引起上下关注时,管理人员可以授命组成非管理工作组,该工作组有一部分管理人员和一部分职工自愿参加,利用一定的工作时间,调查企业的问题,并向最高主管部门汇报。最高管理阶层也要定期公布他们的报告,就某些重大问题或"热点"问题在全企业范围内进行沟通。

任务5.5 农业企业劳动的管理

我国农业经济的自然资源优势明显,从事农业劳动的大都是农村劳动力,他们的劳动技能与文化素质普遍都不高。如何正确处理劳动者、劳动工具和劳动对象三要素之间的关系,用较少的劳动消耗完成较多的生产任务,提高劳动生产率,完成农业生产劳动的任务,这就需要合理的劳动管理。

5.5.1 农业生产劳动的特点

农业行业的生产劳动与工业的生产劳动不同,它是归属于农业的范畴,具有以下特点:
1)农业生产劳动具有季节性和分散性
农业劳动的主要对象是农业植物,生长受季节的温度、水分、光照、土壤等环境因素的影响大,各项工作也因季节不同而有很大的变化,劳动内容也不同。整畦、繁殖、养护、出圃等生产业务活动,都要紧跟季节的变化来安排。在同一块土地上进行生产劳动也是农业劳动,它与工业劳动不同,不易进行生产工序之间的合作,一般都是单个劳动较多,这是农业行业的业务特性决定的。

2)农业劳动室外操作

农业劳动基本都是在室外露天环境下进行操作。受气候条件和土壤、光照等环境条件的影响很大。相同的劳动付出在不同的客观条件下和不同的环境中,大量劳动受制于天气的变化,所获得的结果往往悬殊。

3)农业生产劳动的联系性

农业生产是由许多不同的但又互相联系的劳动过程组成的。例如,从采种、播种到培育,从出园定植到养护管理,每个工序的劳动质量,不仅影响下一个阶段的劳动质量,而且直接影响到能否达到生产的最终目的。劳动者的劳动成果或劳动质量需要几个年度才能反映出来,他们的劳动过程具有紧密的联系。这是农业绿化事业自然规律和经济规律的综合反映。

4)农业生产是以绿色生命的植物为主体

以占有土地为基础的综合环境工程土地是农业的载体,在果园、蔬菜和花卉生产中,对农业用地给予合理的安排和切实保证,是实现农业生产建设的基础保证。农业植物在不停地生长、更新、衰老中运动的同时,它们对环境建设和生态平衡发挥着改善和优化的功能。单靠那些工业经济,只能更加恶化环境质量,这是在发达国家的发展过程中所经历过的经验教训。

5)农业生产效益的延时性,生产劳动的周期性、持续性、联系性

园艺植物中生产周期短的有蔬菜,但一年四季也只能种植几茬,周期长的如果树、农业绿化植物则需几年的时间才会形成一定的规格,才能成景或结果,才会持续地发挥生态效应,需要农业劳动者对其进行长期的生产养护管理。例如,果树一般需 3~5 年才可结果;农业绿化植物中的市区行道树一般应有胸径 8 厘米以上的规格,至少需要 5~7 年培育时间,才利于提高成活率,发挥应有的绿化效果;农业绿地所需要的各种观赏树木的培育时间就更长了。

6)农业生产劳动内容繁多

在农业生产劳动中涉及面广,工种繁多,且性质差异很大,有植物繁殖栽培,有果实、植株的采收,有绿化植物的养护,有植物病虫害防护,有建筑修缮,有行政管理,有商业服务。因此,要因时因地制宜,采取不同的管理方式。

根据上述的特点,对农业生产劳动要加强科学管理,在做好市场调研的基础上,进行市场预测,科学制订农业生产计划(包括生产数量、品种和各种品种之间的比例关系),制订经验定额,由粗到细,逐步提高完善,具有十分重要的意义。

5.5.2 农业生产劳动管理的内容

农业生产劳动管理实质上就是在农业生产过程中,正确处理劳动者、劳动工具和劳动对象三者的关系,用有限的农业资源完成最大的生产任务。农业生产劳动管理主要包括三个方面的内容:一是劳动保护,是为了保障劳动者在生产过程中的安全与健康,从法律、制度、组织管理、教育培训、技术设备等方面所采取的一系列综合措施;二是对生产方面的管理,通过管理使生产出来的农业产品品质优越,适应市场的需求;三是对生产过程中劳动者的管理,使劳

动者在劳动过程中实现劳动效率的提高。从而实现农业生产劳动管理的科学化、合理化、规范化和先进化。

1）劳动保护

根据《劳动法》有关规定,农业企业劳动保护主要包括以下三个方面内容:

（1）劳动安全卫生

劳动安全卫生有五个方面的基本内容:

①加强生产设备的安全防护。如设置隔离装置,对各种带有危险性的机器设备采用屏护的办法,使人体与生产过程中正在运转的设备隔离;设置保护装置,使设备在出现危险状况时自动启动从而消除危险,保证安全;设置警告装置,当危险状况可能发生时,该装置便自动发出警告信号,提醒操作人员预防或及时消除危险;在生产现场容易发生事故的地方设置醒目标志牌;改善劳动环境与条件,劳动环境与条件包括劳动场所的建筑、采光、照明、温度、湿度、通风条件、噪音、整洁度、粉尘含量等。

②改进生产工艺,使操作简易化,减少操作人员的紧张感,防止疲劳。

③加强设备管理。机器设备在使用前进行预防性试验,合格后才准予使用,同时做好机器设备的维护保养与计划检查,防止因设备老化而发生意外事故。

④提供良好的工作场所卫生条件。

⑤强化职业病预防措施。

（2）劳动定额及制订

劳动定额是指在一定生产技术和生产组织条件下,规定劳动者在单位时间内（每小时、每班次或每工作日）积极完成符合质量要求的产品或作业量标准,或规定劳动者在生产单位产品或完成单位作业量所消耗的劳动时间（工时）标准。在农业上,劳动定额通常是指一个中等劳动力在一定生产、技术条件下,按照一定技术要求积极劳动一天（或一个工作班次）所完成的合格的某项工作的数量标准。劳动定额的制订方法有经验估算法、统计分析法、类推比较法和技术测定法。

①经验估算法。是根据定额人员的实践经验,依靠有关技术设计、生产现场使用的设备、原材料及其他生产条件,直接估算定额的方法。

②类推比较法。利用其他企业同类作业的定额为参考标准,确定出本企业作业劳动定额的方法。

③统计分析法。根据过去生产同类产品的实耗工时或产量的统计资料,加以整理分析,并结合当前生产技术、组织条件的变化,从而确定定额的方法。

④技术测定法。通过对某项作业过程的各个工序、操作进行测定和写实,分析影响定额的各项因素,提出改进措施,并在此基础上计算出有科学依据的定额方法。

（3）劳动时间的限制

为保障劳动者的身心健康,要求农业企业做到:

①员工每日工作八小时,每周工作四十小时,实行这一工时制度,应保证完成生产和工作任务,不减少员工的收入。

②因工作性质或生产特点的限制,不能实行每日工作八小时,每周工作四十小时标准工时制度的,按照国家规定,可实行其他工作和休息办法。

③任何单位和个人不得擅自延长员工工作时间,因特殊情况和紧急任务确实需延长工作时间的,应按照国家有关规定执行。

④用人单位由于生产经营需要,经与工会和劳动部门协商后可以延长工作时间,一般每日不超过三小时,但是每月不得超过三十六小时。

(4)对女员工和未成年员工的特殊保护

对女员工的特殊劳动保护包括:招工时不得歧视妇女;实行男女同工同酬;禁止安排女员工从事高强度和禁忌从事的劳动;给女员工在月经期、孕期、哺乳期、已婚待乳期提供特殊保护。对未成年员工的特殊劳动保护包括:禁止招用未满十六周岁的童工;对未成年员工实行缩短工作日制度,并且不得安排班;禁止安排未成年员工从事矿山井下作业、深水作业及其他特别繁重的或者对身体有毒有害的劳动;要提供合适未成年员工身体状况的劳动条件。

2)生产管理

(1)选择优良的农业植物品种

进行栽培选种是农业生产管理中的专项基础性的前期工作,如农业品种选择不当将造成社会人力、物力、财力的巨大浪费,尤其是时间的损失无法弥补。因此,对农业植物品种的选用要持科学态度,选择优良的农业品种资源安排生产。在品种选择中,首先要选择适应性强、高产高质、抗病变的果树、蔬菜品种,生产出无公害的绿色食品。其次,要选择符合自然生态平衡的果树及农业绿化植物品种,改善生态环境。绿化植物要具有很强的适应环境能力,使树木生存下来,才有可能发挥改善城市生态环境的作用。而在荒山,如何防风固沙,除了种植防护林,可选用一些适应的果树品种,不但可以创造经济效益,还可以达到保护生态环境的效果。最后,如生产是用于满足农业绿化的功能要求,选择植物品种要满足绿地的特定的绿化功能要求。如有的绿地以观赏为主,有的侧重要求蔽荫,有的吸滤有害物质净化环境,有的隔离噪声保持环境安静等,工厂绿化的主要目的是为了防治污染保护环境。各种植物抗污染能力有很大的差异,在工厂绿化中,如果选用了抗污染能力不强的树种,往往会生长不良,甚至死亡,要有针对性地做好树种选择工作,发挥应有的绿化防护效应。

农业植物品种资源的选择,对农业经济生产与社会都具有十分重要的意义。这就需要加强对农业种子良种繁育和农业苗圃的生产规划,围绕着适应人们生活对蔬菜、水果的需求和城市绿化需要的原则,根据每年对农业植物的需求情况和市场预测,合理安排果蔬、农业苗木生产、繁育和流通,满足社会对农业植物的需求。

(2)生产方向要稳定

在植物生产中,同样要贯彻销定产的原则,进行供求预测。根据市场需要和本身的生产能力、技术条件确定生产方向,不要轻易变更。要实行专业化经营,专业化与提高技术水平和管理水平有密切关系。因为了解一种植物的生长规律不是一朝一夕所能掌握的,要经过长时期的探索才能了解它、熟悉它。有的以生产行道树为主,有的以生产庭园树为主,有的以生产地被植物为主,有的以生产净菜为主,有的以生产浆果为主,有的以生产坚果为主。有了专业方向,才能在经营过程中积累有关的技术资料,培养有关的技术人才,提高管理和经营能力。

(3)农业产品生产过程实现科学化、技术化

农业产品生产是一个科技含量高、技术密集型的行业,欲生产出高质量的产品,参与市场竞争,就必须实行科技战略。用科学技术来武装农业产品生产的全过程,在生产过程中注重

生产技术创新。

（4）农业生产过程的标准化

农业产品的竞争归根到底是成本和产品质量的竞争，因此，在设法降低成本的基础上，提高产品的产前、产中、产后的质量就成为一个很重要的课题。由于目前的农业产品生产多分散于农户，种植管理各行其是，极不规范。水果、蔬菜、花卉及农业植物等在生产过程中，缺乏科学的方法和标准化管理，其产品很难达到市场的要求及标准，因此，制定各种农业作物品种标准和安全指标及配套的标准化的生产技术规范，将对推进农业产品生产的标准化及工厂化的进步起到重要的作用。

3）劳动管理

在劳动中，员工起主导作用。员工在生产过程中的劳动态度及劳动行为直接影响企业的产品及由此带来的经济效益，因此，在生产过程中加强对员工的管理，充分调动他们的积极性，为企业创造良好的经济效益具有重大意义。在农业企业经营管理中，劳动管理主要包括以下几个方面的内容：

（1）健全劳动组织，建立规章制度，明确责任

农业企业中有许多性质不同的业务部门，有许多工种同时进行生产业务活动。要使生产劳动有秩序地进行，必须要有科学的分工和协作。实行劳动分工协作，可以有条不紊地进行生产劳动，这需要对员工进行有效的组织，让员工熟练地运用劳动技能，发挥各自的最佳生产状态，有利于提高生产效率。协调好部门与个人之间的劳动作业，把不同地段、不同作业、不同部门的生产劳动有机地联系起来，共同使用生产资料，节约开支，取得最好的企业经济效益。

首先要健全劳动部门组织。农业生产劳动部门组织，一般以一个经济生产核算单位为基础，如某个蔬菜基地，单个果园、公园、苗圃，某地区的街道绿地等。在这个不同的劳动部门中，仍然有相当多的员工一起进行不同性质的生产活动。例如，以生产地段、地区划分的生产区及班组；以劳动对象划分的生产班组，如花卉班、树木班、维修组等，在建立劳动部门组织的同时，必须实行定员，所谓"定员"，就是根据生产任务或业务范围，制定各个单位必须配备各类人员的数量标准。它表明保持正常的生产业务活动需要配备什么工种的人员，配备多少人员。

定员和劳动定额同样是劳动管理的一项基础工作。定员是合理用人的标准，能够促进改善劳动组织，巩固劳动纪律，建立和健全劳动岗位责任制，从而不断提高劳动生产率，这就要求编制定员的标准先进合理。各类人员之间保持适当的比例，能够以较高的工作效率完成既定的生产任务。由于各个单位的具体情况不同，各类人员的工作性质和特点也不同。

定员的方法有按劳动效率定员、按岗位定员、按业务分工定员等。在农业生产过程中，一般是将以上几种方法结合起来运用，分析研究，综合平衡。

其次，要建立劳动组织的责任规章制度。它是巩固劳动组织，加强劳动管理，提高劳动生产率的基础。责任规章制度是农业企业加强管理的一项主要制度。建立责任规章制度就是把建设、生产、养护、管理、服务中的各项任务生产操作技术规范化、岗位责任制度化，在把这些任务的数量、质量、作业时间要求分别交给所属部门或个人时，就确定了相关部门或个人的责任，部门或个人必须按照制度规定来完成任务，对自己应负担的任务全面负责，并以相应的

考核制度和奖惩制度,来配合责任规章制度的执行落实。建立责任规章制度,可以把企业内错综复杂的各种任务落实到部门或个人,消除任务无人负责、工作拖拉扯皮的现象,责任规章制度是企业对各个部门和工作的一种规范性约束,不同的部门有不同的责任规章制度,有不同的责任内容和指标。所有的部门规章组建起来,就成为企业的规章制度。建立责任规章制度是劳动成果考核和监督的基础,它能使工作有要求、考核有标准。将劳动组织、劳动定额、劳动管理和工资奖励制度与计划财务等经营管理的各个环节有机地结合起来,建立责任规章制度,是科学管理的有效手段,也是管理中明确权、责、利原则的具体体现。它将有利于将劳动者、劳动手段、劳动对象合理地组织起来;有利于加强经济核算,节约人力、物力、财力,提高经济效益;有利于克服平均主义;有利于考核劳动成绩;有利于实行按劳分配的原则,调动员工的积极性,提高劳动生产率。

(2)制订标准工作量

健全有效激励制度标准工作量,实际上就是把平时的工作给予科学量化,在工作中做到有量有质、有量可依、以量定酬、多劳多得的现代科学计量方法。

标准工作量是指一个员工在一定工作条件下,使用一定的生产工具,按照一定的质量标准,在一定的时间内所应完成的工作量。标准工作量是实行科学管理的基础;是有计划地使用劳动力,制订生产计划和劳动计划的依据;是考核员工劳动成果,实行奖惩制度的基础;是建立责任制,实行经济核算的条件。有了标准工作量,员工就有了明确的奋斗目标,对工作的好坏有了衡量的标准,因此,标准工作量对鼓励员工积极地去完成生产任务具有一定的促进作用。

为使标准工作量在生产上充分发挥积极作用,还需结合有效的考核制度与激励制度。考核制度是贯彻落实责任制的基本保证,只有对各个岗位的工作任务逐项进行严格考核,并把考核结果用作衡量每个部门和员工贡献大小和按劳分配的标准,才能推动责任制逐步完善。否则,如果考核制度不严格,即使有完善的责任制,也将成为一纸空文。

激励是对员工工作绩效的一种肯定方法,它有正激励与负激励的效果,在经济效益上体现出奖惩制度。奖惩制度是建立完善的责任制体系必不可少的组成部分,是贯彻责任规章制度、执行标准工作量的重要措施。按照规定超额完成工作任务的,要给予物质利益与精神利益的奖励,如发奖金、评先进、树生产标兵,在企业内建立一种激励效应。这样就把单位中各个部门与员工个人的责任、经济效益与经济利益紧密联系起来,保证按劳分配原则的贯彻。应该明确规定超额完成任务可以获得奖励,无故不完成任务要承担经济责任,以鼓励先进,调动员工的积极性。

实行合理的奖励制度,对于鼓励先进,调动员工的积极性、创造性,提高劳动生产率,巩固劳动纪律,严格规章制度,维护生产秩序,鼓励员工钻研业务,提高专业技术水平等都有积极的作用。奖惩制度是贯彻责任制的重要措施,它可以克服劳动中的平均主义,能对员工的劳动进行有效激励,起到促进生产、提高劳动效率的作用。同时,为了使奖惩制度更加容易执行落实,关键就是标准工作量的制订要标准化、合理化、科学化。因此,在制订标准工作量时要做到:

首先,标准工作量要先进合理,要具有动员和鼓舞作用。对一般员工来说,经过努力能够达到;对先进员工来说,可以超额完成;对于后进员工来说,也能以定额作为自己的奋斗目标,

努力完成标准工作量。这样的定额才能真正具有动员和鼓舞员工积极性的作用。

其次,标准工作量还包括明确的质量标准,质量标准在农业生产经营管理过程中有重要意义。没有质量的工作量,不能促进企业的发展,反而会造成浪费。因此,标准工作量是在明确的质量标准要求下确定的数量定额,是工作数量要求与质量要求的统一。

最后,标准工作量要简单明确。标准工作量在制订时,应逐步推进,由粗到细,由局部到整体。一般从主要的和容易做的工种开始,逐步提高。

制订标准工作量的方法主要有估工法、试工法、技术测定法三种。

(3)制订员工科学培训计划,提高全体员工的专业技能水平

企业员工的培训和管理,是企业发展战略重要的一部分。人是企业中最宝贵的资源,只有向这些员工提供各种培训机会并给予其适当的发挥空间,他们才能释放其最大的能量,从而形成一种推动企业向前发展的动力。通过培训,将员工个人发展与企业发展战略目标紧密结合起来,使员工进一步增强了对企业的认同感和责任感,形成了共同的企业精神,使健康、积极的企业文化得到了巩固、建设和发展,为员工提供了广阔的职业发展空间。

农业企业组织长期培训,可使具有不同价值观、不同工作作风的人,按照时代发展及企业经营管理的要求,接受企业的文化教育。同时,员工培训也提高了企业员工的整体素质和竞争能力,为企业注入发展动力,使企业在竞争中保持活力,能适应环境变化,不断进行技术创新、制度创新和文化创新,增强发展能力,提高企业的核心竞争力。

有计划、科学系统的培训,要从各个农业企业的实际出发,各有侧重。必须抓住自己单位的主要问题,作为开展全员培训的起点,也可以说干什么学什么,缺什么补什么。这样做既可以达到排解难题的目的,又能够增强学习的信心,把学习和实践紧密结合起来,保持农业生产干部、技术人员、技术工人的稳定性与工作的积极性。这些培训有助于提高员工的职业素质和工作能力,提高员工的竞争能力,增强企业的发展能力,员工希望学习新的知识和技能,希望接受具有挑战性的任务,希望晋升,这些都离不开培训。通过培训,可增强员工的满足感,使员工觉得在企业继续工作下去能获得较大的个人职业生涯发展空间。否则,将会影响员工的工作热情和积极主动性,并在一定程度上导致本企业优秀人才的流失,妨碍企业外来人才的引进工作,使企业蒙受较大的经济损失。

农业植物的生产规律性不是经过两个植物生长周期就能掌握的,要经过多次重复、比较、学习才能获得,所以,生产技术管理人员不宜变化过多,这样可使企业一直拥有人力资源优势。如某种病虫害的防治,某些植物的播种、嫁接,一般一年只有一次实践机会,要能够熟练地掌握它。最后,要做好员工的职业道德思想教育与培训,农业行业一般的生产操作都比较辛苦,在室外风吹日晒不说,还需要付出大量的体力劳动,这就需要一批踏实勤奋、吃苦耐劳的员工参与。

5.5.3 农业企业劳动合同管理

农业企业劳动合同是劳动者与农业单位确立劳动关系、明确双方权利和义务的协议,也是维护劳动者和农业单位合法权益的保障。农业单位自用人之日起即与劳动者建立劳动关系,建立劳动关系应当订立劳动合同。在订立劳动合同时,劳动合同大致应当具备七个方面的内容:

1）劳动合同的期限

劳动合同的期限是指劳动合同具有法律约束力的时段,一般可分为有固定期限、无固定期限和以完成一定的工作为期限三种。其中,最常见的是有固定期限的劳动合同,时间一般在一年以上十年以内,劳动合同的期限包括试用期,对试用期有四个方面的规定:

①劳动合同期限不满六个月的,不得设试用期。

②劳动合同期限满六个月不满一年的,试用期不得超过一个月。

③劳动合同期限满一年不满三年的,试用期不得超过三个月。

④劳动合同期限满三年的,试用期限不得超过六个月。

2）工作内容

劳动合同中的工作内容条款是劳动合同的核心条款,主要内容包括劳动者的工种和岗位,以及岗位应完成的工作任务、工作地点,这些内容要求要规定得明确、具体,以便于遵照执行。

3）劳动保护和劳动条件

劳动保护是指用人单位为了防止劳动过程中的事故,减少职业危害,保障劳动者的生命安全和健康而采取的各种措施,劳动条件是指用人单位对劳动者从事某项劳动提供的必要条件。

4）劳动报酬

获取劳动报酬是劳动者向用人单位提供劳动的主要目的,劳动者的劳动报酬包括工资、奖金和津贴的数额或计算办法。劳动报酬必须符合国家法律、法规的规定,如工资不得低于最低工资标准,工资支付的期限和形式不得违反有关规定等。

5）劳动纪律

劳动纪律是指劳动者必须遵守的用人单位的工作秩序和劳动规则。

6）劳动合同的终止条件

劳动合同的终止条件是指劳动合同法律关系终结和撤销的条件,劳动合同双方当事人可以在法律规定的基础上,就劳动合同的终止进行约定,当事人双方约定的终止条件一旦出现,劳动合同就会终止。

7）违反劳动合同的责任

违反劳动合同的责任是指违反劳动合同约定的各项义务所应当承担的法律责任,为了保证劳动合同的履行,必须在劳动合同中约定有关违反劳动合同的责任条款,包括一方当事人不履行或者不完全履行劳动合同,以及违反约定或者法定条件解除劳动合同所应承担的法律责任。

除了上述七项必备条款外,用人单位和劳动者还可以约定的内容有试用期、培训、保守商业秘密、补充保险和福利待遇以及其他经双方当事人协商一致的事。

企业一经录用员工,就应及时与劳动者签订规范的书面劳动合同,并向劳动保障行政部门指定的经办机构办理用工登记手续。企业的人力资源管理部门应保管好劳动合同,并按双方当事人协商一致或法律的规定,办理好劳动合同的变更、劳动合同的解除与终止手续。

思考与练习

一、简答题

1. 简述奖励和惩罚的技巧。

2. 人力资源规划的步骤是什么?

3. 简述人员考核的内容。

4. 农业企业管理沟通的障碍有哪些? 如何克服?

5. 简述农业企业劳动管理的主要内容。

二、实训题

1. 通过调查,请为某农业公司的生产组设计一套激励方案。

2. 将全班分为两大组,轮流担任招聘方和应聘方。招聘方要制订招聘计划,包括招聘目的、招聘岗位、任用条件、招聘程序,特别是聘用决定的方法。应聘方应写出应聘提纲或应聘演讲稿,一定要体现出应聘竞争优势。

三、案例分析

主管职位的三位候选人

北京吉祥农业有限公司有一个中层主管的职位空缺。公司当局组成了一个人事评核委员会,对各位候选人逐一评核,经淘汰后只剩下了三个人。

第一位是公司新进不久的策划员,其毕业于北部某大学企管研究所,获硕士学位,在大学期间主修企业管理学。公司当局认为,由于他有管理知识背景,对人员督导一定有一些技术上的认识。但人事评核委员会部分委员认为他受的教育"通而不专",某委员说:"最理想的人选应该是对管理业务有丰富经验和受过专业训练的人员。"

第二位是一位推销员,该推销员在过去两年里有着辉煌的推销业绩,但他不想终身从事推销,故毛遂自荐,表示希望担任该职位。从好的方面来说,人事评核委员会很满意他过去的业绩,一位委员说:"这年轻人确实表现了他在待人接物方面的好,但并不意味他擅长管理。"

第三位是位女士,公司会计部门的注册会计师,在过去三年中工作成绩很出色。人事评选委员会中有一位委员认为她是理想的人选,他说:"她精算会计事业,应会有良好的表现。"不过也有委员认为她虽然精算,但不一定能胜任管理工作。

开会时,各位委员对三个候选人进行了充分的讨论,最后主席说:"各位,现在三位候选人的优缺点都已了解,今天必须决定,从三人中选定一人,选谁呢?"

分析讨论:1. 如果你支持第一位候选人,请说出你的观点。

2. 如果你支持第二位候选人,请说出你的观点。第二位候选人的缺点应如何补救?

3. 对第三位候选人,公司当局应有何发展计划?

重视人才从招聘开始

石家庄某农业有限公司自己发展了一套衡量应聘者领导及解决问题的能力测试,面试过程具有目的性,并采取行为导向。应聘者过去的经历及成就将被检验,并找出下述能力的证明:领导、解决问题、优先顺序设定、主动性、事后追踪和团队合作的能力等。高级主管将提出招聘的结果,而相关改善方案也会持续地评估以后的招聘过程。

1)100%的内部提升

公司坚持100%的内部提升政策。内部提升可以培养长久性的员工。既然未来的管理层来自内部提升,而相关改善方案也会持续地评估以后的招聘过程。公司经理认识到自己的绩政与发展下属能力息息相关,所以协助下属成功是他们的职责。这是通过"工作和发展策划系统"来进行的,用于员工的提升、定薪和员工发展。每个员工都有四个部分:前一年计划与结果相比;需要进一步成长和发展的领域;近期和长期的职业兴趣;下一年的培训和发展计划。在公司,发展下属潜能被认为是一件严肃的事情,而且是每个指导者的重要工作之一。

2)每个员工都是领导者

公司在鼓励员工积极扮演领导者角色方面提供了很好的氛围。前任总裁认为:"别让员工感到被过度管理,应该将责任与决策下放到组织基层。"管理层提出需求,如缩短新产品上市时间,提高服务品质,积极开展多元化,并全权交给一线员工负责,由每个团队分工合作。鼓励员工勇于担任领导者角色并不是所有主管可以对事业漠不关心,实际上,公司的主管花费许多时间深入事业的核心。比如,公司的高级主管需要经常拜访研发部门、生产部门,并与消费者交谈。

3)完善的培训机制

公司认为,在职训练是最好的训练。公司将每天的经营活动视为学习和培训的源泉。每个部门都有自己的训练课程。比如,品牌部门针对不同管理层级设计不同的课程和研讨课程对个人发展是必要的,即可登记上课。公司于1992年成立了培训学院,其宗旨在于将公司高级经理的经验理念传授给他年轻的员工,学院的教授来自公司的高级管理层,每年大约4 000名员工在学院接受培训。

4)最大财富是员工

公司在提高员工福利方面有悠久的历史。早在19世纪80年代,公司首创了一周五天工作日及利润分享制,震惊了美国产业界,激励员工提高效率来抵消福利的成本。1998年5月,公司首创了全体员工享有员工认股选择权——不限于管理层。这样,员工与公司的利益紧密相关,员工效率会自发提高并对公司实现长期目标提供保障。

分析讨论:这个农业公司的招聘、培训体系对其他公司有何启示?

项目 6

农业企业生产技术和物资设备管理

📖 【知识目标】

1. 了解农业企业技术的管理,包括农业技术开发、引进和创新。

2. 熟悉农业企业物资和设备管理。

3. 掌握农业机械化的经营与管理。

📖 【能力目标】

1. 会在农业企业生产经营过程中进行物资和设备管理。

2. 能进行农业机械化的经营与管理,包括农业机器的选型和配备、使用和保管、诊断与故障排除及维修。

任务 6.1　农业技术概述

6.1.1　农业技术概念及特点

1)农业技术的概念

技术是人与自然之间进行物质交换和能量传递活动的手段或媒介,是第一生产力,它融会于其他生产要素之中。对企业而言,技术是指在生产过程中制造一种产品、采用一种工艺或提供一项服务的系统知识,它是科学知识、劳动技能和生产经验的物化形态,是一种现实的生产力。

农业技术是指完成农业生产的操作技能、劳动手段、生产工艺、管理程序和方法。技术资源则是指企业在一定时期内所掌握或拥有的劳动手段、工艺方法、劳动技能和生产经验等技术的数量和质量的总和。科学与技术是相互联系的,技术是科学知识的运用,科学知识则是技术的本质内涵。科学技术作为强大的知识手段和实践手段的结合,成为我们了解自然、利用自然、改造自然的巨大物质力量,是社会生产力的重要组成部分。

衡量企业现实生产力水平的高低,主要看企业掌握技术资源的多少,以及企业掌握生产资料所体现的科学技术水平的高低,看劳动者与生产资料是在什么样的技术状态下结合。现代企业生产力的发展,主要靠科学技术的进步及应用。

2)农业的特点

近年来,随着科学技术突飞猛进地发展,新材料的出现,新的施工工艺的出现,新机械设备的出现,计算机在农业设计及管理中的广泛应用,农业生产技术也发生了日新月异的变化。衡量农业生产建设中的技术效果,要从农业的特点出发,以优质、快速、低耗的要求为标准,把技术效果和经济效果密切结合起来进行研究。农业的特点如下:

(1)地域性强

我国地跨热、温、寒三带,地形复杂多样,农田小,气候也各不相同。一项农业技术不可能"放之四海而皆准",都有各自最适宜采用的地区,因此,农业技术的研制开发必须遵循因地制宜的原则。

(2)保密性差

生物生产的重要特征在于可以自我繁殖。农业生产由于在大田进行,这种公开作业的条件使得科技成果的保密成本加大,即使已物化成种子、苗木、畜禽幼仔,也很难防止偷盗丢失。作为较易控制的杂交品种,其亲本丢失也屡见不鲜。

(3)成果更新成本低、周期短

由于农业生产是一项千家万户的生产,农业生产的技术更新主要是原材料(如种子、农药等)的更新,所需成本低、时间短。因此,要求农业技术能尽快地推广到其最适宜的地区去,加快推广速度,扩大推广范围,降低技术推广成本,提高技术推广组织的自身生存能力。

（4）风险大

由于农业生产对气候的变化依赖性很强，我国又处于旱涝交替的季风气候带，灾害性天气发生频率高，技术采用除市场风险和技术本身风险外，还有较大的自然风险。加速农业技术推广，要求有一套行之有效的技术推广风险防范制度和措施。

3）农业技术的特点

农业技术是人类为了实现某一目的，共同协作而组成的各种工具和规则体系。它不仅包括以自然科学知识、原理和经验为基础的硬技术，如劳动者的操作技巧；还包括以管理技术、决策技术等自然科学和社会科学交叉学科为基础的软技术，如生产工具、生产工艺流程、作业程序等。农业生产建设不同于社会的其他物质生产部门，它的科学技术也不同于其他生产部门，有其本身的特点。

（1）技术与工艺相结合的综合性

技术与工艺相结合的综合性是指产品的生产技术的变革，它包括新工艺、新设备和新的组织管理方式。一方面是为了适应新产品的生产或产品技术创新而进行的；另一方面通过工艺创新，可以提供实现新的物理、化学或生物加工方法的物质手段。反过来，又促进产品技术创新，提高产品质量，优化产品结构。

（2）农业技术的相关性

在农业生产过程中，各项技术措施是密切相关的。在协调妥当的情况下，可以相互促进；在协调不当的情况下，可以相互矛盾，从而得到相反的效果。由于品种的不同而对客观条件有不同的要求，优良品种只有在合理的技术条件下才能表现其优良的效果。

各种技术条件需要相互协调配合才能奏效，各项技术措施之间有横向相关，如水、肥、土、种，同时在季节和年度之间还存在着纵向相关，如扦插、定植、出圃，左、右、先、后，任何一方的失调或脱节，都不能达到预期的技术效果，农业科学技术的研究要注意掌握技术的相关性和协调性。

（3）农业技术的长期性、持续性

农业技术的效果不是立即可以反映出来的，有的表现在当季，有的表现在当年，有的甚至表现在以后的生长期中，所以，农业技术措施更需要采取慎重的态度。与其他产品不同，一方面，它不可能在较短的时间内进行多次重复，失掉一次机会，尤其成功的机会，需要较长的时间，才能获得另一个成功的机会，这是由生命植物生长规律所决定的。另一方面，它的持续性还是表现在一旦获得某项技术成功，可以在一定时期内持续地发挥效果，如优良品种可以参加若干个生产过程。

农业生产受自然环境影响。由于自然环境的变化是比较缓慢的，在我们现有的技术条件下，短时间内不容易被人们所察觉，所以一项技术措施改革，对树木特别是成年树木的影响不可能立即表现出来，所以在研究农业科学技术问题时，要注意它的长期性和持续性，从这一特点出发，要考虑它的经济效果和艺术效果。

（4）农业技术多变性

农业生产受自然因素的影响较多，同时又有明显的地区性和季节性，可变因素较多。所以，农业技术效果，往往受客观因素的影响，而表现出不稳定性，同样的技术措施在不同的地区，甚至在不同的小气候下，都可能表现出不同的效果，各项农业技术措施要进行多点、多项的重复试验,防止片面性,在运用某项技术措施时,要因地制宜,从实际出发,不能生搬硬套。

(5)农业是涉及多学科的综合性学科

在自然科学方面,如农学、林学、生态学、地理学;在社会科学方面,如经济学、社会学、心理学、法学。现代农业科学的发展,将突破自然科学和社会科学的界限,而在各个学科之间互相渗透,综合性越来越强。许多前人没有遇到过的问题,现在却摆在农业工作者面前,需要去实践,去回答。

6.1.2 农业技术开发与引进

农业事业的发展,有赖于科学技术进步,才能逐步改变落后的生产方式,改变小生产的产业结构,才能实现劳动生产率的提高,在社会主义市场经济的激烈竞争中立于主动地位。发展农业技术依靠两条基本途径:一是技术开发,二是技术转移。技术开发就是将科学研究的成果转化为新的设备、工具、工艺等应用于生产实践的过程,把科学发明转变为现实的生产力;技术转移是将某一领域、某一地区行之有效的技术转向另一领域、另一地区的过程。技术引进和技术推广是技术转移的两种形式。技术转移的过程常伴以开发研究,并通过技术交易形式实现,有了技术交易,就产生了技术市场。技术开发、技术引进、技术推广、技术改造和技术创新是社会主义市场经济体制下发展农业技术的重要环节。

1)农业技术开发

(1)农业技术开发的概念

农业技术开发是指在运用农业基础研究和应用研究成果的基础上,在农业生产活动中所进行的改进老产品、开发新产品、完善老工艺和发展新工艺的创新活动。

对农业技术开发的理解有狭义和广义之分。狭义的农业技术开发是指开发前所未有的新技术,例如中国林业科学研究院研究开发的 ABT 生根粉,是一种新型的广谱性高效植物生根促进剂,在其发明创造以前,这种新技术还只是处于科学理论研究阶段,或者仅仅是一种设想,经过他们的技术开发,转化为直接的生产力,成为一种新型的产品。广义的农业技术开发,含有三种情况:一是对刚诞生的新技术使其进一步完善,物化成社会生产力,为社会所认可;二是将某项在甲地有效的技术移植到乙地,移植的过程需要进行开发研究,并形成与乙地环境条件相适应的工艺和产品;三是对原有技术重新进行组装配套。这几种技术发展过程都包含着一定的创新活动,均可称之为技术开发。

(2)技术开发的方式

①自主型技术开发。即企业依靠自身的技术力量,独立完成技术开发项目,研制出新产品。企业可获取技术开发成果的专利,享有自主的垄断性的技术成果。但它的开发风险大,周期长,主要适用于具备较强的科研和技术开发能力、资金较为雄厚的企业。

②引进型技术开发。在引进技术的基础上进行技术的改进。它风险小,见效快,但企业在引进技术时要付出较高的经济代价,而且难以掌握核心技术,主要适用于开发能力弱但有一定经济实力的企业。

③委托型技术开发。是企业借助外部的技术力量,由委托企业提供技术开发费用,借助外部科研院所、大专院校的科研资源进行技术开发,技术成果可以归企业或是双方共享。

（3）影响农业技术开发的因素

农业技术开发的深度和广度将受到一些主客观因素的影响,主要有以下几种:

①科学理论的发展水平。农业技术的开发既依赖于基础研究和应用研究,又具有大多数新技术的开发,有赖于新理论、新原理的建立,理论上的重大突破最终将结出丰硕的技术之果,如林业遥感技术、同功酶技术、转基因等,都是在有关理论取得突破后才运用于生产的。但是也有许多技术的开发,并不依赖新理论、新原理的突破,而是在原有理论和技术基础上,运用移植、组合等方法而得的成果。因此,技术的发展是创新与组合两种情况波浪式交替进行的,其动态过程与科学理论在一个时期的发展水平有关。

②市场的需求。在社会主义市场经济体制下,市场是配置资源的途径,进行农业技术开发也必须根据市场的需求,农业技术开发者、各地经营主体与市场三者需要很好地协调起来,根据市场的需求组织生产,按照生产的需要进行技术开发,使技术开发、生产组织、市场供应三者紧密相连,形成良性循环。

③资源、服务和环境条件。在技术开发中,根据市场需求确定开发项目后,就要配置必要的资源,还要有相应的技术服务。配置资源主要指配置人、财、物等资源,包括资金、设备、生物资源、原材料、能源以及开发人员。相应的技术服务主要指能够为技术开发提供服务的物质系统和信息传递系统。所谓环境则包括自然和社会环境,一旦把社会需要和待开发的资源结合起来,在一定的环境条件下,又得到技术服务系统的支撑,那么就会形成技术开发的创造力,如果不具备资源、技术服务、环境条件,即使选择到很好的项目也无法实现。

2）农业技术引进

（1）技术引进的含义

技术引进是技术转移的一种形式,是指企业为了较快地解决生产中存在的技术问题,通过各种途径,从企业外部(外国、外地区、外单位)引进先进技术,从而促进企业经济和技术的发展。换言之,技术引进是指技术引进方通过各种途径,从技术输出方引进先进技术、设备、管理知识和经验的总称。技术引进对加速我国农业现代化建设,提高企业的经济效益有着十分重要的意义。表现在:可以节省技术进步时间,缩短技术开发周期,为企业赶超世界先进技术水平创造时机和条件;可以及时掌握先进的管理技术和方法,以全面提高企业经济效益;可以节约科研费用,研制、开发新技术需要大量的人、财、物力,而技术引进只需要吸收、消化和改进等,所需的成本就低得多,从而节约科研费用。

（2）技术引进的方式

①许可证贸易。许可证贸易是国际上常见的技术引进方式,它的主要形式是技术引进方从技术输出方取得制造技术、工业产权(专利、商标)和权利(即许可证),双方达成交易后,签署许可证协议。许可证贸易只能取得某种技术或专利、商标的使用权,这是许可证贸易与其他的一般商品贸易不同的地方。

许可证协议分三种:一是独占许可证,即技术引进方在一切领域内,对所引进的技术享受独占的使用权,技术输出方和任何第三方均不能使用该技术制造和销售产品;二是排他许可证,即技术引进方在一定领域内,对所引进的技术享有独占的使用权,而技术输出方仍有权在一定区域内使用该技术制造和销售产品,但限制第三方插手;三是普通许可证,即技术引进方对所引进的技术,在一定区域内享有使用权,并对技术输出方以及任何第三方使用该技术无任何限制。

②补偿贸易。以补偿贸易的方式实现技术引进和贸易结合,并以商品交付货款,也是国际上通行的一种技术贸易结合的引进方式。

补偿贸易一般有两种方式:一是直接商品偿还,即产品返销,指利用输出方提供的技术(也可以包括部分设备),将生产出的产品返销给技术输出方,以抵补技术引进方因引进技术而需支出的外汇;二是直接商品的偿还,或称产品互购抵偿贸易,指技术引进方利用引进的技术生产一种产品,而以另一种产品返销来抵补外汇支出的方式,补偿的产品可分为初级产品、半制成品和制成品,制成品售价高、利润大,应是我国企业返销产品的主要方向。

③合资经营。合资经营的方式是我国目前应用最广的一种技术引进和利用外贸的方式。用合资经营引进技术时,应警惕外商有意以落后的技术和设备进行欺骗,给国家和企业造成损失;也有的外商纯粹为长期推销原料或零件,以实行技术和经济控制。对于这些情况,应引起充分注意。

④购买成套设备或关键设备。购买成套设备或关键设备是指通过购进机器设备引进技术,它可以分为单机引进、成套设备引进、关键设备引进三种。购买成套设备或关键设备方式对于引进方来说,生产能力形成快,但要花费大量外汇,也不利于提高设备的自制水平,容易造成技术上依赖输出方的弊病。

⑤引进技术人才和获得顾问。引进技术人才和获得顾问是指与国外企业公司或科研单位合作,共同生产或研究开发一个项目,它带有对等交换技术、取长补短、互惠互利的性质,有利于缩短研制和生产周期,节约科研和制造费用。

⑥技术咨询和技术服务。利用国际上的独立技术咨询,工作公司(某些大企业也兼容这项业务)承包成套工作项目,承担企业的技术改造,这也是一种技术引进的方式。至于技术服务,内容更多,主要根据服务合同对技术引进进行技术指导、培训人员,以及对设备和仪器进行安装调试等。

其他技术引进方式还有来件装配、来样加工、来料加工以及人员交流和知识流动等。

(3)在技术引进的工作中注意事项

在技术引进的工作中应注意:引进的技术应当确属必要的;在技术引进的内容上要着重引进软件,即设计、工艺、制造、管理等方面的技术知识,必要时也可以引进硬件;引进的技术和设备要与我国产品的标准化相结合;坚持引进、学习、消化、改进和创新相结合;要做好技术引进的分析、通报工作,避免重复引进,造成浪费。

6.1.3　农业企业技术创新

1)技术创新的类型

技术创新在经济学上的意义只包括新产品、新过程、新系统和新装备等形式在内的技术,通过商业化实现的首次转化《中共中央、国务院关于加强技术创新发展高科技实现产业化的决定》(1999)将技术创新定义为:"技术创新是指企业应用创新的知识和新技术、新工艺,采用新的生产方式和经营管理模式,提高产品质量开发生产新的产品、提供新的服务,占据市场并实现市场价值。企业是技术创新的主体。"可见,技术创新是企业科研成果的商业化应用,是一个有别于企业常规生产经营活动的行为过程。技术创新内容的分类如下:

（1）产品技术创新

产品技术创新包括外在性新产品和内在性新产品，外在性新产品只是产品的外观、装潢、包装等有些改进，使消费者在使用过程中得到新的满足。内在性新产品是由于科学技术的进步和工作技术的突破而产生的创新产品，或是在科学技术进步的基础上，从技术和工艺上进行了显著改进而产生的创新产品。内在性产品技术创新是根本，外在性产品技术创新也十分必要，特别是我国许多产品在功能效用方面具有世界先进水平，但由于包装简单粗糙，打不进世界市场，所以必须把外在性产品创新和内在性产品创新结合起来。

（2）生产设备技术创新

生产设备技术创新就是把科学技术新成果应用于新生产设备的制造或旧设备的改进，取得较好的经济效果，对现有生产设备进行技术创新是提高企业生产现代化水平和经济效益的重要环节。

（3）工艺技术创新

工艺技术创新一方面是为了适应新产品的生产或产品技术创新而进行的，另一方面通过工艺创新，可以提供实现新的物理、化学或生物加工方法的物质手段；反过来又促进产品技术创新，提高产品质量，优化产品结构。

（4）管理技术创新

管理技术创新就是把新的管理技术思想、方法和手段成功地应用于管理活动的过程。有效的技术创新管理可以激发创造力，带来层出不穷的创新构思；可以优化创新项目，增加技术创新成功的机会；可以使企业增加收益，长期立于不败之地。在我国企业管理水平普遍不高的状况下，通过管理技术创新，一方面可以完善基础管理；另一方面采用现代管理思想方法和手段，可以全面实现管理现代化。

2）技术创新的基本战略

技术创新有自主创新、模仿创新和合作创新三种基本战略思路。从中国国情出发，现阶段我国企业实施技术创新应当以在引进技术基础上的模仿创新为主，逐步增加自主创新的比重，同时采取适当形式积极进行合作创新。

（1）自主创新

自主创新是指企业主要依靠自身的技术力量进行研究开发，并在此基础上实现科技成果的商品化，最终获得市场的认可。自主创新具有率先性，因为一种新技术或一种新产品的率先创新者只能有一家，而其他采用这项技术、生产这种产品的企业都是创新的跟随者或模仿者。自主创新要求企业有雄厚的研究开发实力和研究成果积累，处于技术的领先地位，否则是做不到自主率先创新的。

（2）模仿创新

模仿创新是指在率先创新的示范影响和利益诱导之下，企业通过合法手段（如通过购买专有技术或专利许可的方式）引进技术，并在率先创新者技术的基础上进行改进的一种创新形式。模仿创新并不是原样仿造，而是有所发展、有所改善。就我国农业企业的实力而言，模仿创新也并非易事，决不能认为模仿创新"不够档次，不上台面"。

（3）合作创新

合作创新是指以企业为主体，企业与企业、企业与研究院所或高等院校合作推动的创新组织方式。合作的成员之间可以是供需关系,也可以是相互竞争的关系,一些较大规模的创新活动往往是一个单位难以独立实施的,如多个单位进行合作创新,可以充分发挥各自优势,实现资源互补,从而缩短创新周期,降低创新风险,提高创新成功的可能性。合作创新的条件是合作各方共享成果、共同发展。借助合作创新,也能把有激烈竞争关系和利益冲突的企业联合起来,使各方都从合作中获得更大的利益。

3)技术创新过程

技术创新过程是一个将知识、技能和物质转化为顾客满意的产品的过程,也是企业提高技术产品附加价值和增强竞争优势的过程。自 20 世纪 60 年代以来,国际上出现了以下几种具有代表性的技术创新过程模式:

(1)技术推动创新过程模式

人们早期对创新过程的认识是:研究开发或科学发现是创新的主要来源,技术创新是由技术成果引发的一种线性过程,这一创新过程模式的基本顺序是基础研究、应用研究与开发、生产、销售和市场需求,许多根本性创新是来自于技术的推动,对技术机会的认识会激发人们的创新努力,特别是新发现或新技术常常会引起人们的注意,并刺激人们寻找应用领域,如无线电和计算机这类根本性创新就是由技术发明推动的。

(2)需求拉动创新过程模式

研究表明,出现在各个领域的重要创新有 60% ~ 80% 是市场需求和生产需要所激发的,市场的扩展和原材料成本的上升都会刺激企业技术创新,于是有人提出了需求拉动(或市场拉动)的过程模式。在需求拉动创新过程模型中,强调市场是研究开发构思的来源,市场需求为产品和工艺创新创造了机会,并激发研究与开发活动,需求拉动创新过程模式的基本顺序是市场需要、销售信息反馈、研究与开发、生产。

(3)技术与市场交互作用创新过程模式

技术与市场交互作用创新过程模式强调创新全过程中技术与市场这两大创新要素的有机结合,技术创新是技术与市场交互作用共同引发的,技术推动和需求拉动在产品生命周期及创新过程的不同阶段有着不同的作用,单纯的技术推动和需求拉动创新过程模式只是技术和市场交互作用创新过程模式的特例。

(4)一体化创新过程模式

一体化创新过程模式是将创新过程看作是同时涉及创新构思的产生、研究开发、设计制造和市场营销的并行的过程,它强调研究开发部门、设计生产部门、供应商和用户之间的联系沟通和密切合作。

(5)系统集成网络模式

系统集成网络模式最显著的特征是强调合作企业之间更密切的战略联系,更多地借助于专家系统进行研究开发,利用仿真模型替代实物原形,并采用创新过程一体化的计算机辅助设计与计算机集成制造系统。创新过程不仅是一体化的职能交叉过程,而且是多机构系统集成网络联结的过程。

6.1.4 **技术推广**

农业企业的技术推广是指通过实验、示范、培训、指导以及咨询服务等,把农业技术普及

应用于农业生产产前、产中、产后全过程的活动。因此,技术推广应按照选项、实验、示范、推广和评价等五个程序进行。

①推广项目的选定。推广项目主要来自三个方面,即科研成果、引进技术和群众经验。选定推广项目一定要考虑自然可行性、社会可能性、技术适用性和经济有效性。

②拟定实验、示范和推广方案。推广前的实验多在县级农业科研单位或在技术推广部门的基层点进行,是直接为大面积推广服务的,示范属推广范畴,既是推广的初期阶段,又是推广的方法,实践证明这是技术推广的重要环节。示范对象主要是科技示范户,示范内容主要有单项技术和综合技术措施。

③推广。技术项目经过实验和示范后,技术成熟即可组织推广,主要工作是建立相应的推广机构、组织推广队伍、培训指导技术人员和制定推广责任制。

④反馈和改进。在试验、示范过程中,对技术成果的使用情况要及时反馈,以便及时改进。

⑤评价与核算。在大面积实地推广以后,对技术的经济效果要全面评审,总结经验。大力研究和推广节材新技术、新材料、新工艺。

任务6.2 农业企业物资管理

6.2.1 农业企业物资管理概述

1)基本概念

农业企业物资管理是指对农业企业生产经营过程中所需各种物资进行计划、采购、验收、保管、供应以及节约使用和综合利用等一系列组织管理工作的总称。它是农业企业生产经营管理工作的重要内容,也是农业企业生产前的一项复杂的准备工作,从一定意义上说,也是各种物资使用和消耗的过程。

2)物资管理的意义

物资就是物质资料,是自然资源经过人类的劳动转换而成的,又包括生产资料和消费资料两部分。企业物资管理水平的提高,对合理地使用物资、节约开支、降低成本、加速资金周转、提高企业经济效益都有重要意义。

3)农业物资的分类

农业企业的工种很多,所需物资品种繁多,性能、用途各不相同,数量不等,十分复杂,凡常用的生产资料、生活资料几乎都有涉及。随着生产的发展,先进技术的运用,社会分工和协作关系日益深化,物资管理工作将更加繁重。为了做好物资管理,必须懂得农业经营管理的各个业务部门的工作特点,进一步掌握农业物资流动的客观规律。加强对农业物资的分类,做到物资类别明确,实现物资管理的科学化、规范化。农业物资分类一般有以下几种方法:

(1)按物资在生产中的作用分类

可分为主要材料,如农业植物的种子、种球、花盆、幼苗、培养营养土壤等;辅助材料,如生产调节剂、农药等;机具,如修剪刀、割草机等;包装物,如箱、袋、盒、扎绳等。这种分类,便于制订物资消耗定额,计算各种物资的需要量,并为计算产品成本和核算储备资金定额提供依据。

(2)按物资的自然属性分类

可分为金属材料,如大棚钢架、铝材制成的灌溉设施等;非金属材料,如农用薄膜、遮阳网、花盆等;植保产品,如农药、生长激素、各种营养液等;机具产品,如农业机具、机械设备等。这种分类方便企业编制物资供应目录,并根据物资的理化属性分别进行保管和运输。

(3)按物资的使用范围分类

可分为生产产品用料、基本建设用料、经营维修用料、科研用料、植物养护用料、服务设备用料和管理用料等。采用这种分类方法,便于企业按物资使用方向进行核算和统计平衡。

6.2.2 农业物资管理的基本任务和要求

1)农业物资管理的基本任务

农业企业物资管理的基本任务,是根据农业企业生产经营的需要,以提高经济效益为中心,按质、按量、按品种、按时间,成套地供应企业所需的各种生产资料,并通过有效的组织形式和科学的管理方法,监督和促进生产、建设、养护和服务中合理使用物资,做到周转快、消耗低、费用省。物资管理的基本任务主要体现在以下几个方面:

(1)保证正常生产、建设的供应

在农业生产与建设中,根据对物资的需要,制订物资供应计划和程序,按品种、数量,在规定时间内进行采购,以保障各项生产任务的顺利完成。

(2)合理使用和节约物资

农业经营管理中的各项开支、物资的消耗在业务开支中都占有较大的比重。特别是在农业绿化过程中,哪怕是一点比例的支出浪费,都是一个天文数字。物资管理部门要管理好物资,合理使用,避免浪费,加强物资预算与消耗的管理,与其他部门密切配合,制订物资消耗预算定额,严格发放制度,促进各部门精打细算,节约使用物资,降低物资消耗。

(3)合理储备物资

为了以较少资金完成较多的生产建设任务,必须合理控制储备量,物资周转快,物资的使用就快,说明生产速度高,为社会创造的财富就多;物资周转慢,说明物资使用速度慢,生产速度不快,资金被积压在物资上,发挥不出应有的效益,形成积压浪费。

(4)建立健全物资管理的各项规章制度

在物资采购过程中,尽量选购资源丰富、价格低廉、经济适用的物资,降低采购和运输成本费用以及其他费用,并制定成制度,执行限额用料,加强验收和保管发料手续,健全原始记录、财务报表制度,从制度中规范物资管理,减少物资损耗。

(5)严格实行经济责任制

严格实行经济责任制就是要把任务、责任、权利、利益结合起来,充分调动职工群众的积极性、创造性,做到多、快、好、省。

2)物资管理工作的基本要求

物资管理是一门科学,物资流通时间的缩短、费用的降低、储备量的下降,都要以满足生产为前提。只有充分认识和掌握物资运动的规律,才能搞好物资管理工作。具体要求为:

（1）物资计划管理

农业物资供应计划，是确定计划期内为保证生产正常进行所需各种物资的计划。它是农业经营管理的重要组成部分，从生产建设任务的计划阶段开始，制订物资计划，种植的品种、数量和生产季节的要求，是物资供应计划的依据。进行物资计划管理可以克服物资工作的盲目性，协调与生产建设计划的关系，实现两者的综合平衡。为做好物资供应工作，应协调供应、运输、生产之间的关系，把所需物资量用计划的方式固定下来。首先要确定各种物资需要量、期末期初库存量以及物资采购量。

（2）物资需用量的确定

这是确定计划期内农业生产建设过程中的日常维修、大修理、新产品试验等方面的物资数量，需按各类物资的品种或具体规格分别计算，方法有直接计算法和间接计算法。

（3）期初库存量和期末库存量的确定

由于生产任务、供应条件的变化，计划期的物资期初库存量和期末储备量往往是不相等的，这就会影响物资的采购量，必须加以确定。

（4）物资采购量的确定

确定了计划期内物资的需用量及期初库存量和期末储备量，就可确定计划期内的物资采购量，这是物资供应计划的主体。企业内部可利用的资源，是指企业进行修旧利废等方面的物资，充分挖掘、利用这部分物资，是农业经营管理降本增效的有力措施之一，在编制物资供应计划时必须认真考虑。

6.2.3　物资定额管理

1) 物资储备定额管理

为了保证生产的连续进行，一定量的物资储备是必要的，但是物资储备不能过多，否则会占用大量的流动资金和仓库面积，增加保管费用；且物资长期存放，如农药、化肥等易失效变质，带来浪费，增加企业成本，降低效益；同时，物资储备也不能太少，否则就不能及时供应生产所需的物资，使生产过程的连续性受到影响。因此，农业企业必须对物资储备量进行测算，即开展物资储备定额管理。

物资储备定额就是在一定的生产技术组织条件下，农业经营管理为了保证生产的正常进行，所必需的经济合理的物资储备标准。它是编制物资供应计划、组织采购订货的重要依据，也是掌握和监督物资库存动态、保持物资库存水平经济合理的有效工具。物资储备定额一般包括经常储备定额和保险储备定额，有些物资由于有生产和运输的季节性，要相应地建立季节性储备定额。

（1）经常储备定额的制订方法

经常储备定额是指前后两批物资进库的供应间隔期内，为保证生产正常进行和必需的物资储备量标准。物资的经常储备定额是可变的，当一批物资进库时，达到最大储备，随着生产消耗逐渐减少，在下批物资进库前达到最低点，到下批物资进库时又恢复到最大储备。经常储备定额的制订方法主要包括两种：一种是以期定量法，又称供应周期法；另一种是经济订购批量法，它是侧重于从企业自身的经济效益来确定物资经常储备定额的一种方法，通过合理的订货批量，使企业的物资采购费用达到最低点，其目的是节约物资采购和存储成本，提高经济效益。

从与物资储备有关的费用来分析,经常储备定额主要可归纳为两大类:一类是订购费用,是指与物资订购和采购有关的差旅费、行政管理费、验收时搬运费等;另一类是保管费,主要是指物资占用的资金应付的利息、仓库和运输工具的维修折旧费、物资储存损耗费用和保管人员的工资等。这两类费用各有特点:物资的订购费用主要与订购次数成正比,而与每次订购物资的数量关系不大,从降低订购费用的角度考虑,应当减少订购次数,增大订购批量;物资的保管费用则主要是与每次的订购批量成正比,而与订购次数无多大关系。由此可见,同时降低保管费用和订购费用是矛盾的,只有当两者的总费用之和为最小时的订购批量才是最经济合理的。

(2)保险储备定额的制订方法

保险储备定额是指为了预防物资供应过程中可能发生的到货误期或来料品种规格不符等不正常情况,保证生产继续进行必须储存的物资数量标准。对于容易补充、供应条件较好的物资,可以不建立保险储备。如病虫草害防治必需的药械,防台风、防汛专用器材的准备等。保险储备定额由平均每日需要量和保险储备天数两个因素决定。

(3)季节性储备定额的制订方法

季节性储备定额是指由于自然条件或其他特殊原因使物资供应具有季节性而必须储存的物资数量标准,农业企业生产季节性强,对物资的需求也呈现季节性消耗,季节性储备定额物资是它的一大特点。经常储备定额和保险储备定额之和,构成企业的最高储备量。而保险储备定额是企业物资的最低储备量,当库存物资降到最低储备量时,应立即进货,以补充库存量。

2)物资消耗定额管理

物资消耗定额是指在一定的生产、技术组织条件下、生产单位产品或完成单位工作量所需消耗的、合理的物资数量标准。物资消耗定额是针对不同的生产条件制订的,它的高低是反映一个单位生产技术水平和管理水平的重要标志。物资消耗定额必须先进合理,是广大员工经过努力可以实现的水平。物资消耗定额应该由技术部门和物资部门共同制订,单位的业务领导干部要重视物资消耗定额的制订和管理工作。

制订物资消耗定额的方法,一般有技术计算法、统计分析法和经济估计法三种。

①技术计算法:根据技术需要在科学计算的基础上吸收实际操作经验,确定最经济合理的物资消耗定额。

②统计分析法:根据以往生产中物资消耗的统计资料,经过分析研究,并考虑计划期内生产技术条件的变化因素来制订物资消耗定额。采用这种方法要有完整的统计资料。

③经济估计法:是由生产工人和技术人员根据生产经验,并参考有关技术文件和生产技术条件等变化因素制订的,这种方法比较简单易行,但科学性较差。

加强农业企业的物资消耗定额管理,是农业企业控制物耗、降低成本、提高经济效益的一项重要措施。这在农业企业的物资管理工作中发挥重要作用,是编制物资供应计划的主要依据,是组织物资发放工作的重要基础,是考核和分析物资利用情况和使用情况的依据,还有利于提高农业经营的技术、管理水平,是调动员工节约物资的重要手段。

6.2.4 仓库管理

仓库是储存物资的场所,各种备用物资一般都要经过仓库储存才进入使用过程。仓库管理的主要内容包括物资入库、物资保管、物资出库、物资盘点和核算等。

1)物资入库

要把好验收关,物资的验收工作是做好物资管理工作的第一步。物资验收主要指两个方面:一是数量、品种、价格的验收,检查所到物资在数量、品种、规格上是否与运单、发票及合同规定相符,要认真过磅点数;二是质量验收,包括外形检验、材质技术鉴定、成分的化学分析。凡是仓库能检验的,由仓库负责检验,仓库不能检验的,要委托本企业或外单位的有关部门检验,有了相应的检验合格证明,才能点收入库或送到现场使用。只有当凭证、数量、质量验收无误后,才能办理入库、登账、建卡等手续,并将入库通知单连同发票、运单一起送交财务部门。

2)物资保管

农业生产中的库存物资必须合理存放,妥善保管,防止水火灾害、鼠害、虫害、霉烂变质和贪污盗窃,最大限度地减少物资损耗。仓库管理应做好物资的分类编号、合理存放物资和维护保养,以及监控库存物资等工作。

3)物资发放

为了减少物资的自然损耗,物资发放时应按照入库的时间顺序,先进先出,推陈出新。有使用期限的物资应在限期内发放使用,保险储备物资必须定期轮换更新。劳保用品、零配件应实行以旧换新制度。物资发放必须办理出库手续,填写物资出库单,由保管员按照出库单所列的品种、规格、数量发放物资。物资出库单和入库单都是一式三联,会计、保管、采购三部门各收一联,作为记账和结算的原始凭证。物资发放有领料制和送料制两种。

4)物资盘点

为了及时掌握物资的变动情况,避免物资的短缺遗失、超储积压,保持账、卡物资相符,企业应做好清仓、盘点工作。清仓盘点的主要内容包括:检查物资的数量与账、卡是否相符;检查物资的质量是否变质;有无超储、损坏的物资;检查物资的收发是否有误;保管条件、安全防范措施是否符合要求。物资的盘点有经常盘点和定期盘点。经常盘点是由仓库管理人员通过每日的物资发放,及时检查库存物资的账、卡物是否相符,并每日对着变动的物资进行复查或轮番抽查。定期盘点是指按制度规定的时间(如年中、年底)对物资进行全面清点,通过盘点如发现账实不符时,应查明盘亏或盘盈的原因,追究责任。对于超储、呆滞物资,应及时处理。

任务 6.3 农业企业设备管理

6.3.1 农业设备管理概述

1）基本概念

设备是固定资产的重要组成部分。在国外,设备工作学把设备定义为"有形固定资产的总和",它把一切列入固定资产的劳动资料,如土地、建筑物(厂房、仓库等)、构筑物(水池、码头、围墙、道路等)、机器(工作机械、运输机械等)、装置(容器、蒸馏塔、热交换器等),以及车辆、船舶、工具(工具夹、测试仪器等)等都包含在其中;在我国,只把直接或间接参与改变劳动对象的形态和性质的物质资料看作设备。一般认为,设备是人们在生产或生活上所需的机械、装置和设施等可供长期使用,并在使用时基本保持原有实物形态的物质资料。

设备管理是指以设备为研究对象,追求设备综合效率与寿命周期费用的经济性,应用一系列理论、方法,通过一系列技术、经济、组织措施,对设备的物质运动和价值运动进行全过程(从规划、设计、制造、选型、购置、安装、使用、维修、改造、报废直至更新)的科学管理。这是一个宏观的设备管理概念,涉及政府经济管理部门、设备设计研究单位、制造工厂、使用部门和有关的社会经济团体。包括了设备全过程中的计划、组织、协调、控制、决策等工作,最大限度地发挥设备的效能,以提高生产效率和生产力水平为内容的各种管理活动。随着农业现代化进程的加快,农业企业采用的先进设备越来越多,对设备的管理越来越重视。设备管理是企业生产经营管理的基础工作,是企业产品质量的保证,是提高企业经济效益的重要途径,是搞好安全生产和环境保护的前提,是企业长远发展的重要条件。

农业设备是农业施工过程中所需要的各种器械用品的总称,是农业企业进行生产必不可少的物质技术基础。加强对农业设备的管理,正确选择机械设备,合理使用,及时维修机械设备,不断提高机械设备的完好率、利用率,提高机械效率,及时地对现有设备进行技术改造和更新,对更快更好更省地完成施工任务和提高企业的经济效益有着十分重要的意义。

农业工作项目本身所具有的技术经济特点,决定了农业机械设备的一些特点。例如,施工的流动性决定了机械设备的频繁搬迁和拆装,使机械的有效作业时间减少,利用率低;机械设备精度降低,磨损加速,机械设备使用寿命缩短;机械设备的装备配套性差,品种规格庞杂,增加了维护和保修工作的复杂性等。

农业机械设备的使用形式有企业自有、租赁、外包等。实行机械化生产,是农业现代化的努力方向。运用现代技术,广泛地使用机械操作,才能逐步改变传统的耕作方法,摆脱繁重的体力劳动,降低劳动强度,提高劳动生产率,提高生产质量和服务质量。例如:整地、播种、排灌、植物保护、装卸、运输等笨重体力劳动,应该逐步采用机械作业代替人工操作。农业行业技术装备比较落后,机械化程度不高,是目前比较突出的问题。为了适应农业企业的发展,必须采用先进的技术装备,提高机械化、现代化程度,提高劳动生产率。从具体生产看,在农业行业中,不少工种属于手工艺性质的劳动,不可能用机械代替,这类产品的生产就有必要保持手工操作特色。通过科学的农业设备管理,既达到提高劳动生产率的目的,又有利于提高农

业艺术质量。

2）设备管理的特点

（1）技术性

作为企业的主要生产手段,设备是物化了的科学技术,是现代科技的物质载体,设备管理必然具有很强的技术性。

（2）综合性

设备管理的综合性表现在,现代设备包含了多种专门技术知识,是多门科学技术的综合应用,设备管理的内容是工作技术、经济财务、组织管理三者的综合;为了获得设备的最佳经济效益,必须实行全过程管理,它是对设备使用期内各阶段管理的综合;设备管理涉及物资准备、设计制造、计划调度、劳动组织、质量控制、经济核算等许多方面的业务,汇集了企业多项专业管理的内容。

（3）随机性

许多设备故障具有随机性,使得设备维修及其管理也带有随机性质,为了减少突发故障给企业生产经营带来的损失和干扰,设备管理必须具备应付突发故障、承担意外突击任务的应变能力。这就要求设备管理部门信息渠道畅通,器材准备充分,组织严密,指挥灵活,人员作风过硬,业务技术精通,能够随时为现场提供服务,为生产排忧解难。

（4）全员性

现代企业管理强调应用行为科学调动广大职工参加管理的积极性,实行以人心的管理。设备管理的综合性更加迫切需要全员参与,只有建立从厂长到第一线工人都参加的企业全员设备管理体系,实行专业管理与群众管理相结合,才能真正搞好设备管理工作。

6.3.2 设备管理的基本要求

1）设备的前期管理

设备的前期管理就是对设备前期的各个环节、执行技术和经济的全面管理。包括选型采购、安装调试、验收、试运转等内容。设备选择时应满足企业生产实际的需要,要从企业长远生产经营发展方向全面考虑,使企业把有限的设备投资用在生产必需的设备上,发挥投资的最大经济效益,因此,科学、准确地选择设备,是企业设备前期管理的一个重要内容。设备选择总的原则和要求是技术上先进、经济上合理、生产上可行、配套齐全、技术服务好。具体因素分析如下:

①生产性。是指设备的生产效率,这是衡量设备生产能力的主要指标。根据自身条件和生产需要,选择生产效率较高的设备。一般地,产品稳定、大批量生产的企业,宜选用生产效率高、自动化程度高的专用设备;相反,品种多变、生产批量少的企业,宜选择效率一般的通用设备。

②可靠性。是指设备的精度、准确度和对产品质量的保证程度及零部件的耐用性、安全可靠性,即要求减少设备故障的前提下,尽可能生产出高质量的产品。

③安全性。是指设备对生产安全的保障性能,预防事故的能力,例如是否装有自动控制装置（如自动切断电流）。

④节能性。是指设备要有利于节约能源和降低原材料的消耗。

⑤维修性。是指设备要便于检查、保养、维护和修理。

⑥环保性。是指设备的噪音和排放的有害物质对环境的污染程度要尽可能地降低,并要治理污染。

⑦成套性。即设备的配套水平,包括单机配套、机组配套和项目配套。

⑧灵活性。也称适应性,要适应不同的工作条件和环境,生产不同产品的性能。

⑨耐用性。是指设备的物质寿命要长。

⑩经济性。是指设备的投资费用和使用费用较少,投资回收期限短。

以上是选择设备时需考虑的一般性因素,有时是相互矛盾的,有时是相互制约的,对这些因素要统筹兼顾,全面地权衡利弊,尽量做到技术要求与经济要求的统一。

2)设备的经济评价

设备的经济评价就是通过对几种方案的对比、分析,选购经济性能最好的设备。经济评价的方法主要有投资回收期法、费用换算法等。

(1)投资回收期法

设备的投资回收期是指采用某种新设备以后,回收该设备投资所需的时间。

$$投资回收期法 = \frac{设备投资额}{采用新设备后的节约额} \tag{6.1}$$

式中,采用新设备后的节约额,是指新设备在提高劳动生产率和产品质量,降低能源和原材料消耗,减少停工损失等方面增加收益。

(2)费用换算法

由于计算方法不同,费用换算法又可分为年费法和现值法两种。

①年费法。首先把购置设备投资费,依据设备的寿命周期,按复利率计算,换算成相当于每年费用的支出,再加上每年的维持费,得出设备的年度费用,据此在不同设备投资方案中选择最优设备。

$$设备年度总费用 = (设备最初投资 × 投资回收系数) + 年度维持费用 \tag{6.2}$$

$$投资回收系数 = \frac{i(1+i)^n}{(1+i)^{n-1}} \tag{6.3}$$

式中,i 是年利率;n 是设备寿命周期。

②现值法。采用这种方法需把每年的维持费按现值换算成相当于最初投资时的数额,即把维持费的未来值换算成现值,再加上最初的投资费用,得出不同投资方案的总费用,进行分析和比较。

$$设备寿命周期内现值总费用 = 最初投资 + 每年维持费用 × 现值系数 \tag{6.4}$$

$$现值系数 = \frac{(1+i)^{n-1}}{i(1+i)^n} \tag{6.5}$$

现值系数为投资回收系数的倒数。

案例导入

现有甲、乙两种设备,其最初投资分别 10 000 元、15 000 元,每年维持费用则分别为 2 000 元、1 100 元,年利率6%,预计可使用 10 年。

①年费法计算:投资回收系数为 0.135 87。

甲设备的年度总费用 $=10\ 000 \times 0.135\ 87 + 2\ 000 = 3\ 359$(元)

乙设备的年度总费用 $=15\ 000 \times 0.135\ 87 + 1\ 100 = 3\ 138$(元)

根据以上结果,应选择乙设备。

②现值法计算:现值系数为7.360。

甲设备费用现值 $=10\ 000 + 2\ 000 \times 7.360 = 24\ 720$(元)

乙设备费用现值 $=15\ 000 + 1\ 100 \times 7.360 = 23\ 096$(元)

根据计算结果,应选择乙设备。

3)设备的维护

设备的维护其目的是减缓设备磨损速度,延长寿命,防止设备非正常损坏,属日常性工作,按工作量大小可分为日常保养、一级保养、二级保养。

①日常保养。是由设备操作工人每天进行的例行保养,主要集中在设备外部,工作内容包括清洗、润滑和螺钉的紧固等。

②一级保养。是以操作工人为主,维修工人为辅,按一定时间间隔定期进行,项目比日常保养,且由设备外部进入设备内部,对内部部件进行清洗、疏通及调节校正。

③二级保养。是由维修工人为主,设备操作工人参加的定期保养。需对设备主体部分进行解体检查、调整,同时要更换和修复一些受损零部件。

4)设备的修理

设备的修理是通过修复或更换已严重受损、腐蚀的零部件,使设备的技术性能和功效得以完全恢复。设备的合理使用与维护可以减缓磨损速度和程度,但并不能消除磨损,当达到允许极限时,修理就是不可替代的必需工作,按工作量大小及重要性可分为小修理、中修理和大修理。

①小修理:只是对易损件进行更换或修复,对设备局部进行调整与校正,工作量一般占大修理工作量的20%左右。

②中修理:是对设备主要零部件进行更换或修复,系统进行调整和校正,使其精度、功效和技术参数达到规定标准,工作量占大修理工作量的50%左右。

③大修理:是将设备全部解体,更换和修复全部受损部件,调整和校正整个设备,全面恢复原有的技术性能、工作精度和功效。

设备修理应遵循:维护和修理并存,重在预防的原则;生产和修理并重,修理先行的原则;以专业修理为主,专群结合的原则。

6.3.3 农业设备的更新与改造

1)设备的磨损

设备的磨损又分为有形磨损和无形磨损。

(1)有形磨损

有形磨损又称物质磨损,是指设备在使用或闲置过程中发生的实体磨损,其磨损的形式主要有磨损、疲劳和断裂、腐蚀、老化等。

有形磨损的后果是使机械设备的使用价值降低,达到一定程度后,可使设备完全丧失使用价值。有形磨损大致可以分为三个阶段：

①初期磨损阶段，由于相对运动的零件表面微观几何形状，如粗糙度等，在受力情况下迅速磨损，不同形状零件之间的相对运动所发生的磨损，这一阶段磨损速度较快但经历时间较短。

②正常磨损阶段，磨损速度缓慢，属正常工作时期，经历时间较长，设备处于最佳技术状态，生产效率高，对产品质量最有保证。

③剧烈磨损阶段，磨损速度急剧上升，有些性能、精度等技术性能已不能保证，生产效率迅速下降，如不及时修理，就会影响生产和发生设备事故。

（2）无形磨损

无形磨损又称精神磨损，是指由于科学技术的进步而不断出现性能更加完善、生产效率更高的设备，致使原有设备价值降低，或者由于工艺改进、操作熟练程度提高、生产规模加大等，使相同结构设备的重置价值不断降低而导致原有设备贬值。

无形磨损又可分为经济性无形磨损和技术性无形磨损两种：

①经济性无形磨损：有使设备的价值部分贬值的后果，但设备本身的技术特征和功能不受影响，其使用价值并未发生变化，不会产生提前更换现有设备的问题。

②技术性无形磨损：不仅使原有设备价值相对贬低，而且还造成原有设备使用价值局部或全部丧失。

2）设备的更新

（1）设备的寿命

设备更新是指以比较先进的和比较经济的设备，来代替物质、技术和经济上不宜继续使用的设备。在对设备进行更新时，既要考虑设备的自然寿命，又要考虑经济寿命和技术寿命。

①自然寿命。是指农业机器以全新状态投入使用开始，直到由于有形磨损不能继续使用而报废为止所经历的整个时间。农业机器的自然寿命与自身质量状况、使用技术和维修质量有关。虽然可以通过恢复性修理延长农业机器的自然寿命，但随着使用时间的延长，农业机器不断老化，所支出的使用费用也将逐渐增多。

②经济寿命。是指农业机器以全新状态投入使用开始，到因继续使用会造成经济上不合理而退出服务之日为止所经历的全部时间。农业机器的自然寿命后期，技术状态恶化，性能老化，维修费用日益增加，依靠高额的维修费用来维持使用，一般来说在经济上是不合理的。因此，必须以年平均总费用来确定农业机器的使用年限，超过这个年限，农业机器在技术上虽然可以继续使用，但年平均总费用上升，在经济上不宜继续使用。农业机器使用年限越长，每年分摊的折旧费越少；但随着使用年限增加，由于农业机器所需的维修费用、能源费用和工资等也随之增加，使用年限增加所造成的折旧费的逐步下降会被日常使用费用的增加逐渐抵消。农业机器使用至一定年限会出现年平均总费用最低值，这个年限就是农业机器的经济寿命，也就是农业机器的最佳更新期。

③技术寿命。是指农业机器以全新状态投入使用后，到因无形磨损而被淘汰所经历的时间。由于科学技术的迅速发展，不断出现技术上更先进、经济上更合理的新型农业机器，使原有农业机器在自然寿命尚未结束之前就被淘汰。科学技术发展越快，竞争越激烈，机器设备的技术寿命也就越短。

世界工业发达国家,机器设备更新很大程度上决定于机器设备的技术寿命,与此同时,也非常重视机器设备的经济寿命。追求技术进步和提高经济效益是研究更新决策问题的根本出发点,而追求技术进步最终还是为了提高经济效益。因此,合理选择农业机器寿命,在机器的使用过程中出现年平均总费用最低值时,也就是发挥最大收益后,即逐渐予以淘汰更新,这是符合技术经济学所要求的理想寿命的。但是,实际情况并非如此简单,它涉及许多其他因素,如国家经济政策、工业基础、资金来源等,所以还要根据具体条件综合考虑。

（2）设备的更新与改造

研究设备更新问题,是为了追求技术进步,提高经济效益,其目的是寻找设备的合理使用年限,即经济寿命。更新的选择,一方面要搜集相关资料,包括改造费、大修费、停产损失、新设备购置费,新旧设备生产效率、单位产品成本等;另一方面要计算有关费用的数值,判断改造方案是否可行。

所谓设备改造,是指应用现代化科学技术成就,根据生产发展的需要,改变原有设备的结构,或对旧设备增添新部件、新装置,改善原有设备的技术性能和使用指标,使局部或全部达到现代化新设备的水平。改造的优点是周期短、费用省、见效快,能够获得比较好的技术经济效益。当设备改造与更新在技术上、资金上、货源保证以及政策上都可行时,还须从维修的角度进一步分析,以便进行比较。

6.3.4　物资设备管理方法

农业生产中的物资设备管理与一般的工业不同,它应根据农业经营的实际情况,对农业企业内部的物资设备进行有效管理,提高物资设备的利用率,降低损耗,提高企业的经济效益。具体有以下几方面的内容:

1）制定有效的物资设备管理规章制度

物资设备管理得好坏,将对企业的经济效益产生直接影响。物资设备是企业资产的直接体现,管理好物资设备,就是管理好企业的资产。我们应根据农业经营管理中物资设备的特点,有针对性地制订物资设备日常管理的规章制度,建立管理人员的岗位责任制与考核制度,明确责任,规范管理。对违章作业、造成事故、损坏机具的,要给予处理,并承担责任。

2）建立物资设备管理的专业队伍

在经营管理过程中,农业企业应确定专职或兼职的物资设备管理人员,负责单位内部的物资、机具设备的管理工作。企业中的物资管理涉及农药、化肥、药品、农用薄膜、农用机具等农用物资,对此,应聘用一些懂专业知识的专业人员做仓库保管员,对物资进行专管;在设备管理中,特别是农业机具管理,从业人员要经过专业培训,严格执行考核审证制度,按照国家规定取得合法证书后,才能聘任相应的技术岗位。在机具设备的使用、维修与养护中,应确定专人负责,遵守操作规程和维护保养守则,未经许可,不得任意操作、驾驶,不得任意拆改机具设备。在机具闲时或者露天作业、日晒夜露的情况下,注重加强维修和保养,建立完善的专人维修管理制度,以延长其使用年限,这是管好、用好机具的基本条件。

3）提高物资设备的利用率

物资设备的利用是影响企业经营单位经济效益的重大因素,物资设备管理要达到高效、优质、低耗、安全的要求。首先要提高机具设备的利用率,在农业行业中,季节性操作很强,有

的机具在某些季节里是没有作业任务的,对它的利用率体现在以下几个方面:

①提高出勤率。在实际工作中,影响机具出勤作业的因素很多,除季节、阴雨、冰冻等自然因素和技术因素以外,管理和调度方面的因素尤其重要,如机具不配套,有动力没有作业工具,和其他工种的协作配合等问题,都直接影响工具工作效率的发挥。

②提高机具设备的完好率。企业应根据机具操作的技术要求,制定技术指标,如作业定额、耗油定额、维修定额等,对于充分利用现有机具有重要意义。

③在物资管理上,要按照农业物资的特点,对先入库或时间长的物资应先利用,如农药、化肥、农用草绳等,以防时间久了,这些农用物资会失效、变质、腐烂或老化等。这对节约物资使用、降低损耗、加快物资流通、提高物资利用率具有现实意义。

4)制定科学的管理方法

要根据物资设备的物理、化学性能,制定相应的管理办法。如物资管理中的农药、药品放置时,需瓶塞拧紧,贴好标签,分隔开放置,防止药品外溢或药效挥发,农药、化肥、农用薄膜等农用物资应放置在干燥通风、遮光的地方贮存;物资的摆放,如化肥等应防止回潮,下垫支架架空;对物资存放都需作好标签编号分类;定期进行物资验查、翻晒;农用机具使用后应清洗干净,晾干后放置等;并形成管理制度化,建立相应的考核制度。在农业机具管理方面,对机具作业的质量和数量、油料消耗、维修费用指标、技术保养质量、安全生产等进行考核。在对物资设备进行科学的管理基础上,实行管理责任制。充分调动员工的积极性和主动性,保证物资管理的科学、规范,最终达到节约开支,降低成本的目的。

5)物资设备的管理要做到账物相符

农业生产经营单位的物资设备管理工作,要做好定时的清点核实工作。对物资设备的增减或损耗,做到采购审批、入库记账、出库划账、结束报账的制度化管理;材料保管员要对经手保管的物资数量、质量、安全、调度负责;每月要根据领料单或料账,按队、组分类汇总,公布领用物资报表,要做到账账相符、账卡相符、账表相符;报表要经财务会核、领导签名或盖章。对物资、机具设备的购置,各种原始凭证要妥善保存,并登记入账。农用物资如有失效、腐烂、老化而散失效用,应填写损耗单,报领导审批;机具设备如需报废,待报废机具必须保持零部件完整,经由单位领导组织有关人员进行鉴定,并办理报废手续。

任务 6.4　农业机械化的经营与管理

6.4.1　基本概念

(1)农业机械

农业机械是指进行农业生产和初加工的各类机器和机具的总称(包括基本建设机械、排灌机械、植保机械、农产品加工机械、收获机械等)。

(2)农业机械化

农业机械化是一个过程,其含义包括三个方面,一是对劳动者素质的改变,二是对农业生产工具的改变,三是对农业生产工艺的改变。分狭义和广义两种。

①狭义农业机械化。运用各种动力机械和配套的作业机具代替人、畜力和传统农具进行农业机械化生产作业。

②广义农业机械化。是指农林牧副渔各生产部门的生产实现机械化作业的过程(运用先进技术不断改善经济效益、生态效益的过程)。

（3）农业机械化技术

农业机械化技术是把农业生物技术、机械技术和管理技术有机结合的一种综合技术体系,是硬件和软件的有机结合。

（4）农业机械化管理

农业机械化管理是以农业机械化研究为对象,在农业生产过程运用管理手段,使农业生产达到优质、高效、低耗、安全的目的。

6.4.2 我国农业机械化发展历程及作用

1)我国农业机械化发展历程

新中国成立以来,党和国家一直把实现农业机械化作为建设社会主义现代化农业的一个重要战略目标,投入了大量的人力、财力、物力,取得了很大的成就。回顾新中国农业机械化的发展史,大体上可以分为三个阶段,即行政推动阶段、机制转换阶段和市场导向阶段。

（1）行政推动阶段(1949—1980年)

国家和集体经营为主(国营拖拉机站),这一阶段的主要特征是:在高度集中的计划经济体制下,农业机械作为重要农业生产资料,实行国家、集体投资,国家、集体所有,国家、集体经营,不允许个人所有的政策。农业机械的生产计划由国家下达,产品由国家统一调拨,农机产品价格和农机化服务价格由国家统一制订。国家通过行政命令和各种优惠政策,推动农业机械化事业的发展。

（2）机制转换阶段(1981—1994年)

由国营集体转为户营,这一阶段的主要特征是:随着经济体制改革的不断深入,市场在农业机械化发展中的作用逐渐增强,国家用于农业机械化的直接投入逐步减少,对农机工业的计划管制日益放松,允许农民自主购买和使用农业机械,农业机械多种经营形式并存。

（3）市场导向阶段(1995年以后)

机械化水平升高,由市场引导,小型拖拉机数量增多,这一阶段的主要特征是:国家在计划经济体制下出台的农机化优惠政策全部取消,农业机械化进入了以市场为导向的发展阶段。在国家相应法规和政策措施的保护和引导下,农业机械化的市场化进程加速,农业机械化事业发展加快。

2)农业机械化的作用

农业机械化在现代化农业生产中具有十分重要、不可替代的作用,主要表现在以下几个方面:

（1）实现可持续农业需要农业机械

我国农业自然资源相对稀缺,尤其是人均耕地和人均淡水资源。持续合理地利用农业资源,节约用地、节约用水、节约能源、防止水土污染对农业可持续发展意义重大。实现可持续农业需要农业机械,具体表现为:保护水资源需要节水机械化;科学施肥不能没有农业机械;

防止农药污染离不开先进的农业机械;培肥土壤需要先进的农业机械。

(2)抵御自然灾害,减少农业损失

我国农业自然灾害,如旱灾、涝灾、病虫害、低温冷灾等频繁发生。特别是我国干旱、半干旱面积大,涝灾时常发生,是发展可持续农业的主要障碍。随着农业机械化事业的发展,显著地增强了我国抵御自然灾害的能力。具体表现为:农田排灌是增加农产品产量的主要措施;机械化旱作农业成为无灌溉条件地区抵御干旱危害的希望;质保机械化是农作物的保护神;减少产品损失。

(3)提高劳动生产率和产品商品率

农业劳动生产率和产品商品率的高低是现代农业和传统农业最主要的区别。现代农业通过机械化极大地提高了生产率和商品率是现代农业与传统农业最主要的区别。农业机械没有人力、畜力那样疲劳程度限制,以及人畜力无法比拟的大功率、高速度、高质量进行作业。从而大幅度提高劳动生产率,从世界各国农业经济分析对比中可以看出,农业机械化程度越高,农业劳动生产率就越高。农业机械化提高劳动生产率,不以自然资源的多少排位,机械不仅在人少地多的国家起作用,在人多地少的国家也如此。日本是一个人多地少的国家,人均耕地只有 0.003 公顷,当推广应用于水稻插秧和收割机械化之后,人口急剧减少到 385 万人;1970 年平均每人生产谷物 1 642 千克,1980 年和 1994 年分别达到 1 995 千克和 4 101 千克;1994 年日本农业经济活动人口比 1970 年减少 63.6% ,生产效率提高 2.5 倍。机械化极大地提高了农业劳动生产率,因此农产品商品率也提高了。

(4)提高土地产出率和资源利用率

世界农业发展的历程表明,农业机械化不仅可以大幅度提高劳动生产率,而且可以显著提高土地产出率和资源利用率。这是因为现代农业机械不仅功率大、速度快,还能够复式作业、联合作业,有利于抢农时、争积温、抗灾害、降成本。而且他们的结构和功能可以根据需要设计制造和调节以完成高精度作业。

(5)减轻劳动强度和改善劳动条件

农业生产具有很强的季节性,传统人工作业劳动强度低、作业条件差。在生产中使用农业机械,可以大大改善劳动条件,减轻劳动强度,把农民从笨重的体力劳动中解放出来。因此,在生产中使用农业机械是农业发展的需要,也是广大农民的意愿。

(6)保障食物安全需要机械化

我国人均耕地少,为了保障 13 亿人口食物安全,必须面向更加广阔的空间索取更多的食物。开垦荒地,改造低产田,治理草山草坡,发展近海、远洋渔业,更多的是永远离不开农业机械的高效作业。

6.4.3　农业机械化的经营与管理

1)农业机器的选型和配备

(1)选型的方法及过程

常用的选型方法有试验分析法、资料分析法和经验分析法。

①试验分析法。引进可选样试验样机并对其进行试验,依据样机的试验结果,得出有关性能指标参数值,分析样机的优缺点及存在的问题,按选型标准选择农业机器。该方法所得

结论依据试验结果,以定量分析为主,是科学的选型方法。但工作量较大,所需费用较高。

②资料分析法。以收集的可供选机型的技术资料为依据,结合使用的具体条件,进行有关的分析、计算,得出如选机型。估选有关参数,是因为科研、试验鉴定部门的具体条件和选型地区的条件不完全相同,要结合具体条件估计有关参数值。对于分析缺少的重要数据,要进行专项试验确定。

③经验分析法。依据专家或使用者在多年的使用中所获得经验选择机型,也可采用较科学的调查统计分析方法,如专家调查统计分析法。这一方法适用于资料较齐全、又不能进行选型试验条件下的机器选型。

(2)选型应注意的主要问题

①固定式农用动力的选择。固定式农用动力以电动机能耗费用最低,单位能耗比柴油机低 40% ~60% ,且故障少、使用维护方便,凡有条件可以选用电动机的则应选电动机;在只能选用内燃机作为动力时,应优先选择柴油机;对于转移频繁、需要 2.5 kW 以下的动力,宜选用汽油机。

②拖拉机型号的选择。主要依据作业地区土壤、地形、田块大小、道路宽度、所需功率、比价格等进行选择。具体选择时应注意:一是型号要适宜,一个生产企业一般选择 2 ~3 个型号的拖拉机,并尽可能地选用同系列的产品;二是拖拉机性能的选择,主要从农艺和经济性两方面考虑;三是拖拉机功率的选择;四是拖拉机类型的选择,例如,海拔高度——是否增压;坡度大小——底盘结构;是否中耕——农艺地隙。

拖拉机功率的选择可以依据主要作业负荷来确定功率大小,见式(6.6)。

也可依据主要作业的比阻和允许的最大工作幅宽 B_{max} 确定功率,见式(6.7)。

$$N_T = \frac{K_0 \cdot a \cdot b \cdot V_P}{270} (\mathrm{Ps}) \qquad (6.6)$$

$$N_T = \frac{K \cdot n \cdot b \cdot V_P}{270} (\mathrm{Ps}) \qquad (6.7)$$

(3)配备的程序

配备的程序包括:准备工作,明确作业任务量;采集相关资料进行配备计算,可用类比法、农机生产率法、季节生产率法。

(4)配备方案的技术经济理论

①评价理论依据:劳动节约;可比性(条件的可比,价格的可比,时间上的可比,满足条件的可比,措施功能的可比,消耗的可比);遵循技术方案择优原理(生产可行,经济合理,技术先进)。

②评价指标:单位土地面积投资总额(=农机投资总额/负担的面积(单位:元/公顷));单位农机总工力完成的耕地面积(=耕地总面积/农机总工力(单元:公顷/kW));单位作业效率(=作业总费用/总作业量(单位:元/公顷));单位作业耗油;劳动生产率提高程度(=(配备前劳动投入人数 – 后)/前×100%);投资回收期(=投资额/(经营收入 – 经营成本))。

2)农机的使用和保管

①正确使用。保证正常的工作规范,即温度规范(85~95 ℃)、转速规范、负荷规范;保证运行材料的干净,符合要求。

②轮胎的正确使用。严格控制使用强度;严格控制充气标准;适当负荷;保证行走机构参数调整正确。

③正确的保管。建立必要的设施;长期存放前进行全面保养;防锈处理。

3）农机保养

（1）保养规程

保养规程包括清洗、检查、紧固、调整、润滑、更换(将保养周期相同的作业项目归纳在一起,提高执行的相关要求)。

①保养类别:日常保养(例行);定期保养。

②周期的计量:按工作时间;按主燃油消耗量;以主燃油消耗量计量为主、工作小时计量为辅的保养周期计量方法。

③技术状态良好指标:经济性正常、稳定,排气正常;启动容易;满负荷工作时,水、油温均正常;电气系统正常;油、水、气、电"四不漏"。

（2）保养规程的制订

确定周期时,按技术指标,按质量指标,按经济指标;确定规程时,高保养周期是低级保养周期的整数倍。低号保养是指在检查、外部清洁、紧固外部螺栓、添加等的基础上,增加滤清器的清洗和外部操纵机构的调整。高号保养是指在低号保养的基础上,增加内部零件的清洗、检查和调整。

（3）保养的执行

保养的执行包括安排适当的场地;分工负责的方式;推广先进技术;选择合理的时间。

4）使用过程中的诊断与故障排除

使用过程中的诊断方法有询问、分析对比、仪器检查、经验法;故障征象有:作用反常、声音反常、温度反常、气味异常、外观异常;故障排除原则有:结合构造对照原理,先摸症状再分析,推理检测分段系,由简到繁、由表及里。

5）农业机器的维修与更新

农业机器与其他机器设备一样,在使用过程中由于磨损、老化等原因,随着使用年限的增加,其性能将会逐渐下降,影响着机器的工作效率和作业成本。因此,应该有计划、有步骤、有重点地对农业机器进行维修与更新。

 思考与练习

一、简答题

1.农业企业技术引进的方式有哪些?

2.农业企业物资管理的基本任务有哪些?

3.农业企业设备管理应遵循哪些基本原则?

4.简述农业机械化的经营与管理。

二、实训题

分组讨论:现阶段我国农业企业在技术引进时应注意哪些?

三、案例分析

物资管理纠纷

某建设单位与施工单位签订了大型水景工作施工承包合同,并委托了监理单位负责施工阶段监理。施工承包合同中规定管材由建设单位指定厂家,施工单位负责采购,厂家负责运输到工地。当管材运到工地后,施工单位认为由建设单位指定的管材可直接用于工作,如有质量问题均由建设单位负责;监理工作师则认为必须有产品合格证、质量保证书,并要进行材质检验;而建设单位现场项目管理代表却认为这是多此一举,后来监理工作师按规定进行了抽检,检验结果达不到设计要求,于是提出对该批管材进行处理,建设单位现场项目管理代表认为监理工作师故意刁难,要求监理单位赔偿材料损失、支付试验费用。

分析讨论:施工方和建设单位现场项目管理代表的行为对不对,为什么?

广州某农业工作施工公司设备管理法

广州某农业工作施工公司在设备管理上实行"三好""四会"操作标准化。

"三好"——管好、用好、修好。管好是指操作者对设备负有保管责任,未经领导批准不能任意乱动,对设备的附件、仪器、冷却、安全防护等装置应保持完整无损,每日做好交接班工作;用好是指严格执行操作规程,禁止超压、超负荷使用设备等;修好是指操作者应使设备经常保持新安装或大修后的良好状态,仪器、仪表和润滑、冷却系统灵敏可靠。

"四会"——会使用、会保养、会检查、会排除故障。会使用是指操作者应熟悉加工工艺,会合理使用工装、刀具;会保养是指操作者应经常保持设备内外清洁,要定质、定量、定时、定点加油换油,保持油路通畅,做好设备的日常保养、一级保养、二级保养和三级保养;会检查是指熟悉设备结构性能,了解设备精度、标准和检验项目,接班时如发现上一班造成事故或部件故障,要立即报复,做出鉴定,修好后再开车;会排除故障是指操作者发现电器断路,应协助电工排除。

项目 7

农业企业质量管理

📖【知识目标】

1. 了解全面质量管理基本原理、基本特点和体系的运行。
2. 熟悉农业质量管理标准化、体系认证和实施步骤。
3. 掌握农业质量管理的具体战略和农产品质量检验与评定。

📖【能力目标】

1. 会全面质量管理体系的运行和质量管理标准化体系认证。
2. 能进行农产品质量检验与评定。

任务 7.1　质量管理概述

随着我国市场经济体制的逐步完善和国际经济的一体化,国内外市场竞争异常激烈。在市场上,同等产品看价格,同等价格看质量,同等质量看服务。可见,产品质量是决定企业市场竞争能力的重要因素。只有那些质量高、牌子响、物美价廉并适合用户使用的产品,才能在市场上畅销不衰,才能给企业带来丰厚的经济效益,企业才会兴旺发达。农产品也不例外,农业企业经济效益要好,靠的是严格的质量管理和过硬的产品质量。因此,可以说提高产品质量是农业企业增强竞争能力、扩大产品销售和提高经济效益的重要手段。

7.1.1　质量管理概述

1)基本概念

质量的含义有广义和狭义之分,广义的质量是指"产品、体系或过程的一组固有特性满足规定要求的程度"。根据这一含义,质量可以分为产品质量、工序质量和工作质量。产品质量是指产品适合于规定的用途,以及在使用期间满足顾客的需求,包括有形的实物产品和无形的服务;工序质量是指工序能够稳定地生产合格产品的能力;工作质量是指企业管理、技术和组织工作对达到质量标准和提高产品质量的保证程度。狭义的产品质量是指实物产品的质量,包括实物产品内在质量的特性,如产品性能、精度、纯度、成分等,以及外部质量特性,如产品的外观、形状、色泽、手感、气味、洁度等。

质量管理就是确定质量方针、目标和职责,并在质量体系中通过诸如质量策划、质量控制、质量保证和质量改进,使其实施全部管理职能的所有活动。质量管理是企业管理的中心环节,其职能是质量方针、质量目标和质量职责的制订与实施。质量管理是各级管理者的职责,但必须由最高管理者领导,质量管理的实施涉及组织中的所有成员,同时在质量管理中要考虑到经济性因素。

质量管理是企业围绕使产品质量满足不断更新的质量要求而开展的策划、组织、计划、实施、检查和监督审核等所有管理活动的总和,是企业管理的一个中心环节。其职能是负责确定并实施质量方针、目标和职能。一个企业要以质量求生存,以品种求发展,积极参与到国际竞争中去,就必须制订正确的质量方针和适宜的质量目标。而要保证方针、目标的实现,就必须建立健全质量管理体系,并使之有效运行,建立质量管理体系工作的重点是质量职能的展开和落实。

2)质量管理的基本原理

质量管理的职能体现在计划、组织、指挥、控制、监督和审核各个方面。为了成功领导和运作一个组织,需要采用系统的管理方式,并针对所有相关方面的需求,实施并保持持续改进其业绩的管理体系。GBT 1900—2000 标准提供了质量管理的八大基本原理,具体如下:

(1)以顾客为关注的焦点

组织依存于顾客生存,因此组织应了解顾客当前和未来的需求,满足顾客要求并争取超越顾客期望。这里的顾客是指接受产品的组织或个人。顾客可以是组织外部的采购方,也可以是组织内部接受前一个过程输入的部门、岗位或个人。

（2）领导作用

领导者建立组织统一的宗旨及方向,他们应当创造并保持使员工能充分参与实现组织目标的内部环境。这里所说的领导者,是指在最高层指挥和控制组织的一个或者一组人,即组织的最高管理,最高领导者要指挥和控制好一个组织,必须正确地完成确定方向、策划未来、激励员工、协调活动和营造一个良好的内部环境等工作。此外,在领导方式上,最高管理者还要做到透明、务实和以身作则。

（3）全员参与

员工是组织之本,员工的充分参与能为组织带来巨大的收益,质量管理不仅需要最高管理者的正确领导,还有赖于全员的参与,所以要对员工进行质量意识、职业道德、以顾客为关注焦点的意识和敬业精神的教育,激发他们为提高质量努力工作的积极性和责任感,为此,员工必须具有足够的知识、技能和经验,才能胜任工作,实现充分参与。

（4）过程方法

将活动和相关的资源作为过程进行管理,可以更高效地得到期望的结果,任何利用资源并通过管理将输入转化为输出的活动均可视为过程,系统的识别和管理组织所应用的过程,特别是这些过程之间的相互作用就是过程方法。在应用过程方法的时候,必须对每个过程,特别是关键过程的活动进行识别和管理。

（5）管理的系统方法

将相互关联的过程作为系统加以识别、理解和管理,有助于组织提高实现目标的有效性和效率。在质量管理中采用系统方法,就是要把质量管理体系作为一个大系统,对组成质量管理体系的各个过程加以识别、理解和管理,以实现质量方针和质量目标。

（6）持续改进

持续改进整体业绩应当是组织的一个永恒目标,持续改进是增强满足要求的能力的循环活动,只有坚持持续改进,组织才能不断进步,最高管理者要对持续改进作出承诺,积极推动,全体员工也要积极参与持续改进的活动。

（7）基于事实的决策方法

有效决策是建立在数据和信息分析基础上的,正确的决策需要领导者用科学的态度,以事实或正确的信息为基础,通过合乎逻辑的分析,作出正确的决断。

（8）与供应商建立互利的关系

组织与供应商是相互依存、互利的关系,可增强双方创造价值的能力。供应商提供的原材料的质量对组织向顾客提供的产品质量产生重要的影响,因此处理好与供应商的关系,对组织持续稳定地提供给顾客满意的产品意义重大。对供应商不能只讲控制,不讲合作互利,要建立互利关系,特别是对重要的供应商。

7.1.2　全面质量管理

1）概念

全面质量管理是指一个组织以质量为中心,以全员参与为基础,通过让顾客满意和本组

织所有成员及社会受益,从而达到长期成功的目的的管理途径。全面质量管理并不等同于质量管理,它是质量管理的更高境界,质量管理只是组织所有管理职能之一,与其他管理职能(如时务管理、劳动管理等)并存,而全面质量管理则是将组织的所有管理职能纳入质量管理的范畴。

2)全面质量管理的基本特点

质量管理必须由企业的最高管理者领导,这是实施企业质量管理的一个最基本的条件,质量目标和职责逐级分解,各级管理者应对目标的实现负责,质量管理的实施涉及企业的所有成员,每个成员都要参与到质量管理活动之中,这是全面质量管理的一个重要特征。全面质量管理的特点可归纳为"五全":全范围的质量管理、全过程的质量管理、全员参与的质量管理、全面运用各种管理方法的管理和全面经济效益的管理。

(1)全范围的质量管理

全面质量管理强调以过程质量和工作质量来保证产品质量,强调提高过程质量和工作质量的重要性。全面质量管理强调在进行质量管理的同时,还要进行产量、成本、生产率和交货期等的管理,保证低消耗、低成本和按期交货,提高企业经营管理的服务质量。为保证全范围的有效性控制,应做到以下几点:

①确立管理职责,明确职责和权限。一个单位或组织是否协调、能否有机运转,主要在于是否明确管理职责职权并各尽其责。

②有效的质量体系。要从全企业范围考虑如何通过系统工程对质量进行全方位控制。全企业范围的质量管理,必须包括健全的组织结构,通过程序文件控制过程,并配备必要的资源。因此,建立质量体系是全企业范围质量管理的根本保证。

③配备必要的资源。资源包括人力资源和物资及信息等,人力资源强调智力资源比体力资源更重要,一个健全的质量体系,如果只有组织结构、过程和程序,而没有必要的资源,这样的体系无法运行,因此,必要的资源是全企业范围质量管理的基础。

④领导重视。实践证明,必须领导重视并起带头作用才能搞好全面质量管理,否则不会成功,全面质量管理本身要求全员、全过程和全方位的控制,没有领导的重视和协调是无法进行全面质量管理的。

(2)全过程的质量管理

全过程是指产品质量的产生、形成和实现的整个过程,包括市场调研、产品开发和设计、生产制造、检验、包装、储运、销售和售后服务等过程。要保证产品质量,不仅要搞好生产制造过程的质量管理,还要搞好设计过程和使用过程的质量管理,对产品质量形成全过程各个环节加以管理,形成一个综合性的质量管理工作体系。做到以防为主,防检结合,重在提高。为保证全过程的有效性控制,应做到以下几点:

①编制程序文件。任何过程都是通过程序运作来完成的,因此,编制科学有效的程序文件是保证过程控制的基础,ISO9000标准明确要求供方必须编制程序文件。

②有效地执行程序文件。程序文件是反映过程和运作的指南,若只编程序文件而不执行或错误地执行,都不会发挥程序文件的指南作用,也就不会保证全过程处于受控制状态。ISO9000标准要求供方有效地实施质量体系及其形成文件的程序,就是为了确保对质量形成全过程的控制。

③质量策划。质量策划是为了更好地分析、掌握过程的特点和要求,并为此制订相应的办法,最终更好地实施全过程的控制。ISO9000 标准对质量策划同样有明确要求,这完全符合全面质量管理整体系统策划的原则。

④注意过程接口控制。有些质量活动是由很多小规模的过程连续作业完成的,还有些质量活动同时涉及不同类型的过程,这些情况都需要协调和衔接,如果不能密切配合,就无法做到全过程有效控制。

（3）全员参与的质量管理

产品质量是企业全体职工工作质量及产品设计制造过程各环节和各项管理工作的综合反映,与企业职工素质、技术素质、管理素质和领导素质密切相关。要提高产品质量,需要企业各个岗位上的全体职工共同努力,使企业的每一个职工都参与到质量管理中来,做到质量管理人人有责。为了保证全员质量管理的有效性,必须做到以下几点:

①质量要始于教育,终于教育。通过教育提高全员的质量意识,牢固树立质量第一的思想,促进职工自觉参与质量保证和管理活动。通过培训教育,使职工掌握必要的知识和技能,不断进行知识更新,使他们胜任本职工作。

②明确职责和职权。各单位和部门都要为不同岗位责任者制定明确的职责和职权,并注意接口和合作,这样才能保证全员密切配合,协调、高效地参与质量管理工作。

③开展多种质量管理活动。全员积极参与质量管理活动是保证质量的重要途径,特别是群众性的质量管理小组活动,可以充分调动职工的积极性,使他们有发挥自己聪明才智的机会,这也是全面质量管理的基本要求。

④奖惩分明。奖励对提高质量有突出贡献的个人,可以引起大家对质量的重视。逐渐形成质量最重要的价值观,造就质量文化氛围,这是有效实施全面质量管理的必要基础。

（4）全面运用各种方法的管理

全面、综合地运用多种方法进行质量管理,是科学质量管理的客观要求。随着现代化大生产和科学技术的发展,以及生产规模的扩大和生产效率的提高,对产品质量提出了越来越高的要求。影响产品质量的因素也越来越复杂,既有物质因素,又有人为因素;既有生产技术因素,又有管理因素;既有企业内部的因素,又有企业外部的因素。要把如此众多的影响因素系统地控制起来,统筹管理,单靠数理统计一两种方法是不可能实现的,必须根据不同情况,灵活运用各种现代化管理方法和措施加以综合治理。在应用和发展全面质量管理科学方法时,注意以下几点:

①尊重客观事实和数据。必须用事实和数据说话,才能解决有关质量的实质性问题,否则,只凭感觉或经验,不能准确反映质量问题的实质,反而可能造成错觉。

②广泛采用科学技术新成果。实行全面质量管理要求必须采用科学技术的最新成果,才能满足大规模生产发展的需要。目前,全面质量管理已广泛采用系统工程、价值工程和网络计划及运筹学等先进科学管理技术和方法,同时也应用一些以计算机为中心的检测技术和设备。

③注重实效,灵活运用。有些技术很适用于全面质量管理,但必须结合实际,不要过于追求形式,否则将适得其反,特别是在采用各种统计技术时,更要注意实效,灵活运用,不要搞得过于烦琐而让操作人员感到并不实用。

（5）全面经济效益的管理

经济效益目的的全面性。全面经济效益的管理的目的是在顾客满意的前提下,使组织的所有成员及社会受益且达到长期成功,做到企业效益与社会效益相统一,国家利益、企业利益、职工利益相统一。

7.1.3　全面质量管理体系的运行

推行全面质量管理,应当按一定的步骤与方法进行工作,即按一定程序办事,全面质量管理体系运行过程概括起来,就是确定质量目标、制订质量计划、组织计划实施及实现的过程。主要通过计划(Plan)—实施(Do)—检查(Check)—处理(Action)不断循环的过程,达到最终改善质量管理水平的目的。我们把这个过程又称为 PDCA 管理循环,它共有四个阶段八个步骤,如图 7.1 所示。

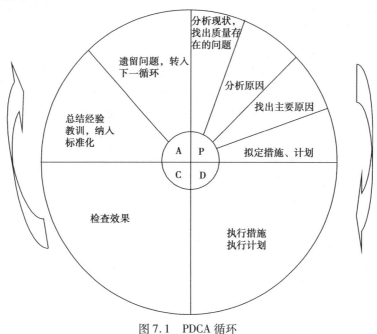

图 7.1　PDCA 循环

1)计划阶段

所谓计划,就是要明确这样几个问题:干什么、谁去干、什么时候干、在什么地方干,怎样干;再对每一个问题问一个为什么,它包括调查分析、选题、定目标、研究对策、确定实施计划。其步骤是:调查分析现状,找出存在的质量问题;分析原因和影响因素;找出影响质量的主要因素;制订改善质量的措施,提出行动计划,预计效率,并具体落实到执行者、时间、地点、完成方法等方面。

2)实施阶段

有了计划,按照计划去干就是实施,即组织对质量计划或措施的认真贯彻执行。

3)检查阶段

实施过了,干得怎么样,是否达到了预期的效果,是对实际工作结果与预期目标对比,看执行的情况如何,这阶段只有一步,即检查采取措施的效果。

4)处理阶段

干得有效果,就要想办法巩固并确定标准;干得没效果,就要采取措施加以纠正,防止以后再发生。这些措施又都要反映到下一个计划中去,这就是处理。处理包括两个步骤:总结经验、巩固成绩,进行标准化;提出尚未解决的问题并找出原因,转到下一个PDCA循环中去。

经过这四个阶段六个步骤,一个循环就完成了;再计划、实施、检查、处理,这样一个循环接着一个循环进行下去,产品质量就会不断提高。这种工作方式有四个要点:

①完整性。这四个阶段一个也不能少,只有都走下来,才算做完了一件工作。

②程序性。这四个阶段的先后顺序一定是计划—实施—检查—处理。

③连续性与渐进性。这四个阶段按顺序做下来就是一个循环,做好了一件工作,但质量管理工作到此并不能结束,要一个循环接一个循环地做下去,使循环不断转动起来,使产品质量逐步提高。

④系统性。PDCA循环作为科学管理方法,可运用于企业各方面工作,是大环套小环。整个企业是个大环,企业的各部门都有自己的PDCA,是中环,依次又有更小的环,直到个人的最小的环。但是,质量管理的真正效果是在大循环转动起来之后才能取得,这个循环的好坏、快慢,是各级管理水平高低的重要标志。

PDCA循环大大加快了积累经验的过程,推动了质量的提高,管理的改善,技术的发展才能成长。管理循环有三个显著特点:PDCA管理循环周而复始,不停地运转;整个企业质量保证体系构成一个大的管理循环,而企业内部各部门、各环节都有自己的小循环,大循环是小循环的依据和目标,并通过小循环目标的落实才能实现;管理循环每转动一周,产品质量就提高一步,如此周而复始地转动,产品管理问题不断得到解决,质量水平就不断地提高,就像爬楼梯一样,拾级而上。

任务 7.2　农业质量管理标准化

7.2.1　质量管理标准化的意义

标准是规范企业产品生产和服务的量规,也是促进企业科学管理、提高竞争力的重要手段,标准化是实施、执行标准的活动,法规则为实施、执行标准提供保证,可通过法律、行政法规等强制性手段实施、执行标准。

人们对农业建设标准化的重视程度不够,农业质量水平参差不齐,正是由农业技术标准和管理质量标准的差异引起的。人们不难发现一些外资公司种植的花卉的大小、色彩、花期都基本一致;而国内生产的花卉往往大小不一、色彩多样、花期断断续续,很难形成规模化生产,相比较而言,国外在农业生产和产品质量评价方面都有严格的标准。如荷兰对植物生长过程所需的栽培介质、光照、水肥、农药等都有一套切实可行的操作标准;对产品的颜色、直径、保鲜度、凋谢期等也有等级标准,从而确保了大规模生产的产品质量。而国内虽然也制定了一些标准,但在实际生产中往往没有应用,说明标准化的观念还没有深入人们的意识之中,这种缺少标准化生产的现象在试管苗生产和种苗培育上也很普遍,这也是为什么国内苗木往

往达不到国外标准,难出口的重要原因之一,没有标准化的生产和管理,就无法控制整个生产过程的质量。

我国农业标准化建设的相对薄弱已引起有关部门的重视,迄今为止,已制定实施了一部分技术标准和规范(规程)。对植物种子、花卉、种苗等质量等级及检测方法进行了规定,这必将有利于我国农业产业的专业化生产、集约化经营、规范化管理。国家建设部也指出标准化的工作只能加强,不能削弱,农业技术标准是我国农业科技的"十二五"规划重点。

7.2.2 质量管理体系标准

1)质量管理体系认证的概念

质量管理体系认证,亦称质量管理体系注册,是指由公正的第三方体系认证机构,依据正式发布的质量管理体系标准,对组织的质量管理体系实施评定,并颁发体系认证证书和发布注册名录,向公众证明组织的质量管理体系符合质量管理体系标准,有能力按规定的质量要求提供产品,可以相信组织在产品质量方面能够说到做到。

质量管理体系认证的目的是要让公众(消费者、用户、政府管理部门等)相信组织具有一定的质量保证能力,其表现形式是由体系认证机构出具体系认证证书的注册名录,依据的条件是正式发布的质量管理体系标准,取信的关键是体系认证机构本身具有的权威性和信誉。

2)质量管理体系标准

目前,世界上体系认证通用的质量管理体系标准是 ISO9000 系列国际标准。组织的管理结构、人员和技术能力、各项规章制度和技术文件、内部监督机制等是体现其质量管理能力的内容,它们既是体系认证机构要评定的内容,也是质量管理体系标准规定的内容。体系认证中使用的基本标准,仅是证明组织有能力按政府法规、用户合同、组织内部规定等技术要求生产和提供产品。

当然,各国在采用 ISO9000 系列标准时都需要翻译为本国文字,并作为本国标准发布实施。目前,包括全部工业发达国家在内,已有近 70 个国家的国家标准化机构,按 ISO 指南四十七条规定,将 ISO9000 系列、国际标准等同转化为本国国家标准。我国等同 ISO9000 系列的国家标准是 GB/T 1900—ISO9000 系列标准,是 ISO 承认的 ISO9000 系列的中文标准,列入 ISO 发布的名录。

3)国际标准质量认证

国际标准化组织(ISO)为满足国际经济贸易交往中质量保证活动的客观需要,于 1987 年制定了国际质量标准 ISO9000 系列标准,主要包括 ISO9000 至 ISO9004 五个系列。ISO9000 系质量管理和质量保证标准的选择和使用指南;ISO9001 系质量体系设计了开发、生产、安装和服务的质量保证模式,其质量保证分为 20 项;ISO9002 系质量体系生产和安装的质量保证模式,其质量保证分为 19 项;ISO9003 系质量体系最终检验和测试的质量保证模式,其质量保证分为 12 项;ISO9004 系质量管理和质量体系要素的指南等标准;后于 2000 年进行了彻底修改,形成了 ISO9000 族标准 2000 版。

1993 年 6 月,联合国鉴于对全球环境的保护,成立了 JC207 技术委员会,专责环保认证,又称 ISO14000 系列标准。ISO14000 系列标准主要包括七个部分:环境管理体系(EMS),环境审核(EA),环境标志(EL),环境行为评价(EPE),生命周期评估(LCA),术语及定义和产品标准中的环境指标。

目前,欧、美、日等发达国家和部分新兴工业化国家在其国内广泛实施 ISO14000 系列标准,并逐渐将对进口商品的生产厂家提出 ISO14000 系列标准要求,ISO14000 认证证书成为了取得国际贸易的绿色通行证。作为 ISO/TC207 的正式成员国之一,我国已于 1996 年 12 月将 ISO14000 系列标准等同转化为国家标准,并在随后正式开展了我国的环境管理体系认证工作,由中国环境管理体系认证指导委员会负责指导并统一管理 ISO14000 环境管理系列标准在我国的实施。

ISO14000 系列标准是从 ISO9000 系列标准衍生出来的,是在 ISO9000 系列项目中增加环境管理、废品回收和处理以及污染防治,目的是净化环境,并使生产、分配及销售环境绿色化而达到国际标准,都是国际贸易中消除贸易壁垒的有效手段,两者是相互呼应的。

而两套标准最大的区别在于面向的对象不同——ISO9000 系列标准是对顾客承诺,是增加消费者及使用者对产品或零部件的信赖和可靠度而促销产品的效应,加强产品在国际市场的竞争力;ISO14000 系列标准是面对政府、社会和众多相关方(包括股东、贷款方、保险公司等),根据国家环境保护和管理的法律法规,提出自己的环境保护方针和要达到的要求,从而建立组织的环境保护系统,最终借助"环保的成绩和效果"显示生产技术上的先进和突破。在实施 ISO14000 系列标准的同时,要接受政府、执法当局、社会公众和各相关方的监督。两套标准部分内容和体系在思路上有着质的不同,包括环境因素识别、重要环境因素评价与控制,适用环境法律、法规的识别、获取,遵循状况评价和跟踪最新法规等,由于 ISO9000 体系与 ISO14000 体系是相对独立又互相联系和作用的两个体系,因此如果企业未建立 ISO9000 体系,可以直接建立 ISO14000 体系,如果已建立 ISO9000 体系,对 ISO14000 体系也有帮助,因为 ISO9000 体系的一些方面经过部分修改就可与 ISO14000 体系共用。如今,ISO 认证体系已成为企业质量经营中的必需手段。

4)体系认证的实施步骤

(1)申请认证

组织向其自愿选择的某个体系认证机构提出申请,按机构要求提交申请文件,包括组织质量手册等,体系认证机构根据组织提交的申请文件,决定是否受理申请,并通知组织,按惯例,机构不能无故拒绝组织的申请。

(2)体系审核

体系认证机构指派数名国家注册审核人员实施审核工作,包括审查组织的质量手册、到组织现场查证实际执行情况、提交审核报告。

(3)审批与注册发证

体系认证机构根据审核报告,经审查决定是否批准认证,对批准认证的组织颁发体系认证证书,并将组织的有关情况注册公布,准予组织以一定方式使用体系认证标志,证书有效期通常为三年。

(4)监督

在证书有效期内,体系认证机构每年对组织至少进行一次体系保持情况的监督检查,一旦发现组织有违反有关规定的事实证据,体系认证机构立即采取相应的整治措施。

(5)质量管理体系认证的作用

质量管理体系认证之所以在全世界各国能得到广泛的推行,是因为:从用户和消费者角

度,能帮助用户和消费者鉴别组织的质量保证能力,确保购买到优质满意的产品;从组织角度,能帮助组织提高市场的质量竞争能力,加强内部质量管理,提高产品质量保证能力;避免外部对组织的重复检查与评定;从政府角度,能促进市场的质量竞争,引导组织加强内部质量管理,稳定和提高产品质量,帮助组织提高质量竞争能力,维护用户和消费者的权益,避免因重复检查与评定而给社会造成浪费。

7.2.3 环境质量管理标准

1)环境管理 ISO14000 系列标准的特点

ISO14000 系列标准的实施,可以帮助企业对从产品设计到产品消亡全过程每个可能产生污染的环节进行控制,实现资源的合理利用,减少人类活动对环境的影响。制定 ISO14000 系列标准所遵循的原则之一是该系列标准应不产生贸易壁垒,保证国内、国外的一致性。它的主要特点在于:破除从末端治理污染的传统管理方式,而要求组织尽可能把污染消除在产品设计、生产过程之中;没有绝对量的设置,强调组织达到自我设定的目标和指标,并符合本国法规要求;组织建立环境管理体系及申请认证完全是自愿的,不带任何强制性;适用于不同类型、不同规模的组织。

有的文章或杂志又把 ISO14000 质量标准称之为绿色标准,把 ISO14000 质量标准认证称为绿色认证。

2)建立环境管理体系的条件

企业对自己所建立的环境管理体系可以按照系列标准中的 ISO14000 所定要求,通过第三方(即认证机构。第一方为申请认证的企业,第二方为环保主管部门)的认证。企业申请体系认证需要具备的条件是:申请方须有独立的法人资格,集团公司下属企业有集团公司的授权证明;符合国家及地方有关环境保护法律、法规标准规定;排放污染达到国家或地方规定的污染排放标准,或已制定了污染排放达标计划并经地方环保行政主管部门批准;已按ISO14000 标准建立环境管理体系,并实施运行满 3 个月以上;申请方应建立文件化的环境管理体系;申请方本年度内无污染事故,无环保部门监督抽查不合格;申请方经营状况良好。

除填报《环境管理体系认证申请表》外,企业还应该准备的申请材料有:法律地位的证明文件(例如营业执照)复印件;企业简介(包括质量体系及其活动的一般信息);产品及其生产或工作流程图;本行业现行的国家、行业的主要强制性标准、法规(如环保、节能、安全、卫生方面的标准、法规)或其目录;必要时,其他证明文件。在经过内审和管理评审之后,组织如果确认其环境管理体系基本符合 ISO14000 标准要求,对组织适用性较好,且运行充分、有效,可向已获得中国环境管理体系认证机构认可委员会认可有认证资格的认证机构提出认证申请并签订认证合同,进入 ISO14000 环境管理体系认证审核阶段。

3)环境管理体系的建立和认证的程序

①准备工作。高层管理者的承诺和支持企业生产活动、产品或服务的性质、规模不对环境产生不良影响,对持续改进和污染预防的承诺,对遵守有关环境法律、法规的承诺,并形成文件传达到全体员工;基本筹划和组织,如成立领导小组、工作小组,明确建立管理体系的目的和范围、时间、进度、资源配置计划等;向全体员工宣传建立环境体系的目的、意义,并对有关人员进行培训。

②初始环境评审。对企业实际情况进行分析,以发现存在的问题和薄弱环节,分析其有关的环境因素和差距,为制订计划奠定基础。

③确定环境方针。企业对其全部环境绩效的意图与原则的陈述,包括两项基本承诺,即污染预防和持续改进以及符合法律、法规和其他要求。

④确定环境目标、指标。目标是确定环境绩效的总体目的;指标是具体的、可测量的数据。通过目标和指标具体落实环境方针。

⑤制订环境管理方案。环境管理方案应确定实现组织环境目标和指标的时间表。

⑥实施和运行。为实现环境目标所必需的人力、物力和财力应予以明确落实。在资源配置上,企业应跟踪方案运行的效益及成本,其中包括污染控制、废物及处置方面的费用。

⑦环境管理体系认证。企业认证是指通过 ISO14000 的认证。凡申请认证的企业向环保部门领取认证申请表,对初审合格的企业,地方环保主管部门通知申请认证企业。接到通知后,申请认证企业可自行选择认证机构进行认证,并按规定向认证机构交纳认证费。

⑧不断完善环境管理体系。企业在获得认证证书后,还需不断地改进和完善所建立的体系。因为获得认证证书只表明企业具备维护环境的能力,而管理体系不断的改进是要确保其持续的适用性和有效性,以满足环境保护不断发展的需要。

任务 7.3 农业质量管理

质量是农业企业各项工作的综合反映,是农业企业生死攸关的大问题,因此,农业质量管理是农业企业全部管理活动的一个方面。农业质量管理以质量促农业,质量开拓、占领市场已成为农业企业获取市场竞争力的行为准则。

7.3.1 农业质量管理的内容及特点

1)农业质量管理的内容

农业生产部门的业务门类较多,对生产环节至农产品的成形、各阶段的技术要求与标准要求各不相同,但在从计划、设计、施工、生产、养护,直到投入使用(或采摘果实)的全过程中,前后的过程都存在因果关系,前面过程质量的好坏直接影响到下一过程的质量指标,所以要对其全过程进行严格的控制,保证最终的质量合格达标。在这些过程质量中,涉及的内容主要有以下几个方面:

①产品质量。蔬菜、水果、花卉等最终产品或出售时的营养、品质、规定质量指标要求。

②生产质量。在蔬菜、果树、树木、花卉、机具生产过程中的质量指标。

③养护质量。果树养护、树木养护、花卉养护、设备养护中应做到技术规范指标。

④服务质量。有饮食、摄影、游览、介绍服务等,应让消费者达到满意率指标。

以上是根据农业经营的范围决定的。各个部门和生产环节,都应该有自己的质量要求和质量管理方法。农业经营的质量管理有一致性的地方,也有特殊性的地方。

2)农业产品质量管理的特点

农业生产涉及方方面面的环节,各个环节中有各自的质量管理特点,主要有:

（1）农产品质量的连续性

构成农产品质量的因素很多,上一道工序的产品,往往就是下一道工序的材料,上一道的质量管理影响到下一道的质量。没有高质量的原材料和高质量的生产技术管理,就不可能生产出高质量的产品;没有优良的种子,不可能培育出优良的蔬菜、水果和绿化苗木;没有这些,就很难产生高质量的农业产品。因此,加强全面质量管理是提高农业经营管理质量的关键。

（2）农业技术质量与艺术质量的统一

农业技术质量包括农业生产质量、农产品质量以及服务质量等,都存在这一特点。农产品的质量,除了反映在生态平衡和环保方面的效益以外,同时要讲求它的使用、营养、食用价值。在它的诸多功能中,满足人们艺术欣赏的要求,也是它应有的功能之一。因此,某些产品除了达到应有的经济技术指标以外,必须注意艺术质量。达不到预期的经济技术指标,固然不能实现经济效益;同样,达不到应有的艺术质量,也不能收到应有的使用效果。蔬菜、水果的供应,不但要求新鲜,还要求色泽、形状好看,并具有营养保健功能;树木的种植、花卉的布置,除了达到成活、生长茂盛的要求以外,必须注意艺术布局,品种配置,形成理想的艺术构图和景观特色。

（3）农业质量的可塑性

农业产品不是一蹴而就的固定产品,而是在不断生长变化、渐进而成的生命体。它的效果不是短时间内所能反映出来的,要有一个逐步提高和逐步完善的塑造过程。蔬菜、果树、花卉、园林植物种植以后,有一个成活、生长的过程,这仅仅是生产的开始,要保证达到农业植物预定的成活率,直到能够正常发育生长,必须不断地养护管理,修剪定型,逐步体现艺术构思,这个阶段为质量发展阶段;经过长期调整,直到基本成型为止,叫做定型质量阶段。农业质量不是一成不变的,而是随着时间的变化而发展的。质量的提高或者降低,甚至失败,是随着生产管理、技术养护管理的质量而变化的。"三分种七分养"的说法,体现了农业植物质量管理的特性。

7.3.2　农业质量管理

1）农产品质量检验与评定

（1）质量检验相关的内容

质量检验是质量管理的重要环节,搞好质量检验能确保生产质量,达到用最经济的手段创造出最佳的农业艺术作品的目的,因此,重视质量检验,树立质量意识,是农业工作者的基本素质条件。要做好这一工作,必须做好以下八方面的工作:对农业生产质量标准的分析和质量保证体系的研究;熟悉生产所需的材料、设备检验资料;生产过程中的工作质量管理;与质量相关的情报系统工作;对所有采用的质量方法和手段的反馈研究;对技术人员、管理人员及工人的质量教育与培训;定期进行质量工作效果和经验分析、总结;及时对质量问题进行处理并采取相关措施。

（2）质量检验和评定的分析

①准备工作。要搞好质量检验和评定,必须做好以下几方面的准备工作:根据生产说明及特殊工序说明事项等资料分析生产质量,再依照生产质量确定相应的重点管理项目,最后确定管理对象的质量特性;按质量特性拟定质量标准,并注意确定质量允许误差范围;利用质

量标准制定严格的作业标准和操作规程,做好技术交底工作;进行质检质评人员的技术培训。

②检查与评定。生产质量的判断方法很多,但最终是要保持农业产品质量的标准化。

2) 建立农产品质量环境管理体系

农产品的生产与工业产品的生产不同,受外界环境的影响较多,不容易控制,没有标准的生产线,不同人的操作过程的差异会产生出不同的农产品,而最终形成的农产品也存在差异化,表现在产品质量上不可能完全的一致化、标准化。针对农业生产的特征,对农产品进行产前、产中、产后的质量规范就成为一个很重要的课题。由于目前的农产品生产多分散于农户,种植管理各行其是,在水果、蔬菜、花卉等生产过程中,缺乏科学的方法和标准化管理,生产中的施肥、喷洒农药、激素的应用极不规范,生产出来的农产品很难达到行业标准,因此,急需对各种农业植物制定品种标准和安全指标,建立农产品质量的管理体系。主要途径有:

(1) 建立农产品环境管理体系认证

环境管理体系认证即 ISO14000 质量体系的认证。农产品生产过程中涉及施用农药、化肥等,对农产品会产生品质影响,甚至使生态环境恶化,影响人们的健康。因此对农产品实行 ISO14000 质量体系的认证势在必行。ISO14000 质量体系的认证是一种社会环境保护的系列标准。目前 ISO14000 质量体系的认证在国际贸易中,具有保护环境和消除贸易技术壁垒的双重作用,因此,受到世界各国的广泛关注,被称之为通往国际市场的"绿色通行证"。

(2) 落实生产过程内容

对照自己企业的 ISO14000 质量标准,从具体的农业生产过程的内容上来落实。实施这些内容主要包括:

①决策方面。农产品质量标准首先取决于决策时的水平,如果决策不当,不能反映先进的质量水平,那就会先天不足,即使有多么先进的生产技术,也不能制作出好的产品。这里所说的决策,是指农业生产过程正式行动以前的全部技术经济准备的概括,包括生产规划农业、单个项目的农业、园艺农业、生产农业、技术经济农业等内容。

②制订管理目标方面。在制订农产品生产的管理目标时,要配有农产品的质量标准。没有明确的质量标准,生产过程的操作性就不强,质量标准的实施就谈不上,制定质量标准要分门别类,分清主次,明确具体,切实可行,能真实反映农业意图和基本功能要求。

③制定农产品生产过程的操作技术规范。操作技术规范是实现质量标准的基本保证,是进行质量管理的基础。在农产品生产过程中,应制定操作技术规范。以农业生产过程操作为例,有以下的环节:种子、种条的选择,如采收、制作处理、储藏;苗木的繁殖,如土地选择、整地、作床、播种、移栽、扦插、嫁接、压条、分株;抚育管理,如除草、松土、堆肥、造肥、施肥、修剪、灌溉、排水、病虫害防治;产品采收,如分类、储藏、保鲜、出售;苗木移栽,如起苗、运输、种植;苗木出圃,如挖掘、包扎、修剪、运输。如果各个生产环节都制定了操作技术规范,推行质量管理就有了基础。我们在对其进行质量管理的时候,应该把这种操作过程用规范性语言来描述,形成文件,并融入到企业管理的制度中。

(3) 在员工中树立 ISO14000

质量体系的认同感平时通过学习 ISO14000 质量体系,让员工与企业统一质量认同目标,同时,通过学习,可提高员工社会环境保护的质量意识,增加生产责任感,促进技术水平、操作技能的稳定发挥,树立环境保护意识的社会责任感。

（4）制定质量监督检查制度

根据 ISO14000 质量体系的技术标准，建立对农产品质量进行监督和检查机制，健全完备的系统检验、测试手段，最终保持农产品质量的标准化。我们在制定农产品质量标准的时候要严格按照 ISO14000 质量体系标准去制定，可做到本企业主观要求和客观条件的统一。

7.3.4　农业养护质量管理

植物生长不仅有一般的生命过程，在生长过程中还受自然条件和环境因素的影响，因此，创造适宜植物生长的环境，对出现损伤、衰老和死亡的植物要适时补植或更新，只有进行科学施工和养护，才能提高农产品质量。农业的养护，主要是指植株栽植成活后不间断的管理工作，可分为日常保养工作、周期工作及专项工作三大类。日常保养工作是指几乎每天都需进行的或每年进行的密度较大的工作，如浇水、清除残花黄叶、除杂草、农业保洁等；周期工作是指每隔一定的时间或每当植物生长到某一阶段就进行一次的工作，一般间隔期较长，如修剪、中耕除草、施肥、病虫害防治等；专项工作是指针对某种情况或某种事物而进行的特定工作，如农业灾害预防等。植株栽植后成活期的养护工作，也属于栽植的范畴。

1）科学技术在农业养护中的作用

由于农业生产具有长期性和连续性、技术性和艺术性、地域性和季节性、综合性和可塑性等特点，因此，农业生产的质量是随着时间的推进而变化的，也是随着养护的技术质量而变化的。科学的养护管理，应根据植物生长规律和生物学特性以及物候期和环境条件等方面，因地因时因对象制定相应的技术措施，防止片面性、教条性。例如，土壤质地不同，对水分的要求不同；质地黏重的土壤浇水过多会导致土中水气比例失调，影响植物正常生长发育；植物种类不同，对整形修剪的要求不同，尤其是观赏花树种，不正确的修剪方法会造成开花减少甚至无花。因此，做好绿地的养护管理工作，还必须加强专业技术的水平，面向社会单位定期进行技术培训，不断吸收新的科学技术知识，正确应用先进的养护管理技术。加强养护队伍专业技术的建设，按技术操作规程进行作业，建立技术责任制，充分发挥技术人员的作用，明确技术职权、责任。

农业养护侧重于微观的、直接的、具体的技术性的作业，只有将宏观管理和微观作业有机地结合起来，才能提高农业的养护管理质量水平和农产品成果。

2）农业养护质量管理的关键环节

（1）灌溉及排水

新建农业绿地应及时灌溉和排水，全年都应注意水分的管理，只有适宜的水分条件，农业植物才能良好地生长。洪涝对植物不利，轻则生长不良，重则死亡；干旱对植物生长也不利，轻则枯萎，重则枯死，"水少是命，水多是病"也就是这个道理。

（2）施肥

农业绿地上栽植的各类植物要施肥，而每种植物从土壤中吸收的营养元素大同小异，土壤中各种营养元素的含量有限，即使在肥力很高的土壤内，养分也不是取之不尽。土壤逐渐贫瘠、恶化，最后丧失生产力。为此，应定期向土壤中施肥，达到既补充营养、改良土质，又能长期维持土壤生产能力的目的。

（3）中耕除草

通过中耕，能使土壤表层松动，使之疏松透气、保水、透水和增温，利于农作物的生长。除草可以减少杂草与农作物争夺土壤中的水分和养分；同时，可以减少病虫害的发生，清除病虫害的潜伏处，保持田园容貌。

（4）自然灾害防御

自然灾害对于农作物生长易造成巨大的影响，应及时对农业绿地所在地区的灾害性天气进行预测和防治。自然灾害有风害、日灼、冻害等，如遭受冻害和日灼，影响农作物正常发育；春季旱风，常将新梢嫩叶吹焦，缩短花期等。

（5）防治病虫害

农作物种类繁多，为各种病虫提供了生活和繁殖的场所。农作物一旦发生病虫害，会大大降低生产，直接影响质量，特别是害虫大量繁殖时，令人望而生畏。另外，农作物病虫害发生，既影响到环境卫生，又影响群众生活，所以防治病虫害是农作物养护工作中的一项主要任务。

 思考与练习

一、简答题

1．简述全面质量管理体系的运行。

2．简述质量管理标准化体系认证实施步骤。

3．简述农业质量管理的具体战略。

4．怎样进行农产品质量检验与评定？

5．简述农业养护质量管理的关键环节。

二、案例分析

质量管理日益成为农业企业及所有组织机构管理的核心

在日常生活中，人们往往把质量理解为一种产品规格，这种理解其实是非常狭隘的。随着市场竞争的加剧，质量管理日益成为农业企业及所有组织机构管理的核心，人们日益达成这样的共识：所有的管理都是质量管理，都是围绕提高产品质量、服务质量，降低运营成本，提高顾客满意度而为的。美国质量管理大师朱兰认为，在"质量"这个词的诸多含义中，有两个对质量管理来说是最重要的：其一，质量意味着能够满足顾客需要从而使顾客满意的产品特征，高质量的目的在于实现更高的顾客满意；其二，质量意味着免于不良、顾客不满、顾客投诉等差错的多少，高质量意味着"花费更少"。从这个定义中我们可以看出，质量管理涉及组织运营管理的方方面面，它是核心也是全部。这些认识可以帮助我们理解为什么在过去许多年里，质量管理已经成为提升企业竞争力的经营战略和组织变革的方法。

分析讨论：为什么说质量管理是提升企业竞争力的经营战略和组织变革的方法？

质量是品牌的基础

质量是品牌的基础，品牌是市场的源泉。在当今粮油市场同质化现象越来越明显的情况下，如何培育精品名牌，以品牌扬名，以品牌立市，提升企业的核心竞争力？为此，洪森实业有

限公司一班人审时度势,果断地采取三条措施:一是公司总部成立了新产品科技开发中心。充分利用优质粮源和"双低"菜籽的资源优势,先后开发出洪森牌森选1号、森选2号、富硒营养米、富锌营养米系列产品,三月花牌"双低"菜籽冷榨系列营养油和饲用高蛋白饼粕。设计定制了不同规格、不同标准和适应不同消费群体的礼盒装、真空包装、手提装和家庭装。二是加大了产品宣传力度。当一个品牌或产品被成功推出之后,就要不断地通过媒介、广告来维护、推广品牌。每年公司都要精心策划,积极主动地参加一些全国重点地区举办的各类粮油产品展销会、展示会、推介会和博览会,起到了"四两拨千斤"的效果。三是在不断加强内部管理的同时,强化产品质量管理,建立了完善的内控质量体系,配备了20多名质检人员承担原料进厂和产品的生产、出厂检验任务,使产品出厂合格率一直保持在100%。2004年,公司顺利通过了ISO9001—2000质量管理体系认证。

目前,公司已推出洪健牌富锌营养米、洪森水晶米、三月花色拉油等10多个粮油系列产品,深受消费者好评,产品畅销南方市场。2001年11月,"洪森"精品清香米被评审为中国国际农业博览会名牌产品;2002年10月,被中国粮食行业协会评审为全国"放心米";2002年11月,被评为湖北省著名商标;2003年4月,公司被原国家农业部评审为"中国双低油菜籽加工十大企业"之一;2005年3月,又被评为湖北省名优特新农产品著名品牌。

分析讨论:结合案例试述农业如何实施名牌战略。

项目 8

农业企业生产组织与管理

📖 【知识目标】

1. 了解土地资源管理特点和种植业、林业、畜牧业和渔业等生产的特点。

2. 熟悉土地权属管理和种植业、林业、畜牧业和渔业等的生产计划。

3. 掌握土地资源的合理利用和种植业、林业、畜牧业和渔业等生产过程的组织与管理。

📖 【能力目标】

1. 会土地权属的管理和种植业、林业、畜牧业和渔业等的生产计划制订。

2. 能进行土地资源的合理利用及种植业、林业、畜牧业和渔业等生产过程的组织与管理。

任务 8.1　土地资源管理

土地资源是农业生产的基础,是农业企业的重要资源,土地对于农业生产具有特殊的重要意义和作用。它在农业生产中的作用在于:为农业生产提供生产经营活动的场所;为作物制造、储存和输送生长、发育所需要的养分;充当劳动对象和劳动手段,是农业生产中无法取代的最基本的生产资料。

8.1.1　土地资源管理的概述

1)基本概念

土地有广义与狭义之分,广义的土地是指由地球表面的陆地部分以上和以下一定幅度的空间内,由自然物及人类活动结果所组成的自然综合体。狭义的土地是指地球表面的陆地和除海洋之外的水面、江河、湖泊、水库、池塘等所组成的自然综合体,既包含自然物的演变,又涵盖人类活动成果的结果。土地的性质和用途取决于全部构成因素的综合影响。

土地资源管理,是指国家为了维护土地所有制,调整土地关系,保护和开发土地资源,合理利用土地而采取的行政的、经济的、法律的和工程技术的综合性的手段和措施。它是一项政策性、综合性、专业性、技术性和实践性很强的管理工作。农业企业的土地资源管理是农业企业为了开发、利用土地而采取的行政的、经济的、法律的和工程技术的综合性的手段和措施,目的是提高土地资源的利用效率和生产率。

2)土地资源管理的特点

(1)数量的有限性

土地是自然历史过程的产物,土地的面积受到地球表面积的限定,在地球陆地大小不变的情况下,土地资源的数量是有限的。人类的生产活动和先进的科学技术,只能影响土地的形态,而不能创造土地、消灭土地,或用其他生产资料来代替它。因此,农业企业在经营管理中必须使有限的土地得到充分利用,不断提高集约化水平,使有限的土地产出更多的农产品,以满足整个社会的需要。

(2)位置的固定性

其他生产资料可以根据生产的需要,不断地变换位置或搬迁。而土地不能移动,一旦形成,位置就相对固定。不同位置的土地具有特定的气候、土壤、水文、地貌等自然条件和不同的社会经济条件,其开发利用的形式和效益必然不同。

(3)供给的稀缺性

土地数量的有限性决定了土地供给的稀缺性。土地供给的稀缺性和人类在进行农业生产时对土地上投入了劳动,决定了土地供给是有价值的。不同区位的土地稀缺程度和人类投入的劳动量不同决定了不同区位的土地价格存在明显的差异,稀缺程度对土地价格差异的影响更大。

（4）质量的差异性

其他生产资料是按统一规定的标准设计制造的，只要原材料相同、技术条件一致，其质量基本上是相同的。而土地是自然生成的，不同的地块所处的地形、地貌不一，气候、水文、土壤地质状况也有很大差异。因此，农业企业的生产经营活动必须从企业自身条件出发，结合土地的自然经济条件，因地制宜地利用土地，宜农则农、宜林则林、宜牧则牧、宜渔则渔。

（5）利用的永续性和可更新性

其他生产资料在使用过程中会被磨损、消耗，最后丧失其效能而报废。土地在作为农业生产资料被利用的过程中，土壤养分和水分虽然不断地被植物吸收、消耗，但通过施肥、灌溉、耕作、轮作等措施，可以不断地得到恢复和补充，从而使土壤肥力处于一种周而复始的动态平衡之中。所以，土地只要合理利用，用养结合，地力不仅不会下降，反而会有所提高。当然如果利用不科学，就会发生沙化、盐渍化，肥力衰退，生产率大大降低。

此外，土地还符合边际报酬递减规律，土地资源亦具有社会特性，表现在政治和社会权力是与地权相联系的，在随着土地稀缺程度的加强，以及土地利用集约化程度的提高，社会控制也越来越得到强化。

3）土地分类

在农业企业中，土地按其经济用途可分为：

①农业用地。指直接用于农业生产的土地，包括耕地、园地、林地、牧地、养殖水面及可垦荒地等。

②工矿用地。指工矿企业占用的土地。

③建筑用地。指用于修建固定性建筑设施的用地，包括修建温室、仓库、畜（禽）舍的占地，即生产性建筑用地；修建住宅、医院、学校文化娱乐场所的占地，即非生产性建筑用地。

④交通用地。指铁路、公路、农村道路、机场、护路林等的用地。

⑤水域。指用于人工养殖的水域，包括河流、湖泊、水库、坑塘、苇地、沟渠、滩涂等。

8.1.2 土地权属管理

1）土地经营权的获得

土地资源是农业企业进行生产经营活动最基本的生产资料，在目前的技术水平条件下是一种不可替代的生产资料。在社会主义制度下，实行土地公有制，即全民所有和劳动群众集体所有，不许任何单位或个人以任何方式买卖土地。在我国农村实行以家庭为主的联产承包责任制后，农业生产经营者可以通过承包、租赁、股份经营或转包等形式，获得对土地资源的经营权，从而实现土地所有权与经营权的分离。

2）土地承包经营

（1）土地承包经营的形式

我国现阶段仍以家庭承包经营为主体，同时存在多种形式的承包经营。主要有：

①"两田制"。这是在坚持土地集体所有和家庭承包经营的前提下，将农户承包的土地划分为两部分，一部分为口粮田，另一部分为责任田。口粮田按人口平均分配，具有福利性质，一般不承担相关费用；责任田按劳承包或按人承包。在农业税取消之前，一般需要承担农产品定购任务和各项提留等。自2005年开始，随着我国农业税的全面取消，以前分田到户的土

地承包已经不再承担相关需要上交的税费负担。

②投标承包。即把竞争机制引进承包,先由集体定出底标,再公开招标、投标,由中标者承包经营。投标承包具体分为两种类型;一是现金投标承包,二是实物投标承包,均按合同规定年终完成上交集体租金和任务,这种方法主要用于对农村集体留用的耕地进行承包时,所采取的招标办法。

③抵押承包。即确定承包期若干年,逐年交纳抵押金。具体形式有多种,如集体统一提供的服务费用或生产资料等。

④双向承包。在家庭承包经营基础上,实行双向承包责任制,围绕农业生产各个环节,在县、乡、村、户之间,层层明确目标责任,签订合同,自上而下承包农业生产资料供应和技术、资金服务,自下而上承包农业产量,或其他经济指标的完成,并制定奖惩制度,按时兑现。它有利于充分发挥双层经营的优越性,共同发展生产力。

(2)土地承包合同管理

土地承包合同管理主要应做好以下几方面工作:

①加强土地承包的法制教育,进一步普及合同管理知识。各级承包合同管理部门要认真宣传《农村土地承包法》和有关合同法等方面的知识。通过举办培训班等形式,使农村干部和群众掌握土地承包合同方面的政策、法规,增强集体经济组织和农户依法签订与执行承包合同的意识。

②加强土地承包合同的规范化,建立健全合同档案。凡是新签订或重新修订的合同,都必须使用统一印制的标准合同文本。做到条款齐全,目的明确,内容完整,文字清楚,表达准确。合同签订要一式三份,鉴证后应将签约合同送到上级管理部门备案,分别建立乡、村两级土地承包合同档案,做到合同管理档案化。

③加强土地承包合同纠纷的调解和仲裁工作。使承包合同得到法律保障,各乡(镇)土地承包合同仲裁委员会要及时、主动受理,并积极稳妥地处理合同纠纷案件,不得推诿不管,更不可人为扩大事态。凡受理的案件,都要建立档案,使土地承包合同纠纷和仲裁工作逐步走上法制化、规范化的轨道。

④加强管理队伍建设,强化合同管理职能。各级农村经济管理部门要采取措施,配齐人员,保证经费,强化对土地承包合同管理工作。同时,要加强对合同管理人员的政治、业务培训,不断提高土地承包合同管理队伍的素质,保证土地承包合同管理工作的顺利开展。

(3)土地承包费的确定

①土地等级的评定。土地等级评定就是在综合考察、分析土地自然特征和经济特征的基础上,按照土地质量的自然标准和经济标准,把土地分为若干等级。衡量土地质量高低的主要指标是土地的生产率。

a.土地等级的主要影响因素:

第一,土地的肥沃性。即各种有效养分的含量(氮、磷、钾、微量元素及有机质等)、土质、pH值等。

第二,土地的适应性。即对农作物的选择性。

第三,土地的经济性。即在商品生产条件下,土地形成级差土地收入的能力。通常影响土地经济性的主要因素有土地距离市场或居住中心的远近和交通、通讯等便利程度,以及供

求关系等。土地的自然供给是无弹性的,但土地的经济供给是有弹性的。衡量土地经济性的主要指标有:

$$单位土地面积总产值 = 总产值 ÷ 土地利用总面积 \quad (8.1)$$
$$单位土地面积总收入 = 总收入 ÷ 土地利用总面积 \quad (8.2)$$
$$单位土地面积产投比 = 总产值 ÷ 土地利用总面积上的总投入 \quad (8.3)$$
$$土地级差收入 Ⅰ = 纯收入 - 最低社会必要纯收入 \quad (8.4)$$

土地级差收入即在面积相等的各种不同土地上投入等量劳动,由于土地肥沃程度不同和位置不同,所得收益的差额。

第四,土地的潜伏性。即对土地的不同投资所产生不同经济效益的能力。

b. 土地等级评定的方法及其步骤。以农用土地等级评价为例:

第一,计算各被评价单元的投入、产出额。计算时应选择最适宜种植的同类品种,以其连续三年的平均产量、平均投入额为依据,以不变价格计算每公顷收入或产值。

第二,计算各土地评价单元的分数。将最优土地的指标值(每公顷收入或产值、产投比、级差收入等)定为100分,然后按照下列公式计算各土地评价单元的得分。

$$土地等级分数 = 某等级土地的经济指标绝对值 ÷ 最优等级土地的经济指标绝对值 ×100$$
$$(8.5)$$

第三,确定土地等级标准,为各土地单元拟定等级。一般将土地分为三等九级,其分等定级标准如表8.1所示。

表8.1 土地分等定级标准表

土地等级	分等标准	土地级别	分级标准
一等地	100~81	一等一级	100~96
		一等二级	95~91
		一等三级	90~81
二等地	80-51	二等一级	80~71
		二等二级	70~61
		二等三级	60~51
三等地	<50	三等一级	50~41
		三等二级	40~20
		三等三级	<20

第四,确定每等土地的平均分数。

$$每等土地的平均分数 = \sum 各土地评价单元所得分数 × 各土地评价单元在某等土地面积中所占的比重 ÷ \sum 各土地评价单元在某等土地面积中所占的比重 \quad (8.6)$$

第五,确定各等级土地的相对系数,以说明各等土地在经济价值上相差的倍数。

$$各等级土地的相对系数 = 某等土地的平均分数 ÷ 劣等土地的平均分数 \quad (8.7)$$

②确定土地承包费用的理论依据。要使土地承包费的确定建立在科学、合理、可行的基

础上,就必须以地租理论为依据,结合当地实际情况加以确定。土地承包费应包括三个方面的内容,即绝对地租、级差地租Ⅰ和比较级差地租。

a.绝对地租。根据级差地租理论,绝对地租应归土地所有者所有。从我国农村土地所有权形态来看,国家是土地的终极所有者,拥有终极所有权,国有农场、集体合作经济组织拥有形式上的(或称为不完整的)所有权,因此,绝对地租应归国家所有,其表现为国家对土地的最终使用权利的行使。

b.级差地租Ⅰ。级差地租Ⅰ原则上是对土地所有权的一种支付,应上缴国家。但是由于国有农场、集体合作经济组织具有平整土地、提高地力的一定义务,而当土地承包给农民经营后,农民又追加了新的投入,因此,级差地租Ⅰ应留给土地经营者主体——农业企业或者农户。

c.比较级差地租。是指等量劳动在相同等量土地上,因种植不同作物的比较利润率不同,而上缴给土地所有者的一部分比较利润。相比较而言,利润较高的种植项目比利润较低的种植项目,会获得比较利润,这部分比较利润是由于不同种植项目的个别价值之差,即低于其社会价值之差而带来的。土地经营者在土地资源有限的条件下,在最大利润化原则驱动下,会将资金及各种生产者要素投向比较利润较高的种植项目。为了保证比较利润较低的种植项目,且该种植项目又是人民生活必不可少的,也能得到较高比较收益,就要对经营比较利润率较高的土地征收一部分地租。这部分地租带有一定的强制性,是通过土地所有权来实现的,其实质是级差地租Ⅰ的一种形式。

③土地承包费的计算。例如,某农场,若小麦在三等地上种植,其亩均纯收入为50元,该农场油菜亩均纯收入为120元,棉花亩均纯收入为200元,假定亩均需要承担的农业税费为10元,试计算确定该农场各种作物在各等地上种植的土地承包费。(该地区各等级土地的相对系数:三等级相对系数=1;二等级相对系数=1.84;一等级相对系数=2.31)

a.计算各等地的级差地租Ⅰ。根据土地等级参数确定各等级地的级差收益。以常年种植,且亩均纯收入较低作物为标准,即以小麦为标准作物。

地等级	级差收入	级差地租Ⅰ
三等地	$1 \times 50 = 50$(元)	$50 - 50 = 0$(元)
二等地	$1.84 \times 50 = 92$(元)	$92 - 50 = 42$(元)
一等地	$2.31 \times 50 = 115.5$(元)	$115.5 - 50 = 65.2$(元)

b.计算各种作物的比较级差地租。

$$比较级差地租 = (比较作物亩均纯收入 - 标准作物亩均纯收入) \times 比较比例系数 \quad (8.8)$$

$$比较比例系数 = 比较作物亩均纯收入 \div 标准作物亩均纯收入 \quad (8.9)$$

因此,标准作物亩均纯收入 $= (115.5 \times 2.31 + 92 \times 1.81 + 50 \times 1) = 94.4$ 元/亩

作物种类	比较比例系数	比较级差地租
小麦	$94.4 \div 94.4 = 1$	$(94.4 - 94.4) \times 1 = 0$
油菜	$120 \div 94.4 = 1.27$	$(120 - 94.4) \times 1.27 = 32.5$
棉花	$200 \div 94.4 = 2.12$	$(200 - 94.4) \times 2.12 = 228.8$

c.各种作物在各等地的承包费,如表8.2所示。

表 8.2 土地承包费计算分析表 　　　　　　　　（单位:元/亩）

作物种类	绝对地租	比较级差地租	级差地租 1			土地承包费		
			一等地	二等地	三等地	一等地	二等地	三等地
小麦	10	0	65.2	42	0	75.2	52.0	10
油菜	10	32.5	65.2	42	0	107.7	84.8	42.5
棉花	10	228.5	65.2	42	0	304.0	280.8	238.8

④土地补偿价值的确定。所谓土地补偿价值,是指土地使用者对土地的连续投入,使土地的自然和经济条件得到改善而形成的收益,亦即级差地租Ⅱ。

正因为级差地租Ⅱ是土地使用者对土地追加投资进行集约化经营而形成的,且这部分级差地租量的大小与单位面积上消耗的劳动以及投资数量密切相关。所以,为了鼓励土地使用者对土地的不断投入,级差地租Ⅱ应归土地使用者所有。故土地补偿价值的合理确定,应以级差地租Ⅱ为理论依据。

3)土地租赁经营

土地租赁经营的形式有采取招标出租和"四荒"地租赁经营。

(1)采取招标出租

采取招标出租即集体经济组织将一定规模的土地,实行公开租赁招标,用竞争的方式分配土地资源。具体做法是:将村辖的全部土地按肥沃程度、距离村屯远近、农田设施等条件划分具体地块的等级,每级地块的地租数额,落实到具体地块。群众按照自己的意愿择地投标,按最高额中标。中标者当场与村集体经济组织签订租赁合同,租期一般5~10年或更长,由公证单位公证。中标农户在按期足额缴纳租赁费后,原先承担的与土地相关的各类负担均由集体负责(所收租赁费除维持集体正常开支外,主要用于农业设施建设)。租赁后,经营者有充分的经营自主权,自主安排生产计划。

(2)"四荒"地租赁经营

四荒地是指荒山、荒地、荒滩、荒水,大力开发利用"四荒"资源是加快农业和农村经济发展的一项战略措施。"四荒"地使用权租赁涉及农民切身利益,因此,必须坚持集体所有、地价适中和经营规模适度以及公平竞争等原则。"四荒"地租赁经营的运作需要注意以下几点:

①评估作价,组织投标。在搞好规划的基础上,吸收专业技术人员、乡村干部、村民代表组成评估班子,根据"四荒"资源的面积、质量、地上附着物以及开发潜力和距离远近等,确定标的物的底价。然后,征求群众意见,召开投标大会,进行投标。

②签订合同,依法公证。为了解除群众的后顾之忧,使"四荒"使用权得到法律保护,在拍卖投标成交后,都要签订合同,由公证部门进行法律公证,并由土地管理部门发放《土地使用证》。

③加强服务,管好资金。特别在拍卖"四荒"地使用权后,不能以租代管,而应通过强化服务,为租赁户搞好治理开发创造条件。对拍卖资金的管理、使用,除原则上规定的必须专项用于"四荒"治理和农田水利建设外,必须纳入乡镇合作基金会专户统一管理,不准平调和挪用。

4)土地股份经营

土地股份经营的形式有以下几种:

①设立土地股份公司。根据目前农村土地的使用和管理状况,在村一级设立土地股份公司,负责所辖社区土地资源的经营管理,在业务和政策上接受国家土地管理部门的监督管理,它是一种具有法人地位的经济实体。

②地产评估。确定公司所属土地的价格,为了防止地产估值过高或过低,这一工作应在国家土地管理部门的指导或参与下进行。

③地产折股。分为公股和私股两部分,为了保证国家调节农村土地使用的权利,公股的比例应占大头,以体现土地公有产权的性质和多年来集体使用土地所增值的地产价格。

④股利分配。公股属于土地所有权主体,由农村基层组织代管,主要用于社区公共福利和基础设施建设;私股按现行土地承包办法分配到农户。农户拥有的土地股份可以继承、买卖和转让,但不得退兑。死亡和迁出人口的地产股权永远有效,新生和迁入人口不再分得土地股份;土地股份公司地产经营纯收益的使用上,一部分用于地产投资,进行农田基本建设,另一部分按股分红,确保股东的土地权益在经济上得以实现。

5)土地经营权的变更

在我国农村土地家庭承包经营的情况下,土地经营权的变更主要表现为土地转包。

(1)土地转包的对象

一是长期或经常外出从事非农经济活动,家中无劳动力耕种的农户;二是农村中的一些能工巧匠,他们是各有专长、不善种地的农户;三是熟识市场行情,从事商业活动,不愿种田的农户;四是机关干部和国有企业职工在农村的家属,无时间和能力种田的农户;五是家中缺乏劳动力、资金、技术,无法种田的农户。接受承包者大多是转包户的亲戚朋友或种田能手,有的是重点农户或专业农户,也有经济联合体。

(2)土地转包的原因

①"平均承包"是出现土地转包的根源。由于各家各户的经营能力和专长的不同,土地按人口平均分包后,使一些本来缺劳力、缺技术且不善种田的农户"吃不了",必然要寻找机会减少承包田;而另一些劳动力充裕、具有务农专长的农户,仅靠平均分到的土地却"吃不饱",千方百计地要求多包。土地转包有"供"有"求",条件成熟时必定会产生转包。

②农户家庭经济条件的变化促进和加速了土地转包。随着时间的推移,农户间的经济条件不断发生变化,如人口变动、劳动力变动、从业重心变动、居住地变迁等都会改变农户间的土地需要。有的需要增加,有的需要减少;而自然灾害,基建占地等又改变了土地供应。这些条件变化,使原有各农户对承包的土地感到"过剩"或"不足",要求实行土地转包。

(3)土地转包的评价

①从土地转包过程的经济关系看。现有土地转包有合理的一面,也有不合理的一面。首先,对于有偿转包,如果偿付量太高,其中就难免存在"超额收入"和无偿占有他人劳动的成分,这就不合理;如果偿付量是对原土地承包者在改善土地生产条件和提高地力方面的劳动投入的补偿,则是合情合理的。对于无偿转包,如果原有承包户在改善土地生产条件和提高地力方面切实做了不少投入,在土地转包中若因"无偿"而得不到补偿,这就不合理,如果原承包户没有进行投入或投入已基本收回,无偿转包也是合情合理的。

②从土地转包的生产力意义来看。土地转包优化了生产力要素的组合,它解决了劳动力、土地及其他生产要素在不同农户间配比不平衡的问题,有利于劳动力、土地及其他生产要

素的合理使用,有利于农业企业经济活动的专业化和商品化,适合我国现阶段农村生产力发展的客观要求。土地使用权的适当流转,还有利于农业生产向规模化方向发展,形成土地规模经营,克服目前的土地经营中的散、小的规模不经济弊端。随着规模的扩大,对各种现代化农业生产技术的需求才能产生,农业技术进步也才能有动力。

（4）土地转包的管理

①明确指导思想。在社会主义市场经济条件下,耕地作为农业企业的基本生产资料,同资金及其他实物形态的生产资料一样,必然要受到经济规律的支配。应按经济规律管理土地的要求,建立耕地的有偿转包制度,允许农民的耕地使用权流动公开化,促进耕地合理流动,逐步实现农业适度规模经营。

②坚持经济补偿原则。土地转包应充分注意经济有偿性,转入户除承担转入耕地的一切负担外,还应向转出户交付一定的耕地补偿费,补偿金额由双方协商自定。为促进耕地合理流动,还可跨村转包。

③实行合同管理原则。耕地有偿转包必须在自愿的条件下签订合同。农户与农户之间转包,由村集体经济组织鉴证;超越村范围的,由上一级部门鉴证。农户转出、转入耕地时,村集体经济组织要对地力状况作出评定,作为转入户对转出户补偿的凭据,并将转入耕地的面积、座落、等级和转包期限、耕地用途等载入耕地档案。转包合同签订后,任何一方不得擅自改变合同内容。对不履行合同或违反合同规定的,由签证单位协调解决。若改变合同,先由双方自愿协商,鉴证单位重新予以认可。转让合同期满后,如转出户要求收回耕地,村集体经济组织也要对地力进行评定,如地力提高,原转出户要给予适当补偿,如地力下降,则有权向原转入户要求补偿。

④坚持优先转让原则。优先转让必须以具有较强的土地经营能力者为主,村集体经济组织要对转入户的经营能力进行充分审查,对符合条件者加以鼓励,防止和避免耕地的再分割。

8.1.3 土地资源的合理利用

1）土地质量管理

（1）土地质量管理的定义

土地质量管理是研究土地质量特征,保护和提高土地质量各项工作的总称。

（2）土地质量的特点

①综合性。土地质量是自然特性与经济特性的综合,它既取决于各种自然因素,又涉及人类活动的相关因素。

②动态性。即土地质量会随着自然的和人为因素的变动而不断变化,土地质量的衡量标准,主要是土地生产率。

（3）土地质量的影响因素

土地质量经济评价中,应考虑以下几个因素:

①地理位置。在市场规律的作用下,土地作为提供商品的资源,服从距离递减规律,即土地收益随其位置距市场远近或城市中心的远近以及交通便利程度而递减。

②自然肥力。土地自然肥力愈高,土地的经济价值愈大;反之,则愈小。土地自然肥力制约着土地的现实与潜在的生产能力。

③市场供求。一个农业企业所拥有的土地数量是有限的,位置是固定的,随着企业的发展,对土地的需求量也不断增长,土地的经济价值随之提高。土地自然供给是无弹性的,但土地的经济供给是有弹性的,受土地价格因素的影响。

2)土地集约经营

农业企业对土地的利用,存在粗放经营和集约经营两种不同的经营方式。粗放经营是对土地资源的广度开发,指在一定土地面积上投入较少的生产资料和劳力,实行浅耕粗作、广种薄收的经营。因而它会造成对土地重用轻养,土地肥力下降,生产率低下。集约经营是对土地资源的深度开发,指在一定土地面积上投入较多的生产资料和劳动力,对土地精耕细作、科学种植的经营。因此,集约经营是以不断提高土地肥力来提高土地单位面积产量,增加农产品总量。列宁指出:"农业的发展主要靠集约化经营,不是靠扩大耕地数量,而是提高耕作质量,增加原有的土地的投资。"

(1)土地集约经营的类型

①劳动集约型。即在单位面积的土地上投入更多的活劳动,从而获得较高的产量和收入的集约经营形式。劳动集约又分为积累性劳动集约和流动性劳动集约。

a.积累性劳动集约。主要是将追加到土地中去的活劳动用作农田基本建设,形成农业固定资产而附属于土地上,如兴修农田水利、改良土壤、平整土地、修造梯田、修筑田间道路、打井、修坝、挖塘、建水库等。追加到土地中去的这些活劳动,将对农业生产发挥长时期性的作用,劳动价值也将慢慢地、多次地转移到农产品中去。

b.流动性劳动集约。主要是将活劳动追加到日常的农业生产过程中去,作为流动形态的生产力要素在当年生产中消耗掉。如精耕细作、精细管理、增加耕、锄次数等。

②技术集约型。即通过采用较多的先进技术,在单位面积土地上获得较高的产量和收入的集约经营形式。在土地经营中实行技术集约能获得投工少、成本低、效益显著的效果。根据投入技术的内容不同,技术集约又可分为基础技术集约、应用技术集约和管理技术集约。

a.基础技术集约。主要是通过加强对农业技术理论的研究、试验,为集约经营创造物质技术条件。例如,遗传工程的研究、杂交水稻制种技术的研制成功,对于提高土地生产率起着重大的基础作用。

b.应用技术集约。是在土地经营过程中较多地采用先进的应用技术。例如,在农业生产中引用优良品种、新型肥料,科学施肥和灌溉,采用新型的工具设备、科学的农作方式等。

c.管理技术集约。主要是通过采用先进的经营管理方法,优化土地经营过程中的生产要素组合和生产结构,采用先进的生产方式来提高土地经营效益。

③资金集约型。即通过在单位面积土地上投入更多的资金,使用更多的能量、动力、化肥、农药等物化劳动来提高土地生产率的集约经营方式。这种方式要求经营者有较雄厚的资金和物质基础,适用于劳动力资源相对缺乏、资金比较充裕的地区和企业。

劳动集约、技术集约和资金集约,三者虽然在投入内容上各有侧重,互相有别,但是它们又是相互联系的,特别是后两者,有时难以截然区分开来,因为新技术的采用一般都伴有资金投入的增加。

(2)土地集约度指标

①农业集约化水平。单位面积耕地分摊的直接投入的各种物资及技术费用。

②单位面积耕地分摊的用工费。主要指人工费。

③单位面积耕地分摊的占用资金额。包括固定资产额、流动资金额等。

④单位面积耕地所获得的产量、产值、净产值、纯收入等。

（3）土地质量的保护与治理

①土地质量的保护。保护有限的土地资源,是土地利用的前提和条件。保护土地资源的关键在于保护土地质量。例如,开展土地整治,改善耕地的生态环境;控制非农业用地,有效控制耕地的保有量;加强农田基本建设,提高耕地生产力;归还收获物从土地中带走的各种营养物质,以使地力常新等,走循环经济之路。

②土地质量的治理:

a.生态治理。即利用生物措施进行土地保护与治理。例如,植树种草,改造荒山荒地;营造农田防护林带,建设绿色长城;实行秸秆还田,用地养地相结合。

b.工程治理。即通过工程措施进行,例如,灌溉工程治理,针对农业生产排水和灌水进行工程性的治理;造田改土工程治理,防止水土流失,改良土质等。

c.技术治理。主要是运用农业技术改良土地。一是耕作方法,运用科学的耕作改善土壤的透水透气和扎根能力;二是轮作种植,采用轮作休闲、粮豆轮作、草粮轮作等合理的轮作种植方式,提高土地的生产率;三是施肥改土,使土壤内部物质的封闭性循环,变成开放性循环,提高土地的质量水平;四是科学灌溉,可采用如高温灌溉法、喷灌法、滴灌法、沟灌法、浇灌法等。

任务 8.2 种植业生产组织与管理

种植业生产是人们利用植物有机体的生理机能,通过人工栽培或有目的的劳动干预以取得各种农产品的一个物质生产部门。它主要包括粮食作物、经济作物、饲料作物以及蔬菜、花卉等园艺作物的栽培。种植业生产管理的核心是按照种植业生产的特点来制订和安排种植计划、种植结构、种植布局和种植制度,以及对种植业生产过程各阶段工作的组织与管理。

8.2.1 种植业生产的特点

1)种植业生产是以土地为基础

土地是种植业生产不可代替的重要生产资料。在其他部门的生产中,土地只起到劳动场所的作用,而在种植业生产中土地不但是劳动场所,而且是农作物生长的基地。作物生长需要根植于土壤并从土壤中不断吸取养分和水分,土壤肥力高低直接决定着作物产量。因此,土地资源的数量与质量是投资于种植业生产首先应考虑的重要因素。其次,应充分合理地利用土地资源,不断提高土壤肥力,这样才能保证作物的高产稳产,也才能保证投资于种植业的效益。

2)种植业生产的对象是有生命的植物

植物生长发育对自然环境有较强的依赖性,植物有机体要求一定的光热水土气等自然环境条件,只有满足这些条件,作物才能生长得好,才能高产。因此,从事种植业生产为农作物

创造适宜的生长发育条件很重要。这也说明种植业产量的高低不只是取决于农业劳动的数量与质量,自然环境条件的好坏也起到决定性的作用。在目前还不能完全摆脱旱涝风雹等自然灾害袭击的情况下,农业经营仍具有较大的风险,经营农业必须充分考虑到这一点。

3)种植业生产有较强的季节性

种植业生产农闲不均,农忙时很多农活不能及时做完,农闲时农活很少,劳动力、农机具无活可做。这种季节性的原因是由于种植业作物的生产时间和劳动时间不一致。作物的生产时间是由其本身的生长发育规律决定的,它是持续不间断进行的,而人们的劳动时间是按照农艺要求在规定时间进行的,这就造成农业生产劳动的季节性问题。这一特点要求将不同季节的作物搭配种植和积极发展多种经营,以克服因季节性而造成的劳动用工的不均衡性,以充分合理利用劳动力。

4)种植业生产有较长的周期性

种植业生产周期较长,一般短则半年,长则1~2年,有的甚至更长。生产周期长必然引起资金周转慢,收益见效不快。这一点也是经营农业应考虑到的。

5)种植业生产有明显的地域性

由于自然环境条件各地区分布的差异性和每种农作物对自然环境要求的特定性,客观产生了农业生产布局上的地域性。如东北的大豆,新疆的棉花,河南的小麦,山西的谷子,江南的水稻等。这一特点给经营者提出了因地制宜布局农作物生产的要求。

8.2.2 种植业的生产计划

种植业生产计划是组织农作物生产的依据。计划内容主要包括作物种植计划、阶段作业计划和技术措施计划。

1)作物种植计划

作物种植计划是确定一年内打算种植的作物种类、面积、田区安排以及各种作物的单产和总产。确定种植计划,首先应掌握本农场(农户)的土地面积及其构成情况,土地的自然环境、质量、灌溉条件及其他情况;其次确定种植面积,这要根据市场需求供给趋势预测和作物轮作倒茬的要求等因素综合考虑来决定。在面积确定的基础上,再根据土地状况、生产条件、技术水平以及物资的保障程度,并结合往年产量,确定单产和总产水平。

2)阶段作业计划

阶段作业计划是年度种植计划的具体落实,又是组织生产过程的具体依据。阶段作业计划是按农事季节编制的,一般分为春耕春播计划、夏收夏种计划、秋收秋种计划、冬季农业基本建设计划和冬季作物管理计划等。编制阶段作业计划时应考虑:第一,将各项作业安排在最适宜的农时进行;第二,根据作业进度及时组织各种物资如种子、化肥、农药等的供应;第三,充分合理地利用人力、畜力和其他的生产资源。

3)技术措施计划

技术措施计划是实现种植计划的保证。其主要内容包括种子需要量及种子处理计划、耕作播种计划、积肥施肥计划、排灌计划、病虫害防治计划、田间管理计划和收获计划等。制订这些计划时,一方面要根据不同作物和不同条件,因地制宜地采取有效的增产措施;另一方面要讲求技术措施的经济效果,防止盲目投资。

农作物产量和技术措施之间的关系是"目的"和"手段"的关系。但不能只看到这种关系的性质,还应该重视和研究产量与技术措施之间的数量关系,如增施0.5千克氮肥能增产多少千克粮食,多浇或少浇一次水对产量有多大影响等问题,而且还应考虑在不同技术措施结构或不同投入水平下对产量的具体影响,这样才能真正把技术措施计划和种植计划制订好。

8.2.3　种植业生产的时空布局

1)种植业生产的空间布局

(1)种植业生产的空间布局

作物的空间布局,是指生产单位所种植的作物在田地上的具体分布和落实。作物合理的空间布局,是正确组织种植业生产的前提条件和重要内容,也是合理利用土地资源的一个重要环节。由于各个农户的自然条件千差万别耕地类型不同,肥力状况不同,以及作物对自然条件的要求不同,种植业的空间布局应遵循以下基本原则:

①因地制宜,因作物制宜。这是正确确定作物布局的主要原则和出发点。根据这一原则,应将主要作物布局在最适宜的耕地上种植,然后再考虑安排其他的作物种植。这样有利于扬长避短,发挥优势,使地尽其力和作物各得其所。

②尽可能集中连片种植。集中连片地安排作物种植,不仅便于管理,便于采用新的农业生产技术,而且能够产生规模效益,有利于提高劳动效率和降低生产费用。

③对于费工、运输量大、技术要求高和价值高的作物尽可能安排在近处,这便于精耕细作和技术管理,还可以减少田间运输量,节约上下工时和避免其他不必要的损失。

(2)种植业空间布局的方法

①经验布局法。即凭生产实践经验,根据土地肥力和作物特性等农业科学常识来安排作物布局。例如,沙质土壤对禾本科植物(如水稻)生产不利,但对豆科植物尤其是花生却很适宜;红黄土壤对许多作物生长不利,但对茶叶、水稻、烟草生长却很好。用这种方法来安排各个具体田块适宜种植什么作物,是一种简便易行科学实用的方法。随着各地土壤普查工作的全面开展,以及不同类型土壤地块档案的建立和完善,这种方法的使用更方便而且具有科学依据。

②单位面积产比法。简称产比法,产比法是指在同一地块上既可以种植甲作物又可以种植乙作物的情况下,通过两作物之间的亩产比来贯彻因地制宜的原则,一般来说,产比高的作物就是这块地最适宜种植的作物。

③线性规划法。线性规划方法可用来研究什么样的种植结构和生产布局能获得最大的经济效益。线性规划模型由三部分组成:一是一个目标函数,即生产目的的函数表达式;二是一组制约目标实现的线性约束条件,如土地、劳力、资金、技术等限制性生产要素;三是为达到一定生产目的,可供选择的各种途径或活动方式。

线性规划法可用如下数学模型表示:

$$\text{Max } S = \sum c_j x_j \quad （目标函数） \tag{8.10}$$

$$\sum a_{ij} x_j \leqslant bi \quad （资源约束方程） \tag{8.11}$$

$$\sum R_{ij} X_j \geqslant Di \quad （需要约束方程） \tag{8.12}$$

$$X_j \geq 0 \quad （变量非负约束） \tag{8.13}$$

式中 S——目标函数值；

      C_j——j 种产品的价值系数；

      $x_j(j=1,2,\cdots,n)$——方案中的各项实际活动；

      R_{ij}——j 种活动生产的产品数量；

      D_i——某产品的需求量；

      a_{ij}——j 种活动对某种资源的消耗量；

      b_i——某种物资源的拥有量。

2）种植业生产的时间布局

种植业生产布局的另一个问题是布局好农作物的生产时间,安排好作物的轮作倒茬。合理地布局作物的生产时间,一般应注意以下几点:

（1）确定好复种、套种面积

复种是指在同一块土地上一年内种植两茬以上的作物的方式。套种是指在前茬作物快收获时,利用作物的行间套种后茬作物的方式。实行复种和套种,可以提高土地和日光的利用率,以时间之长,补空间之短。提高复种、套种指数,可以弥补耕地不足,缓和作物之间互相争地的矛盾,实践证明,这是一项重要的增产措施。但是,复种套种要考虑当地的自然条件和经济条件,复种指数和套种指数要与当地自然经济条件相适应,否则,盲目增加复种套种面积反而降低经济效益。

（2）瞻前顾后,合理安排茬口

各种作物生长的季节参差不齐,必须瞻前顾后合理安排茬口,前后茬在安排上要相互衔接,这样才能充分利用耕地和劳力,实现增产增收。

（3）用地与养地相结合

在同一块地上农作物连作时间较长,往往会降低土壤肥力或导致杂草丛生、病虫害频繁等问题。如果实行轮作倒茬,就可以减少此类情况的发生。如禾本科作物与豆科作物轮换种植,可以恢复和提高土壤肥力;深耕作物与浅耕作物轮换种植,可以利用土壤不同耕层的营养物质;水旱轮作不仅有利于消灭杂草,而且可以降低土壤的盐分和酸碱度,有利于改良土壤,特别是有些连作的作物,如亚麻、甜菜、大豆、西瓜等实行轮作,可以使单产显著提高。

合理布局农作物生产时间的基本方法是轮作法。轮作法是指在一定年限内和一定田区内,对不同作物进行周期性轮换种植的方法。农作物轮作法有两种不同的实施方式:一是分区轮作,就是把一定范围的土地,根据轮作周期年限划分成若干个面积基本相等、土地肥力近似的轮作田区,在轮作田区之间按照一定作物轮作方式,实行在时间和空间上轮换种植;二是分块轮作,就是根据作物生长要求和土壤水利等条件,在农场或农户经营范围内划分作物种植区,再在种植区内划分若干田块,轮换种植作物。

8.2.4   种植业生产过程的组织与管理

种植业生产季节性强,周期较长,一般要经过整地、播种、田间管理和收获等作业过程。在各个阶段中,作业的内容不相同,所需要的劳动力和生产资料也不同,并且要求在规定时间内完成。为了提高劳动生产率和劳动效率,取得高产,就要合理组织农作物的生产过程。合理组织生产过程,就是要按照农业的技术要求,在严格的农时期限内,保质、保量地完成各项作业,并力争做到高产优质低耗,以取得较好的技术经济效果。

组织种植业生产还应有针对性地加强对生产过程各阶段的组织管理工作。每种农作物的生产过程基本上都离不开耕地、播种、田间管理和收获等几个主要生产阶段。每个阶段各具特点和有不同的工作要求。

(1)耕地工作的组织

耕地是种植业的一项基础工作。合理组织耕地工作的要求是:严格按照农事季节适时进行耕地和平整土地工作;严格按照土地耕作与平整的技术要求,保证耕作质量;浅耕还是免耕,因地(地块的坡度和水土流失情况)制宜;深耕还是浅耕,因作物制宜;尽可能地覆盖地边地角和消除漏耕等。

(2)播种工作的组织

播种是一项时间性很强的工作。播种工作要遵守的技术要求是:按农时季节及时播种;按规定的播种定量和播种密度播种;按规定的播种深度播种;按规定的株行距播种,播行要直,行距要匀,不漏播和重播;移栽作物要按规定的移植期移栽,要求苗全苗壮。

(3)田间管理工作的组织

田间管理工作包括间苗、定苗、整枝打杈、中耕、除草、施肥、灌水、喷药等。各项作业的技术操作要求不同,必须严格按照各项农艺的操作规程和规定操作。其基本要求是及时作业、保证质量和正确运用农业技术有计划地促进或控制作物生长。

(4)收获工作的组织

收获工作时间紧,作业量大,一定要加强人力、畜力和机器设备的组织管理,尽可能地利用机器代替人、畜力作业。这十分有利于在短期内高效率地完成收获任务。

任务 8.3　林业生产组织与管理

林业有广义、狭义之分。广义的林业是指森林的培育、经营、管护和利用的全过程,即包括造林、营林和对成熟林的采伐、利用等;狭义的林业仅指以培育林木为主要目的营林生产过程,包括造林和营林。狭义的林业具有与种植业相同的性质,属于大农业的范畴,而广义林业中的采伐、集运、加工等过程,带有采掘业和加工制造业的性质。农村林业生产经营管理主要是针对狭义林业而言。

8.3.1　林业生产的特点

林业生产属于栽培业生产,与种植业生产具有相似的性质和特点。由于林木的特性和生产经营目的等方面的原因,林业生产又具有相对更为突出的特点。

(1)森林是可再生性资源,可以永久为人们所利用

森林资源只要合理利用和保护,不仅能取得巨大的经济效益、生态效益和社会效益,还能不断促进森林资源的再生繁衍和永久利用;若利用与保护不当,则会造成森林资源的破坏与衰败,甚至枯竭、死亡。

（2）林业生产周期长，资金周转缓慢

发展林业，从采种、育苗、栽植、管护到成林采伐、加工利用，一般要十几年、几十年。在这么长的时期内需要年年投资，直到生产周期结束才能取得效益。因此，发展林业生产应在林种选择上注意长短结合，以短养长，并要正确处理好采伐与更新的关系，使林木的生长量、蓄积量和采伐量保持合理的比例关系。

（3）林业生产商品性较强

林业生产具有较高的经济效益，应加强经济核算与管理。

（4）林业生产具有综合效益

林业生产综合效益即经济效益、生态效益和社会效益。基于上述特点，林业生产经营的指导思想是：必须以营林为基础，造营并举，采育结合，造多于伐，以保持青山常在，永续利用；必须实行立体开发，综合经营，以林为主，农林结合，多种经营；必须以当地林业资源为依托，面向市场，因地制宜地采用优质、速生、丰产树种，实行集约经营，以提高经济效益三者的结合。

8.3.2 林业生产计划

林业生产过程可分为造林、抚育、采伐、利用等阶段，相对应林业生产计划包括造林计划、幼成林抚育计划、采伐计划和利用计划。林业生产计划按时间长短可分为长期计划、年度计划和阶段计划。林业生产计划是在充分挖掘生产潜力、合理利用土地资源和劳动力资源的基础上，具体确定计划期内的发展规模、速度和营林方式以及现有林的经营管理工作。林业生产计划，一般按作业项目编制，主要内容包括：

1）更新造林计划

更新是指在新旧采伐迹地、火烧迹地和林中空地进行播种、植苗，以恢复森林资源。造林是指在宜林荒山用人工播种、植苗或无性繁殖等方法，以营造新林。更新造林计划应具体确定造林面积、更新面积等指标，造林面积不应包括补植、重造以及治沙种苗面积，计划期更新面积应大于或等于应更新的采伐面积，另外，对零星植树（即村旁、路旁、水旁、宅旁等四旁植树）只计株数不计面积。

2）幼林抚育计划

幼林抚育即从造林到幼林郁闭，采取松土、除草、施肥、灌溉、平茬、抹芽等管理措施，以提高幼林成活率，加速生长缩短林期。幼林抚育计划通常用实际面积和计划面积来表示，实际面积指三年内新造幼林和迹地更新幼林、进行中耕、除草、灌溉等的抚育面积；作业面积指各项作业的总和，即各项作业面积乘以抚育次数的积的总和。实际面积反映抚育的规模，作业面积反映抚育的集约程度和工作量大小。

3）成林抚育计划

成林抚育是指为改善林木组成，提高林木质量和出材量，加速林木生长，对已经郁闭的林木进行间伐、整枝、除草等工作。

4）林木改造计划

林木改造就是对低产低值的天然次生林或残败的人工林进行改造，使之成为高产高值的林木。

5)种籽、苗木生产计划

根据不同树种种籽的采摘时间,调制、储藏及催芽的方法,以及不同苗木育苗基地的选择、育苗时间、育苗方法等不同而编制生产计划。

8.3.3　林业生产过程组织与管理

林业生产过程是指育苗、造林、抚育、采伐的全过程,对林业生产过程的组织与管理主要是对上述环节的组织管理。

1)育苗生产的组织

采种育苗是造林的基础工作,选用良种壮苗是保证林业生产投资少、产量高、收益大、效果好的重要保证。为了获得优质高产的林木种子,必须在最佳采种期适时采种,根据种子特性进行处理和储藏,严格种子的品质检验,为出壮苗、出好苗把好关。在发达国家,苗木培育已逐渐向专业化经营、机械化、容器化生产和工厂化管理发展。近年来在我国,塑料大棚、容器、营养基等育苗新技术正在得到广泛应用。

2)造林生产的组织

根据所用造林材料的不同,造林方法主要有播种造林、植苗造林和分殖造林三种。

播种造林又称为直播造林,即将林木种子直接播种在造林地进行造林的方法。播种造林施工技术要求较严格,造林后的幼林抚育管理措施也有较高的要求,用种量大、成林缓慢。其生产组织应围绕播前整地、种子处理、适时播种等环节,做好物资供应和人、蓄、机力的组织安排。植苗造林又称为栽植造林或植树造林,是用苗木作材料造林。

植苗造林适应性强,成活率高,生长稳定,用量省,但技术操作和生产组织较复杂,要求做好挖坑、运苗、栽培、灌水、培土等管理工作。

分殖造林又称为分生造林,是利用树木的营养器官及竹子的地下根作为造林材料直接进行造林。能保持母本优良性状(但不宜多代连续营养繁殖),造林过程比较简单,具有省工节约费用的特点。但与播种造林相似,要求有立地条件较好的造林地,特别是要求造林地土壤湿润、疏松,以利于插穗生根成活。

3)抚育管护的生产组织

成林的抚育管护主要包括抚育间伐和森林的保护管理。幼树抚育的组织工作主要是围绕除草、治虫、灌水、松土和整枝修剪等进行的。抚育间伐是指从幼林郁闭起到成熟主伐前的一段时间内,定期重复的伐除部分林木,为留存的经济价值较高的林木创造良好的生长环境。这是培育森林的一项重要措施,也是充分利用森林资源、扩大木材来源的重要途径。森林管护主要是防治病虫害,防止火灾和人为的破坏。要根据情况制定林木病虫害防治措施,严格办理种苗的检疫手续,健全森林保护制度,贯彻执行《森林法》,坚持依法治林。

8.3.4　林业生产经营效果评价

1)林业生产经营技术经济效果评价的主要指标

(1)林地生产率

反映林地生产率的指标主要有:①单位面积立木蓄积量、生长量,见式8.14和式8.15;②单位面积立木增值,见式8.16;③单位面积年均营林纯收入,见式8.17。

$$单位面积立木蓄积量 = 立木蓄积量 \div 有林地总面积(立方米 \div 亩) \quad (8.14)$$

$$立木生长量 = 立木蓄积量 \div 林龄 \quad (8.15)$$

$$单位面积立木增值 = 立木生长量 × 林价 ÷ 有林地面积 \quad (8.16)$$
$$单位面积年均营林纯收入 = 营林总产值 - 营林总成本 ÷ 营林总面积 × 经营周期 \quad (8.17)$$

（2）单位林产品成本或费用

单位林产品成本或费用是评价用材林经济效果的主要指标，常用式8.18和式8.19中的指标反映：

$$单位林产品成本 = 林产品总成本 ÷ 林产品总产量 \quad (8.18)$$
$$单位立木成本（费用） = 每亩作业总成本 ÷ 每亩立木蓄积量 \quad (8.19)$$

（3）资金盈利率

资金盈利率反映营林全部投资的盈利程度。若进行动态分析和现值评估，可采用净现值（NPV）和内部收益率（IRR）等指标。

$$资金盈利率 = （林场营林利润总额 ÷ 营林投资总额） × 100\% \quad (8.20)$$

（4）森林覆盖率

$$森林覆盖率 = （有林地面积 ÷ 土地总面积） × 100\% + （灌木林面积 ÷ 土地总面积） × 100\% + （林网树占地面积 ÷ 土地总面积） × 100\% + （四旁树占地面积 ÷ 土地总面积） × 100\% \quad (8.21)$$

（5）造林成活率和保存率

$$造林成活率 = （成活株数 ÷ 造林总株数） × 100\% \quad (8.22)$$
$$造林保存率 = 林木保存面积（或株数） ÷ 造林总面积（或株数） × 100\% \quad (8.23)$$

（6）森林的社会公益价值

森林具有生产功能、生态功能和环境功能，能发挥多种社会效益。对森林社会公益价值的评价比较复杂与困难，一般可以从以下几方面考虑：水源涵养效益——森林土壤的降水储存量；防止水土流失效益——森林抑制土沙流失量；防止土沙崩塌效益——森林根系对土壤的紧缚力；保护野生动物——被保护的鸟兽等栖息只数增长量；净化大气——森林放 O_2 量和吸收 CO_2 的量；防止噪音——森林减少噪音的分贝数。

目前，世界各国对森林公益价值的经济评价方法大致分为两大类，即效果评价和消耗评价，前者评价森林公益效能的利用效果，如农业作物产量的提高，河川水文状况及水质的改善等；后者评价利用、保持及加强森林公益效能的直接或间接消耗，如恢复土壤肥力、游客游憩及设立人工游憩设施消耗等。

2）营林基本技术措施经济效果评价

（1）苗木培育的技术经济效果

苗木生产周期短，时间阶段性强，劳动投放比较集中，是营林生产过程中经营集约度最高的一个环节。培育的苗木，首先应该满足技术要求，如苗高、干物重、地际直径、主根长、5 厘米以上侧根数等，在此基础上考察分析其经济效果。评价指标一般用土地生产率与利用率、劳动生产率、成本利润率和资金利润率等。

（2）造林工程技术方案经济效果评价

造林工程是由整地开始至幼林郁闭为止，包括整地、植苗（或播种）和幼苗抚育三项基本技术措施。评价造林工程技术经济效果，可按单项或综合两种方式对这三项基本技术措施进行劳动消耗和有用效果的比较。造林工程技术方案的优劣,可通过造林阶段的总费用加以综合考核。

3)不同林种技术经济效果评价

(1)农田防护林技术经济效果评价

农田防护林,是为保护农田以及减轻风沙干旱等自然灾害为主要目的而营造的防护林,是改善农业生产条件、调节生态平衡的重要手段。评价农田防护林的技术经济效果,除分析防护效果外,还要分析林带本身的经济效益。评价时应计算林带占用土地及营造林带的费用,计算林带有效防护面积上增产增收的经济效益和林带本身的收益,可采用防护区产量增长率、营造护田总费用、投资内部收益率等指标测评。

(2)经济林技术经济效果分析

经济林是以生产果品、食品油料、工业原料和药材等为主要目的的林木,分析经济林的技术经济效果,要根据具体的技术措施和技术方案,进行劳动消耗和有用成果的比较,利用亩产量、亩纯收入和投资盈利三项指标,采用比较分析法,对不同方案进行技术经济效果评价。

任务8.4 畜牧业生产组织与管理

畜牧业是以饲养家畜和家禽产品为目的的物质生产部门,是农业经济的重要组成部分,是国民经济的重要生产部门之一。大力发展畜牧业,加强畜牧业生产经营管理,是发展农村经济、壮大国民经济的重要措施。

8.4.1 畜牧业生产的特点

研究畜牧业生产的组织与管理,必须结合畜牧业生产的特点,以寻求提高畜牧业生产水平的措施与方法。畜牧业生产的主要特点可概括为:

1)畜牧业生产是以第一性植物生产为基础的第二性生产

第一性生产是种植业生产,第二性生产是畜禽业生产,畜禽以植物产品为养料将植物能转化为畜产品,故称为第二性生产,该特点说明,第一性生产(饲料生产)是发展畜牧业的物质基础。发展畜牧业首先必须要搞好种植业生产,建立巩固的饲料基地,在此基础上积极研究科学的饲料配方和饲养方法,以提高饲料的利用率与转化率,降低饲料成本,实现畜牧业的稳产、高产、低成本和高效益。

2)畜牧业生产的劳动对象是有生命的动物

畜牧业再生产过程是经济再生产与自然再生产过程交织在一起的,各种畜牧业商品都是畜禽生长发育到一定阶段的产物。因此,按照畜禽的生长发育规律及其对环境条件的客观要求,提供必要的饲料、棚圈、疫病防治和科学的饲养管理方法,以维持其生命并促进其生长,是保障畜群发展的前提条件。同时,对于有生命的劳动对象的组织与管理,必须加强责任心,实行包干责任制的管理办法较为适宜。

3)畜禽产品既是生产资料又是消费资料,并且二者可以相互转化

人们通过饲养畜禽,一方面是为了获得生活资料,满足人们的消费需要,另一方面是为了

获得生产资料,满足生产上的需要。认识畜禽具有的双重功能这个特点,在组织畜禽生产时,就要根据不同的畜禽种类和饲养目的,建立合理的畜禽结构,扩大优良种畜特别是优良母畜在畜群中的比例,既要满足社会对生活消费的需要,又要保证企业自身再生产的要求。同时根据畜牧业的发展方向、任务和畜种特点,做到统筹兼顾,妥善处理好生产和分配,积累和消费的战略性经济关系。

4)畜牧业生产具有周期性和时间性

畜牧业生产具有明显的周期性,而且不同种类的牲畜生产的周期不同,如鸡半年、猪一年、羊两年、牛三年、马四年等。畜牧业生产还具有间歇性,如奶牛有干乳期,蛋鸡有休产期,母畜发情、怀孕、产仔具有间歇性,这些特点表明,牲畜业生产不仅使资金的占用量较多,回收期较长,而且即使停产期仍要按时投劳喂料喂水。因此,发展畜牧业要特别重视饲养管理技术的革新、品种改良,以缩短生产周期,提高畜禽的产品率。

5)畜牧业生产易受自然因素的影响

畜禽是活的有机体,对自然环境条件有一定的要求,自然环境条件适合畜禽生长发育、繁殖和生产产品的要求,其生产率就高,反之生产率就低,甚至会丧失生产能力。因此,在组织畜牧业生产时,一定要采取切实可行、经济有效的办法,为畜禽创造良好的生产环境,才能有较高的经济效益。

8.4.2 畜牧业结构优化

1)畜牧业部门结构优化

组织畜牧业生产,必须确定合理的畜牧业部门结构,畜牧业部门结构不仅关系到畜产品的产品结构,而且关系到能否合理地利用当地的农业资源以及畜牧业生产的经济效益。因此,建立合理的畜牧业部门结构具有重要的经济意义。畜牧业部门结构是指各种牲畜在牲畜总头数中所占的比重,它是通过把各种牲畜折合成标准畜头数(牛头数或羊头数)来表示的。

2)畜群结构优化

畜群结构是指某种畜禽按性别、年龄和经济用途划分的各畜组的畜禽头数在畜群总头数中所占的比重。畜群是畜牧业再生产和扩大再生产的基础,合理的畜群结构是加速畜群周转、提高畜牧业发展速度和经济效益的关键。畜群结构受各种畜禽的自然特点(性成熟期、寿命、怀孕期、每胎产仔数等)所制约,也受到人们经济活动的制约,其影响因素很多,概括起来主要有:

(1)饲养畜禽的目的不同,畜群结构不同

饲养畜禽获取畜产品的方式有两类,一类是为了获取畜群的肉、皮、骨、内脏、羽毛等产品;另一类是为了获取畜群的乳、蛋、奶等产品。对前一类产品必须宰杀畜禽后才能取得,所以要求育肥畜群的比重应尽可能地大,并且要快速饲养,缩短育肥期,以达到预期的饲养目的;对后一类产品的畜禽,母畜群的比重应尽可能地大且要将其管理好,延长生产期和提高生产期的产量,才能取得更多更好的产品。总之,合理的畜群结构要适应牧场经营方针和经营目的的要求。

(2)畜种不同,畜群结构不同

不同种类的畜禽有不同的生长发育和繁殖的规律,从而形成不同的畜群结构。基本母畜的比重是畜群结构的中心,直接影响其他畜组的比重。大牲畜一般性成熟晚、怀孕期长、产仔少、饲养周期和使用年限长,母畜比重宜大,后备、幼畜比重则可较小;小牲畜一般繁殖率高,母畜比重可小,公畜比重应根据基本母畜的数量,公畜的配种能力、配种方式以及公畜的畜龄、健康和饲养状况等确定。

(3)牧场的生产力水平、生产条件和经营管理水平不同,畜群结构不同

这三方面是综合影响,如果水平都高,就决定了畜群的繁殖成活率、出栏率高,成幼畜的死亡率低,畜禽生产能力强,饲养周期短,经济效益高,就能根据实际情况和市场变化及时调整和确定一个合适的畜群结构。更准确地说,畜群结构更多地受到本企业科学技术水平的影响。例如,能够不断改良畜禽品种,提高生产性能,完成同样生产任务所需要的畜产品比重则可小点;由于采用人工授精、冷冻精液等先进技术,就可以大大减小甚至取消种公畜的饲养。此外,畜产品价格也是影响畜群结构的重要因素。各种畜产品的需求状况及产品价格的变化,也会影响到畜群结构的变化。如仔猪价格的升高或降低就会使母猪的饲养头数增加或减少。

影响畜群结构的因素是多方面的,而且是相互联系、相互制约、综合发生作用的,因此,在调整畜群结构时必须综合考虑各种因素。其中,应着重处理好三个方面的比例关系:

①畜群中母畜的比重。母畜在畜群中占多大比重,是确定畜群结构的中心问题,它直接影响其他畜组的比重。

②基本母畜与种公畜的比例关系。畜群中种公畜与基本母畜的比例关系必须适当。公畜过少,会造成母畜失配;过多,则又会增加饲养开支造成浪费。种公畜与基本母畜之间的比例关系取决于公畜配种能力、配种任务的集中程度及配种方法。

③基本牲畜和后备畜之间的比例关系。禽畜使用一定年限后,生产性能下降,必须淘汰,而用幼龄畜来补充,后备畜的多少取决于基本畜的使用年限、淘汰率和畜群再生产任务的大小,淘汰率可根据使用年限计算而得。

8.4.3 畜群再生产

畜牧业的生产过程是不断反复和经常更新的,畜群在不断提供畜产品的同时,不断以新的畜禽来补充和扩大自己,这就是畜群再生产。如果畜群再生产老是维持原有规模及生产能力,这叫简单再生产。如果畜群规模不断扩大或品质不断改善,从而提高了畜群的生产能力,这叫畜群的扩大再生产。随着经济的发展和人民生活水平的不断提高,人们对畜禽产品的需求越来越大,所以,畜牧业再生产应该是扩大再生产,而且主要应从内涵方面来扩大再生产。在组织畜群扩大再生产时,必须注意考虑以下几个问题:

1)母畜利用年限

各种畜禽的母畜都有一个从经济上来说是最合理的利用年限。利用年限从后备畜转入基本畜群开始配种利用时算起,至淘汰时为止。适当提高母畜开始使用时间及延迟淘汰时间,使有效利用年限延长,可给企业带来更高的经济效益。但利用过早,母畜发育不好,会影响其繁殖能力及后代的生产性能,淘汰过迟也会限制用更高性能的畜禽来更新畜群,从而影响畜群品质及生产能力,使生产成本提高。为此,一般情况下必须对母畜利用年限作适当规定。

2）繁殖频率与繁殖周期

繁殖频率是指在一定时期内（一年或二年）的产仔次数,它是决定母畜在一年或一生当中产仔数目的重要因素。在每胎产仔数相等的情况下,繁殖频率越高,则年产仔数及其一生产仔数就越高。这表明母畜利用越充分,仔畜成本越低。母畜的繁殖频率与繁殖周期有着直接的关系,繁殖周期是指一次分娩至另一次分娩的间隔时期。繁殖频率与繁殖周期的关系,可用公式表示如下:

$$年繁殖频率 = 365/繁殖周期（日） \tag{8.24}$$

各种畜禽的最短繁殖周期和最大繁殖频率同各种畜禽的生理特点有关,它受怀孕期长短,由产后第一次发情的日期决定。例如,乳牛的怀孕期平均为 285 天,分娩后第一次发情要经过 21～28 天,因此,最短繁殖期为 306～313 天,最大繁殖频率为 1.15 次。但是,实际繁殖周期、繁殖频率同最短繁殖周期、最大繁殖频率是有距离的,这取决于具体农场配种工作的技术水平、经营方针及经济条件。例如,乳牛业经营目的是使乳牛在大量产犊的同时大量产奶,因此确定繁殖频率、繁殖周期要妥善地解决产犊和产奶的矛盾,不仅要着眼于产犊,也要着眼于产奶。若乳牛最短繁殖周期为 306～313 天,这样一个泌乳期仅 240～250 天,为了把泌乳期延长至 300 天,一般使乳牛在 2～3 个发情期交配,把繁殖周期调整为 345 天。

3）产仔时间

正确选择母畜产仔时间对于畜牧企业来说,具有极为重要的意义。首先,如果仔畜在适当时期出生,气候适宜、饲养管理好,就可以提高成活率增强体质;其次,产仔时间直接影响到畜产品获得的时间,而后者对于城市及加工业的供应又有影响;再次,产仔时间还会影响饲料、劳力、畜舍及设备等的利用状况。产仔时间可以均匀地分布在全年各个时期,也可以集中在一年的某个时期,前者称为陆续产仔,后者称为季节性产仔。选择产仔时间和方式主要依据畜种和产品情况而定,如乳牛业一般宜实行陆续产仔,它能够较均匀地生产鲜奶,保证消费者的日常需要,并使牛奶加工设备得到充分而合理的利用。肉牛业从产品供应和物力的均衡利用来看,主要可根据饲料资源确定产仔时间。因为其产品不像牛奶那样逐日生产出来的,而且其饲养管理比较粗放,所需人力、物力较少。因此,如在牧场上牧养肥育牛,一般在春季产犊,当夏季来临时,正好可利用牧场的丰盛牧草。

8.4.4　肉用畜育肥生产的组织与管理

猪、牛、羊是三种主要的产肉牲畜。猪肉是我国大众化消费的一种肉食,我国肉类总产量中,94％ 以上是猪肉;牛、羊肉主要产自我国牧区,它在牧区肉食消费结构中占有很大比重。组织牲畜育肥饲养必须讲求经济效果,以尽可能小的饲料和劳动耗费,在尽可能短的时间内,生产出大量成本低、质量高的肉产品,以满足人们的需要。

影响肥育效果的因素很多,有自然因素,也有组织管理因素。为了提高肥育的经济效益,既要注重肥育畜的品种,又要注重饲料的采购管理。在饲养技术方面,必须采取一些相应的措施,如饲料的配合及调剂,分群饲喂,定量定时饲喂,家畜及畜舍卫生等;在组织管理措施方面,应根据具体情况选定肥育方法,正确地选定最适屠宰重和肥育强度。下面以猪的肥育为例加以说明。

1) 最适屠宰重

猪的活重越大,屠宰率也越高,所得的肉也越多。同时,肉的质量也越好,水分含量减少,干物质增加,干物质中脂肪含量增加,肉的发热量较大。猪在各个不同的饲养阶段里,其生长速度和饲料利用能力是很不相同的。

①按绝对增重来说,猪的体重小时,日增重也小,随体重增加,日增重也逐渐增加,但达到某一点后,其生长势头削弱,生长速度下降。

②牲畜每日所消耗的饲料绝对量是随体重增加而增加的,但由于幼畜有较强的同化能力,成畜的同化能力显著减退,因此,每增重1千克所消耗的饲料数量是随着体重的增加而逐渐增加。

③从生产成本和养猪经济效益看,猪的饲养成本是受猪的生长速度及饲料利用能力影响的。当猪生长达到一定重量之后,其生长速度下降,饲料的边际报酬降低,每千克增重的成本增加;在肥育阶段的全部费用中,饲料费用占很大比重。随猪的肥育重量增加,每千克增重所分摊的仔猪费用下降,每千克增重所分摊的饲料费用上升,开始时变动幅度较小,以后则变动幅度较大。每千克增重的成本为先下降后上升的一条曲线,与成本最低点相对应的那一重量,即为最适屠宰量。我国的猪一般都是中型猪,在正常饲养管理条件下,90千克的屠宰重最为合适。

2) 肥育强度

适当的屠宰重量确定后,接下来就需要确定肥育的进度,育肥进度有快有慢,达到既定的屠宰重的时间有长有短,这就涉及肥育强度。肥育强度也是饲养经济中需要研究的一个重要指标,这与育肥方法的选择有关,常用的肥育方法有两种,即阶段肥育法和一贯肥育法。

(1) 阶段肥育法

阶段肥育法(以猪为例)是把肥育期划分成小猪、架子猪和催肥三个阶段,不同阶段采用不同热量配合,给予不同营养条件,以期达到在整个肥育期内少用精料多长肉的目的。这种方法的特点是育肥强度低,肥育期长,设备利用率低,用工多,资金周转慢,其效果往往是不经济的。

(2) 一贯肥育法

一贯肥育法是全部过程中都给予较好的饲料,精饲料的用量和猪的体重都是直线上升的。这种方法的特点是肥育期短,用工少,劳动生产率和设备利用率高,资金周转快,是一种肥育强度较高的肥育方式。

任务 8.5 渔业生产组织与管理

8.5.1 渔业生产的特点

渔业,是指人类以特定条件下的水域为基地,利用动植物的物质转换规律,进行水生动植物(水产品)生产的部门。它的生产对象包括鱼、虾、贝、藻等,因而称之为水产业。渔业生产按水域分,可分为海洋渔业和淡水渔业;按捕捞方式分,可分为捕捞渔业和养殖渔业;按劳动

对象和生产过程的特点分,可分为基础渔业和加工性渔业。渔业也是自然再生产与经济再生产交织在一起的,因此渔业生产具有以下特点:

1)特定面积和规格的水域是渔业生产的基本生产资料

水产品离不开水,水域是鱼类生存繁衍的基地,水生动植物只有在水域内,才能进行物质能量交换。但适于水生动植物生长发育的水域有特定的限制条件,对水的深度、温度和各种营养元素的含量等都有一定的要求范围。因此,对水域需要综合治理,使水域环境适合于渔业生产。

2)水产品具有鲜活性

水产品都是有生命的动植物,是含水量很高的鲜活性商品。这就决定了对水产品的捕捞、运输和加工要十分注意保生、保鲜,以保证其质量。在销售水产品时,要合理地选择与布置销售网点,并注意创新销售方式,采用预售和就近销售等多种营销形式,以提高经济效益。

3)渔业生产具有季节性

由于自然气候的季节性,使水产品的生产规律也存在着季节性。这就需要加强对水产品的加工、贮存和注意水产品的品种结构,以使水域得到均衡利用和水产品能均衡供应。

4)渔业生产具有水域的第一性生产与陆地深度加工的第二性生产交织的特点

一般来讲,在渔业生产中水产品的养殖、捕捞或收获阶段称之为第一性生产,而对水产品的加工、贮藏保鲜阶段称之为第二性生产,第二性生产是第一性生产的继续,它可以使水产品大大增值,从而提高经济效益。由于水产品具有鲜活性,从生产阶段到消费阶段,存在着季节影响、时间长短影响、运输条件影响,因此,在发展渔业生产的同时,应大力发展水产品的加工业和贮藏设施建设,提高水产品质,满足市场供应。

5)水域利用的共享性是渔业生产的另一特点

这一特点要求渔业生产要统一协调,使水域的共享性和资源的再生义务结合起来。收益越多,承担的保护资源再生能力的义务也越多。渔场要制定统一规章,确定禁渔期、禁渔区和幼鱼比重,切实保护鱼类资源的再生能力,尊重水域共享特点。了解以上特点,对于制定渔业生产经营方针,制定渔业生产发展战略规划等都具有重要意义。

8.5.2 渔业生产计划

农业企业的渔业生产,要根据市场需要和企业的经济技术条件,在保持渔业生态平衡的前提下,制订渔业生产计划,组织渔业生产。渔业生产计划包括长期计划、年度计划和阶段计划三种计划,年度生产计划是渔业计划的中心环节,是制订其他计划的依据。年度生产计划包括捕捞计划、养殖计划、鱼苗生产计划、成鱼产量计划、饲料供应计划及技术措施计划。

1)捕捞计划

以捕捞为主,特别是以海洋捕捞为主的渔业企业应当编制此计划。它是根据渔业企业的资金、劳动力、渔船数、捕捞技术以及捕捞区域内渔业资源的状况,进行捕捞量与资源再生能力的平衡,燃料消耗量与能源可供量之间的平衡,捕捞生产与船网工具的基本平衡,确定计划年度内水产品的捕捞量。

2）养殖计划

养殖包括沿海滩、浅海、港湾鱼虾、贝、藻的养殖和内陆江河湖泊、水库池沼的鱼虾养殖。以淡水养鱼为主,各生产单位因地制宜、因条件制宜,确定养殖的品种和数量。在安排养殖生产计划时,要考虑养殖生产同苗种供应之间的平衡,养殖生产同饲料供应之间的平衡,养殖生产与生产设施之间的平衡。

3）鱼苗生产计划

根据养鱼任务、水面大小、采鱼多少、需苗量及成活率等指标制定。要贯彻"就地采苗,就地育苗,就地放养"及"人工孵化与天然捕捞同时并重"的方针,根据生产需要结合群众经验加以修订。

4）生成鱼产量计划

生成鱼产量是渔业生产计划的中心。一个养鱼水域,它的生产性能如何,这是在制订渔业生产计划时首先要了解的。这就要对水域的生产性能进行评价,特别是对鱼类的生产潜力进行估算,水面大小、深浅、饵料多少、水域性能、鱼种数量和质量的规格等决定鱼产量的高低。成鱼产量计划参照历年生产情况,考虑生产潜力并根据企业现在的鱼种,饵料和肥源等条件的变化情况而确定。

5）技术措施计划

技术措施包括品种改良,鱼病防治,改进捕捞工具和作业方法,渔业机械化以及保鲜防腐等。

8.5.3　渔业生产结构

渔业生产结构在此主要是指渔场鱼种的搭配混养问题,合理的鱼种搭配混养,可以充分利用池塘水体,循环利用饵料,提高放养密度和利用率,达到高产稳产的目的。

我国主要的池塘养殖鱼类,从它们的栖息习性看,可分为上层鱼、中下层鱼和底层鱼3类;从食性看,鲢、鳙吃浮游生物,草鱼和团头鲂主要吃草类,青鱼和鲤鱼吃螺蚬,鲫鱼吃小型底栖动物和有机碎屑。因此,将上述鱼类实行同池混养,可以充分利用养殖鱼类的分层习性,立体利用水域,增加单位面积饲养量,同时,可以利用鱼类的吃食习性以及它们之间的饵料连锁关系,多次反复利用饵料,降低饵料成本。不同规格鱼龄鱼的混养,则有利于轮捕和为下年度准备大规格的鱼种。

科学的组织鱼种搭配混养应处理好以下几个关系:

(1)"吃食鱼"与"肥水鱼"搭配混养的关系

"吃食鱼"主要是指青、草、鲤和团头鲂,它们主要吃食是投喂的草类、螺蚬等人工饲料,它们吃剩的残饵和排泄的粪便可以培养浮游生物,为鲢、鳙等"肥水鱼"提供饵料,做到一种饲料双重利用。根据一般经验,1千克"吃食鱼",可以带养0.5~1千克"肥水鱼"。

(2)鲢、鳙搭配混养的关系

鲢与鳙的食料基本相同,鲢鱼偏食浮游植物,鳙鱼略偏于浮游动物,一般鲢鳙的放养比例可以控制在3~5:1的范围内为宜,如密度搭配不当,鳙的生长会受到抑制。

（3）青、草鱼与鲤、鲫、团头鲂的搭配混养比例关系

根据经验，一般每亩放养1千克青鱼种，可搭配放养13厘米的鲤鱼种2～4尾；每放养1千克草鱼种，可搭配放养13厘米团头鲂6～10尾，另外，还可搭配少量的鲫鱼。

（4）青鱼与草鱼的搭配混养比例关系

在以青鱼为主的池塘中，一般不宜多放草鱼，最多不超过青鱼放养量的25%，因为草鱼喜清新水质，青鱼池在8～10月要大量投饵，使水质变浓，对草鱼生长不利。

（5）同种鱼大、中、小规格的搭配比例

搭配比例主要应根据分期捕捞的次数和套养第二年放养的鱼种来决定。青、草鱼的放养量，按重量比，一般以75%的2～3龄青、草鱼种，另外搭配20%～25%的2龄青、草鱼种，5%～10%的1龄青、草鱼种，其中少数可以当年起捕上市，大部分留作第二年养殖成鱼的鱼种。鲢、鳙鱼可以放养250克、100～150克和13厘米的三种规格，如第一次计划捕捞三成，大规格就放养三成，第二次捕三成，中规格也放三成，其余放小规格鱼种。

8.5.4　渔业生产过程的组织与管理

渔业生产一般包括苗种繁育、成鱼饲养管理和成鱼捕捞等过程的组织与管理。下面主要介绍成鱼饲养管理。

1）鱼饲养管理要注意的环节

成鱼饲养管理主要包括以下几个环节：

①做好鱼种放养前的准备工作。包括清塘、杀菌、施用基肥、确定放养模式、采购鱼苗等，以提高种成活率和饲料利用率，其次是适当施用基肥，以改善池塘底质，增加水中有机物；繁殖浮游生物，增加天然饲料，降低饲养成本。最后确定放养模式，准备鱼种，鱼种应主要依靠自己培育或就近采购，避免长途运输，以减少损伤和鱼病，提高成活率。

②放养管理。放养宜早不宜迟，冬季水温较低，鱼的活动能力弱，放养后有较长的恢复期，可以降低发病率和提高成活率，但放养应选择在晴天进行。

③轮捕轮放。在一次放足鱼种的基础上，分批起捕上市，同时补放一部分鱼种，使鱼塘保持合理的载鱼量，在夏、秋淡季分期分批供应市场，在夏季补放部分夏花鱼种，还可以为来年提供部分优良的冬龄鱼种。

④饵料管理。饵料、肥料是决定养鱼丰产的物质保证，是渔业生活物质基础。"庄稼靠肥料，养鱼靠饵料"，饵料的多少定鱼产量的高低。

⑤水质管理。水质管理的重点是提高水中的溶氧量，减少耗氧量和氨氮含量，可以通过控制池水透明度和补水、排水技术进行调节。

⑥防治鱼病。鱼病防治是渔业生产管理的重要环节，应认真做好养殖厂消毒、鱼种消毒、及工具消毒，并建立巡场制度，观察鱼的动态、水质变化，发现鱼病及死鱼情况，应及时检查和防治，特别是在天气发生突然变化时，更应注意。

⑦记好池塘日记，建立档案。为了全面掌握各个养殖场的情况，必须做好渔场日记，记录各渔场的开挖时间、底质情况、面积大小、水深、放养的鱼类、放养量、放养时间、鱼种规格、每

日投饵数量,以及收获时间、规格、品种、产量等,这对于总结经验,加强池塘管理十分重要。

2) 成鱼养殖的放养量计算公式

① 预计产量法。亩放养量计算公式为:

$$亩放养量(千克) = 预计每亩毛产量(千克)/预计总增重倍数 \tag{8.25}$$

$$亩放养量(尾) = 预计每亩毛产量/起捕平均体重×预计成活率(\%) \tag{8.26}$$

② 多种鱼混养计算法。

$$该种鱼放养量(千克) = 预计总产×预计该种鱼占总产\%/该种鱼预计增重倍数 \tag{8.27}$$

该种鱼放养量(尾) = 预计总净产量×预计该种鱼占总产%/(起捕平均体重 - 放养平均体重)×成活率(%) (8.28)

③ 饵肥定量法。亩放养量计算公式为:

$$亩放养量(千克) = (计划每亩投饵量/预计饵料系数)÷预计增重倍数 \tag{8.29}$$

饵料系数 = 投喂饵料总量/鱼总增重量 = 投喂饵料总量/(鱼收获总量 - 鱼放养总量) (8.30)

$$亩放养量(尾) = 亩放养量(千克)/鱼种平均体重(千克) \tag{8.31}$$

思考与练习

一、简答题

1. 农业企业如何提高土地生产率?

2. 种植业生产过程管理应注意哪些问题?

3. 如何搞好林业生产过程的组织与管理?

4. 畜牧业生产有哪些特点?影响畜群结构的因素主要有哪些?

5. 科学的组织鱼种搭配混养应处理好哪些关系?

6. 你认为目前中国农业企业的土地管理中存在哪些问题,应当如何解决?

二、实训题

分析讨论怎样对养鸡场进行环境控制和疫病防治?

三、案例分析

土地流转带来的效益

日前,会昌县麻州镇前丰村谢富安与村里的东昌蔬菜开发公司签订 11 亩的土地流转合同。根据合同约定,谢富安每年将获得 4 000 元的土地租金,同时他被聘为公司的菜地管理员,月薪 1 000 元。如今在会昌,通过引进农业龙头企业和种养大户推进土地流转,已有 1 000 多名农民像谢富安一样从中受益。这些农民转型变身成为既按年领取土地租金又按月领取薪水的"农业蓝领"族,有效地促进了农业增效农民增收。

近年来,该县不断创新工作思路,通过出台优惠政策、优化发展环境等方式,加大农业项目招商力度,鼓励引导有一定规模、辐射带动能力强的农业龙头企业和种养大户,通过流转农民土地、兴办规模农业生产基地,推进标准生产、规模经营的农业产业化生产模式,以农业产业化生产推动农业发展,增加农民收入。如今,土地流转、集约经营带来了企业和农民的双赢,也促进了农业产业化的蓬勃发展。目前,会昌县10余家农业龙头企业、200余户种养大户流转土地面积3.8万亩,建成蔬菜、烤烟、白莲、蜜橘、黄花梨等生产基地300多个,1 000多名农民成为现代农业车间的"蓝领"。

分析讨论:1.案例中的农民谢富安通过土地流转转型为农业蓝领,你是如何看待土地流转的?

2.试分析当前政府在土地流转中的作用,以及企业应如何对待土地流转的农民?

项目 9
农业经营形式管理

📖【知识目标】

1. 了解农户家庭经营、国有农场的经营和农业产业化经营的特点。

2. 熟悉农户家庭经营的类型、国有农场的经营形式和农业产业化经营的模式。

3. 掌握农户家庭经营、国有农场经营和农业产业化的经营管理。

📖【能力目标】

1. 会分析农户家庭经营的类型、国有农场的经营形式和农业产业化经营的模式。

2. 能进行农户家庭经营、国有农场经营和农业产业化的经营管理。

任务9.1 农户家庭经营管理

9.1.1 农户家庭经营的含义及特点

1)农户家庭经营的含义

家庭,是整个社会组织的基础细胞,是指以婚姻和血缘关系为基础的一种社会生活组织形式。家庭经营,是指以家庭为生产或经销活动单位,具有独立的或相对独立的经营自主权的生产经营单位。

农户,是指在农村从事农业和非农业生产(或经销)活动的农业户口家庭或农户家庭。我国现阶段的农户家庭经营,是指农户以家庭成员劳力为主,利用家庭自有生产工具、设备和资金,在占有宅基地、承包、租用或其他形式占有的土地上,按照社会市场的需求,独立自主地进行生产经营的组织单元。

在市场经济条件下,农户家庭经营不再是过去的自给自足的小生产方式,而逐步形成以农户家庭为主体,以社会化服务为条件的、进行社会化生产的开放式经营。农户家庭经营是合作经济的一个经营层次,属于新型的家庭经济,而不是个体经济。它有利于发挥农民的生产积极性,充分利用家庭劳力资源和传统的工艺技术,发展工艺美术雕刻、编织业,发展农副产品加工业,以及菌类、蔬菜和特种养殖、种植业等,为市场提供多品种、多花色、高质量产品,满足市场的多样需求;有利于促进社会安定团结,发展农村经济,增加农民收入,改善农民就业环境,协调人与人之间的社会经济关系等方面,都具有重要作用。

2)农户家庭经营的特点

现行的农户家庭经营,有以下几个特点:

(1)分散性与统一性

农户家庭经营,一方面,作为承包经营户,是社区合作经济组织的成员,依据承包合同,接受社区的统一规划指导、统一机械作业和各种信息服务,从事生产经营活动,完成包干任务,具有"统一性"特点;另一方面,承包制家庭经营是合作经济的一个经营层次,属于新型的家庭经济,无论与过去的集体经济比较,还是与规模较大的国有农场经营比较,它是一个相对独立的生产经营单位,实行自主经营,包干分配,具有"分散性"特点。

各地因经济发展水平和管理方式的不同,其统一的项目、手段与范围等也有所不同。随着农村社会生产力的发展,农户自主决策的分散经营与以合作、联合为特色的统一经营的联系将日益紧密。

(2)自给性与商品性

由于各地农业生产力水平和市场环境不同,农户自给性生产和商品性生产的程度及其比例关系不尽相同。在交通不发达的边远地区,市场范围小,产品运销不便,常形成自给性生产为主与商品性生产为辅的经营形态;在交通方便的城市近郊、工矿地区,市场区位优势突出,多发展适应市场需求的商品性生产,形成以商品性生产为主和自给性生产为辅的结合经营形态。

随着市场经济体系的不断完善,农村工业化和农业现代化进程的加快,将极大地促进农业土地使用权的合理流转。农户家庭经营,也逐步分离出以农业专业化经营和农村非农产业经营为主的农户,商品性生产经营正逐步成为农户家庭的主要经营方式。

(3)专业经营与兼业经营

农户家庭专业经营,是指农户从事某一项生产或劳务的经营。兼业经营,是指以户为单位实行主业与副业相结合的经营。即依据劳动者的专长和有利的自然经济条件及市场需求状况,选择某项生产为主业,同时又利用剩余劳动时间和其他生产资源从事某些副业。现在,农户家庭经营除经营农业外,还可从事工、商、运、建、服务业中的一些项目,不放弃承包的土地,在从事农业的同时又兼营其他,这样一来,既可以分散经营风险,又可获得更多的经济收益。农村商品经济的不断发展,不仅能促进农户家庭的生产专业化,农户成为专业户,而且将逐步在市场需求引导下,把多余的家庭资源投入到最有利的生产项目,集中发展优势产品,提高劳动生产率和商品率。

(4)灵活性与计划性

与计划经济时期的集体经济相比较,市场经济条件下的农户家庭,拥有更多的经营自主权,其人员少、规模小、管理层次少,可以根据市场需求变化,及时调整生产方向,作出相应决策,其经营具有较强的灵活性。同时,一般农户虽然没有正规的书面计划,但大多都能按照自身消费(包括生产消费和生活消费)需要,作出灵活的计划安排。随着农户家庭经营规模的扩大,农民文化水平的提高,农户经营计划内容将不断丰富,作用也日益突出。

(5)小规模与大群体

目前,除专业大户雇工经营外,一般农户家庭经营是地少、人少、资金设备少、产量产值小的小规模经营。农户家庭小规模经营的特点,一方面显示了生产劳动与经济成果直接挂钩的激励关系,有利于调动广大农民的生产积极性;另一方面也适应了农户现有文化技术与管理水平,有利于加强生产管理,充分挖掘劳力、土地(包括庭院空间)和资金设备潜力,提高经营效益。但是在日益激烈的市场竞争中,小规模经营的局限性也逐步显露出来,如不便于实行机械化耕作,不便于先进技术的推广应用,不便于形成批量规模生产等。

目前,农户家庭经营中,出现了农户之间的相互联合,共同从事某项生产经营,如具有群体性的粮食生产、棉花生产、果品生产、蔬菜生产,以及养殖业、工副业生产经营等,均显示出一定的优越性。所以,农户家庭的小规模经营与群体性经营相结合,将是今后农户家庭经营发展的一大趋势。

9.1.2 农户家庭经营的类型

农户家庭经营有多种分类方法。从家庭经营的组织形式来分,有承包经营、庭院开发经营、独立企业性经营和联合经营;从家庭经营的生产内容来分,有种植业经营、养殖业经营、工副业经营和商业服务业经营;从家庭经营的专业化程度来分,有专业经营、兼业经营和综合经营;从家庭经营的技术特点来分,有传统农户家庭经营、立体经营和生态经营等。以下介绍几种主要分类经营形式。

1)按其在双层经营中的关系划分

(1)承包经营型

承包制家庭经营,是指在坚持土地等生产资料公有制的基础上,在合作经济组织的统一管理下,将集体的土地发包给农户耕种,实行自主经营,包干分配。它是统分结合的双层经营体系中一个经营层次,属于新型的家庭经济,而不是个体经济。承包制家庭经营的权、责、利是借助于承包合同来规定,其权力是在完成包干任务的前体下,获得土地的使用权,实行自主经营,有权支配自己占有的劳动力和生产资料,组织生产经营过程,任何单位和人员都不能无偿地平调承包户的劳力、资金和产品。承包户应得的物质利益,是完成合同任务后的全部合法所得。

(2)自有经营型

自有经营型,是指农户利用为集体所有、农户永久占用的住宅庭院,包括房前屋后及划归农户开发利用的街道路边和隙地,利用自有资产(财产)而独立进行的家庭开发经营。它与集体经济组织没有经济承包关系,不受集体组织的直接指挥控制,而以市场需求为导向,自行独立地进行生产经营活动,是一种独立性较强的家庭自营经济。它可以与集体经济服务组织及其他农村经济组织发生业务往来关系,但这些往来关系,均是一种独立经济单位之间的经济关系,而不是行政隶属关系。

家庭自营型经济是以提供市场商品为目标,进行较大规模或较多商品生产的开发性经济。它包括农户家庭庭院经营和农户家庭企业经营两种形式。家庭庭院经营,它是一种利用家庭有利条件,如利用自家的劳力、技术、资金、设备等,进行商品生产的市场经营。家庭企业经营,是指农户庭院开发经营扩大后,退包或转包农田,在集体经济组织统一规划下,拨给场地,建立专业养殖场(如养鸡场、养猪场)、专业加工厂(如豆制厂、服装厂)等,实行企业化经营。这种家庭专业化的独立企业经营,已经不是典型的农户家庭经营。

(3)承包经营与自有经营相结合型

随着农村经济体制改革的深入以及市场经济发展与农户家庭经营自主权的扩大,自有经营型比重加大,多数农户是承包经营与自有经营相结合型,少数是自有经营型。

2)按从事农业生产劳动专业化程度划分

一般分为专业农户和兼业农户。兼业经营农户,按照家庭主要男劳力从事农业生产的天数不同,又分为“一兼”农户和“二兼”农户。

(1)专业农户经营

专业农户经营又称专业化经营,是指农户家庭中的主要劳动力的绝对精力主要用于从事农业(包括农、林、牧业)的生产经营,其家庭收入主要来源于农副产品的生产销售收入。这种专业经营户是在农业剩余劳动力大量转移到第二、三产业的农村工业化过程中,从而形成的纯农业生产农户。这类纯农业户为了充分利用劳力资源、劳动时间,以及集体经济组织提供的各种服务,一方面扩大生产规模,进行适度规模经营;另一方面采用现代化的生产工具设备,发展相应的生产项目。因此,他们被称为农业现代化的专业农户,也即家庭农场。

(2)“一兼”农户经营

“一兼”农户经营是指在家庭经营中以经营农业为主、又兼营非农产业。这类兼业户,其家庭中必须有一个整劳力从事农业生产,且在一年内其从事农业劳动的时间基本保持在150

天以上,即称之为"一兼"农户。这种兼业户经营的特点是农业是家庭经营的主业,占主要的地位,或至少是主业经营项目之一。

(3)"二兼"农户经营

"二兼"农户经营是指在家庭经营中,以经营非农产业为主,以兼营农业为辅。这类兼业户,家庭成员中的主要劳力从事农业生产活动的时间,全年只在150天以下,即称之为"二兼"农户。这种兼业户经营的特点是非农产业是家庭经营的主业,农业则处于副业的兼业地位。从发展的趋势看,这部分农户将逐步脱离农业,完全转向非农经营,把土地通过转包或其他的流转形式集中到农业专业户。这样,既可以减少农业资源的浪费,又有利于促进农业专业户的规模经营。

3)按家庭经营的组织化程度划分

(1)单个经营型

单个经营型即分散经营型,是我国农户家庭经营的基本特点之一,属于小规模分散经营。

(2)联合经营型

联合经营型一般有以下四种形式:一是农户之间的相互联合,由农户共同集资投劳,形成新的联合体,从事某种专业化的生产经营,且大多是经营非农产业,其特点是规模小,经营灵活,适应性强;二是农户与村级社区合作组织联合,由集体提供资源、设备和场地,由若干农户自愿组合的经济联合体,承包经营,其收入在上交承包利润和提留公共积累后,大部分按劳分配,一部分按股金分配;三是专业生产者协会,这是一种松散的合作组织,未形成经济实体,入会成员自主经营,只在生产经营过程的某些环节上进行合作,以便实行自我服务;四是农户参与农业产业化经营。

4)按家庭经营的商品化程度划分

(1)自给性经营

自给性农户经营是一种自给自足的经营方式,生产的目的不是为了交换,而是直接获取使用价值,以满足家庭成员基本生活消费的需要。其特点是:

①以自身的消费定产。在自家既定的资源条件下,按照家庭成员生活消费的需求,决定生产什么,生产多少;在自家生产能力所及的范围内,吃啥种啥,不需要也不可能有科学的预测,只凭借自己的经验和既有的"套路"安排生产。

②"小而全"式的农业经营。在较低农业生产水平下,自给型农户经营游离于社会分工之外,自成体系,构成封闭式的投入产出系统,进行再生产过程的内部循环。自给自足的小农通过自家生产来满足对多样化生活消费品的需求,必然导致"小而全"的农业经营方式。因而,"家庭是自给自足的……这差不多是十足的自然经济,货币几乎根本不需要。"

③回避风险的简单管理。自给性经营的农户,一般比较保守,不愿也无力承担风险。一方面,农业生产受自然环境影响较大,生产和收成的不稳定性,会给他们的生存带来威胁;另一方面,他们所掌握的农业技术比较传统,生产率低下,从而造成收入水平的低下。因此,他们在生产中力图回避风险,以减少造成损失的可能性。如果他们想要引进新品种或采用新技术,把产量提高一倍,则需要更为复杂而严格的管理,否则,随之而来的将是失败或更大的损失。

(2)商品性经营

商品性农户经营是指为他人生产使用价值,为自己生产价值,即为交换而进行生产。其

经营特点是：

①以市场为导向。农户家庭经营活动是以市场需求为导向,依据产品和要素市场的供求变化及价格涨落情况,制订生产计划,安排生产项目。因而,农户必须重视市场调查和预测,并借此实行"以销定产",使供、产、销过程在市场导向下良性循环。

②实行专业化经营。一般来说,以较高商品率为特征的商品型农户经营,都是建立在专业化经营的基础之上。专业化经营有利于发挥劳动者的专长技能,充分利用农户的资源优势,提高劳动生产率,进而提高产出商品率以获得更多的货币收入。

③追求利润最大化。与自给型农户经营不同,商品型农户经营是通过市场交换出售自己的产品,并承担较大的市场风险,才能获取较多的货币收入。因此,它必须重视价值生产,降低产品成本,追求利润最大化,而不是追求产量最大化。

（3）自给性与商品性结合经营

这是一种半自给、半商品型农户的经营方式。它既从事自给性生产,直接为家庭成员提供生活消费资料;又从事商品性生产,用于市场交换以获取货币收入。它是介于自给型与商品型农户经营之间的过渡形态,也被称为半商品型农户经营。其经营特点是:

①具有三重经营目标。一是为家庭成员生活消费提供以粮食为主的农产品,即生存目标;二是作为社区合作经济组织基础层次,必须完成国家对农产品的合同定购任务,并交足集体规定的各项提留、统筹任务,即任务目标;三是以市场为中介实现自家生产的使用价值和价值的转换,以获取更多的货币收入,即效益目标。

②实行兼业经营。在半商品型农户中,大多实行农业与非农业的兼业经营。有的是以经营农业为主、非农产业为辅的一类兼业户;有的是以经营非农产业为主、农业为辅的二类兼业户。经营农业(特别指粮食生产)多以自给性为主,经营非农产业则是商品性的。

③半开放式的投入产出系统。半商品型农户经营系统的开放程度介于自给型与商品型之间,处于从封闭到开放的变化之中。随着农户经营商品化程度的不断提高,其经营过程与社会(市场)结合将愈加紧密,那种孤立、封闭的经营状态逐步被打破,表现为农户生产经营所需的各种生产要素逐步由以家庭自给为主转变为以市场购入为主;生产的产品由直接满足家庭生活需要为主转变为满足市场需要、换取更多的货币收入为主;生产过程的各环节也从"小而全""万事不求人",逐步转变为对社会化服务体系的依赖。

9.1.3 农户家庭经营企业化

1) 农户家庭经营企业化的含义

农户家庭经营企业化,是指农户遵循市场经济规律,以市场为导向,以提高效率、获取利润为目标,运用现代经营理念,实行独立经营、科学管理、企业化的运作过程。它将使农户家庭成为具有自我发展和自我约束能力的更高层次的经济实体。也就是说,农户家庭的企业化经营,仍然还是家庭经营,但其经营活动大体上依据企业原理与方法,将家庭生活和生产经营分开,家庭劳动开始计算生产费用,从而使家庭经营具有协调性、连贯性、系统性,使农户真正成为为卖而买的商品生产者。

农户家庭的企业化经营与传统的家庭经营,其主要区别在于:

（1）经营目标不同

传统家庭经营主要是以满足家庭的基本物质消费需求为目标，即满足个体的需要。由于农户家庭需要的多样性，而温饱又是农民最基本的需要，因此，农户家庭经营的内容也呈现出以自给自足为基础的多样性，如种植各种习惯消费的农作物，而主要不是为了交换。市场经济条件下的农户家庭企业化经营，已不再是以直接满足自身的物质需要为目标，而是要在承担相应的社会责任，对社会发展作出应有贡献的前提下，以收入最大化为主导目标。

（2）生产导向不同

农户家庭收入最大化的实现要以市场的承认为前提。因此，企业化经营要以市场为导向，而不能以自家的消费为导向；实行"以销定产"，市场的供求和价格的变化是农民制订生产计划、分配利用资源的依据。

（3）管理理念不同

确定并制定了相应的税源动态管理、征管人员岗位责任、票据管理、税款报解、税证检查等管理制度。加强农副产品的市场管理。在逐步放开大宗农产品市场的过程中，政府要加强涉及农民的行政性罚款的监督检查等，让农民自由进入市场，自主选择交易对象，保障农民的合法权益。

2）农户家庭经营企业化管理的内容

（1）经营决策的市场导向

家庭经营企业化，首先需要农户家庭引进几个新观念：一是产品服务观念，要改变传统"自给自足"的生产方式，树立产品服务于社会需求的观念，而不是单纯地满足自给消费；二是产品价值观念，长期以来，农户家庭经营产品，尽管有在市场上讨价还价，进行货币交换，但大多数农民并不清楚产品生产成本与价值的关系、价值与价格的关系，在市场经济条件下，引导农民学会成本核算和利润核算十分必要；三是市场竞争观念，在农产品买方市场条件下，各种产品都要通过在市场上的质量竞争、价格竞争和服务竞争，实现其价值。因此，农户家庭要加大对产品的科技投入，提高产品质量，以优质取胜；尽可能节约物资消耗，降低产品成本，以优价取胜；努力改善服务方式，提高服务质量，以优质服务取胜。同时，引导农民树立信誉竞争观念也很重要。

家庭经营企业化，其关键在于科学的经营决策，而科学决策的前提是以市场为导向。即农户家庭在进行经营决策时，应以提高农产品商品率为指导思想，针对市场需求变化组织生产，改过去"以产定销"为"以销定产"的决策模式。

（2）资金筹措的科学预测

农户要进行生产经营活动，除了要有劳动力和承包一定面积的土地外，还必须拥有机械设备、耕畜、种子、肥料等生产资料，以及一定数量的现金和存款。这些生产资料的货币表现及其现金或存款，统称为农户生产资金，它是农户生产经营活动的经济基础。资金的筹措，需要考虑资金的需要和可能有两个方面：

①资金的需求。即以资金需要量的科学预测为基础。一般可以采用的方法有：按照单位耕地面积所需要的投资额计算；按照单位产值（增加值）所占用的资金额计算；按照经营规模扩大的速度和经营资金的平均增长速度推算；按照农户所需要的固定资金和流动资金的数量来推算。

②资金的来源。一是自有资金,即家庭经营长期积累的资金;二是借入资金,包括银行贷款、信用合作社贷款以及私人借款等适度的负债;三是外来资金,即国家或集体无偿支援或奖励资金。无论哪种来源的资金,在使用时均应当考虑资金的时间价值和机会成本,合理投资,充分发挥资金的效能。

资金的筹集,对一般农户而言,由于经营规模小,经济实力较弱,还债能力有限。在筹集资金时要坚持以自身积累为主、外援借款为辅、量力而行、适度举债,实现资金需求与可能的相对平衡,以体现资金筹措的科学性。

(3)经营要素的优化组合

经营要素是企业经营的内部因素,包括三个方面:一是实体性的经营要素,指企业的人员、物资,在农业企业从事物质产品生产或输出劳务的活动中,两者不可或缺;二是运行性的经营要素,指资金,是资产的货币表现,以资金流的形式在企业经营运行中不断地流动;三是运筹性的经营要素,指企业的各种信息,如市场信息、技术信息、政策法规及企业内部的生产指令、财务报表、规章制度等,形成企业运行的信息流。

经营要素的组合,主要是劳动者与生产资料的组合。因为资金和信息隐含在上述组合过程之中。经营要素组合的实质,就是正确处理劳动力、劳动资料、劳动对象等生产要素的联结方式和比例关系,合理组织生产力。随着农业市场化进程的加速和家庭经营商品化程度的提高,农户生产要素的组合日益受到价格和产业间比较利益的市场因素的制约。可见,农户家庭经营要实现要素的优化组合,力求成本极小化,必须正确地选择组合形式。

经营要素组合的类型,依据农户自家各生产要素拥有状况及其所占比重的不同,大致划分为以下三种:

①劳动密集型。指技术装备程度较低、占用人员较多、占用资金较少的经营要素组合类型。具体表现为资金有机构成低,人均占用的固定资产少,劳工费用在产品成本中占较大的比重。这种类型适于劳动力资源丰富、资金较少的家庭采用。

②资金密集型。指技术装备程度较高、占用人数较少、占用资金较多的经营要素组合类型。相对于劳动密集型来说,其资金有机构成高,人均占用的固定资产多,劳工费用在产品成本中所占比重较小。由于资金占用的比重与技术装备程度成正相关,故资金密集型又称技术密集型。它能够采用先进技术,改进产品质量,降低物资消耗,提高劳动生产率。这种类型适于资金较富余的家庭采用。

③知识密集型。即强调现代化科学技术成果和科学技术人才应用的经营要素组合类型。其特点是能运用先进的技术装备与技艺从事新产品开发,产品具有较高的技术密集度。如作物良种繁育场、种畜场等属于这种类型。今后,随着科学技术的进步和农民自身素质的提高,这种知识密集型的农户家庭经营将会不断出现。

(4)产品成本核算的效益原则

产品成本,是决定农户家庭经营效益及其市场竞争力的最主要方面。农业生产的不稳定性和复杂性,使得成本控制的难度加大。农户家庭经营需要借助于成本预测、成本计划、成本核算以及成本分析等环节,进行不同形式的成本控制。其中,产品成本核算是基础。所谓成本核算,就是对生产费用发生和产品成本形成的核算,即把家庭在生产、销售产品过程中所发生的各项费用,按照产品进行记录、汇总、分摊,计算出各种产品的单位成本和总成本等活动总称。

农户家庭经营的农产品成本核算应遵循以下原则：一是，规定成本开支范围。严格划清各种费用的性质和用途，再将费用计入有关核算对象的相应成本项目；二是，建立完整的原始记录凭证，以保证成本核算的质量，反映真实的成本水平；三是，选用科学的计算方法，以便对产品进行合理计价，发挥成本核算在成本管理中的作用，以体现成本核算的效益原则。农产品成本核算一般设有以下三种成本项目：

①人工费用。指农户家庭成员所投入的活劳动价值。人工费用的计算可包括两个方面：一是用工的分摊。农产品的生产用工有直接用工和间接用工之分。直接用工是指与某种农作物生产直接有关，并能直接计入该作物成本的用工，如整地、播种、施肥、田间管理用工；间接用工是指与几种作物生产有关，需要通过分摊，再分别计入各作物成本的用工，如役畜饲养工、积肥工、农业用工等。二是用工的计价。即对活劳动耗费的估价。农户家庭成员的用工计价，可按当地集体经济组织统一规定的标准计算，或按附近国有农场工人平均工资水平，也可以按农业劳动力再生产必需生活费用等方式计算。

②物质费用。包括农户家庭生产经营的各种作物实际耗用的种子、肥料、农药的费用，以及机耕、排灌、畜力等作业费，即直接费用。

③共同费用。主要指农业共同费、管理费用和其他支出。农业共同费与作物生产有关，须经过分摊计入作物成本的费用，包括小型农田基本建设支出、小型农具的购置费和修理费、农用物资的仓库折旧费和修理费等。管理费及其他支出是指为管理生产而支付的行政管理方面的费用，如办公用房折旧、修理、办公费、差旅费等。其他支出则有贷款利息支出、上年库存粮食及物质的盘亏、出售产品的差价损失等。以上均为间接费用。其分摊方法有直接用工比例法、工作数量比例法、直接物质消耗比例法、产值比例法等间接费用。

通过成本核算和分析，对成本的形成及其变动原因进行剖析、评价和总结，以揭示成本变动的各种影响因素，寻求进一步降低成本的途径。

（5）产品销售的现代营销观念

树立现代市场营销观念，进行有效的产品销售管理，是农户家庭经营企业化的一个重要标志。农户家庭经营所生产的产品，最终要接受市场的检验，实现产品向商品的转化，即在市场上实现其价值的转化。销售管理的主要任务：

①开展市场调查和预测。收集有关商品和市场销售的各种信息，运用科学方法，对产品需求的发展趋势作出预测，为产品生产决策提供依据。

②编制产品销售计划。根据市场需求预测及农户家庭生产经营条件的可能，合理地确定产品计划的销售数量，以使产品销售及销售收入建立在科学计划的基础上，从而保证销售任务的完成。

③选择产品销售方式。产品销售方式是指产品由生产领域进入流通领域，传送到用户手中所采用的方式。农户家庭应综合考虑产品的特点、市场环境、消费者的要求等因素，有针对性地选择销售方式，继而接收订货，签订销售合同，及时地销售产品。

④组织销售业务工作。包括产品包装、商标、广告、发运、推销等，以沟通供需之间的信息，扩大销售数量。农户家庭也应按照市场营销的规律，实现其产品的价值。

任务 9.2　国有农场经营管理

　　我国农场的主体是国有农场,即以生产资料全民所有制为基础建立起来的,以经营农业为主,兼营非农产业的农业企业,包括国营(有)农(种植业)场、国营(有)牧场、国营(有)林场、国营(有)渔场等。它拥有较先进的技术装备,劳动生产率和商品率较高,是我国商品粮、轻工业原料的重要基地,特别在实现农业专业化、商品化和现代化过程中起着示范作用。20世纪80年代以来,由于实行"大农场套小农场"的经营体制和大力发展场办企业,大中型国有农场已成为由许多职工家庭农场(小农场)和若干场办企业组成的实行农工商一体化的综合体。

9.2.1　国有农场的经营特点

1)国有农场的"三农"性特点

　　所谓"三农",就是农村、农业、农工。国有农场是历史的产物,我国的国有农场大多数是20世纪50—60年代在学习苏联经验的基础上创办的。在当时,国有农场是比初级社、高级社和人民公社更高层次的经济组织形式,它集党、政、经于一体,担负着经济、行政、社会管理的多重职能。一般是通过垦荒、围湖造田等建立起来的,地理位置比较偏僻,生产性基础设施非常落后。

　　所谓"农村",指农垦企业从事的农业生产活动和农工生活的环境同地方农村相同。在行业的分类中,农垦是归属于农村的范围。所谓"农业",即国有农场是以农为主,农业生产在农场经济中占有很大比重,其最主要的资源是土地,突出粮棉大宗农产品生产。改革开放后,国有农场的二、三产业有了较快的发展,有些地方二、三产业的经济总量超过了第一产业。但从整体上看,农业仍是国有农场最重要的基础产业和支柱产业,农副产品的深度加工是农场工业的主要形式。所谓"农工",就是国有农场的农业职工,他们是国家产业工人的一部分,享受国家工人福利待遇,农场对农业职工的社会养老、医疗、保险进行统筹管理。

2)国有农场的双重性特点

　　此即国有农场具有企业性、社区性的双重性特征。首先,国有农场作为一个单独核算、自负盈亏、依法纳税的具有独立法人资格的农业经济实体,具有企业性质,这是它的基本属性;其次,农场作为一个自成体系的生产、生活区域,实际上又承担了大量的社会行政管理职能,具有社区性。在农场范围内,职工生产、生活完全融为一体,与之配套的教育、卫生、治安、集镇建设等社会事业通常都由农场承担。这些社会职能超出了企业的范畴,也给农场带来了沉重负担。党的十五届四中全会作出了剥离国有企业社会职能的决定,但由于农场本身具有社区性的特点,社会职能的完全剥离也是不可能的。国有农场职能的多重性,客观上造成了农场管理目标的多元化,这是国有农场区别于一般国有企业的重要特征之一。

3)国有农场的综合性特点

　　我国农垦事业在国家的大力支持下,经过半个多世纪的开发建设,已发展成为以农为主,农、工、商综合经营的大型国有企业群体。农工商综合经营起源于延安大生产运动,当时,坚持以农业为第一位、工业与运输业为第二位、商业为第三位的方针,建立了农业、工业、运输业与商业的一系列较完备的生产经营体系。新中国成立后,在创建国有农场的过程中,为适应农业生产和职工生活的需要,各地农场先后办起了一些粮油加工、农机修配、建筑材料生产及生活商品服务项目等,形成了以产前的农机具修配、产后的粮油加工及工业品销售为主的场内农工商综合经营的雏形。到 1984 年底,全国农垦系统基本上实现了农工商综合经营。农工商联合企业的兴办,冲破了旧体制的束缚,解放了生产力,充分发挥农场自身的资源优势,走出了"种养加一条龙、产供销一体化"的经营之路。20 世纪 90 年代以后,农工商综合经营进入一个新的发展阶段,即产业化经营阶段。目前,农垦系统已基本形成"布局区域化、生产专业化、服务社会化、管理企业化、经营一体化"的农业产业化经营体系,培育了一批龙头企业、建立了一批规模较大的生产基地。

9.2.2　国有农场的经营形式

国有农场的基本经营制度,即以职工家庭承包经营为基础,统分结合的双层经营体制。其内涵即"国家所有,家庭经营,合同制约,自负盈亏"。实行职工家庭经营是由农业生产特点决定的,它能在家庭范围内完成农业生产任务,并达到最优化状态。实践证明,农业生产实行家庭经营具有广泛的适应性。不仅传统农业适宜家庭经营,现代农业也适应家庭经营,而且与实现农业现代化和发展农业适度规模经营并不相悖。农垦企业的职工家庭承包经营,与我国农村农民家庭承包经营和国外农业及家庭农场经营相比,除土地性质、经营规模不同外,其他都基本相同,即核心是以家庭经营为基础、兼顾两个经营主体的基本利益。

1)国有农场的承包经营

此即国有农场由国家经营变为农场承包经营,它是以国家核定的盈亏包干指标(财务包干指标)为依据,在完成盈亏包干任务的前提下,国有农场实行自主经营、自负盈亏、包干结余留用的一种经营形式。这种经营形式的实质在于正确处理国家(所有者)与农场(经营者)之间的责、权、利的关系,将农场及职工的利益同经营成果挂钩,以及充分发挥国有农场的主动性,增强其经营活力。

2)大农场套小农场的双层经营

这里讲的大农场指国有农场,小农场指职工家庭农场。大农场套小农场的双层经营,是在汲取农村社区性合作经济实行双层经营经验的基础上,结合农场的实际情况而形成的一种经营形式。

(1)家庭农场的分散经营

此即职工家庭农场,是在全民所有制国有农场领导下,以户为单位,实行家庭经营、定额上交、自负盈亏的经济实体。它既是国有农场有机整体中的一个经营层次,又是相对独立的商品生产者。在行政上,它隶属国有农场,接受其领导和监督,并按承包合同长期使用国有土地资源,保证完成定额上交任务;在经济上,它同国有农场是商品交换的关系,必须遵循等价交换的原则,它包括以下几个方面内容:

①职工家庭农场的生产资料。长期承包使用国有的耕地、山林、草原和水源,但不得出卖、出租和作宅基地用。当职工改营他业或因故不能继续经营时,应将承包使用的土地交还给上级农场,或经农场同意,由职工自找对象协商转包。

②职工家庭农场的经营资金。改革前,国有农场的投资主体是国家,"国家出钱,农工种田"。农业双层经营体制建立后,实行家庭农场自费生产(即生产费用自理),使家庭农场职工也成为国有农场新的投资主体。所谓家庭农场自费生产,包括生产流动资金、机械设备、田间小型水利设施等投入。

③职工家庭农场定额上交的任务。主要包括交售产品、利润、税金、管理费。前三项是按照承包土地的质量,并参照历年生产水平来确定上交指标或其递增率,一定几年不变。上交的各项管理费应区别对待,可根据职工人数、人口数或者承包土地面积来确定。

④职工家庭农场的经营权限。在国有农场统一计划指导下,自主确定生产经营项目,采用技术措施,自行安排农活和劳动力。可以雇请少量帮工和对外实行劳力、资金联合,合同以外的农副产品可以自行加工和销售。

(2)国有农场的统一经营

一方面,对大型水利工程和灌溉设施,以及不便于承包或租赁给家庭农场使用的农机具等,由国有农场统一经营和管理;另一方面,通过对分散的家庭农场和各种承包主体提供社会化服务来强化调控和服务功能。国有农场的职能科室,除保留必要的生产行政指挥系统以外,按照市场经济发展的需要,设有各种专业公司,如物资供应公司、商业公司、技术服务公司、饲料公司、种子公司、农机公司及各种服务体系等,为家庭农场和场办工业企业提供产前、产中、产后的多种服务。农机水电服务体系,提供电力、排灌、抗旱排涝等各种机械作业项目的服务;农资服务体系,提供良种、化肥、农药等服务,确保家庭农场的生产需要;农技推广服务体系,提供技术推广、指导与咨询服务;多种经营服务体系,为农副业生产提供良种、防疫、治病等服务;农产品加工、销售服务体系,统一收购、加工和销售家庭农场生产的农产品,以减少家庭农场的经营风险。

3)以场办企业形式的经营

国有农场所属的企业和专业公司,按照承包合同,各自实行单独核算,定额上交。生产、收入在补偿成本、缴纳税款以后所获得的利润,扣除按合同规定向农场上缴利润,其余企业可自行支配,用作生产基金、福利基金和职工奖金。其具体的经营形式也多种多样,除职工自费承包经营外,农场的二级企业一般通过抵押承包、股份合作、兼并联合、转让拍卖、抵押租赁等形式,实行"国有民营"或私营,以合理调整国有农场的产业结构,并促进农业剩余劳动力向非农产业转移。其主要经营农产品加工、农用工业、矿藏开发、交通运输、商业等非农产业,以充分利用自然和经济资源。其中,大中型骨干企业基本建立了现代企业制度。

4)对外联合经营

国有农场对外实行经济联合,同工商企业联合投资,采用股份制形式经营工业、商业和服务业,以便输出劳力、原料,引进技术、资金,沟通供产销渠道,促进国有农场由封闭型变为开放型的生产经营系统。

9.2.3　国有农场经营收入分配

1)国有农场经营收入的确认

收入是农业企业在销售产品、商品和提供劳务等经营业务中实现的业务收入,包括基本业务收入和其他收入。国有农场营业收入包括工业、农业、商品流通业所发生的销售收入,运输业的营运收入,建筑业的工程价款结算收入,服务行业的服务收入等。其他收入是农场除主营业务收入以外的其他收入,包括材料销售收入、技术转让收入、代购代销收入、固定资产出租租金收入等。确认营业收入,一是确认营业收入的实现时间;二是确认营业收入的实现数量或金额。

(1)确认营业收入的实现时间

确认营业收入的实现时间,按照权责发生制的原则,应以销售实现时间为基础,具体包括三种情况:一是营业收入在销售实现前确认,例如建筑工程或劳务等经营活动的最终结果比较确定,可以根据一定的标准,在销售实现前确认其收入;二是营业收入在销售实现中确认,在销售成立时,即商品已出售,或劳务已提供,且货款已收到,或已取得货款的凭据时,确认营业收入;三是营业收入在销售实现后确认。有些销售业务采取分期收款的方式,可以按照收款合同的收款期,作为营业收入的确认时间。

(2)确认营业收入的数量

营业收入应根据实际发生额进行确认。影响营业收入的影响因素很多,如发生销售退回、销售折扣、销售折让等,这些项目应作为销售收入的抵减项目入账。销售收入减去销售退回、折扣、折让以后的余额,则为销售净收入。

2)国有农场经营利润分配

国有农场实行"大农场套小农场"的经营体制后,在收入分配上,有职工家庭农场(小农场)的包干分配和国有农场(大农场)的利润分配两种形式。

(1)职工家庭农场的包干分配

职工家庭农场是在国有农场的领导下,实行专业承包、自主经营、定额上缴、自负盈亏的经济实体。与此相适应,职工家庭农场不享受工资待遇,而实行包干分配。包干分配形式的特点是:土地国家所有,家庭承包经营;费用自支自理,定额包干上交;方法简单便捷,利益关系直接。即其收入按合同规定上缴税金、利润或土地占用费、管理费和福利费以外,剩下的都由家庭农场自行支配,用于补偿生产费用(不含工资)、提留生产积累和家庭成员的消费等。

职工家庭农场上交的利润和税金指标,必须兼顾国家、农场和职工三者的利益,防止偏高或偏低。一般应根据承包的土地、草原、水面等资源的优势,参照历年的投入和产出水平来确定;对于开发性生产项目(如荒山造林),应予以优待;对上交的各项费用,应区别对待,或按职工数、人口数、田亩数合理负担。

(2)国有农场的利润分配

国有农场的利润分配,在1978年以前,一般实行利润全部上交国家、亏损由国家补贴的办法,农场和职工对经营成果的好坏不承担经济责任,以致产生农场吃国家的"大锅饭"、职工吃农场的"大锅饭"的弊病;同时也增加了国家财政负担。为了扭转上述局面,从1979起,国家对国有农场实行财务包干,即盈亏包干的制度。其内容和做法如下:

①分类选择财务包干办法。即按照国有农场的不同类型,实行不同的财务包干办法;对大多数的国有农场实行"独立核算、自负盈亏、盈利留用、亏损不补"的办法,其主要特点是自负盈亏;对国有橡胶农场、各级农垦部门直属的工厂和供销企业,以及少数利润较大的国有农场,实行利润的"包干上缴,一年一定,结余留用,短收不补"的办法,其主要特点是包干上缴利润;少数自然条件很差、亏损较大且短期难以扭亏为盈的国有农场,实行亏损"定额补贴,一年

农业企业经营管理

一定,结余留用,超亏不补"的办法,其主要特点是亏损定额补贴。

1985 年,财务部与农牧渔业部发布的《关于"七五"期间国营农垦企业财务包干的几项规定》中作了如下的重要补充、修订:第 2 类中的微利企业,可实行"盈利不交,亏损不补自负盈亏"的办法;个别确因自然条件太差,还有亏损的国有农场(包括新建场),必须限期扭亏,在限期内实行亏损"定额补贴",或以"扭亏措施费"的形式提前拨给一部分亏损补贴,给予扶持,使其尽快扭亏为盈;核定的盈亏包干指标可以一定 5 年不变,国家给企业的事业费拨款,实行"定额包干,结余留用,超支不补"的办法。

20 世纪 90 年代中期以后,全国各省区开始深层次的综合改革,农场实行属地管理,(人、财、物)统一交由所在县市区管理,把国有农场纳入政府提供公共服务的范畴。同时在国有农场设立管理区,并建立一级财政体制,确定农场财税上交基数,实行包干上交,农场新增财政收入的地方本级分成部分,则全部返还农场。

②合理核定盈亏包干指标。盈亏包干指标的高低,关系国家、企业、职工三者之间的利益。主管部门和财政部门必须合理地核定每个国有农场企业的盈亏包干指标,一般是按照该单位前几年的年平均盈利或亏损水平和近几年内生产经营条件的变化来核定。1984 年以前每年核定一次。1985 年起改为一定 5 年不变,以利于调动企业和职工的积极性;也可以在核定的盈亏包干指标的基础上,按照一定比率来确定逐年递增的上缴利润指标或逐年递减的补贴亏损指标。

③正确计算农场留用利润和包干结余。其具体计算方法如下:

第 1 类企业获得的利润全部留给企业支配。

第 2 类企业的包干结余可按下式计算:

$$包干结余额 = 实际利润额 - 包干上缴利润额 \qquad (9.1)$$

第 3 类企业的包干结余可按下式计算:

$$包干结余额 = 亏损补贴定额 - 实际亏损额 \qquad (9.2)$$

或

$$包干结余额 = 亏损补贴定额 + 实获利润额 \qquad (9.3)$$

当年的包干结余出现赤字时,必须以历年的包干结余来弥补。如果历年没有包干结余,不敷弥补赤字,就要靠国家银行贷款来弥补,否则会侵蚀企业的流动资金,妨碍企业再生产的顺利进行。

④规范农场留用利润和包干结余的用途。实行财务包干后,企业的留用利润和包干结余应坚持"先提后用"的原则,用于三种基金,即生产发展基金(用于追加生产投资)、职工奖励基金(用与举办集体福利事业和奖金支出)、储备基金(用于以丰补歉)。关于三种基金提留的比例,必须遵循国家有关政策规定,兼顾生产、生活和"以丰补歉"三方面的需要。动用储备基金时,应编制计划报上级主管部门审查、批准。

国有农场实行财务包干后,取得了较好的效果,调动了企业生产积极性,促进了生产发展;增强了企业自筹资金的能力,为改善生产条件提供的资金;推动了扭亏为盈,盈利企业的盈利额逐年上升,亏损企业的亏损额逐年下降;改善和提高了职工生活和集体福利事业;增加了财政收入,减少了财政补贴。

⑤灵活实行企业的工资分配。以"工效挂钩"为手段,坚持按劳分配和"效率优先、兼顾

公平"的原则。合理核定工资总额基数、效益基数、挂钩浮动比,根据不同工种、不同岗位,实行灵活多样的工资分配形式,建立起企业内部工资分配的激励机制和自我约束机制。

9.2.4　国有农场经营体制改革

农业是农垦经济的基础和支柱。农垦农业在 30 年改革历程中,逐步突破了计划经济体制和传统观念的束缚,构筑了以具有广泛适应性和旺盛生命力的双层经营体制为主体的体制框架。其核心内容是国有农场内部兴办家庭农场,建立统分结合的双层经营体制。

1) 国有农场改革的历程

(1)改革开放前

国有农场原有的经营体制是在 20 世纪 50 年代伴随着国有农场的兴建而逐渐形成的。其主要特征有以下几个方面:

①单一的生产资料所有制。国有农场的生产资料实行单一的国家所有制,这是农垦传统的农业经营体制的根本特点。1952 年 8 月 9 日农业部颁布的《国营机械农场农业经营规章》第一条规定:"国有农场是社会主义性质的农业企业,它的一切生产手段——土地、机具、建筑物、牲畜等均属国有。"这里所称"一切生产手段",包含了除劳动者以外的一切生产要素。

②高度集中的经营管理体制。在传统体制下国有农场的农业生产经营活动,处处体现了高度集中统一经营管理的原则:在计划管理上,由国家统一下达指令性计划,且这种计划无所不包地渗透于生产活动的一切环节,如土地利用计划、农作物生产计划、肥料收集与施用计划、良种繁育计划、病虫害防治计划、耕作计划等等;在财务管理上,实行统收统支,收支两条线,有盈利则上交给国家,若亏损则由国家补贴;在劳动管理上,由国家统一分配就业,由农场和生产队统一调度和组织,实行"大帮哄"的劳动方式;在分配上,实行国家统一的等级工资制度;在产品处理上,由国家统一调拨;在投资方式上,由国家统一基建投资,并提供生产流动资金等。

从历史的角度看,这种高度集中的农业经营体制,便于集中调动人力、物力、财力,进行农场的开发建设,在屯垦戍边、示范农村、支援国家建设等方面,曾发挥过十分重要的作用。但是,随着社会的进步,它的弊端表现得越来越明显,实践证明它是一种"一死二穷"的经营体制。"死"是指这种体制僵化,缺乏生机活力,束缚了人们的思想,使经营者、劳动者都没有主动性;"穷"是指在这种体制下,农场吃国家的大锅饭,职工吃农场的大锅饭,企业不讲效益,职工没有积极性、创造性,从而制约了企业资源的开发和利用,生产力水平低下,穷是必然的。改革,是农垦系统唯一的出路。

(2)改革开放后

党的十一届三中全会以来,国有农场农业经营体制改革,大致经历了三个阶段:

①探索改革农业经营体制的途径(1979—1983 年)。十一届三中全会以后,全国广大农村发生了深刻的变革,实行联产承包责任制,农民开始走上了致富之路。在这一改革浪潮的推动下,各垦区国有农场借鉴农村改革经验,纷纷探索改革农业经营体制的途径。起初实行生产责任制,主要有承包责任制,自负盈亏、纯收益分配,专业承包、联产到劳等形式。一些大垦区如新疆兵团、黑龙江、内蒙古等垦区,出现了分田到户、大包干责任制,即家庭农场经营方式。这个阶段改革的特点是形式多样,强调因地制宜。

②建立统分结合的双层经营体制(1984—1990年)。1984年中央一号文件(《关于1984年农村工作的通知》)指出:"国有农场应继续进行改革,实行联产承包责任制,办好家庭农场。机械化水平高,不便家庭承包的,也可实行机组承包。"1986年3月中共中央、国务院批转农牧渔业部《关于农垦经济体制改革问题的报告》(中发[1986]8号),进一步明确国有农场的改革应主要围绕兴办家庭农场,建立大农场套小农场的双层经营体制。自此,职工家庭农场作为国有农场内部微观层次的主体形式被普遍推广,"大农场套小农场"的双层经营体制逐步建立起来。这个阶段改革的特点是由于缺乏配套改革措施,因此稳定性差,波动较大。

③完善统分结合的双层经营体制(1991年以来)。1991年8月9日国务院发出的《国务院转批农业部关于进一步办好国有农场的通知》指出:"国有农场统分结合的双层经营体制,要作为生产经营管理的一项基本制度长期稳定下来。"这标志着国有农场农业经营体制改革已进入逐步稳定、完善,改革向深层次发展的新阶段。其改革的要点:一是完善分配制度,以经济方法进一步处理好国家、企业、职工三者的利益关系;二是加强服务体系建设,处理好大农场与小农场的关系,力求做到统分适度,为家庭农场提供更多的服务;三是注重配套推进,在稳定、完善双层经营体制的同时,加大农场内部的结构调整力度,鼓励发展职工自营经济、规模经营以及产业化经营,探索农业的租赁经营、股份合作、有限责任公司等新的经营方式。

2)国有农场改革的内容

国有农场农业经营体制改革历经30年,其内涵十分丰富,主要包括以下几方面:

(1)经营方式的变革

如前所述,国有农场传统的农业经营方式,是以高度集中统一经营为特征的,改革后所实行的经营方式是统分结合的双层经营。即以大农场统一经营为主导,以家庭农场和其他分散经营形式为基础,以国有土地为依托,以联产承包为纽带,通过合同和契约关系,实行统分结合的一种经营方式。

①统一经营层次。它是以土地、各种基础设施等国有资产为载体,在国有农场的生产经营活动中,对分散经营层次发挥组织、协调、服务、监督、调控等管理职能作用,具有主导地位。

②分散经营层次。它是以家庭为主要形式的直接承包农业生产经营的微观层次,是国有农场农业双层经营的基础。这个经营层次是以农场职工为主体构建形成的,其组织形式有家庭农场、机组承包等。实行家庭承包,改变农场核算体制、工资制度,给生产者以更大自主权,是农场农业生产经营管理的一次重大改革。家庭农场的生活、生产费用自理,生产队只是为它服务。它与农场(代表国家)以合同相约束;在分配上,完成国家订购,交足农场提留,其余全归自己所有。这是双层经营中是最为有活力的经营层次,故具有基础地位。

③统分关系。包括大农场和小农场各自的职能及其相互关系。统分结合的双层经营方式,要求"统"与"分"适度。统得过多,可能束缚小农场的手脚,不利于充分发挥职工的积极性;过于强调分散经营,该统的不去统,则可能导致放弃管理,微观失控,进而损害大农场和国家的利益。

统分结合的双层经营,既是一种农业经营方式,同时又为国有农场构建了新的经济体制框架。因此,农业经营方式的改革对国有农场整个经济体制的改革具有重要意义,还需不断完善。

(2)分配制度的改革

分配关系是整个生产关系的重要组成部分。国有农场农业经营体制改革,始终与分配制度改革连在一起,通过改革最终选择了"大包干"即"定额上交,自负盈亏"的分配方式。它包含两个层面的关系:第一层面是大农场与小农场之间的分配关系。一般通过合同契约确定小农场每年向大农场上交利、费、税(代收)的数额(实物或货币)。其特点是上交量相对稳定,通常三年核定调整一次,且不因收成好坏而变动。这一层次分配关系,在双层经营体制内的分配关系中起主导作用。第二层面是小农场(其主体是农业工人)自身的分配。其特点,一是职工收入与劳动成果的价值(由产量和市场价格所决定)挂钩;二是职工收入的多少除了工人活劳动的投入量以外,还取决于其他要素(资金、技术、信息等)投入的状况;三是取消了等级工资制,即职工"生活费用"自理,原等级工资变为"档案工资"作为退休享受劳保待遇的依据。

(3)投资体制的改革

改革前,国有农场的投资主体是国家,"国家出钱,农工种田"就是这种体制的生动概括。1979 年以后,通过"财务包干"政策,农场可以用包干结余进行再投资,因而开始进入"投资主体"角色。在农业双层经营体制建立后,通过实行家庭农场自费生产(即职工的"生产费用"自理)的改革措施,又使家庭农场职工成为国有农场新的投资主体。所谓家庭农场自费生产,即指生产流动资金投入、机械设备投入、田间小型水利设施投入等费用,由职工家庭自行解决。由于投资主体的多元化,既减轻了国家和大农场资金投入的压力,又可以调动家庭农场投资的积极性,使一部分消费基金转化为生产投入,以有利于农场的生产发展。

(4)产权制度的改革

国有农场农业经营体制的改革,使原有的产权关系发生了突破性变化,主要体现在以下两方面:

①实现了国有资产所有权与经营权的分离。国有农场与其他国有企业一样,其资产所有权都属于国家。改革后,国家通过贯彻承包经营责任制、转变企业经营机制,将经营权让渡给企业(农场),使国有农场成为自主经营、自负盈亏的法人实体,即所谓"第一层次"的两权分离。进而通过在农场内部兴办家庭农场,大农场又将国有土地的部分经营权让渡给家庭农场,即所谓"第二层次"的两权分离。在所有权与经营权的第二次分离中,由于大农场将农业的生产经营风险基本上转移给了家庭农场,使大农场"自负盈亏"得到进一步保障。这一变革的意义不可低估。

②部分国有资产的所有权向家庭农场转移。在全面兴办家庭农场,建立统分结合的双层经营体制以后,国有农场陆续将部分国有资产(主要是农机具、小型生产设施)作价转让给家庭农场,从而使家庭农场拥有这部分国有资产的所有权。有的垦区农场还将果树、橡胶树等长期作物,作价转让给家庭农场经营;一些不涉及土地承包的如养殖业,则由个体户进行专业化经营;有的垦区农场在经营农业中还试行了股份合作制;等等。从所有制属性看,家庭农场已不是纯粹的全民所有制,而是一种混合所有制。

9.2.5 国有农场改革的深化

统分结合的农业双层经营体制,适应于我国国有农场现阶段的生产力水平,也基本上符合社会主义市场经济体制的要求。但作为一种组织和制度创新,它的潜能还未能最大限度地发挥,改革有待于进一步深化。农场深化改革的大方向是企业化,其改革的主要任务是:继续

完成国有经济布局和国有企业的战略性调整和改组,形成多种所有制经济并存和竞相发展的格局;进一步完善适应社会主义市场经济体制要求的农垦管理体制和企业运行机制;形成以家庭经营为主要形式的现代化农业经营体制;形成更加完善的农业产业化经营体系;实现真正意义上的政企分开;建立比较完善的社会保障体系。

1) 理清国有农场改革的基本思路

国有农场管理体制改革,主要包括理顺管理体制和剥离农场办社会职能两项内容。从国有农场的特殊性和农业生产经营的特点出发,国有农场改革的基本思路是农场应由经营型向经营管理型转变,并逐步发展成为一个对国有资产和国有土地进行受托管理的国有控股公司。具体做法是:农场土地实行租赁经营,场办企业全面改制,农场主要从事资产经营管理和社区管理,一般不直接承担生产经营风险。农场实行土地租赁经营,鼓励农业职工创办"家庭农场",实行"两费"(生产费用、生活费用)自理,"先交钱,后种田",同时采用适当政策,鼓励职工长期租赁农场土地。场办二、三产业企业全面改制,国有资本从中退出或大部分退出,让经营者持大股,努力实现股权多元化,农场不直接承担企业经营风险。

2) 明确国有农场的职能定位

国有农场在实现由经营型向经营管理型转变后,国有农场实际上是一个国有土地和资产受托管理、具有企业性与社区性双重特征的国有控股公司。这时的国有农场的基本职能,主要包括:一是国有资产经营管理。即接受政府或国有资产管理公司(经授权的农垦集团公司)委托,对农场的国有土地和国有资产进行管理,确保国有土地不流失、国有资产保值增值。二是社区管理。即在农场设立上级政府派出的社区管理机构,纳入政府管理序列,负责农场区域范围内各项社会事业的管理,包括接受政府委托,行使某些行政管理的职能等,保障农场经济社会的稳定发展。三是生产经营管理。即主要是搞好协调与服务,包括信息、技术的指导,农机、水利的协调与组织等。通过全方位的服务,把分散的"家庭农场"整合起来,纳入社会化的大生产中去。

3) 加大国有农场的改革力度

(1) 加快国有经济布局和所有制结构调整

按照"有进有退,有所为有所不为"的原则,加大资产重组力度,培育主导产业,提高农垦企业的整体素质和竞争力。为此要突出三个要点:一是加快农垦中小企业的产权制度改革。通过多种形式的改组改造,使国有资本从非主导产业特别是中小企业中退出,实现投资主体多元化。二是加快优势行业和骨干企业的建设。国有资本投资的重点,主要是农业基础设施、服务体系、科技体制的建设,以及产业化龙头企业和对农场经济发展有重要影响的新兴行业、优势企业。三是大力发展非国有经济。要把非国有经济的发展纳入垦区宏观经济布局调整的总体规划,打破一切不利的体制和政策限制,为非国有经济的发展创造一个宽松的环境。

(2) 加快农场的管理体制改革

总体上,农场实行属地管理后,农场的行政、社会职能交给管理区,农场按企业化运作,形成"小政府、大企业"的政企分开模式。农场实行公司制改制后,其组织形式变为"公司套小农场",但仍然是双层经营体制。具体体现在以下几点:

①创新农场管理体制。深化机构、人事和分配制度改革。按照有关政策规定,农场所设分场一律取消,生产队进行合并。即所有农场改变为总场、生产队二级管理;事业单位实行企

业化管理,将农场所办非公益性事业单位及中介组织推向市场,实行自收自支、自负盈亏。改制后,国有农场建制不变,与管理区实行一个机构、两块牌子、一套班子。

②创新企业运行机制。对国有农场进行公司制改造,建立现代企业制度,是国有农场深化改革的方向。即农场企业要按照民营化思路,彻底实施产权制度改革,使农场的工商企业改组、改制,成为独立的一级法人。一切要以市场需求为中心,建立一套科学合理的管理制度,包括管理组织的功能归位管理、集团战略决策管理、生产经营管理、人力资源的开发与管理等,以实现利润最大化。

③创新农业税费制度。即按照 2006 年《国务院办公厅关于深化国有农场税费改革意见》,深化国有农场税费改革。农场应按所在县(市、区)实际人均耕地面积(标准亩)分给农业职工"责任田",其承包经营权保持长期不变,责任田执行同当地一样的税费改革政策,农场因此而减少的收入由省政府予以转移支付补助。农场其余土地作为"经营田",按照公开、公正、公平的原则,实行招标承包,租赁经营,其经营收入留给农场。

(3)促进农场的农业产业化经营

实行农业产业化经营,既是深化农业经营体制改革的要求,也是发展市场化农业的需要。从农业产业化的核心内容来看,就是要解决家庭农场承包制度下,单个农户进入市场的交易费用高、单一比较利益低的问题。它是一种将农业产前、产中、产后紧密联结在一起的一种新的经营形式,通过"贸工农"等多种组织形式拉长农业产业链条,实现农产品增值。因此,要进一步打破农场、垦区和所有制界限,以市场为导向,以提升产业化经营水平为重点,以资产和契约为纽带,充分发挥国有农场土地集约连片、组织化程度高的优势,引导民营企业在产业化经营中做大做强;不断创新利益联结机制,以带动千家万户家庭农场,形成若干各具特色的产业链,使龙头企业与家庭农场真正成为联系紧密、利润均沾、风险共担的利益共同体,提高农垦产品的市场占有率和竞争力,更好地发挥农垦集团的辐射与带动效应。

(4)完善农场的农业双层经营体制

已形成的双层经营体制,在市场经济条件下必须进一步走向完善与规范。一是稳定土地承包关系,延长土地承包期限,注意减轻家庭农场的负担;二是进一步完善服务体系,规范对"小农场"产前、产中、产后的全方位服务,提高服务水平;三是加强对"小农场"的管理,包括合同管理、产品管理、财务管理、农机管理等,进一步规范其行为;四是注重培育"小农场"的积累功能,使其不断提高抵御风险的能力;五是加强教育和培训工作,提高经营管理者的素质。十五届三中全会(决定)指出:"家庭承包经营,不仅适应以手工劳动为主的传统农业,也能适应采用先进科学技术和生产手段的现代农业,具有广泛的适应性和旺盛的生命力。"从长远看,实行家庭农场向大农场或公司承包仍是主要形式。

(5)推进农场的农业规模化经营

注重农场系统内部结构的合理构建,这是完善双层经营体制的重要环节。目前家庭农场土地分散、规模较小、经济技术力量薄弱等问题,就其实质仍是结构不合理的表现。因此,在优化产业结构的同时,通过家庭农场之间的相互兼并联合,使土地向生产技术骨干、种田能手集中,积极发展适度规模经营和集约化经营,已是大势所趋。如新疆的晋江西滨农场,现已有比较发达的非农产业,1 800 亩耕地已集中于 8 个家庭农场经营,降低了单位产品的固定成本,产生了较大的规模效益,值得借鉴。但要强调,规模经营没有固定的模式,应根据不同地

区、作物结构、生产技术、管理水平等条件,求得适度规模经营。

4)加强国有农场与地方经济社会的融合

融入地方经济社会发展,是新时期国有农场改革的基本导向。实行属地管理,将农场经济社会纳入地方统筹规划,因而融入地方总体发展是农场改革的必然方向,是适应国家统筹区域经济发展要求的现实选择。它有利于国家和省级的各种惠农政策的落实,有利于农场资金、项目渠道的畅通,有利于场乡共建、垦地交融、共同发展。

融入地方经济社会发展,应充分体现国有农场的优势和特色。从农场个体规模上看,(除新疆等兵团制农场外)相当一部分地方农场规模较小,不及一个小型乡镇。从农场整体素质上看,农场仍然具有土地资源丰富,"统"的功能较强,科技水平、装备水平、产业化水平和职工素质较高等核心能力。因此,国有农场融入地方经济社会发展的功能地位,不在于对地方经济贡献的份额,而在于贡献的分量。即农场应该坚持市场化取向,有所为有所不为,充分发挥农场现代化农业建设的优势,做亮特色,不断增强示范带头作用,主动成为撬动区域经济发展的战略支点。

总之,国有农场改革的主流方向是市场化改革取向。通过财务包干改革,使国有农场成为自负盈亏的市场经营主体;双层经营体制改革,确立了农工自主经营的市场主体地位;农工商经营改革,使农场直接面向市场,按照市场经济规律组织生产经营,强化了市场在资源配置中的基础性作用;综合改革,进一步调整了生产关系,解放了生产力,使农场走出了困境,步入了快速发展的轨道。国有农场要实现"农业国家队"的自我价值,则市场化取向、企业化经营的发展道路还必须坚定不移地走下去。

任务9.3 农业产业化经营管理

在社会分工不断细化的趋势下,坚持农业家庭联产承包经营的基础上,从我国特殊国情的现实出发,积极拓展农业发展空间,大力发展农业产业化经营,是带动农民进入市场、应用农业科技、优化农业结构和扩大经营规模的重要举措。这对于促进新阶段农业和农村经济发展,推动农业经营体制创新,不断增加农民收入,加快农业现代化步伐,具有重要意义。农业产业化经营是现代农业经营的重要形式,是农业企业经营管理的重要内容。此处主要介绍农业产业化经营特点、经营模式、经营策略以及利益机制等问题。

9.3.1 农业产业化经营的含义及特征

1)农业产业化经营的基本概念

(1)农业产业

农业——这里指农业再生产的全过程。从市场经营的角度来说,农业涵盖了广义农产品的生产、储运、加工和销售等各个环节,即大概念农业。

农业产业——是对众多农业生产经营单位和生产部门的总称。随着社会生产力的发展、劳动分工的深化,农业中的许多部门和主要产品生产将形成一个个相对独立的产业。如农业中又可分为粮食产业、蔬菜产业、养殖产业等,近年来,随着改革开放的深化,花卉业、森林旅游业、草产业、绿色食品业、野菜采集加工业、食用菌产业等,都成为农业中相继独立出来的新兴产业。

（2）农业产业化经营

从农业经营层次上看,从事农业某生产环节经营的企业,总是追求自身利益的最大化,而分散、孤立、狭小、保守的农户家庭经营,只能通过市场交易,获得利润低微的初级产品的市场价格,与农业企业化经营相比,始终处于不利的竞争地位。

农业产业化经营也叫农业产业一体化经营,它是建立在农业产业劳动分工高度发达基础上的、更高层社会协作的经营方式。具体来说,它是以市场为导向,以农户经营为基础,以"龙头"企业为主导,以系列化服务为手段,通过实行产供销、种养加、农工贸一体化经营,将农业再生产过程的产前、产中、产后诸环节联结为一个完整的产业系统。它是引导分散农户的小生产进入社会化大生产的一种组织形式,是多元参与主体自愿结成的利益共同体,也是市场农业的基本经营方式。

农业产业化经营与一般农业（企业化）经营的主要区别在于:前者是由农业产业链条各个环节上多元经营主体参加的、以共同利益为纽带的一体化经营实体;在农业产业化经营组织内部,农民与其他参与主体一样,地位平等,共同分享着与加工、销售环节大致相同的平均利润;后者的经营范围则只限于农业产业链中某一环节。

2）农业产业化经营的特征

农业产业化经营的特征,可分为内在本质特征和外在表象特征两种体现。

（1）内在本质特征

根据内在本质特征,可判断某个经营实体是否为农业产业化经营组织。具体有三个特征:一是龙头单位与多元参与主体是否形成利益共同体;二是是否有稳定的制度、组织方式或经营载体来维系;三是是否按照一体化运营的约束机制来运作。

（2）外在表象特征

①生产专业化。按市场需求和社会化分工,以开发、生产和经营市场消费的终端农产品为目的,实行产前、产中、产后诸环节相联接的系列化生产经营。"系列化"是把一个农产品升格为一个系列,使农业成为一个包括种植、养殖、加工、流通在内的完整的产业体系。专业化生产表现的具体形式,如区域经济专业化、农产品商品生产基地专业化、部门（行业）专业化、生产工艺专业化等。

②布局区域化。通过调整农产品结构,形成与资源特点相适应的布局。按照区域比较优势,配置资源要素;确立主导产业,实行连片开发;建立生产基地,将一家一户的分散种养,联合成千家万户的规模经营,以创造区域的产品优势和市场优势。

③经营一体化。以市场需求为导向,围绕某一主导产业按产业链进行开发,组织多主体参与产加销各个环节,使产加销横向一体化;或围绕某一主导产业,实行资金、技术、人才的集约经营,连结、拉长、活化、优化产业链条,使农工商纵向一体化。从实践中总结出来的"龙头企业＋基地＋农户",就是对经营一体化的形象描述。经营一体化使外部经营内部化,从而降低交易成本,提高农业的比较利益。

④服务社会化。一般表现为通过合同（契约）稳定内部一系列非市场安排。无论是公司、企业,还是合作社、专业协会,都应从整体和长远利益出发,尽可能多地向农户提供生产资料、

资金、信息、科技以及加工、储运、销售等诸环节的全程系列化服务；农户则向企业稳定地提供质优价廉的农副产品，从而达到基地、农户和龙头企业相互促进、相互依存、联动发展的目的。

9.3.2　农业产业化经营的模式

从经营内容、参与主体和一体化程度上看，农业产业化经营模式可分为以产销合同为纽带的产加销一体化经营模式和以产权关系为纽带的农工商一体化经营模式两大类型。前者为松散型，后者属紧密型。根据龙头企业和所带动的参与者的不同，具体可分为以下五种类型：

1)"龙头"企业带动型

公司＋基地＋农户，它是以公司或集团企业为主导，以农产品加工、运销企业为龙头，重点围绕一种或几种产品的生产、销售，与生产基地和农户实行有机的联合，进行一体化经营，形成"风险共担、利益共享"的利益共同体。这种类型特别适合在资金或技术密集、市场风险大、专业化程度高的生产领域内发展。其特点是：龙头企业与农产品生产基地和农户结成贸工农一体化经营系统；利益联结方式是根据产销合同(契约)订购或实行保护价收购；农户按合同规定，定时定量向企业交售优质产品；企业按优惠价向农户提供生产资料和技术等社会化服务；企业利润按比例返还给农户；企业出资给农户投保以解除自然风险带来的后顾之忧。

2)合作经济组织带动型

专业合作社或专业协会＋农户，它是由农民自办或政府引导兴办的各种专业合作社、专业技术协会，以组织产前、产中、产后诸环节的服务为纽带，联系广大农户，从而形成种养加、产供销一体化的利益共同体。这种组织具有明显的群众性、专业性、互利性和自助性等特点，实行民办、民管、民受益三原则，成为农业产业化经营的一种重要类型。

3)中介组织带动型

"农产联"＋企业＋农户，这是一种松散协调型的行业协会组织模式。即以各种中介组织(包括农业专业合作社、供销社、技术协会、销售协会等合作或协作性组织)为纽带，组织产前、产中、产后全方位服务，使众多分散的小规模生产经营者联合起来，形成统一的、较大规模的经营群体，促进农业产业链的形成和延长。这种模式的中介组织——行业协会，如山东省农产品加工销售联席协会(简称"农产联")，在功能上近似于"欧佩克"组织，其作用就是沟通信息、协调关系和合作开发国内外市场。

4)主导产业带动型

主导产业＋农户，从利用当地资源优势、培育特色产业入手，发展一乡一业、一村一品，逐步扩大经营规模，提高产品档次，组织产业群，延伸产业链，形成区域性主导产业，以其连带效应带动区域经济发展。

5)市场带动型

专业市场＋农户，是指以专业市场或专业交易中心为依托，拓宽商品流通渠道，带动区域专业化生产，实行产加销一体化经营。该模式的特点是：通过专业市场与生产基地或农户直接沟通，以合同形式或联合形式，将农户纳入市场体系，从而做到一个市场带动一个支柱产业，一个支柱产业带动千家万户，形成一个专业化区域经济发展带。山东省寿光市"以蔬菜批发市场为龙头带动蔬菜生产基地的一体化经营模式"是这种类型的典型代表。

以上类型的划分是相对的,它们在不同程度上,促进了农业各生产要素的优化组合、产业结构的合理调整、城乡之间的优势互补和系统内部的利益平衡。农业产业化经营是一场真正意义上的农村产业革命,从根本上打破了我国长期实行的城乡二元经济结构模式,构建起崭新的现代农村社会经济结构模式,弱化乃至消除了城乡间的结构性差别,真正做到城乡间、工农间的平等交换,是我国市场农业发展的必由之路。

9.3.3　农业产业化经营的策略

发展农业产业化经营是一项系统工程,贯穿生产、加工、销售等各个环节,涉及农业和农村经济的整体发展,事关农民切身利益。因此,必须统筹规划,因地制宜,讲究策略,稳步推进。1997 年,中央农村工作会议指出:农业产业化经营"一要坚持市场导向,确立区域性主导产业;二要培育和扶持龙头企业,充分发挥其开拓市场、引导生产、加工转化、销售服务的作用;三要处理好龙头企业与农户的利益关系;四是加强组织协调。"这就从整体上规定了政府对农业产业化经营采取的支持、引导、协调、规范、服务的方针政策。农业产业化经营的具体实施,还需要有一系列策略措施。

1)正确选择主导产业

主导产业是龙头企业加工所需原料或销售的农产品的专业化、规模化的产业。在农业产业化经营中,主导产业起着上连市场、下接农户、建立中介组织、培植生产基地的作用,是农业产业化的支柱。选择和确立主导产业,是实施农业产业化经营最重要的工作,需要遵循以下原则:

(1)资源优势原则

资源优势即有相对集中的自然资源、经济资源优势和良好的产业发展基础,且覆盖面大,在一个区域内能使多数农民致富。对于一个区域讲,主导产业应是特色产业,即能开发出一批名、特、优、新、稀的产品。

(2)市场导向原则

市场导向即以市场需求为导向,产业(产品)具有现实需求和潜在市场,才可能被确立为主导产业。解决产品趋向问题,防止生产力过剩,即产品结构要合理。主导产业应是生产最终产品的产业,社会对该产业部门的产品有着较大的市场需求。

(3)比较效益原则

在确立主导产业时,要选择那些经济效益显著、在产值和农民收入的构成中有较大份额、在区域内有较高效益比重的产业。主导产业应是新型产业,它代表着技术发展和产业改造的方向,具有高技术含量、高附加价值的特点。

(4)关联效应原则

关联效应即产业带动性强,对其他产业和整个经济发展有很强的拉动作用,通过该产业发展能带动相关二、三产业的发展,形成大批的相关产业群,能促进区域产业结构的调整,增强地方经济的实力。

2)加强农产品商品基地建设

农产品商品生产基地,是龙头企业的第一车间,是农业产业化经营的基础性环节。它是根据市场需求和龙头企业要求,为主导产业生产所需原料的基地。重点抓好以下工作:

（1）区域化布局

因地制宜、统一规划、打破地区界限，依据国家产业政策建立区域性、规模相当的生产基地。发挥地区资源优势，相对集中、突出特色，围绕主导产业形成全新的区域经济格局。

（2）优质化生产

农产品商品基地要大力选育优良品种，搞好品种结构调整。实行优质优价政策，鼓励农户发展优质农产品生产，以提高商品率、扩大商品批量。

（3）集约化经营

围绕优势农产品，引导农民进行适度规模经营，加大农产品商品基地的资金投入和科技投入，提高农产品的科技含量和产出率，以提高基地的集约化经营程度。

（4）系列化服务

加强农产品商品基地的服务组织和生产设施建设，主要从技术、资金、物资、运输、贮藏、收购、信息等方面搞好农产品生产服务。

3）大力培植"龙头"企业

龙头企业是农业产业化经营的关键。龙头企业是以农产品基地生产的原料为加工、销售对象，并与农产品生产者结为利益共同体的企业。它肩负着开拓市场、科技创新、带动农户、促进发展的任务。龙头企业的素质决定着农业产业化经营的整体水平。

（1）发展龙头企业集团

围绕本单位的优势产业和产品，通过农企、企企联合，建设大型的农产品加工或销售企业集团，实行跨行业、跨地区、跨所有制经营，充分发挥龙头企业集团的规模效应。吸引大型农产品加工企业、食品加工企业和饲料企业加入龙头企业队伍。

（2）加快龙头企业科技进步

应用现代科技装备龙头企业，从根本上提高企业的技术水平。大力开发附加值高的新产品，以增强龙头企业的竞争能力和带动能力。

（3）利用多种经济成分发展龙头企业

不论哪种所有制形式的龙头企业，只要能带动农户发展生产，对当地经济发展有利，即被视为可行。

（4）促进龙头企业外向型发展

瞄准国际市场需求，积极发展外向型龙头企业，开拓国际市场，发展创汇农业。

4）健全农业社会化服务体系

农业生产的复杂性决定了农业服务内容、服务主体及服务关系的复杂性，也决定了农业社会化服务体系是一个庞大而复杂的经济社会系统。因此，应树立系统观念，统筹规划，通过科学合理的机制来实现。健全社会化服务体系，即以乡村社区组织为基础，以国家专业技术部门和"龙头"企业为依托，形成县有农业综合服务公司或中心，乡镇有综合服务组，以农民自办服务组织为补充的多渠道、多形式、多层次的网络服务体系。从良种繁育、种苗提供、技术指导、加工运销、信息服务、资金筹措等方面，向农产品商品生产基地提供全程系列化服务。不断探索社会化服务体系向实体化、专业化方向转变，逐步形成专业性服务与社区性服务相结合的新型农业产业化经营模式。

9.3.4　农业产业化经营利益机制

农业产业化作为一种新型的农业经济发展形态或生产关系模式,其实质只能是一种物质利益关系。现代制度经济学理论认为,任何组织或制度创新,都是利益最大化主体在谋求自身利益动机驱使下共同博弈的结果。农业产业化载体是不同环节及各种利益主体由于利益关系而形成的一体化组织,只有当各利益主体从产业化经营中,获得的净收益大于各自由随机的市场交易而获取的净收益时,农业产业化组织才能得以顺利发展。这里就需要一种合理的利益机制来进行调节。

利益机制,即利益分配机制。农业产业化经营的利益分配机制,就是指"龙头"经营组织与农户之间的利益分配关系及分配方式。利益的创造是基础,利益的分配是关键。农业产业化的目标,就是通过合理的利益机制,把"龙头"与农户的利益联结起来,形成"风险共担、利益均沾"的统一体;把分散的农户组织起来通过"龙头"走向市场,从整体上提高农业的比较效益。这种利益机制,主要体现在"龙头"经营组织其农产品的购销、加工、流通环节利益的分离、对生产资料的供应以及对农产品基地的扶持等环节上。只有处理好这些环节的利益关系,使生产、加工、营销等各主体都获得利益,才能体现保护生产者农民的利益,使他们和其他主体一样都获得社会平均利润。

1)利益机制的形式

大体上可分出以下几种类型:

(1)资产整合型

资产整合型主要表现在一些企业集团或企业,即龙头企业以股份合作制或股份制的形式,与农户结成利益共同体。农民以资金、土地、设备、技术等要素入股,在龙头企业中拥有股份,并参与经营管理和监督。在双方签订的合同中,明确规定农民应提供农产品的数量、质量、价格等条款,农民按股分红。这种机制,一方面使企业与农民组合成新的市场主体,农民以股东身份分享企业的部分利润;另一方面使企业资产得以重新组合,提高了企业的资产整合效率,同时对双方都有严格的经济约束,主要是合同(契约)约束和市场约束。

(2)利润返还型

"龙头"经营组织和农户之间签有合同,确定农户提供农产品的数量、质量和收购价格,以及"龙头"经营组织应按合同价格和返利标准,把加工、营销环节上的一部分利润返还给农户。有的"龙头"组织还注意扶持基地、反哺农业。这样,双方关系更为紧密,能保持长期稳定。农户关心"龙头"经营组织的经营效果,在所负责的生产环节上尽心尽责;"龙头"经营组织注意在技术指导、资金借贷等方面支持农户。这种机制能较好地调动农民的积极性,使农民能取得农业平均利润,改变农民单纯提供原料的地位。

(3)合作经营型

合作经营型的组织形式有:由农户之间按某种专业需要自愿组织的联合体;由不同地区、不同部门、不同所有制单位同农户从多方面组成的专业化服务公司;由国营或集体商业、供销、资金、技术、信息等专业性服务与农户结成的利益共同体。这些合作经营型组织的共同特点是:农民参与管理、决策和监督,由农民民主选举董事会;实行"资金共筹、利益共享、积累共有、风险共担"的利益机制;坚持"入社自愿、退社自由"的原则,主要体现以服务为主,把农民

组织起来,使生产要素合理配置,为农民创造良好的经营环境。这种利益机制,有利于保护农民自身权益,推进农业产业化平稳发展。但组织农民时间较长,产业规模形成慢,管理监督成本较高。

(4)中介服务型

企业通过中介组织,在某一产品的经济再生产合作过程的各个环节上,实行跨区域联合经营,生产要素大跨度优化组合,实行生产、加工、销售相联结的一体化经营。这些中介组织有的是行业协会,有的是科技、信息、流通某一方面专业性较强的服务组织。这类中介服务组织与农户作为各自独立的经营者和利益主体,按照市场交换的原则发生经济联系,并以合同契约确定权、责、利关系。中介组织通过各种低价和无偿服务为农户提供产前、产中、产后的服务,如提供种子、种苗、防疫、储藏、运输、技术、信息等服务;还有的在协调关系、合作开发等方面发挥主动作用。

(5)价格保护型

在一体化经营中,龙头企业以保护价收购农户的产品,并以此与农户建立稳定合同关系。保护价格按市场平均价格标准合理制定,当市场价低于保护价时,企业按合同规定以保护价收购农产品;有时企业提高收购价收购农产品,以保护原料生产者的利益,在企业可承受的范围内,通过这种方式让利于农民。这种机制,既解决了农产品"卖难"问题,又为企业建立了可靠的基地。

(6)市场交易型

市场交易型即企业通过纯粹的市场活动对农产品进行收购,与农户不签订合同,而是自由买卖,价格随行就市。这主要是解决了农户的"卖难"问题,对农业生产起到促进作用。另外,通过市场跨区域实现的产销关系,往往比企业与当地农户直接联系的交易费用低,购销有保障,能保持长期稳定,更利于同农户结成利益共同体,大幅度提高交易量。

2)利益机制的构建

构建一个合理的农业产业化经营利益机制,必须遵循以下原则:

(1)产权清晰是前提

市场交易,实质上是一种产权交易行为。产权以其法定的收益为经济主体提供行为激励,又以其合法权益的界限提供行为的约束和规范。要激励市场经营主体长期获利的追求,以保证资产的保值与增值,必须明确地界定各主体经营财产的实际占有权,硬化财产关系的约束。只有各方产权关系清晰,才能建立起有效的激励和约束机制,推动资源的优化组合,保障农户合理地获得利润,并使农产品增值部分回流到农业生产之中。在农业产业化中,凡是能够成功运作的"龙头"组织和农户的关系,一般都是以明确产权归属为前提的。

(2)农户主体地位是基础

家庭承包制创新,确立了农户家庭经营的主体地位,2.4亿农户成了我国农业发展的微观组织基础。而农业产业化经营的利益机制形成,一开始就是以农户作为生产经营主体的。"龙头"组织和农户结成的经济共同体,实质是扩大了的农民主体,是众多农户利益结合的体现。处在这个共同体中的不同利益主体在企业经营、生产管理、利益分配中的地位方面,享有平等的权益。在这种利益机制下,农民进入了加工、流通环节,享有其经营权,不仅能取得按劳分配、按生产要素分配的利益,以及因多付出而返还的利润,同时还给农民带来了社会地位和身份的变化。

（3）风险共担、利益均沾原则是保障

农业产业化把农业与其相关联产业经营主体的利益联系在一起，实行风险共担、利益均沾、共生共长这一利益机制，把大量的市场交易整合到一体化组织中，推动农业与其关联产业在更高层次上的分工协作和共同发展，给各参与主体带来利益的更快增长。合理的利益机制，要求"龙头"经营组织与农户建立一种互惠互利的、权利与义务对称的利益关系。风险分担是参与者的责任，利益均沾是经营者的正当权益。只有两者紧密结合，并在共同体中得到真正的贯彻，才能激发参与者的积极性，以内部合作的最低成本换取市场的较大价值。否则，内部交易成本就会增大，共同体利益也随之而得不到保障。

（4）市场导向是根本

实践证明，只有市场经济体制才能为农业产业化提供广阔的制度选择空间，促使其在市场组织制度结构中的合理定位。相对而言，市场具有较强的资源配置功能、激励约束功能和组织制度定位功能，特别是市场机制的"公平、公正、公开"性能促进人们的有效竞争与合作。只有以市场为导向的利益机制，才能有效地推动企业生产经营活动的顺利进行，实现利润最大化。

3）利益分配的方式

农业产业化经营系统内部实行"非市场安排"与市场交易相结合的利益调节机制，其基本分配原则是各环节均获得平均利润。

（1）以合同为纽带的利益分配方式

以合同为纽带的农业产业化经营组织，其利益分配有三种形式：

①合同保证价格。是农业产业化经营组织内部的非市场价格，一般按"预测成本＋最低利润"求得。合同保证价格比市场价格相对稳定，对提供初级产品的农户来说能起到保护性利益分配的作用。运用合同保证价格，实质是农户把部分市场风险转嫁到龙头企业，而龙头企业从长远利益出发，也只有帮助农户分担市场风险，才能长期稳定地获得质优价廉的原料货源。

②合同保护价格。由"完全成本＋合理利润"构成，是龙头企业与农户相互协商，按一定标准核定的对农户具有较强保护功能的最低基准收购价格。合同中规定，当市场价高于保护价时，按市场价收购产品；当市场价低于保护价时，按保护价收购产品。

③按交易额返还利润。是合作社经济组织的利益分配机制，一般指龙头企业或中介组织按照参与主体交售产品的数额，将部分利润返还给签约基地和农户。

（2）以生产要素契约为纽带的利益分配方式

此即通过将资金、土地、水面、技术、劳动力等生产要素，以不同方式进行重组，并按各要素的贡献进行利益分配的一种方式。其优点在于将各主体利益同其生产要素的贡献紧密联系，使农业产业化经营各环节在利益上被紧紧捆结在一起。常见方式有下面四种：

①租赁方式。企业（或开发集团）与农户之间签订租赁土地、水面等生产资料合同，在租期内企业向租让生产资料农户支付租金。有的企业把租赁获得的土地等生产资料的使用权集中起来，经综合治理后统一发包给承包者或原租让农户，生产高附加值的农产品，这种方式叫"返租倒包"。租赁和"返租倒包"两种方式，是农业产业化经营中的特殊租赁合作关系，维

系企业和农户合作关系的纽带是租赁合同以及农民租让土地后的工作安排协议。

②补偿贸易。即由企业向生产基地或农户提供生产建设资金,基地或农户提供生产资料和劳动力,并将所生产的农副产品按市场价或协议价直接供应给投资企业,以产品货款抵偿企业的投入资金,直到投入资金全部抵付完毕,联合协议终止。就其实质而言,补偿贸易方式是出资方以预付金的方式提前定货而生产方则以自己的产品补偿投资方资金的一种新的产业链联结方式,它有利于解决基地或农户生产资金不足的问题。

③股份合作。是以资金、技术、劳动等生产要素,共同入股为纽带的一种利益分配方式。它较好地体现了按要素分配的原则,组合成新的生产力,在开发性农业产业化经营项目和多边联合的情况下较为适用。

④内部价加二次分配。指在农业综合性经营企业中,企业先以内部价格对提供初级产品单位进行第一次结算;在产品加工销售后,再将所得的净利润按一定比例在企业各环节进行第二次分配。二次分配可起到调节农、工、贸各环节利润水平的杠杆作用,以形成各环节间的平均利润率。

思考与练习

一、简答题

1. 请谈谈我国农户家庭经营的发展趋势。

2. 农户家庭经营要素组合的类型有哪些?

3. 国有农场经营的特点有哪些?

4. 试述如何深化国有农场经营体制改革。

5. 农业产业化经营模式主要有哪些?

6. 如何合理构建农业产业化经营的利益分配机制?

二、论述题

1. 你认为目前中国农户家庭经营中存在的主要问题有哪些? 应如何解决?

2. 如何评价目前中国农业产业化经营的现状? 你认为应如何加强农业产业化经营的管理?

三、案例分析

农户家庭的经营

207 户家庭农场,25 980 亩粮田,这是近日叶榭镇对秋播粮食生产家庭农场规模化经营的一组统计数字。家庭农场,作为一种农业新型经营机制,在上海松江区叶榭镇开始全面推广。2009 年 10 月,叶榭镇党委、政府制定了加强农业综合生产能力建设、扶持新型专业农民、培育家庭农场、推进农业品牌化战略等 20 条措施,推进现代农业发展。镇现代农业办公室同时制定《关于扶持专业农民、培育家庭农场的实施细则》,鼓励本镇农民申报家庭农场。从 10 月 15 日起,叶榭镇 13 个村的农民纷纷走进村委会办公室,申报家庭农场。经各村委会核实、公示,首批 207 户农民家庭成为首批秋播粮食生产家庭农场户,共承包粮田 25 980 亩。

近年来从事一定规模农业生产、具有一定种田经验的农业种植户,成为此次家庭农场户的首选。金家村农民沈忠良就是其中一个。一直从事农业机耕工作的沈忠良,去年抱着试试

看的想法,成了金家村帮联粮食合作社的一个分社组长,承包了146亩粮田,在他的辛勤耕耘下,他承包的粮田今年每亩收成550千克以上,按照合作社"三定一奖"(定管理费、定成本、定产量、奖超产)的考核办法,他大约有2万多元的收入。现在,沈忠良的身份再一次转变,从合作社分社组长转变成了家庭农场户。这一身份的转变,使沈忠良从事农业生产的积极性更高了,因为从现在起,他将真正为自己打拼。今后,除了缴纳土地租赁费外,他承包的粮田所有收益都将归他个人。按今年的秋粮收成标准,他明年的秋粮收入大约可增加五六千元,加上秋粮收割后利用部分土地播种小麦等夏熟作物,按照每亩100元的净收入计算,播种80亩就可增加净收入8 000元。这几天,沈忠良正一边忙着收割今年的单季稻,一边抢时间播种80亩小麦。

在207户秋播粮食生产家庭农场户中,也不乏新手。10月25日,从未承包过土地的农民戚占泉走进金家村村委会办公室,与村委会签订了《土地租赁协议书》,承包了131亩粮田,尝试着做一回家庭农场户。像戚占泉这样首次承包土地进行规模化经营的农户,在207户家庭农场户中占了20%左右。

除了秋播粮食生产家庭农场外,蔬菜种植家庭农场和西甜瓜种植家庭农场的筹建工作也在积极推进中。叶榭镇13个村在区镇财政投入的支持下,将村村建起专业农民扶持基地,新型专业农民租赁基地大棚设施享受租赁优惠。在大庙村,81亩蔬菜基地开始建设,已有8家农户向村委会申报承包蔬菜基地,成为家庭农场户。

分析讨论:家庭农场模式的利弊及发展方向。

双汇集团的发展

双汇集团是以肉类加工为主的大型食品集团,总部位于河南省漯河市,目前企业总资产70多亿元,员工4.5万人,每年消化3 000万头生猪、50万头活牛、30万吨鸡肉、5万吨鸡蛋和5万吨植物蛋白,通过养殖业年转化粮食900万吨,带动周边养殖业、饲料业、屠宰加工业实现产值400多亿元,间接为150多万农民提供了就业,双汇集团的生猪屠宰量位居全球第四,肉制品产量位居世界前三位。双汇的产业化过程分四个阶段:

双汇早期的农业产业化模式是简单的买卖关系,公司按照生产和销售能力向养殖户收购畜产品,双方按照市场价格进行交易。为了保证货源,双汇在价格上进行优惠,80年代双汇就以收购价超出市场价2分钱,而获得充足的原料,保证了企业的供应。当时双汇的企业规模较小,采购的数量不多,对畜产品的质量没有过高的要求,一次性采购的交易费用占企业成本不大。

随着公司规模的扩大,双汇开始扶植养殖大户,提供良种、饲料、技术指导和防疫服务,签订合同、保证收购。合同制的目的是通过合同的约束保证公司的货源,但随着双汇规模的扩大,原料的需求也日益增长,签约数量的天量增加给管理带来极大的压力,而且随着全国市场的统一,一批肉类加工企业的崛起,大流通格局的形成,普通农户一般并不会真正受合同约束,而是谁的价格高就把畜产品交给谁,这样不仅造成企业货源难以保证,畜产品的品种、饲料也难以控制。

合同制实验的结果使双汇开始寻求新的产业化模式,建立不完全合同制。不完全合同制的特征是企业通过与经纪人签订合同,规范与养殖户的购销关系。为了保证畜产品的收购,

双汇在全国各地招经纪人,通过经纪人与养殖户建立购销关系。双汇与经纪人签订合同,只要质量合格,双汇保证不压价,而且稳定地维持大批量采购。优厚的合作条件吸引了大批有丰富畜禽养殖和经营经验的经纪人扎根在产业链上游为双汇提供优质货源,而且促进了养殖产业自身的集约化程度的提高。虽然经纪人并不能成为产品质量的信号,但他们能够使市场信号得到强化或具体化,这些经纪人能够利用其专业知识鉴定和识别产品质量,通过以高价格出售高质量产品、以低价格出售低质量产品建立信誉,从而使买卖双方因信息不对称所引起的逆向选择得以改善。但随着企业制度的完备和产品质量标准的提高,供货质量难以保障的问题已经暴露出来,企业每年因生猪质量不符合企业标准而进行的无害化处理的损失越来越大。

随着市场规模的逐步扩大,双汇已经开始了以垂直一体化为取向的"企业+由企业控股规模化养殖场+农户"的产业化模式尝试,双汇集团采取自办养猪场、饲料厂的形式纵向延伸产业链条,先后与韩国九施集团和日本万盛樱火腿株式会社合资在漯河市及漯河周边地区建立了4个现代化的种猪场,从丹麦引进原种猪900多头,4个种猪场提供的种猪可以满足生产100万头商品猪的需要,双汇饲料厂年可向社会提供优质饲料18万吨。双汇将在全国五大片销售区域分别按照严格标准建立20个高标准的养殖基地,每年出产商品猪50万头,并建立相应配套的15万吨的饲料厂。这些养殖厂将挑选有文化的农民,经过培训,以土地或资金参股的方式参与养殖基地的经营,获得利益分配。这种垂直一体化的产业模式完善了企业的产业链,真正实现了企业的标准化生产,从源头控制了产品质量,为双汇进一步拓展市场空间奠定了基础。

双汇集团依托工业优势带动农业,拉长产业链条,形成的饲料业、养殖业、屠宰业、肉制品加工业、化工包装业、连锁商业、物流配送等完善的产业群,有力推动了漯河市、河南乃至中西部甚至全国的农业结构调整。

分析讨论:双汇集团各种产业化模式适合的环境条件,并探讨其利弊。

项目 10

现代农业企业经营管理

【知识目标】

1. 了解现代农业企业概况。

2. 理解农业科技园区和观光农业的特点和功能、类型和意义。

3. 掌握农业科技园区和观光农业、农产品加工的经营管理。

【能力目标】

1. 会对食品进行"质量安全"鉴定。

2. 能进行简单的现代农业经营管理。

任务 10.1 现代农业企业概述

10.1.1 基本概念

现代农业,实质是以现代科学技术及其应用、现代工业技术及其装备、现代管理技术、现代农产品加工技术、现代农产品流通技术及其营销为基础,产供销相结合,贸工农一体化,高效率与高效益的新型农业。将落后的农业改造成具有现代水平的农业,满足社会对农产品的需求。

农业企业现代化是农业由传统的产业部门向现代产业部门转变的过程,是市场经济条件下农业经济的基本经营方式,以市场为导向,以经济效益为中心,以系列化服务为手段,通过实行生产、供销、农工商一体化经营,将农业产业的再生产过程中的产前、产中、产后诸环节联结成一个完整的产业系统,最终形成社会化大生产的组织形式。

现代企业制度是指以市场经济为前提,以规范和完善的企业法人制度为主体,以有限责任制度为核心,适应社会化大生产要求的一整套科学的企业组织制度和管理制度。现代企业制度的核心内容包括规范和完善的企业法人制度、严格而清晰的有限责任制度、科学的企业组织制度、科学的企业管理制度,运行环境是市场经济体制,生产技术条件是社会化大生产。

10.1.2 我国现代化农业企业的发展趋势

近几十年来,世界农业经济发展迅猛,特别是经济发达国家,随着我国改革开放的逐步深入,经济搞活,我国农业企业也迎来了高速发展的新时期,农业中粮、棉、油、糖等种植业和肉、蛋、奶、鱼等饲养水产业高速发展。农业企业的高速发展,已从沿海发达地区向内地延伸,这是广大地区解决了温饱问题向小康过渡的必然趋势,是我国农业企业走向现代化的必经过程。

农业产业一体化经营是农村经济改革与发展自然产物。随着我国新农村的建设,我国工业化进入中期阶段,农村劳动机会成本大增,土地成本和劳动成本也呈上升趋势,居民由温饱型需求转变为小康型需求,更多需求营养价值高、安全卫生的农业产品,分散的生产方式和传统的生产结构显然不适应这种市场的需求,迫切要求革新经营方式和调整产业结构,创造市场需求的规模经济。提高农业企业的生产效益,增强农业企业持续发展动力,从产业链和经营链上创新,走生产—加工—销售的农工商一体化道路、扩大经营规模、提高资源投入报酬率,从而降低经营风险,增加行业整体规模效益。

1)集约化

据预测,我国人口在今后相当长的时期内呈增长趋势,而耕地呈锐减趋势,人均耕地仅为世界平均水平的三分之一。为了充分满足社会日益增长的农畜产品需求,不断提高土地利用率和生产率,劳动、技术、知识等集约化经营已成为一种趋势,这也是农业生产系统的开放性和高产出的必然要求。

2）工程化

所谓工程化，就是采用现代化的农业工程技术设施改善农业生产条件，尽量满足农作物和畜禽生产对环境条件的需要。具体包括农田水利设施、农业机械、日光温棚、农田林网、畜禽棚舍、养殖机械等。一般工程化设施，主要是为了改善和制约当地农业生产经济效益和生态效益提高的限制因子。

3）生态化

所谓生态化，就是根据生态学原理，将传统农业的精华和现代农业科学技术有机地结合起来，力求提高农业生产系统内部，食物链上各营养级的物质和能量转化效率，尽可能多地把生物学产量转化成经济学产量。具体包括因地制宜、不同生物生态位的合理组合、自然资源、时间节率的充分利用，食物链的加环增值、增效或减耗等。

4）智能化

所谓智能化，就是充分利用电子计算机等人工智能技术及现代控制技术，实现农业生产管理科学化、精确化、自动化和高效化。目前，人工智能化已在农业上广泛使用，如农作物产量遥感预测、病虫害防治、人工智能日光温室、土壤配方施肥、农产品分级、加工及包装等。

5）绿色化

所谓绿色化，就是农业生产过程及农畜产品本身做到无污染、无公害、无残留。具体包括化肥及高效残留农药的合理使用、病虫害生物防治、饲料添加剂无激素、畜禽疫病防治、牲畜排泄物的循环利用及除臭、农畜产品无病菌无药残等。如无公害蔬菜（技术监督局认证）、绿色食品（农业部绿色食品委员会认证）、有机食品（国际有机食品联盟认证、原国家环保总局认证）。

6）高效化

高效化是农业企业经营追求的永恒目标。主要通过高效生产项目的选择、资源及产品的有效配置、先进技术的引进、科学的管理、成功的市场营销等有效措施，实现低成本、高效益。

7）经营国际化

企业生产管理必须面向国际市场，围绕提高核心能力、自有产品的国际竞争力和赢得并维持竞争优势来展开。我国加入WTO后，农业企业的经营国际化将进一步加快。

10.1.3 农业企业现代化的基本内容

农业企业的现代化是我国农业经济发展的必然趋势，对促进整个国民经济的发展，满足社会对农业产品日益增长的需求，提高人们的身体素质，增强农业产品在国际市场上的竞争力等，都具有重要的意义。农业企业现代化是依托现代科学技术和工业机械化、智能化，实行园工贸相结合、产供销一体化农业生产。主要体现在以下四个方面：

1）农业企业经营管理现代化

农业企业经营管理现代化就是通过运用现代科学理论知识，建立现代企业经营理念，采用现代管理方法，提高管理人员素质等途径，把农业企业管理由一般管理提高到现代科学管理的水平。

（1）管理方法科学化

管理方法科学化就是建立一套适合现代生产要素和市场变化的最有效方法,使农业企业经营有目标,全体员工有责任感、积极性和共同的归属感,各项工作实现标准化、制度化,最终使农业企业的经营目标得以实现。

（2）管理手段现代化

管理手段现代化就是运用先进的计算机、网络、通讯等技术手段来管理现代农业,实现管理手段的现代化。

（3）管理人员专业化

管理人员专业化就是通过专业教育和培训,培养大批专业管理人员知识化、专业化。通过专业管理人员对市场调研、研究消费者的需求,树立市场观念,在保证质量的前提下,调整自己的生产结构,降低成本,增加盈利,树立经济效益观念,加大对管理制度、管理体制的改革,树立生态学观念。

2) 农业企业生产手段现代化

农业企业生产手段现代化包括农业企业机械化、智能化和工厂化。机械化是指在农业企业生产过程中,用现代化农业机具进行生产操作,用农业设施进行生产;智能化是指在设施农业的环境下,进行人工调控农业植物的生产,给予农业植物适当的温度、湿度,生产出人们需要的农业产品;工厂化是指农业产品的生产要像工厂生产一样,实现规模化生产,生产出标准化产品,如智能温控大棚生产、反季节花卉生产等。

3) 农业企业生产商品化、专业化和社会化

传统的农业是一种小而全的生产方式,各家各户在房前屋后种植果树和自留地种植蔬菜,属于自给半自给的生产经营,生产规模小,缺乏社会分工。随着商品化的发展,农业的生产分工越来越细,出现果园、花卉、农业植物等种植大户,在这种专业化过程中,需要有对农业产品的运输、销售、产前、产中、产后等服务部门为专业户提供协作服务,随着协作部门越来越多,便形成了社会化的生产。

4) 农业企业科学技术现代化

在农业生产经营中广泛应用科技成果,是实现农业现代化的关键。其内容有:进行农业品种的培育以及良种的引进;采用科学的生产栽培技术,先进的生产材料、设备,保证农业产品的优质高产;提高农业产品的科学技术水平等。

10.1.4　现代农业企业基本特征

随着社会分工的发展和农业科学技术的应用,使农业生产过程同加工、销售及生产资料的供应紧密相连,形成了农工商一体化。精确现代化农业的发展,极大地提高了农业劳动生产率、土地生产率和农产品商品率,使农业生产力水平达到了一个新的高度。现代化的农业呈现多样化的格局,主要有立体型、综合型、外向型三种。

1) 立体型

相对于传统的平面型、结构单一的农业企业而言,在单位面积上更多利用动植物和微生物的特性及其对外部条件的不同要求,通过种植业、养殖业和加工业的有机结合,建立多个物种共栖、资源多级利用的农业生态系统。

从垂直空间看,通过空中、地面(水面)、地下(水下)多种生物的多层配置,形成错落有致、稳定高效的生态农业系统,即在不同空间、高度、地层(水层)深度都有不同生物活动着,如桑基鱼塘、农桐间作、稻田养鱼(大闸蟹)等。从加工程度看,表现为由浅入深,如对农业主产品的多级加工、深加工、精加工等,又如养猪、屠宰、分割、生制品加工、熟制品加工。从技术形态看,表现为不同水平的技术并存,如传统技术、先进技术、新兴技术、尖端技术等多种技术交替使用;在同一时间内,种养、加工、贮运等技术相互交织。从能量转化看,有传统利用模式,有二次、三次利用模式如作物秸秆过腹转化、还田(玉米秸秆青贮氨化养牛),有多次利用模式和循环利用模式等。从资源利用看,包括对生物资源在内的自然资源的充分利用,对农副产品、有机废物和生物能的循环利用。如新疆石河子国家级生态工业园区沙漠、盐碱地种植芨芨草,芨芨草叶、肉奶兼用牛、屠宰、分割加工,废水和粪便经过处理肥田,芨芨草秆、纸浆、造纸(涂布白纸),废水经生化和土地处理,灌溉沙漠、盐碱地,洗盐肥田。

立体农业企业多项目、多层次的有效利用各种自然资源,不仅能取得更多的物质生产量和经济效益,同时又有利于生态平衡,使农业企业的生产经营处于良性循环之中。因而,它已成为世界各国所寻求农业企业发展的主要形式。

2) 综合型

相对于经营规模小且分散的农户家庭、个体经营单位而言,其生产规模较大、社会化程度高,采用先进生产技术,有较高的劳动生产率和商品率。如农工商联合企业、现代农场、农业产业化龙头企业、农业科技园区等。其特点一是大,二是综合。这种综合有两层意思:一是表现为农业科技与经济社会的综合协调发展,并以经济为纽带,把农业科学技术、经济、社会三者统一起来;二是表现为农业生产的产前、产中和产后的纵向综合。农业已经突破了一般意义上所含的农、林、牧、渔各业,因而,农业企业应包括农业的产前部门(为农业提供生产资料的企业)和产后部门(农产品储运、加工、销售等企业)及农业商业、农业科研等。

有学者将农业产业化的内容概括为"五个一",即一个新型的农业企业,一个通向市场的桥梁,一个科技服务的载体,一个分流人员的渠道,一个能抵御风险的企业集团。美国农业具有惊人的集约化生产能力,农场达 260 万个,场均耕地 170 公顷(2 250 亩),他们要做的事只有田间作业少数环节,然后就是通过电话和计算机网络,适时地与那些播种、施肥、灌溉等专业作业公司进行业务联系。随着我国农村社会化服务体系的建立,以往认为农业与信息产业无缘的观念正在成为过去。

3) 外向型

外向型即以国际市场需求为导向,以出口创汇为目的,组织供应、生产、加工、销售等经营活动的新型农业企业。外向型农业企业与其他农业企业相比较,有着不同的内涵:外向型农业企业是农业生产力发展到一定阶段的产物,它是以创汇为目的,以国际市场为导向,以产品品质和技术密集程度作为区分标志的;外向型农业企业是以发达的商品经济为前提,以销定产,以市场需求来确定科研开发和技术开发的方向;外向型农业企业突破了传统的生产型和部门分割的管理体系,形成了贸工农一体化的经营机制;企业经营战略发生根本转变,即由内向型转为外向型经营,农业企业将充分利用国内和国外两种资源、两个市场,以及现代管理技能,从事跨国界的工商活动,如荷兰的鲜花企业(郁金香)、台湾的蝴蝶兰、法国的红掌、比利时的杜鹃、以色列的彩色辣椒、樱桃番茄等。可见,现代农业企业是一个开放型的投入-产出系统。

中国加入 WTO 后,农业企业的开放性或农业企业的内向型国际化,将会进一步显现和加强。与其他工业企业相比,农业企业的外向发展,尤其是农业企业的内向型国际化,更具紧迫性。因为"入世"以后,我国参与经济全球化合作的程度加深,在关税水平大大降低的情况下,我国除了对某些幼稚性产业(其中农业企业数量极微)实施适度保护外,不可能采取非关税措施对农业企业进行保护。想走出国门,大多数农业企业又力不从心,条件还不具备。因此,绝大多数农业企业应着眼于"家门口"的竞争,实行内向型国际化,采用有效的经营方式,如合资经营、特许经营、虚拟经营、行业整合等,守住了国内市场,也就等于提高了国际竞争力,如牛奶制品、小麦、玉米、大豆、羊毛(新西兰、美国、澳大利亚)。

10.1.5　我国农业企业现代化的经营管理

实现农业企业现代化必须从中国的实情出发,充分利用我国的资源和条件,尽量避免不利因素的影响,走中国特色的农业产业现代化道路。实现农业产业现代化,主要做好以下几项工作:

1)加强龙头企业建设

农业企业化经营的主体主要是龙头企业和农户,其中处于主导地位的是龙头企业,龙头企业通过市场信息技术和管理,以利益为纽带把分散的农户连接为一个经营整体,例如建设新农村后兴起的农家乐。龙头企业与一般市场主体的区别在于龙头企业与农户之间建立了利益连接机制,形成了产业链,是产供销一条龙的利益共同体,所以说扶持产业化就是扶持农业企业。

2)因地制宜,确立主导产业,建立生产基地

在区域内进行主导产业和优势农业产品,加强区域化与规模化的农业产品生产基地建设,发挥区域比较优势,提高农业竞争力和产业化经营水平,发展农业产业化经营,没有一定的规模,就不会有较低的成本,就不会有较强的抗风险能力,也很难保证有好标准质量,更谈不上有较强的竞争力。因此,培育优势产业,建立集中连片的规模化、区域化生产基地是农业产业现代化的重要基础和条件。

3)积极培育市场,努力开拓市场

农业产业经营是以市场为导向,以市场为资源配置手段的经营体制,加强农业产品市场体系建设和开拓市场,是发展农业产业化经营的关键环节,必须"贸"字当头,市场开拓领先。面对农业发展进入新阶段,加入世贸组织后的新形势,要坚持国内、国际两个一齐开发,坚持有形市场和无形市场一齐培育,把培育和发展一批大型流通性企业集团和流通组织作为建立市场体系的关键,农业产品流通企业要着眼于开拓大市场,实现大流通。在营造品牌上下功夫,通过农业产品的收购、加工、包装、储藏、运输及现货批发、拍卖、直销、配送、进出口贸易等多种手段,实现产地市场与销地市场对接,国内市场与国外市场对接,通过流通企业来整合生产要素,树立品牌优势。

4)加强农业产品无公害、标准化生产

发展无公害、标准化农业产品生产是农业企业产业化经营的重要环节,也是农业产品创品牌的关键,随着我国加入 WTO,产品质量安全问题已成为继人口、资源、环境之后的第四大问题,能否解决好农业产品的质量标准问题,不仅关系到中国农业产品能否突破西方"绿色壁

垒"走向国际市场,而且直接关系到人类健康和可持续发展。推行农业产品无公害、标准化生产,加强标准化管理和农业产品质量检测、监督,健全农业产品质量安全保障体系,大力发展特色农业生态,提高人民的质量意识和安全理念,制定标准,做好规划,大力扶持重点龙头企业,建立无公害、绿色、安全农业产品生产基地,发展订单式农业,按照标准化、规模化、专业化的要求进行农业产品生产、加工和销售,实行农业产品分级包装和标识上市,要把发展农业产品无公害、标准化生产与创品牌有机结合起来,强化品牌意识,将产品品质、特色融入品牌价值之中,打造一批农业产品知名品牌。

5)大力培育和发展中介组织

发展培育连接农业龙头企业的各类中介组织,是增强产业化经营组织竞争力的重要一环。一方面,专业合作经济组织本身是带动主体,通过向成员提供信息、技术、销售等服务,成为市场连接的纽带,改变了单家独户在市场中的弱势地位;另一方面,作为龙头企业的中介,合作组织代表成员与龙头企业签订合同,与龙头企业对话,维护成员的利益,同时,以这种专业合作组织为基础形成的更大地域范围内的农业产品行业协会,是入世后农业产品走向国际市场不可缺少的行业组织。要以农业技术人员为依托,创建合作经济组织,围绕主导产业,采取政府推动和政策引导相结合的方式,把合作经济组织扶上马、引上路,在合作经济组织步入正常运行后,政府逐步地退出来,做到"管理不包办,扶持不代替",鼓励合作经济组织向股份制企业发展。

6)加强政府宏观指导和服务,推进农业产业化经营过程

各级政府要明确发展目标,突出工作重点,创造良好的发展环境。

(1)抓好发展规划

对本地区重点发展的主导产品、主导产业和龙头企业,要制定切实可行的发展目标,集中人力、财力、物力扶优扶强,不搞四面出击,不搞全面开花。

(2)保护和调动经营主体的积极性,重视企业市场主体地位

尊重企业的发展意愿与经营自主权,遵循市场经济法则和经济规律,加强政策引导和服务,做到"有所为,有所不为"。彻底改变过去由政府直接投资项目、下达指令的做法,学会运用政策和经济杠杆进行间接调控。

(3)注重示范引导

用引导、示范的方法把政府的意图与企业的愿望统一起来,形成动力,善于总结推广农业产业化经营经验,推广在培育龙头、完善机制、发展中介、开拓市场等方面的典型经验,探索成功的途径,提供可以借鉴的样板,让更多农业企业积极地参与农业产业化经营。

(4)营造发展环境

重点是营造良好的软环境,为企业之间的合作穿针引线,创造条件。通过整顿市场经济秩序,规范市场主体行为,为平等竞争创造良好的外部环境。

(5)强化协调服务

协调各方面、各部门支持农业产业化经营,落实龙头企业的各项扶持政策,为企业提供信息、技术、资金、营销等方面的服务。

任务 10.2　农业科技园区经营管理

20世纪90年代以来,我国农业综合生产能力有了较大提高,其中以农业高新技术发展为根本任务,以农业科技型企业为运作主体,以"企业集中、技术集成和资本集约"为特点的农业科技园区的迅速崛起,对提高和增强农业综合生产能力和竞争力发挥了重要的作用。

10.2.1　农业科技园区的概述

1)基本概念

当今世界的农业发展呈现两大趋势:一是不断创新农业技术,促使农业向优质、高产、高效、持续增长的方向发展;二是大力发展生态农业、观光农业、休闲农业,通过与第三产业的渗透融合,扩展农业的外延,丰富农业的内涵,以实现经济效益、社会效益、生态效益的统一。

农业科技园区,是指在一定区域内,以市场为导向,以调整农业生产结构和展示现代农业科技为主要目标,采用先进的适用技术,政府引导,企业、科研机构和广大农民等相关主体参与,具有培育现代农业科技人才和孵化现代农业企业等多功能的农业科技型企业密集区。

现代农业科技园区与常规科技园区有本质不同,现代农业科技园区必须同时具备高新科技、设施工程、多种功能、企业化管理、集约化经营和精细化产品等要素。一般地兴办新品种、新技术试验区、种苗基地、高产示范田、大棚连片种植等,只能属于传统农业范畴的科技行为,是常规科技园区的特征表现。

2)农业科技园区的特征和功能

现代农业科技园区是农业生产力发展到一定水平的必然产物,有其鲜明的特征,具有一定的社会经济功能,如生产经营、科技开发、技术引进与吸收创新、示范推广、辐射带动、人才培训、参观游览、娱乐休闲等多种功能。

(1)基本特征

①农业生产力发展新的制高点。改革开放以来,我国农业生产发展很快,农产品供应由紧缺到相对平衡和富裕,要求对农业结构进行战略性调整,农业科技园区就是顺应这个发展大趋势而兴起的。它是我国由传统农业向现代农业转变的新的经济与科技相结合的组织方式。农业高新技术对农业的作用:一是大幅度提高农作物、畜禽、水产的产量和品质;二是有效地促进资源的开发,开辟新的饲料、食物来源,增强资源的循环利用;三是加快传统农业技术的改造,提高生产效率;四是促进产业结构变革,加速农业现代化进程。现代农业科技园区已成为农业生产力发展的新的制高点,必将引导我国农村经济发生深刻变化。

②农业现代化建设新的生长点。以自然经济为特征、资源约束性的传统农业,一是"靠天吃饭",经不起旱涝等天灾的危害;二是靠对土地的单向索取,劳动效率很低;三是靠人力和畜力等简单工具,资金和能源投入有限,劳动生产率低;四是靠广种薄收,很少投入现代生物技术,粗放经营,土地生产率低下。而现代农业,就是利用高新技术和实用技术,把传统农业的旧"四靠"转变为新"四靠",即一靠科技、二靠人才、三靠投入、四靠管理。现代农业科技园区可利用工程技术手段、工厂化生产方式,为动植物高效生产提供可控的适宜的生长环境,通过

现代技术的高度集成投入，在有限的土地上充分利用气候和生物潜能，得到最高的产量、良好的品质、满意的效益。农业科技园区，是使农业摆脱自然的束缚，向现代农业转变进程中的一个新的生长点，促使农业由"资源依存型"向"科技依存型"转变。

③农业科技与农村经济结合的切入点。农业的持续发展和现代化建设，关键是科技。由于现有科技体制和农民分散经营两方面的制约，在农业科技和农村经济的结合、科技成果转化为现实生产力等方面，存在很多困难和障碍。而农业科技园区恰是农业和科技结合的产物，为科学技术进入农业生产过程提供了有效的切入点。

（2）主要功能

①生产加工功能。现代农业科技园区是农业科学技术研究和生产经营的"企业"，本质上是经济实体，生产加工是其最基本的功能。园区内生产出的产品是选用最新品种，利用现代化的生产设施和加工技术，按照清洁化生产标准，实行严格的工厂化作业，最终生产出优质农产品，以适应现代社会消费需求的变化。

②孵化试验功能。科研开发和引进技术，在园区内进行试验和示范，培育农业高新技术企业，是农业科技园区最原始的功能。园区好似一个孵化器，科研开发或引进的农业高新技术可以在这里进行中试。在孵化农业科技成果的同时，通过资金、信息、人才、政策、环境等的集成，可以培育农业高新技术企业。在园区以农业企业为主体，把高新技术成果孵化成适合市场需要的技术上较成熟的商品，为实现农业由粗放式经营向集约化经营的根本性转变，奠定了重要的技术基础。

③集聚扩散功能。农业科技园区对农业科技成果的孵化和农业科技企业的培育，目的就在于选择主导技术和培育支柱企业后，打造并形成农业高新技术产业。农业科技园区一般具有良好的区位条件、雄厚的经济基础和宽松的政策环境，能够使农业高新技术产业发展所需的资源得以集聚、优化和组合，从而为农业高新技术产业的形成奠定资源基础。随着园区内产业的形成和聚集而成为经济增长极，通过增长极所产生的扩散效应，带动邻近地区的共同发展。农业科技园区集聚功能使其人、财、物、信息和自然资源等方面，产生区域空间势差，这种势差便构成了农业科技园区扩散功能的基础，为农业高新技术的扩散及其产业带动延伸提供了可能。

④教育示范功能。农业科技园区的建设是中国农业发展新途径的一种探索，它具有教育示范功能。一是新技术和新成果的示范作用，园区内的新技术和新成果一旦在市场上获得成功，就会引起区域性甚至全国性的模仿浪潮；二是企业经营管理方面的示范作用，农业科技园区内新型农业科技企业的经营战略、内部管理体制、组织运行机制等，具有超前性、示范性，很容易引起被仿效。园区内的各种组织，如科研院所、高等院校、金融机构、中介机构、地方政府管理部门、各种生产企业及其他的社会组织之间等的相互关系，也成为各地关注和参考的样板；三是园区通过示范培训，为周边地区培养科技人才，培养造就具有一定文化水平、能基本使用现代科学技术和社会信息的新型农民。

⑤休闲观光功能。农业科技园区是一个地区农业的"窗口"和"闪光点"，具有很强的观光功能。现代农业科技园区，既保持农业的自然属性，又具有新型设施农业的现代气息。园林化的整体设计，各种名、特、优、新果蔬花卉、名鱼珍禽装点其间，形成融科学性、艺术性、文化性为一体的天、地、人合一的现代休闲观光景点。

10.2.2 农业科技园区的类型

从目前发展的实际情况来看,我国农业科技园区大致有以下几种类型:

1)按园区运作模式分类

(1)开发区形式

开发区形式是在农业科研和教学单位密集的地区,由国家和地方政府共同投资创办的农业科技园区。在园区内设立管委会,资产归国家所有,实行企业化经营管理。如1997年经国务院批准的"陕西杨凌国家级农业高新技术产业示范区",是由10个科教单位及其试验基地作为主体的科技园区,主要采取"公司+科教人员+基地"的方式进行产业化运作。它是试验、示范、应用相结合、产学研一体化的典型。

(2)农业公司形式

这种形式的科技园区是由投资业主直接与村组、农户合作,签订土地租赁合同,将土地使用权租赁过来,实行独资开发,个体经营。其特点是:整个园区是一个规范的农业企业,以法人为中心运作经营资本,以盈利为目的组织农户进行生产。其运作方式是:园区内的龙头企业选择一种主导技术,开发主导产品,形成主导产业,把园区演变成为一个生产基地,从而造就了科技成果产业化的一种模式。

(3)多方联合形式

这种形式是指政府、科研单位、教学单位、生产企业、金融组织、外商和个人等不同机构和个人在互利互惠基础上,采取合作制、股份制、股份合作制等多种形式,在园区内进行合作研究、合作开发和合作生产。其联合方式有技术转让、技术贸易、技术入股、合作开发、承包经营、全资办企业等方式。具体操作:一是以项目为中心,进行联合开发,这类园区是以实验基地为基础,由科研、教学单位和地方合作投资兴建,共同开发农业高新技术成果,即研究部门把所取得的高新技术成果直接植入生产部门的生产过程,形成科学技术和生产过程的有机结合;二是以学校研究机构、设计单位,以生产企业、金融企业为主体的联合,在园区内实行技、供、贸一体化,组建股份制或股份合作制企业,合作方式灵活多样,可以将技术、资金、土地使用权、管理等要素入股,共同把农业高新技术转化为农业高新技术产品。

(4)科技承包形式

这种形式是政府或集体经济组织,投资兴建园区,提供基础设施,由企业、农业技术人员、农业大户自愿承包,或租赁经营,并建立自主经营,自负盈亏的经营机制。这种形式的科技园区,主要是把一些农民容易吸纳和接受的农业适用技术迅速转化为现实生产力,不具有研究、开发功能,属于推广应用型的建园形式。

2)按经营内容分类

(1)设施园艺型

该类园区在各类园区中所占比重最大。它拥有现代化的设施,运用温室、滴灌、喷灌节水等先进技术,主要从事工厂化育苗或生产名优特新、高产、优质、高效的蔬菜、瓜果、花卉(鲜花、盆景)、药材,以及城市绿化苗木、草皮等。

在农业发达国家,设施农业已成为国民经济的重要组成部分,是一个主要的创汇产业。荷兰的设施农业,尤其是温室花卉和蔬菜生产享誉世界,是其重要的支柱产业,全国温室蔬菜和花卉总面积达 10 000 公顷,产值占全国农业总产值的 1/3 以上,花卉大部分出口国际市场,交易额占世界花卉总交易额的 60% 以上,86% 的蔬菜销往世界各地。以色列是一个缺水和耕地匮乏的半沙漠化国家,但其设施农业在世界上居很高的水平,其先进的灌溉节水型高效农业居世界前沿,先进的温室技术能在冬季生产出高质量的果蔬、花卉并大量出口,享有"冬季欧洲厨房"之美称。

(2)农业综合开发型

该类园区主要利用国家农业综合开发资金对中低产田进行改造,或对大面积(数万亩以上)的大中农产品,如粮食(小麦、玉米、水稻、大豆)、棉花、油料、烟叶等生产基地进行综合开发。其主要内容是:兴修农田水利工程,土壤改良,配方施肥,良种良技工程,道路、农田林网改造、农畜产品加工、贮运等。

(3)生态农业型

该类园区主要分布在平原农区、草原牧区、农牧结合区、生态脆弱的沙漠和半沙漠地区、干旱和半干旱的丘陵山区。主要以种植业为基础,根据生态学原理,运用技术和经济措施,将传统农业的精华和现代农业科学技术有机地结合起来,充分利用农业生物群体与农业自然环境以及农业生物种群之间的相互作用,力求提高农业生产系统内部食物链上各营养级的物质和能量转化效率。

(4)节水农业型

该类园区主要分布在北方干旱和半干旱地区及西北丘陵干旱地区。平原农区主要采用喷灌、滴灌技术,辅之以硬化渠灌、软管灌溉,以节约灌溉用水;推广免耕法、地面覆盖秸秆、地膜覆盖,以减少地面水分蒸发。丘陵和半山区推广水窖和鱼鳞坑蓄积雨水,种草、植树造林,以涵养水源,改善气候,防止水土流失,防风固沙,城郊农区处理净化工业和生活污水灌溉农田,广泛种植农作物抗旱品种,推广使用农作物抗旱剂等。

(5)外向创汇型

该类园区主要分布在沿海和一些自然条件十分独特的地区。采用先进的技术设备,面向国际市场需求,根据订单、合同生产特有珍奇的花卉、瓜果、蔬菜、畜产品、水产品,以赚取外汇。

10.2.3 农业科技园区的经营管理

农业科技园区是一种以现代农业为主导,以观赏、休闲、生态农业相配套的高新农业科技园区。一般是从项目开发起步,通过招商引进项目或直接投资兴办项目。农业科技园区的建设实行谁建设、谁投资、谁管理、谁受益,推行企业化的经营管理模式。其运作主要包括投资建设、土地流转、技术引进和创新转化、辐射带动和政策保障等。

1)园区投资建设

园区投资建设主要包括投资主体、投资方式、投资项目、投资概算、筹资渠道等。近几年来,通过"政府重点投资引导、企业社会多方筹资"的方式,集聚和催生了一批极具活力的高新农业科技型企业。在投资上,正逐渐弱化政府在园区建设中的投资主体地位,不断强化各类公司在园区投资和建设中的主体地位,逐步形成"由政府扶持为主转向以市场导向为主"的最佳园区投资建设。

（1）投资建设包括的内容

①投资主体。目前我国园区的投资主体主要有政府、企业、集体、个人、外商等。其中政府投资的60%～70%,主要由各级政府财政及科技管理部门、农业管理部门等有关职能部门直接投资。

②投资方式。园区中政府财政投资主要是财政拨款、农业科技项目经费、农业开发专项资金等,公司主要用企业自身积累及其银行贷款注入资金,集体经济组织多以土地使用权和农田水利设施、道路及部分资金投入,农业科研院所多以农业科研成果和成熟的技术入股或少部分的科研项目经费注入,个人主要以土地使用权和部分资金入股等。

③投资项目。投资项目是园区建设的核心,直接关系到园区未来的发展。园区投资项目的确立,应主要考虑项目的地域性、特色性、先进性、高效性、规模性、产业的连带性,以及其示范辐射效应等。

④投资概算。包括估算投资总量和拟定资金的使用项目,园区的资金主要使用于基础设施(水电、道路、暖气、绿化、围栅)、生产设施、办公培训设施、新品种和新技术引进,以及生产成本费、研究开发费、技术培训费、考察论证费、示范推广费、行政管理费等。

⑤筹资渠道。主要有国家和省级财政拨款,市县财政匹配,园区自筹、贷款,企业和个人投资等。其中,国家和省、市、县财政拨款属于政策性引导资金,主要用于基础设施建设、新品种和新技术引进、科研开发和技术指导等方面;园区自筹资金、银行贷款及公司企业和个人的投资,主要用于生产、办公、培训和支付生产、管理等方面的费用。

（2）投资建设的时间特征

就园区建设的实际看,我国已经和正在完成由"政府引导扶持"到"自我滚动发展、市场利益导向"的园区投资的转变。

①初创阶段。在园区建设初期,由国家和省市政府有关部门组织的重点项目,一般对承担单位要进行公开招标、投标和竞标,组织专家评审;然后对确定的投资项目,政府资金重点支持,地方财政按比例匹配资金,剩余资金由政府有关职能部门自筹。此外,政府还在土地征用、投资担保等方面予以帮助扶持,本着"先予后取、涵养税源"的原则,在有关法规允许的范围内给予一定的减免优惠。

②发展阶段。在园区基本具备自我积累和自我发展能力后,便开始进入了追逐利润的多元投资的发展阶段。这时,在园区项目良好效益的示范和广阔发展前景的诱惑下,更多的企业、专业合作组织、个体种养大户,乡村集体经济组织,以及科研院所、外商等社会资金,则纷纷投资创办园区;或通过资金、土地、技术、信息等生产要素入股,打破所有制和部门、行业及地域的界限,在互惠互利基础上采取股份制、股份合作制等形式联合共建,实行具有法人资格的公司企业化运营。一些条件成熟的农业科技园区,则通过股票上市的方式来进行融资,以广泛吸纳社会资金。

2）园区土地流转

目前,我国农村实行的是家庭承包责任制下的土地分散化经营,这与科技园区的土地规模化经营存在着一定的矛盾,园区建设要正视这一矛盾,坚持土地集体所有,稳定家庭联产承包责任制,且在不改变土地农业用途的前提下,本着"明确所有权、稳定承包权、搞活使用权、强化经营权"的思路,因地制宜,建立有效的土地流转。

（1）"返租倒包"

返租倒包即村委会统一向园区规划内的农户支付一定数量的租金（现金或实物），将其承包的土地租回来，再转租给园区的农业公司等进行经营，园区的公司获得了土地使用权，然后在园区内统一兴建基础设施和温棚、加工车间等生产设施，再把这些生产设施又租给农户（或其他单位）承包经营。公司一方面向农户收取承包费，另一方面又提供技术、信息服务，对农户的农畜产品进行统一回收、加工、贮运、销售等。这样，进入园区的农户既没有失去土地，而且还有一定的租金收入和承包经营的净收入，如天水三阳川国家农业科技示范园区和河南焦作的博爱孝敬园区。

（2）租赁制

一方面，公司根据企业发展规划，长期（一般为30年）租用园区内的土地，进行项目建设和自主经营；另一方面，或通过乡政府、村委员会直接租用农户的土地，进行自主经营或出租经营。公司围绕园区规划所确定的主导产业，通过定向投入、定向服务、定向收购的方式，引导周围农民发展相关产业，推动当地农业产业化进程。如河南信阳的潢川园区，由龙头企业——华英禽业集团公司在园区内建立樱桃谷鸭的繁育、商品鸭养殖、鸭产品加工的一体化产业，通过"公司＋农户"的经营模式，对养鸭户提供种鸭苗、饲料、饲养技术，并负责回收商品鸭，逐步形成了较大规模的养殖产业化经营，帮助农民致富。

（3）股份制

股份制是农民以土地作价入股，参与园区经营利润的分红。

3) 技术引进与转化

园区为了确保自身的科技创新能力及其产品的科技含量，一般是与科研机构、高等院校进行技术协作。其技术引进与转化有以下形式：

（1）技术依托

园区在立项和实施规划方案时，根据建设内容，与有关科研院所和大专院校进行协商，选定一至几个技术依托单位，并与其签订合同，规定双方的责任、权利和义务。按照合同规定，技术依托单位负责向园区提供科研成果，引进项目相关的新品种、新技术，并提供相应的指导和培训等。园区则定期按合同规定，向技术依托单位及其有关人员支付相应的费用和报酬。

（2）技术商业化

园区根据自身发展的实际需要、市场供求情况和所掌握的信息等，通过商业化行为，从农业科研院所以高薪聘请专家，专门从事高新技术的研究、开发和应用。

（3）技术入股

这是我国目前科技体制改革、产学研结合的一个重要方式。即国内的科研院所或港台及国外著名的农业公司，将其成熟、稳定的新品种和高新技术，按照我国《公司法》的有关规定折算入股进驻园区，园区则负责组织生产经营，并保守有关技术秘密，合作双方按股份进行利润分成。

（4）技术共享

园区和科研院所就某一高新技术或产品进行合作，科研院校负责研制、开发，园区负责试验、应用和推广，双方通过合同，实行利益共享、风险共担。

（5）技术委托

园区根据自身需要，委托某科研院校进行某一新产品研制，而事先提供一定数量的科研

经费,科研单位则按照合同规定,提供相应的研究成果,且最终成果为双方共有,按比例分成。

目前,园区利用上述形式,瞄准当地现代农业生产中的关键技术,以科研院所为依托,凭借其优越的硬件环境条件,组织力量研究攻关,并迅速在生产中应用转化,取得了显著的经济效益,加快了园区的发展。

4) 辐射带动

农业科技园区作为一种特殊的农业企业,农业科技的示范、推广、交流,对周边农民具有很强的辐射带动力。具体表现在以下几个方面:

(1)生产示范带动

园区周围农民通过在园区的生产实践,目睹了现代农业的内容和科学技术的巨大作用,开阔了眼界,增强了科技意识,提高了"学科种田"的积极性,他们参观访问、收集信息,从中选择那些先进、实用、适用、高效的技术和品种进行种养业的开发,达到快速致富目的。

(2)提供设施带动

一部分经济实力雄厚的公司在园区统一规划、统一建设基础设施、生产设施和配套设施,农户可以租赁、购买如温棚等设施自己生产经营,也可以与公司合股经营。由于租赁设施和合股经营,能较好地解决农户资金不足的困难和怕担风险的后顾之忧,故对农民有很大的吸引力。

(3)回收产品带动

园区利用自己庞大的销售网络和雄厚的资金力量,采用合同方式,要求农户按照规定的品种和相应的技术规程进行种养业的产品生产,然后按照一定的质量标准向农户回收产品,统一贮运、加工或外销、出口,从而带动农民致富。

(4)贮运加工带动

贮运加工是农畜产品增值的重要环节,也是目前我国农业产业化链条中最薄弱的环节。反过来说,它又是发展潜力最大、能带动千家万户农民致富奔小康的捷径。很多农业科技园区看准这个方向,抓住龙头企业,投入巨资建设了一批年吞吐和加工能力相当规模的冷库、运输车队和能加工多个品种的产品生产线,这在一定程度上增加了农畜产品的销量,缓解了农产品难卖问题,稳定和提高了农畜产品价格,增加了农民的收入。

(5)技术服务带动

技术服务常常与其他带动方式配合使用。尤其是那些生产管理技术含量很高,生产周期较长,生产经营的自然风险大,易受病虫害侵袭,而遭受严重损失的种养项目,园区可选派自己的或高薪聘请的技术人员为种养农户免费或低价进行技术服务和指导,或常年定期聘请专家进行农民技术培训,开办技术讲座、现场技术服务和指导,以提高周围农民种养项目的科技含量。

5) 政策保障

国家科技部制定的《我国农业科技园区发展规划》明确提出一些相关支持政策:

①增加中央及地方各级政府对农业科技园区的支持力度,将农业科技园区建设列入国家农业科技基础性计划与地方科技发展计划,并作为农业基本建设的主要内容。

②农业科技园区内的高新技术企业,经国家与地方科技主管部门批准后,可享受国家与地方高新技术企业的相关优惠政策。

③农业科技园区在平等竞争、条件相同的前提下,可优先承担国家与地方重大科技发展计划项目,优先享受国家有关农业科技基金的支持。

④优先支持农业科技园区参与国内外高新农业技术的引进、消化、吸收和创新,利用各种国际合作机会吸引国外建设资金,引进先进、适用的农业科研和生产设施、农业高新技术成果、经营管理方法和经验。农业技术引进计划要将园区的技术需求与引进作为重要内容之一。

⑤各级政府可制定符合地方实际的相关优惠政策,如土地使用、税收、进出口权、进口关税减免、投融资和人才的引进与培养等,营造有利于农业科技园区建设与发展的良好环境,以大力鼓励园区积极引进和培养急需的各类专业技术人才,特别是懂管理、善经营的复合型人才,通过建立科技人才兼职制度,吸引鼓励国内外农业科研、教学与推广单位的优秀人才,投身参与园区建设,通过加强智力和信息交流,提高农业科技园区的整体科技水平。

10.2.4 农业科技园区的管理模式

从总体上讲,我国农业科技园区是实行园区统一管理,公司(企业)独立经营。其具体模式主要有:政府企业共建,政企分开运营;政府兴建园区,公司经营管理;公司兴建设施,农户承包经营;公司兴建园区,自主经营管理;设施民建官助,租赁经营等模式。

1) 政府企业共建——政企分开运营

地方政府按照精简、高效、服务的原则,建立园区管理委员会,作为园区的宏观管理运行机构,其主要职责是:贯彻落实各级政府的有关政策和法规;组织实施农业科技园区规划;投资兴建园区的基础设施;负责招商引资信息服务;协助公司建立企业管理制度。

园区内的各个公司,按照园区发展规划,筹资生产,实行自主经营,自负盈亏。园区管委会和企业是政企分开。具体的园区管理模式有:"政府投资、公司承建、技术人员或农户承包经营","公司筹建、统一经营、责任制管理","集团公司筹建、二级法人经营","公司筹建、统一经营、农户承包管理"等。

2) 政府兴建园区——公司制经营

当地政府(有关职能部门)负责园区的规划,筹资投资,兴建园区的基础设施和生产设施;然后进行(政府)职能剥离,按照出资份额成立有限责任公司或股份有限公司;公司实行自主经营,自负盈亏,并确保园区国家资产的保值增值。政府有关部门则以代理股东或董事的身份,参与公司管理。实际上,这是政府投资兴建园区,实行企业化管理,政府并不直接从事园区的生产经营活动。

3) 公司兴建设施——农户承包经营

公司按照一定的标准,如每亩每年500元或小麦400千克等,反租农民土地,自行规划,筹资投资,兴建园区的基础设施和生产设施,然后由农户承包园区的生产设施,自主经营,自负盈亏(被租地的农户有优先承包权),公司收取承包费,并负责提供技术指导、销售信息等项服务,而自身不直接从事具体的生产经营活动。公司与农户的关系是纯粹的承包关系。

4) 公司兴建园区——自主经营管理

农业公司以长期租用农村土地的方式取得土地使用权,然后自行规划设计,筹资投资,兴建园区,自主经营,自负盈亏,即整个园区由一个公司管理运作。其具体运作模式,如"公司筹

建、统一经营、责任制管理"模式,"集团公司筹建、二级法人经营"等。

5)设施民建官助——租赁经营

园区管委会统一规划设计,出租土地,园区以贷款担保形式扶持,经营者出资经营。例如,出资者农技人员、农户、企业,分别出资 1/3、1/2、2/3,园区分别扶持 2/3、1/2、1/3 专项建设的担保贷款或抵押贷款,共同投资兴建温棚等生产设施,三年内还清贷款后,该生产设施归出资者所有。经营者(即出资者)利用温棚等生产设施,自主经营,独立核算,其经营收入在上缴园区土地租赁费、水电费及各项服务费后,剩余部分全归自己所有,园区仅仅负责提供良种、技术培训和技术指导等服务。

10.2.5　农业科技园区未来发展探讨

科技园区是顺应当前社会经济和科学技术发展的需要而产生的一种新的社会组织形式。农业科技园区的主要任务是为农村提供新的、合理的经济结构模式,为农业提供先进的、高产高效的生产模式。因此,加快我国农业科技园区的发展,以下问题值得探讨:

1)产业发展方向

纵观国内外科技园区管理实践,农业高新技术对产业发展的作用体现在两个方面:一是改造传统的农业产业;二是催生新的农业产业。因此,我国农业科技园区发展,既应根据国情国力"发展高科技,实现产业化",又要将重心转移到用农业高新技术改造传统农业,将农业高新技术产业化,寓于农业产业高新技术化之中,通过对传统农业的技术改造,来实现农业高新技术产业化。

(1)改造园区内的传统农业产业

在农业科技园区内运用农业高新技术改造传统农业,就是要把农业建立在现代科学基础之上,引入现代的高新技术和生产要素,用现代工业新技术装备农业,用企业化的经营方法来管理农业,用社会化的生产方式,取代"小而全"的传统农业生产方式,以改变园区农民的传统思想和价值观念,提高企业的综合素质,构建新的生产力系统。农业园区内传统农业的改造过程,即为用农业高新技术促进农业结构调整的过程。

(2)生成新的农业高新技术产业

将农业高新技术成果直接产业化,转化为现实的科技含量高的农业产品,从而生成新的产业。在园区内,农业高新技术产业化的运行主体是科技企业。其运行方式有:

①自主开发。园区内企业或科研机构既是农业高新技术研究的主体,又是农业高新技术开发应用的主体。其高新技术成果不进行商品化,而是直接开发利用,将其产业化。

②引进开发。即园区自己不进行农业高新技术的研究,而是引进科技成果在园区内进行应用推广。

③联合开发。是以项目为中心进行联合攻关;或者是学校、研究单位与企业结合,实现技、供、贸一体化;或者是进行合资办厂或技术入股联营。

2)多元化投资结构

兴办农业科技园区,需要较多的资金投入作保证。因此,建立以国家投入为导向、农民和农村集体经济组织投入为主体的多渠道、多层次的农业投入新机制,显得尤为重要。

（1）投融资渠道多元化，以业主投入为主

鼓励龙头企业、农村合作经济组织、个体种养大户、科研院校、外商等，以资金、设备、技术入股等方式联合创办；或是政府进行先期投资，或政府、企业、科研机构等联合投资后，按转让、租赁、拍卖等方式交给企业经营。融资方式可以直接投资，也可以进行间接融资。

（2）进入资本市场筹资，提升园区融资水平

进入资本市场筹资是园区扩张升级的有力手段。筹措资本的具体方式有：发行股票或债券方式；采用基金或期货方式；资本运营方式，如综合运作兼并、收购、重组等，实现盘活资产，扩张运营的目标。此外，还应当鼓励某些相关企业购并园区，实现跨产业重组，加速农业产业化进程。

（3）建立风险投资机制，加快科技成果转化

风险资本主要是通过设立风险投资基金的方式来筹集。具体做法是：以国家或地方财政为主，结合科研单位、高校的技术转让费和高新技术企业的销售利润，而汇集成农业科技园区的风险投资基金；建立农业科技园区风险投资公司，其资金来源包括国家技改基金、自身积累的风险基金、社会集资和吸引外资等。其运行可采用股份制形式，参与农业高新技术的开发、创新和扩散活动，即高新技术企业以技术入股，风险投资公司以资金入股，共同创建农业高新技术风险企业。园区设立的各类风险投资基金，重点支持农业高新技术项目的开发和建设。无论哪种形式，都应做到产权清晰、责权分明，从而建立具有"法人投资、企业化经营、产业化开发"的运行机制。

3）园区经营机制

建立一个有活力的、适应市场需求的农业企业经营机制，是确保农业科技园区建设质量和发展后劲的关键。园区在经营模式上，以股份制企业为主要方向，实行多层次、多元化的优化组合，逐步形成具有中国特色的园区建设与发展模式。

（1）双层式经营模式

园区管理委员会负责园区的规划和基础设施、公共设施、投资建设和行政管理工作，以突出服务职能，这是第一层次；园区功能开发中具体项目的经营管理则由不同企业、种养大户独立进行，园区管理委员会不干预其具体经营活动，以突出企业化经营和效益原则，这是第二层次。

（2）"公司＋基地＋农户"模式

在不改变土地承包租赁制度下，实行土地反租倒包，企业负责开拓市场。这种经营方式顺应了目前的土地制度，但随着园区开发的深入，这种劳动密集型生产模式也将与技术密集型生产模式结合使用。

（3）一体化企业经营模式

园区即是一个大型公司，园区的基础设施建设、功能区规划和产品开发全部由公司统一策划实施、统一管理运营。一体化水平的提高体现在两个方面：一是横向联合，即由承包农户组成合作社组织，共同把产品推向市场；二是垂直一体化，如"龙头企业＋基地＋农户"型，生产、加工、销售完全在公司的职能整合中实现。

4）内部组织管理

现代化的企业管理体制，是农业科技园区运行机制的核心。不同的建园模式，采用不同

的组织管理体制。

（1）管委会制

开发型的农业科技园区,主要是由农业科技园区管委会来行使管理职能,具体有两种运作方式:一是一级行政政府管理模式,即管委会与当地政府合二为一;二是地方政府派出管理机构,作为管委会行使管理职能,管委会的权限包括征地、规划、项目审批和劳动人事的管理等。管委会是通过职能部门行使管理权,科技园区设立的职能部门有土地局、规划建设局、经济发展局、劳动人事局、财政局、政研室和综合办公室等。

（2）总公司制

农业公司型和多方联合型的农业科技园区,其管理大多采用总公司制,即由总公司行使管理职能。如果成立了股份有限公司或有限责任公司,还要相应成立股东大会、董事会、监事会和总经理,以及规范的公司治理结构。这种管理模式的优点是易于建立现代企业制度,直接企业化运作。缺点是总公司没有行政管理职能,如对征地、项目审批和劳动人事等方面没有行政管理权,因而对农业科技园区发展有一定的限制。

（3）承包管理制

科技承包型的农业科技园区,一般采用承包管理体制。政府或集体经济组织为农业科技园区建好公共设施后,把园区的生产设施和经营项目,通过承包制落实到具体经营企业主手中,以企业经营为基础,园区采用统一规划、统一品种、统一技术、统一品牌、统一销售,实行生产、加工、销售等多个环节的衔接配套。

5）政策扶持

现代农业科技园区作为一项系统工程,需要统筹安排,宏观协调。政府应提供稳定的政策,如投资、税收、贷款等相关政策,加大科技支撑体系,营造良好的外部经营环境。

（1）放宽园区经营政策

放宽业务经营范围,允许园区科技企业经营农业技术成果,包括种子、种苗、畜禽良种、配合饲料、复合肥料、生物农药、动物疫苗、农产品加工、农机具等;允许农业示范园区成立种子公司,或者与种子公司联营,实行利润分成;允许经营农作物种子出口,鼓励创汇等,以强化园区的企业化运作。

（2）配套投资财税政策

对已批准进入园区的企业和外商投资项目、农业高新技术引进项目,在工商、税收、金融、商检、海关、奖励等方面的政策,必须配套。如对科研院校在园区内创办的企业,可以享受"赠地"的优惠,对于有贡献的科技人员可给予"无偿、有偿"奖励土地使用权等。又如,进行农产品加工的厂房、产品保鲜、贮运等基础设施的建设,视同农业基本建设项目,享受固定资产投资方向调节税、零税率优惠等,为推动园区高新技术产业的发展,营造一个良好的环境。

（3）稳定土地批租政策

园区开发,可以采取"公司开发—政府回租—倾斜性市场化运作"的方式。即园区内土地统一开发,政府回租,然后根据园区整体规划和产业导向的要求,低价出租或优惠出售给一些重要的科教与研究机构、有经济实力的企业、专业科技企业和孵化企业,以加速园区高新技术产业化进程。

（4）加大"产、学、研一体化"政策

"产、学、研一体化"是农业科技园区内,商品农业和创汇农业高层次发展的一种趋势,是园区应用科学技术、科学管理向传统农业生产方式挑战的重要举措。因此,为吸引农业科研院所的高新技术项目和产业进入园区,政府提供相配套的政策措施:

①改革农业科技体制。包括科研和科技推广,鼓励科研单位和生产企业相互渗透、相互联合。可以通过参股、兼并、收购等各种形式的组织创新,把科研单位的研究优势和企业的市场开发优势结合起来,使生产企业变成科技型企业。如在种子、农产品加工等领域,要促进科技开发单位与涉农企业的联姻,培育一批既具有雄厚的科技实力,又具有雄厚的资本实力的大型科技型企业。

②促进园区运行机制社会化。其配套措施有:建立农技服务体系,包括信息服务、农业保险服务;建立农产品流通加工体系,支持兴办农产品加工的龙头企业,以发挥"产、学、研一体化"的优势。

任务 10.3 观光农业的经营管理

10.3.1 基本概念

观光农业是地域农业文化与旅游边缘交叉的新型旅游项目,以地域生态农业特色和农村民俗文化特色为旅游吸引力,通过开展让旅游者广泛参与的以旅游内涵为主体的现代新型农业经营管理活动。观光农业经营管理活动的对象,大多是在园艺植物的基础上进行园艺艺术与园林造景的展示,实际上,观光农业就是我们平时所说的观光园艺和园林,如观光果园,观光农业只不过是对它的一种通俗的叫法。

一般来讲,观光农业包含有生产、示范和观光旅游三个主要元素,并多以生产为基础,集示范、观光旅游、科技培训于一体。按照内容和范围不同,观光农业有狭义和广义之分。狭义的观光农业(或称旅游农业),以农业资源为基础,把园艺观光、农艺展示、园林植物的提供与农村空间的出让等生产、经营赋予旅游的内涵。把农业生产经营活动和发展旅游结合起来,通过优化农业生产结构和品种结构,合理规划布局,达到美化景观,保护环境,提供观光游览、调剂性劳动、学习及享用新鲜食物的一种新型概念的农业。广义的观光农业是指广泛利用农村空间、农业自然资源和农村人文资源进行旅游开发,扩大在农村的观光旅游功能,满足游客不同层次的需要。它不仅包括传统的农业生产经营活动,而且包括农村观光游览及与之有关的旅游经营、旅游服务等内容,为游人提供具有农村特色的吃、住、行、玩、购等方面的服务和供应,满足他们对自然景观和乡土气息的向往。

观光农业在城市近郊附近开发特色果园、菜园、花园、茶园、渔场等,让游客观光游览,入内摘果、拔菜、赏花、采茶等,享受田园乐趣。观光农业是适应现代人回归自然,实现"做农家活,吃农家饭,睡农家炕"理想的一种追求而产生的旅游形式。作为绿色旅游的主要形式之一,观光农业一出现就显示了其独特的魅力。

10.3.2 观光农业的特征

观光农业是调整农业产业结构,丰富旅游项目,改善农民生活与收入的重要手段。但观

光农业是与旅游相结合的产物,它既要有因地制宜的适应耕种的农业自然条件,又要有环境优美、设施设备完全、活动自由舒适的特点,并具有自己的特征。

1) 观光农业是与旅游业相结合的一种旅游观光农业

旅游观光农业,就是以农业为基础,以吃农家饭、住农家院、做农家活、看农家景为内容的农业经营与旅游相结合的一种交叉型产业。目前许多地方利用各种农业基地及农业资源发展观光旅游,并以农业节活动相辅助,形成中国特色的旅游观光农业。

2) 观光农业内容的丰富性

观光农业以农村独特的田园风光、农事作业、机械化农业操作等为主要内容,并把当地的名特优园艺产品、民俗文化与风土人情融入到观光农业中,大大丰富地域农业旅游的内容,除此之外,还增加了娱乐、购物、健身等活动。

3) 观光农业的观光时间上具有季节性

观光农业包括了园艺类(蔬菜、果树、花卉)、大田作物、水生动物等,植物的生产对气候要求最为重要,具有明显的气候性,如2、3月的梅花、桃花节,8月的葡萄节,10月的苹果节等都受气候条件的影响。

4) 观光农业是农业经济、社会、生态效益的统一

观光农业以生态学原理为指导,以农林高科技为依托,农林生产与观光旅游共同开发。由于农业中引入了旅游,因此必须注重环境保护。在生产中注重农业高科技的开发与利用,提高了地区农业经济效益,还促进了农业生产急的生态平衡,从而实现经济、社会、生态效益的三统一,最终达到三益并举。

10.3.3 观光农业的类型

1) 农园观光型

在城市近郊开发特色菜园、果园、花园、茶园等,让游客观光游览,享受田园乐趣,展示种植业的栽培技术、园艺技术及园艺产品加工过程。建立教育农园、园艺公园、农园高新技术示范园等,使其成为集高新技术、教育示范、休闲观赏于一体的现代农业公园。

2) 农园采摘型

利用开放成熟期的果、菜、瓜、花园等,供游人入园观景、赏花摘果,从中体验自选、自采、自炊、自食的农家生活和品味浓郁的田园风情。

3) 养殖观赏型

利用牧场、特种养殖场等场所,给游人提供观光、娱乐,享受参与牧业生活的风情乐趣。

4) 乡村民俗文化型

依据农村特色地域风俗习惯,在农村或农场开设农家旅舍,建立乡村休闲民俗农庄,让游客在农家吃、住、干活,体验农家乐趣。同时利用名胜古迹、传说典故等历史遗产的深远影响和知名度,进行园艺造型、产品开发和特种种植,充分发挥景点的考古、观赏、教育和购物功能。

5) 休闲农场

这是一种综合性的休闲农业区,游客不仅可观光、采果,体验农作,了解农民生活,享受乡土情趣,而且可住宿、度假、游乐。农场内提供的休闲活动内容一般有田园景观观赏、农业体验、童玩活动、自然生态解说、垂钓、野味品尝等,如现在的农家乐。

6)市民农园

市民农园是由政府或农民提供农地,让市民参与耕作的园地。一般将位于都市或近郊的农地集中规划为若干小区,分别出租给城市居民种植花草、蔬菜、果树或经营家庭农艺,它主要是让市民体验农业生产过程,享受耕作乐趣。

10.3.4 观光农业的经营管理

观光农业是农业高速发展和城乡一体化发展的需要。观光农业与传统的农业相比,强化了旅游观光功能,"农业 + 旅游业"构成的观光农业属于复合型产业。为了便于游客的游览观光,在生产经营管理上,观光农业主要有以下几个方面的内容:

1)增加观光区内硬件设施的投入

充分利用观光园的资金、物资、科技优势,增加对农业的投入,基本实现农业设施的现代化、小型化、工厂化和机械化。观光园在有限的面积上,通过栽培设施建设,利用现代科学技术控制生态环境,让农艺、园艺作物的栽培形式艺术化,更加适宜人们的观光与游览。

2)生产技术运用高科技

观光农业生产应实现全自动化和设施化、智能化。实现园艺设施智能控制生产,实现一年四季都可生产各种洁净的时令鲜果菜。全自动化的蔬菜移栽机现已逐步开始取代手工操作,并且运用电脑联网安排园事,田间作业靠机器控制,温室大棚内的温、湿度可自动调节等。这些高新技术应用,可加快观光农业生产现代化的实现,对促进绿色园艺产品质量标准的规范化、提高产品竞争力、树立市场品牌,具有重要意义。

3)加快观光农业的产业化结构

发展观光农业,推动工、商、建、运、服全面发展,建立生产、加工、销售经营模式一体化。游客消费可以带动餐饮、旅馆、交通运输业;旅游纪念品加工、工艺品制造和房地产业的发展,可优化农村产业结构,实现农村经济的全面发展,实现农业经济的多次转化增值,提高农业经济的比较效益。

4)建立科学的营销管理体系

以生产管理为基础,更新经营观念、加大科技的利用,实行网络化营销管理。运用电脑网络进行农业营销管理,让农业生产者共享因特网上的数据库信息。电脑普及将使客户跨社区交流增加,促进与消费者的交流、收集市场信息、介绍自己的产品、制定耕作时间表和获取其他信息。

5)观光农业经营模式的创新

观光农业经营模式上强调更多地与城市其他产业融合,建立新型的都市健康产业。我国目前的观光农业经营模式主要有:

(1)"公司 + 观光园"的投资形式,实行企业化运作

小的观光园依托大公司,生产经营管理全部实行企业化运作,着眼于长效发展,可以实现生产、销售一条龙服务。

(2)"观光园 + 高等院校"的合作形式,实行生产教学一体化

与大专院校、科研院所签订技术承包和技术服务协议,建立合作关系,由大专院校、科研

院所负责观光园区规划、设计及生产技术指导,观光园区通过组织培养脱毒技术、工厂化育苗技术、现代化温室技术、节水灌溉技术及计算机控制等一系列农业高新技术的应用,保证观光园区有明显的科技优势。观光园区与大专院校、科研院所合作,建立利益共享,风险共担的利益机制,增强参与竞争和抗御风险的能力。

(3)"批发市场+观光园"等经营机制,把观光园与市场有机地联系起来

按照市场需求进行产业化经营,生产各类优质、新鲜、卫生、安全的农副产品,满足市民多层次的需求,重视以市场为导向,挖掘与开发富有本地特色的农副产品,重视科技含量较高的新品开发,以示范园的形式出现,创造广阔的市场发展前景和巨大的发展空间。

(4)"观光园+农户"的生产方式,实行产业化经营

受加入WTO的影响,农产品逐步开放,农产品市场供求关系发生变化,产量低、高成本的农产品将被逐步淘汰。而城市文化经济高速发展,人们追求食品的绿色和保健功能,将促进绿色和保健农产品生产,也将引发地区农业产业结构的调整。观光园依靠其明显的科技、信息优势,与农户签订定单,保证销售、收购,可以形成以观光农业园为龙头,利用现代化生产设施和先进技术,生产各类优质、新鲜、卫生、安全的农副产品,以满足市民多层次的需求。

任务 10.4 农产品加工业生产管理

发展农产品加工业,对增加农产品的科技含量和附加值,提高农民收入和农业企业效益具有重要意义。随着科学技术的进步、农业产业结构的调整,农产品加工业在农村经济发展中将越来越起着举足轻重的作用。

10.4.1 农产品加工业生产的特点及意义

农产品加工业,是农业的一个重要分支行业。它是以农产品为原料,采用物理、化学和生物学的方法,运用机械手段或手工作业方式,将各种农产品加工成为不同用途的产品,以满足社会各方面需要的物质生产性行业。

1)农产品加工业生产的类型

(1)按原料品种分类

可以划分为粮食加工、经济作物产品加工、水果和蔬菜加工、畜产品加工、水产品加工、林产品加工和特殊产品(香料、药材等)加工等。

(2)按产品最终用途分类

可以划分为食品加工、纺织加工、饲料加工、造纸加工、皮革加工、药材加工、工艺美术品、包装材料加工等。

(3)按产品加工程度分类

通常可以划分为初加工和深加工,或粗加工和精加工。产品的初加工主要是指农产品的洗净、分级、简单包装等;深加工主要是指对农产品进行理化处理、添加营养成分或由此而形成新产品等。

2)农产品加工业生产的特点

农产品加工业的生产过程同其他物质资料生产过程相比,既有共性,又有个性。与其他工业部门相比,农产品加工业生产主要有以下特点:

(1)以农产品为生产对象

农产品加工业的最大特点,是以农产品为原料进行加工制作。因此,农产品加工业应立足本地的资源优势,生产具有比较优势的产品,提高产品市场占有率。不同地域拥有不同的资源禀赋,发挥资源优势是农产品加工业投资的切入点。

(2)以市场为导向组织生产

农产品加工业的产品,主要是为人们提供日常消费品和基本生活用品,如食品、衣物、家具、饮料、药品等。随着人民生活水平的提高,人们的消费结构升级和消费质量提升,农产品加工业更要注重市场需求变化,不断开发新产品,特别是绿色食品、有机食品、名优土特产品的开发和研制。

(3)以质量标准为依据

在消费者主权时代,农产品质量决定企业的生存和效率。农产品加工企业必须按照《食品卫生法》《产品质量法》和《消费者权益法》以及农产品质量标准(如绿色食品标准、有机食品标准、ISO9000 和 ISO14000 国际通用标准)组织生产。

(4)肩负环保的社会责任

农副产品加工业的生产规模一般较小,余料、废料、废气、废水不易进行再次加工,大多排放到工区周围,易于造成环境污染以及资源过度开发等问题。为此,农副产品加工企业在创建和生产中,应采取有力措施,防治污染,处理好"三废",实现企业经济效益、社会效益和生态效益的统一。

10.4.2 农产品的加工过程及其构成

农产品加工生产过程,一般分为生产准备过程、基本生产过程、辅助生产过程和生产服务过程等。此处主要从两方面进行:一是硬件设施;二是软件基础。

1)硬件设施

(1)加工原料配备

加工原料的配备是加工企业最为繁杂又经常性的准备工作,就是各种农副产品原料的采购、运输和贮备等工作。农副产品加工的主要原料包括粮、棉、油、麻、丝、茶、糖、菜、烟、果、原木、药草、肉、蛋、奶、毛皮,各种野生动植物等,其中大多是鲜活产品,有的则是易腐、易损、不耐贮藏,所以在生产准备工作中,应选择灵活的采购方式、采购批量、运输方式和贮备方式等,以保证加工品质量的要求。

(2)技术工艺工作

技术工艺包括产品设计、工艺设计、技术图纸、工艺文件、新产品的试制等。只有不断地采用新技术、新加工工艺,坚持小批量、多品种、优质量的竞争策略,才能使企业在激烈的竞争中立于不败之地。

(3)生产条件供给

根据加工企业的生产车间、生产场地的作业面大小、设备要求,适当装配供电、供水、供气

设施,以确保生产的不间断进行。

（4）质量检验体系

农副产品的加工制品,大多数是日常生活消费品,尤其是食品类产品,其质量优劣直接影响到人们的身体健康。因而,注重产品质量是提高企业知名度和竞争能力的关键因素。为此,农副产品加工企业必须设立健全的质量保证体系,配备相应的质量检验机构、设备和质量检测人员。

（5）安全保障措施

主要是企业生产所必修的卫生检测、安全设备、劳动保护、消防器械等物品装置的准备。新建的加工企业,还要做好工程验收,以及操作工人的技术培训等产前试操作工作。

2）软件基础

（1）组织规章制度

主要是根据企业的生产规模、生产任务、产品特点的不同,制定相应的责任制度和规章制度。包括生产责任制、岗位责任制、安全规章制度等。明确企业内部各级生产组织和各职能部门的权利、职责和利益。

（2）生产管理制度

生产管理包括劳动定额、物资储备定额、原料消耗定额、能源消耗定额等,并根据各生产单位的生产任务,将一定时期内所需要的劳动力、生产要素,通过合理配置,落实到各生产单位。

（3）企业经营计划

企业经营计划包括年度生产财务计划、阶段作业计划、劳动用工计划、生产进度计划、原料供应计划等。

（4）生产操作规程

生产操作规程包括农产品的采收、贮藏、加工、出库等操作流程。

总之,生产过程的准备应有科学的预见性,既要估计到企业生产经营中可能出现的各种问题,又要预见到科学技术的发展和市场需求的变化,给企业带来的影响。因为农副产品加工业大多数属于生活消费资料的生产行业,具有有机构成水平低、资金周转速度快、易于吸引闲置资金的特点,是一个竞争激烈的行业。

10.4.3 农产品加工的组织要求及形式

生产过程,是指直接改变劳动对象的物理或化学性质,使其成为企业主要的产成品的直接加工、处理过程。它是企业生产经营全过程的中心环节,代表着企业生产的专业化方向。

1）生产过程组织的要求

农副产品加工业生产,是运用现代工业生产技术和管理技术,在专业分工和协作的基础上,采用多种工艺方法和使用多种机器设备的复杂的生产体系。基本生产的组织,就是要结合企业生产技术条件、工艺性质、生产类型、生产任务量和企业的专业化生产方向的特点,适应市场需求和生产发展的要求,确保基本生产过程的高效运行。为此,需满足以下要求:

（1）生产过程的连续性

连续性即产品生产过程的各个阶段、各道工序是相互衔接、有序地进行。劳动对象在一道工序被加工、处理完以后,立即被转送到下一道工序,使之处于不间断的被加工、检验和运输状态之中。在某些产品的加工中,还要借助自然力的作用,如风干、晾晒等环节。为了确保生产过程的连续性,要通过制订周密的作业计划,使人工加工过程同自然力处理过程相互衔接,避免不合理的中断。

(2)生产过程的比例性

比例性即基本生产过程的各个组成部分以及各道工序之间保持一定的比例关系,使每道工序的作业量大致均衡。但随着生产的发展、品种的扩大、新工艺的引进、新材料的运用、管理制度的健全等因素变动,就必须对原来的比例进行适时的调整。

(3)生产过程的均衡性

均衡性即各个生产环节,在相等的时间间隔内,产出相等数量的产品,没有时紧时松、前松后紧、突击赶工的现象。简单地说,就是各工作环节都能达到均衡的负荷,均衡地生产产品。

(4)生产过程的合理中断

某些农副产品加工业的某些生产工艺过程,需要借助于自然力的作用,使劳动对象发生物理或化学反应变化。如造酒业中的发酵过程,制药业中药草的晾晒或晾干过程,等等。这种变化过程的开始,即表示加工过程暂时中断,中断达到一定时间后,加工过程又重新开始。这种加工工艺特点,要求企业注意生产过程的合理安排,以保证生产过程的连续性。

(5)生产过程的适应性

适应性即企业生产过程适应品种变化、产品升级换代、采用新技术新材料的能力。这对企业适应多变的市场需求、提高企业竞争能力、增强企业经营的稳定度,具有非常重要的作用。企业要提高生产过程的适应性,就必须在购置设备、制订规划中有长远打算,不能只顾眼前;要尽量采用先进的加工技术,以生产过程的适应性提高产品对市场的适应性,从而提高企业的经济效益。

以上五项要求相互联系、互相制约,只有同时予以重视,才能保证基本生产过程高效有序运行。

2)生产过程组织的形式

生产过程组织的形式,一般有大量生产、成批生产和小批量生产三种。

(1)大量生产

大量生产即在一段时间内重复生产一种或几种产品。其特点是:产品的品种少,批量大,产量大,各工作场所固定的完成1～2道工序,专业化程度高。

(2)成批生产

成批生产即在一段时间内重复生产较多种产品。其特点是:产品的品种不太多,每种产品都有一定的数量,生产条件比较稳定,各工作场地需负担较多的加工工序,专业化程度不是很高。成批生产型又可根据工作场地所负担的工序多少和每种产品投入的批量大小,分为大批量生产、中批量生产和小批量生产。

(3)小批量生产

小批量生产即在一段时间内经常变换生产多种产品,很少重复生产同种产品。其特点是:产品品种繁多,每种产品生产数量相对较少,生产条件很不稳定,工作场所专业化程度很低,生产设备和技术工艺通用性强,所需的原材料多数按农副产品的收获期进行收购和加工。

3）农产品加工的空间和时间组织

任何工业企业的生产过程的组织工作，都包括两个互相关联的方面，即生产过程的空间组织和时间组织。

（1）生产过程的空间组织

生产过程的空间组织是确定被加工处理的农副产品在生产过程中的空间运动形式，即生产过程各个阶段、各道工序在空间上的分布和原材料、半成品的运输路线。它又必须与相应生产单位的组织形式相结合。生产单位的组织形式，是指企业的生产车间、班组的专业化形式。农副产品加工企业内部生产单位（车间、班组）的设置，一般有三种基本形式：

①工艺专业化。按照生产工艺性质的不同来设置生产单位，优点是：有利于充分利用生产能力和生产面积；有利于适应产品品种的多种变化；有利于进行工艺专业化的技术管理；有利于组织和指导同工种工人之间的相互学习和交流，提高技术水平。其缺点是：劳动对象（加工产品）在生产过程中运行的路线较长；运送原材料和半成品的劳动消耗量大；劳动对象在生产过程中停放时间长，积压的产品多；生产周期长，占用流动资金多；各生产单位的计划管理、产品管理、质量管理等工作也比较复杂。

②对象专业化。以产品为对象来设置生产单位，某产品的全部工艺过程能在一个封闭的单位内独立完成。不同产品，按工艺流程布置所需的设备，不同工种工人采用不同的工艺方法对同类对象进行加工，能独立制造一种产品。优点是：有利于缩短生产路线，节约辅助劳动量；有利于减少在产品和资金占用量，缩短生产周期；有利于简化生产单位之间的协作关系，简化各项管理和产品成本核算工作。其缺点是：由于所用设备专业性能强，通用性能差，不利于充分利用设备和劳力；生产技术多样不利于生产专业化；不适应产品品种多变的形势等。

③工艺专业化与对象专业化结合。是指吸收上述工艺专业化与对象专业化的优点，按照综合性原则而形成的生产单位形式。这种设置综合上述两种设置方法的优点，避免其缺点。

（2）生产过程的时间组织

生产过程的时间组织，主要说明生产过程各工序之间的衔接协调，以尽量缩短生产周期。工序之间衔接的移动方式一般有三种类型：

①顺序移动方式。是指整批产品在上一道工序全部加工完成以后，才整批集中运送到下一道工序加工，形成整批产品在各道工序间相继移动。

②平行移动方式。是指一批产品中每一件产品在某道工序加工完成以后，立即转入下一道工序，形成产品在工作场所之间逐件移动。

③平行顺序移动方式。是前两种方式的结合，即加工产品在工作地之间的移动有两种情况，一是当前道工序加工单件产品的时间小于或等于后道工序加工时间，加工完一件（一批）就立即转移到下道工序，即按平行移动方式移动；二是当前道工序加工时间大于后道工序加工时间时，则等到前道工序加工完在产品数量能够满足后道工序连续加工时，才将加工完成的产品转移到下道工序，即按顺序移动方式移动。

从上述三种移动方式的分析中可以看到，采用顺序移动方法，生产过程中的组织工作比较简单，但是整个生产周期较长、资金周转慢、在制品积压多等缺点。采用平行移动方法，生产周期虽然较短，但由于产品加工的各道工序的劳动量往往是不相等的，劳动力和设备有时会出现空闲等待现象，造成停工待料。平行顺序移动方法，综合了上述两种方法的优点，但组织工作比较复杂。因此,企业应充分考虑到上述各种方式的优缺点,权衡利弊得失,根据本企业的生产类型、生产规模及其特点,决定采用何种方式组织生产过程。

10.4.4 农产品加工流水线

此处以小麦面粉和饼干加工、肉制品加工为例。

1)流水线生产的概念

流水线生产是指劳动对象按照一定的工艺路线和顺序通过各个工作地,并按照一定的生产速度(节拍)完成工艺作业的连续重复生产的一种生产组织形式。

2)流水线生产的基本特征

流水线生产的基本特征具体为:工作地专业化程度高;节奏性强;各道工序的工作地(设备)数量与各该工序单件工时的比值相一致;工艺封闭(成链索形式);高度的连续性。

3)流水线的分类

从生产对象的移动方式来看,包括产品固定不动的流水线和产品移动流水线;从生产对象的数目来看,包括单一品种流水线和多品种流水线;按产品轮换方式来看,包括不变流水线和可变流水线(包括成批流水线和混合流水线)等,如图10.1所示。

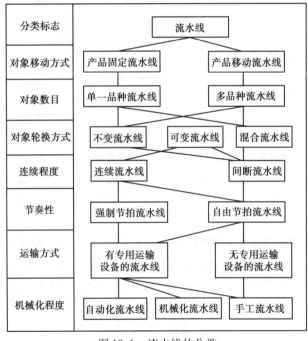

图 10.1 流水线的分类

4)流水线生产方式的优缺点

流水线生产方式的主要优点是能使产品的生产过程较好地符合连续性、平行性、比例性以及均衡性的要求;主要缺点是不够灵活。

5)组织流水线生产必须具备的条件

组织流水线生产必须具备的条件是:品种稳定;产品结构比较先进,设计基本定型;原材料、协作件必须是标准和规格化的;机器设备完好;检验与生产同步进行。

6) 农产品加工流水线

农产品加工流水线一般是连续流水线,连续流水线是指生产加工对象在流水线上的加工是连续不断进行的,没有等待停歇现象。它适用于大量生产,多采用自动化装置,如小麦面粉加工线,小麦制粉一般都需要通过清理和制粉两大流程,即麦路和粉路。麦路是指将各种清理设备(如初清、毛麦清理、润麦、净麦等)合理地组合在一起,构成清理流程。粉路是指清理后的小麦通过研磨、筛理、清粉、打麸等工序,形成制粉工艺。

美国制粉的粉路比较长。加工设备主要来自欧洲,自动化水平比较高,智能化传感器广泛应用,故障率比较低,普遍采用计算机管理系统,劳动生产率比较高,面粉厂一般采用封闭型建筑,保持相对稳定的温度和湿度条件,生产比较稳定,出粉率比较高。小麦粉厂一般都有配麦和配粉条件,可以按照用户的要求组织生产各种小麦粉,但大公司内部也有分工,有的生产线专门生产面包粉,有的生产线专门生产家庭用粉,小麦粉厂不经常变换原料,生产比较稳定、连续。

日本制粉工业的技术水平相对较高,例如日清公司在名古屋建成的一个日加工小麦500吨的无人操作的全自动粉厂,磨辊轧距由电脑中央控制系统操作,该厂的磨粉机、清理筛为布勒公司生产,平筛为日本明治公司产品,采用东芝公司自动化装置。全厂有人员50人(包括筒库、车间、成品库)。一般制粉厂也都有配盆和配粉条件,可以按照用户的要求,组织各种面粉的生产。

10.4.5 绿色食品开发

1) 绿色食品的相关概念

(1) 无公害食品

无公害食品是指产地生态环境清洁,按照特定的技术操作规程生产,将有害物含量控制在规定标准内,并由农业部无公害食品认证中心审定批准,允许使用无公害标志的食品。它注重产品的安全质量,是近年来推出的一种食品,涉及的内容不是很多,适合我国当前的农业生产发展水平和国内消费者的需求,对于多数生产者来说,达到这一要求不是很难。

(2) 绿色食品

绿色食品是指遵循可持续发展原则,按照特定生产方式生产,经国家专门机构(中国绿色食品发展中心)认证,许可使用绿色食品标志的无污染、安全、优质、营养类食品。由于与环境保护有关的食物国际上通常都冠之以"绿色",为了更加突出这类食品出自良好生态环境,因此定名绿色食品。无污染、安全、优质、营养是绿色食品的特征。食品在生产过程中,对化肥、农药、兽药、生长调节剂、饲料添加剂、食品添加剂的使用,针对不同等级都有严格的规定或限制。A级允许限量施用人工合成化学品,AA级等同于国际上的有机食品,生产过程中完全不允许使用人工合成化学品。

绿色食品标志的含义:为区别一般普通食品,绿色食品实行标志管理。绿色食品标志是由中国绿色食品发展中心在国家工商行政管理局正式注册的质量证明商标,其商标专用权受《中华人民共和国商标法》保护。绿色食品标志由特定的图形来表示,标志图形由三部分构成:上方的太阳、下方的叶片和蓓蕾,象征和谐的生态系统。标志图形为正圆形,意为保护、安全。整个图形描绘了一幅明媚阳光照耀下的和谐生机,告诉人们绿色食品是出自纯净、良好生态环境的安全、无污染食品,能给人们带来蓬勃的生命力。

(3)有机食品

有机食品是国际上普遍认同的叫法,这一名词是从英文 ORGANIC FOOD 直译过来的,在其他语言中也有叫生态或生物食品的。这里的"有机"不是化学上的概念。国际有机农业运动联合会(IFOAM)给有机食品下的定义是:根据有机食品种植标准和生产加工技术规范而生产的,经过有机食品颁证组织认证并颁发证书的一切食品和农产品。国家环保局有机食品发展中心(OFDC)认证标准中有机食品的定义是:来自于有机农业生产体系,根据有机认证标准生产、加工,并经独立的有机食品认证机构认证的农产品及其加工品等。包括粮食、蔬菜、水果、奶制品、禽畜产品、蜂蜜、水产品、调料等。有机食品完全与国际接轨,从概念、标准到出口,很容易被国外销售商所接受。

有机食品标志的含义:标志采用人手和叶片为创意元素。我们可以感觉到两种景象,其一是一只手向上持着一片绿叶,寓意人类对自然和生命的渴望;其二是两只手一上一下握在一起,将绿叶拟人化为自然的手,寓意人类的生存离不开大自然的呵护,人与自然需要和谐美好的生存关系。有机食品概念的提出,正是这种理念的实际应用。人类的食物从自然中获取,人类的活动应尊重自然的规律,这样才能创造一个良好的可持续的发展空间。

有机食品与绿色食品的显著差异是:前者在其生产和加工中绝对禁止使用农药、化肥、除草剂、合成色素、激素等人工合成物质;后者则允许有限制地使用这些物质。因此,有机食品的生产要比其他食品难得多,需要建立全新的生产体系,采用相应的替代技术。

2)关于食品"质量安全"标示(见图 10.2)

图 10.2　食品"质量安全"标示

从左到右依次为食品"质量安全、无公害农产品、绿色食品、有机食品标示"。QS 是食品"质量安全"(Quality　Safety)的英文缩写,带有 QS 标志的产品就代表着经过国家的批准,所有的食品生产企业必须经过强制性的检验,合格且在最小销售单元的食品包装上标注食品生产许可证编号,并加印食品质量安全市场准入标志(QS 标志)后才能出厂销售。没有食品质量安全市场准入标志的,不得出厂销售。自 2004 年 1 月 1 日起,我国首先在大米、食用植物油、小麦粉、酱油和醋五类食品行业中实行食品质量安全市场准入制度。2005 年 7 月 1 日起,冷饮、肉制品、乳制品、饮料、调味品、方便面、饼干、罐头、散装速冻面、米食品、膨化食品等第二批实施市场准入制度的十类食品,无 QS 标志不能上市销售。另有 13 类食品,包括茶叶、酱腌制品、炒货食品、可可制品、蜜饯、焙炒咖啡、蛋制品、水产加工制品、淀粉及淀粉制品、糖果制品、啤酒、黄酒、葡萄酒等的生产企业,也已开始申请认证工作。

总之,大力推广优良品种和先进适用技术,加快发展优质、专用、无公害农产品,是农业企业生产经营最根本的任务。

3)开发绿色食品的意义

（1）绿色食品是未来食品发展的方向

随着城乡居民生活水平的提高，追求安全、环保、健康的绿色食品就成了一种现实的需要。许多成功的企业由于凭借开发绿色食品而效益大增，竞争实力不断增强。如伊利奶粉，倡导绿色食品、绿色技术、健康营养、安全卫生铸就辉煌。有关研究表明，95%使用绿色食品标志的企业，其经济效益有明显增长。

（2）开发绿色食品是农民增收的重大举措

今后一段时期，我国开发绿色食品将成为农业结构调整的一个重要方向和领域。绿色食品从根本上提升了农产品的内在品质，符合人们的消费观念，有利于实现生态效益、社会效益和经济效益的统一，是实现农业增产、农民增收的有效手段。

（3）开发绿色食品是提高企业市场竞争力的根本

入世意味着贸易壁垒在被拆除的同时，绿色技术壁垒却在被不断地加高。传统农业企业是实行粗放经营、追求产品数量、以产定销的封闭管理，导致产品质量差，价格低下，缺乏市场竞争力。现代农业企业则倡导绿色产品经营理念，实行集约经营、注重产品质量、以销定产的开放式管理，以高产、优质、高效的产品赢得更大的市场份额，具有较强的市场竞争力。入世以后，我国大多数农业企业都在努力实践"劳动密集型＋绿色食品＋价格优势"的发展模式，逐步地提高其市场竞争能力，并与国际接轨。

（4）开发绿色食品有广阔的国际市场前景

据统计，在过去的10年里，欧盟、美国及日本的有机食品销售年平均增长25%～30%。2006年，欧盟的有机食品市场销售额增至580亿美元，美国增至470亿美元。而发达国家的有机食品大部分依赖于从发展中国家进口，如英国60%～70%的有机食品依赖进口，德国进口占50%；美、日、德等国的公司纷纷要求进口我国的绿色食品。全世界有机蔬菜贸易额不断增加，发达国家对蔬菜的需求越来越多。以日本为例，90年代末已达200万吨以上。目前，绿色食品90%为A级，有机食品出口份额较少，价格也低。

4)绿色食品生产操作规程

生产绿色食品必须严格按照绿色食品生产操作规程进行生产。我国绿色食品生产操作标准包括农药、肥料、食品添加剂使用准则，以及根据这些准则，按照华南、华中、华东、西南、华北、东北、西北等七个气候区域制定的每一类产品的生产操作规程。

（1）种植业生产的操作规程

即原料作物在播种、施肥、浇水、喷药及收获各个生产环节中必须遵守的程序。其无公害控制标准的主要内容是：

①植保方面。农药、除草剂的使用必须符合绿色食品的限品种、限量和限时的特殊要求，确保无药害残留。

②作物栽培方面。化学合成的肥料和化学合成的生长调节剂的使用，必须限制在不对环境和作物质量产生不良后果、不使作物产品有毒物质残留积累到影响人体健康的限度内，有机肥的施用量必须达到保质或增加土壤有机质的含量程度。

③品种选育方面。选育作物品种尽可能地适应当地土壤和气候条件，并对病虫害有较强的抵抗力。

（2）畜牧业生产的操作规程

畜牧业生产的操作规程即畜禽在选种、饲养、防治疾病等环节必须遵守的程序。其无公害控制标准的主要内容是：必须饲养适应当地生长条件的种畜种禽；饲料原料应主要来源于无公害区域内的草场和种植基地；畜禽房舍内不得使用毒性杀虫、灭菌、防腐药物；不可对畜禽使用各类化学合成激素、化学合成生长素、有机磷和有机药物。

（3）水产业生产的操作规程

水产业生产的操作规程即养殖用水必须达到绿色食品要求的水质标准、环境标准，鱼虾等水生物的饲料其固体成分应主要来源于无公害的生产区域。

（4）食品加工业生产的操作规程

食品加工业生产的操作规程即食品加工过程中，不能使用国家明令禁用的色素、防腐剂、品质改良剂；允许使用的要严格控制用量，禁用糖精及人工合成添加剂；食品生产加工过程、包装材料的选用、产品流通过程等，都要具备安全无污染条件。

5）绿色食品开发模式

农业企业要树立"保护环境、安全消费、可持续发展"的经营理念，创建"以技术标准为基础、以质量认证为形式、以标志管理为手段"的管理模式，不断地开发和生产绿色食品。

（1）绿色食品开发

①绿色＋特色（特殊种类、特别产地）。由于特殊种类、特别产地的农产品历史久远，生态条件特殊，已形成某种技术优势，特色突出，受到喜爱，开发绿色食品可得事半功倍之效。如黑龙江省肇源县的古龙贡米、牡丹江的响水大米等，品质优良、口感好，深受欢迎。

②绿色＋优质（食用品质、加工品质）。对于没有传统名牌农产品的地区，可以利用良好的生态自然环境，以质取胜。

③绿色＋低成本、高效益。将绿色与降低成本结合起来，也是一条行之有效的发展途径。

④绿色＋著名品牌。如大兴安岭北芪神，是国内著名品牌，在其产品北芪神茶上市之初，即大力宣传其"来自原始大森林、绿色无污染"，产生了极好的品牌效应。

（2）绿色食品生产

绿色食品应采取无公害食品的生产技术，逐渐减少对化学杀虫剂的依赖。不断研制和生产安全、高效、经济的新品种，积极发展有机肥和生物农药。如采用捕捉、诱捕、设屏障、雌雄隔离等物理方法，消灭农作物病虫害等。

（3）绿色食品质量监测

实践证明，要保证绿色食品的质量，必须走"综合开发—生态农业—绿色食品"三位一体的发展道路，实行"从土地到餐桌"的全程质量控制，加强对农药残留的监测与控制，执行国际质量认证标准。

（4）绿色食品形象识别

绿色食品形象识别系统（"CI"计划），包括基础系统和应用系统，包含标志的标准图形、标准形象色、标准中英文字母、广告用语，以及在销售、办公、包装、运输系统的应用等。"CI"计划由产品质量、企业历史、企业规模，企业在公共关系中的表现力、影响力，企业的对内、对外政策，以及企业特征的视觉形象等因素所构成，它们共同决定着企业的形象。制定和实行绿色产品"CI"计划，既可以统一绿色食品标志形象的识别，加强绿色食品标志的使用管理，提

高对企业自身的保护作用;又可以提高绿色食品包装及广告宣传的质量,增强企业的竞争意识,促进销售,提高企业信誉。

我国为了推动绿色食品的开发,于1992年正式成立了中国绿色食品发展中心,隶属农业部,在国务院各部门的支持和各省、市、自治区的配合下开展工作。其主要职责和任务是:制定发展绿色食品的方针政策和规划;统一管理绿色食品的商标标志;组织制定和完善绿色食品的各类标准;开展与绿色食品工程相配套的技术攻关、宣传、培训等活动;组织和参加国内外相关的技术经济交流与合作;指导各省市区绿色食品管理机构的工作;建设绿色食品生产示范基地;协调绿色食品营销网络;协调绿色食品生产环境、食品监测的工作。

我国发展绿色产品的关键是形成有信誉的质量认证机构,只有认证机构自身在消费者中间有信誉,才能授予其他被认证企业以质量信誉,在这方面我们还有很长的路要走。

思考与练习

一、简答题

1.简述完善现代企业制度的途径。

2.目前我国农业科技园区的运作模式主要有哪些?

3.农业科技园区现行管理模式有哪些?

4.简述观光农业的经营管理。

5.简要回答开发绿色食品的意义。

二、论述题

1.你认为目前中国农业科技园区建设和管理存在哪些问题,应当如何解决?

2.谈谈你对园区土地流转机制的构建与实际操作的看法。

三、案例分析

许昌市国家农业科技园

许昌市国家农业科技园区是河南省首家国家农业科技园区,其基本情况如下:

(1)园区建设情况

①花卉产业化示范园是许昌国家农业科技园区建设的核心和重点,也是国家农业科技园区的验收区。规划建设面积1.5万亩,主要分布在鄢陵县柏梁镇、陈化店镇和大马乡的12个行政村,2008年完成投资890万元,目前已累计完成投资1.6亿元,七大功能区得到进一步完善。一是名优花卉新品种引种驯化示范基地。二是优质花卉种苗繁育基地。三是花卉规范化生产展示基地。四是鲜花、盆花生产基地。五是蜡梅品种资源圃。六是花卉产业化生产配套建设。七是花卉生产服务体系建设。

②花卉产业化示范区规划建设面积45万亩,主要分布在鄢陵县、许昌县和魏都区共14个乡镇。已建成311国道许昌至鄢陵段、107国道许昌至长葛段两条花卉长廊,入驻花木企业1 012家。规划建设了6.5万亩的名优花木科技示范园。

③无公害蔬菜生产示范区规划建设面积20万亩,布局在襄城县。已形成9个蔬菜专业生产基地,建成无公害蔬菜生产基地30万亩。

④中药材生产示范区规划建设面积30万亩,建成朱阁乡1 000亩迷迭香、山货乡3 000

亩杭白菊等连片标准化种植基地25个。在禹州市10个乡镇、31个行政村、1.5万户,实施庭院药业示范村建设,种植木瓜、石榴、栀子等苗木近20万余棵。

⑤优质小麦产业化示范区规划建设面积50万亩,布局在许昌市陈曹、五女店、邓庄、张潘等10个乡镇,已建成优质小麦专业生产基地25个。

⑥优质烟叶生产示范区规划建设面积10万亩。已在襄城县、禹州市、许昌市交界处的10个乡镇投资1.8亿元建设"金三角"现代烟草农业园区,重点在襄城县汾陈现代烟草农业示范乡和襄城县王洛镇闫寨村、许昌市椹涧乡岗杨村、禹州市范坡乡李楼村3个现代烟草农业示范村。

⑦农作物种子产业化示范区现已建成基地1万亩。投资500多万元建成相关配套设施,引进优质麦新品种13个,实现了良种生产专业化、加工机械化、质量标准化,形成了育种、引进、示范、推广一体化。

⑧畜牧业生产示范区规划建设300万头优质生猪、15万头肉牛、500万只肉鸡生产加工基地。通过实施无公害生猪带和"千场百区"规模化养殖战略,全市建成规模养殖小区190个,规模养殖场1.6万个,年出栏生猪480万头,出栏肉牛42.1万头,出栏家禽3 600万只。

⑨农产品加工示范区规划培育农业龙头企业76家,带动农户32万户。通过大力发展农产品工业,建成了一批农产品生产基地,形成了优质小麦、大豆、生猪、三粉、烟叶五大产业链;培育农产品加工企业1 057家,其中国家级2家、省级25家,带动农户57万户增收致富。

(2)园区建设成效

①农业结构调整步伐明显加快。全市花木面积达到61万亩,成为全市规模最大的经济作物,其中鄢陵县花木面积达到50万亩,花木业产值占农业总产值的34%,成为支撑、拉动县域经济发展的主导产业。

②农民收入实现快速增长。2008年,2.2万亩核心区农民人均纯收入达到7 564元,比全市的5 841元高出1 723元,比上年增长6.5%。花卉产业的发展也带动了交通运输业、餐饮业、劳务输出、苗木包装等相关产业的发展,促进农民多结构的全面增收。

③科技创新能力明显增强。与中国林业大学、中国农科院等30多所国内高校和科研院所建立了技术协作关系,建立产学研合作机制。成立花木研究开发与服务机构,进行工程化研发和技术集成,对蜡梅等41个花木品种进行组培试验和联合攻关,形成了一批自有技术成果,并积极促进科技成果及时转化推广,提升了园区的科技创新能力和核心区的辐射带动能力。

④专业技术人才队伍不断壮大。积极引进外部专家,聘请国内外知名专家80余人进行技术指导和技术培训;注重激活内部人才,每年选送近200名技术干部到高校学习培训;大力培养乡土人才,累计培训花木乡土技术人才3.2万人,培训农民12万多人。

⑤农民组织化程度进一步提高。随着花卉产业化示范园的建设,花卉协会、花卉产业联合会、农民花卉协会等民间经合组织与协会应运而生,花卉协会达到56家,会员17 600多人,花卉经纪人6 500多人,形成了一支强大的由技术人员和花卉经纪人组成的花卉生产和营销队伍。

⑥经济、社会、生态效益明显提高。一是经济效益。2.2万亩核心区年产优质花木种苗1 900万株(盆),年销售收入3.3亿元。全市花木示范区、辐射区共61万亩,年产花木6.9亿

株(盆),销售总收入 34 亿元。二是社会效益。不仅为城市绿化和国家林业工程提供了优质的绿化苗木,而且促进了劳务输出和技术传播和许昌国家农业科技园区新技术、新成果向全国的推广和扩散。三是生态效益。目前,全市林木覆盖率达到 32%,核心区内林木覆盖率 78%,农田林网建设全部达到国家标准。依托园区 75 万亩花木的生态效应,年接待观光游客 60 多万人次,先后被命名为国家优秀旅游城、国家园林城和国家森林城。

(3)主要经验与做法

①抓机制创新。用工业的理念建设农业科技园区,工业理念的关键在市场机制的运作。在运作机制上,我们把企业作为园区建设的主体,每个园区都依托一个或几个农业企业运作;农业企业承担组织生产经营职能,实行项目管理和企业化经营;园区建设项目由农业企业组织实施,按照投入业主制的原则,农业企业对项目建设资金承贷承还;园区建设项目实行市场化运作,所有园区建设项目面向园区有关单位和企业实行公开招标,项目承担单位严格按照项目建设要求组织实施,直至通过验收。目前,园区内已催生农业公司 1 012 家,承担各类项目 78 个。

②抓示范带动。一是典型乡(镇)、村示范带动。鄢陵县重点抓了大马、柏梁、陈店三个示范乡镇的 12 个示范村,起到了积极的示范带动作用。如柏梁镇姚家村 2 743 亩耕地全部种植花木,同时还在外承包 5 800 亩发展花木生产,拥有花木经纪人 280 名,在外花工 420 名,其中有 4 名花工传技国外。二是优质花木标准化生产示范区示范带动。为提高花卉产品的质量和档次,扩大市场占有份额,引导广大花农和花卉生产企业向花卉生产的标准化、专业化、规模化迈进,目前已建成 3 100 亩优质花木标准化生产示范区,入驻花卉企业 55 家,起到了很好的引导、展示作用。

③抓龙头培育。一是积极引导优势农户向花木种植大户转变、种植大户向花木公司转变、花木公司向龙头企业转变,做到成立一个公司,建设一个基地,带动一批农户,培育一批人才,开发一个市场。二是按照"谁有能力谁牵头,谁牵头就扶持谁"的原则,市、县两级每年在财政安排农业产业化经营专项资金,采用贷款贴息等方式,支持花木龙头企业采用新技术,开发新产品,拓展新市场。省、市、县集中财政、项目和金融资金,累计达到 21.5 亿元。三是按照"公司+基地+农户"的发展模式,依托市场,延伸触角,上连公司,下接农户,把千家万户的分散种植与千变万化的大市场连接起来,引导农民规模化、集约化、专业化生产,拉长产业链条,提高整体效益,实现企业和农户"双赢"。

④抓技术推广。一是充分发挥科技型农业公司的桥梁作用,实现技术、产品的产业化。科技型公司与农户以利益关系为纽带,着眼于提高产品竞争力,积极通过新品种展示、基地示范、技术服务、人才培训等方式,及时将技术扩散到基地农户中去。二是充分发挥现有农技推广机构的服务作用,激活用活内部科技人员。包括稳定机构、用活人员和开展技术承包。

⑤抓市场营销。一是建立花卉销售市场。对境内 311 国道两侧的场、圃进行聚合改造,形成了"前市后场"的生产销售长廊。建成了占地 1 500 亩的花木博览园和占地 320 亩的花木交易市场,增强花卉的辐射带动能力,吸引外地客商前来洽谈业务。二是发挥龙头企业带动作用。充分发挥花卉龙头企业的资金、技术、人才优势,承揽绿化工程,帮助花农销售。三是拓宽外销渠道。抓住西部大开发和北京举办奥运会的大好机遇,先后在甘肃、宁夏、内蒙古、北京等地建立了苗木基地。通过活跃在全国各地的花木经纪人,实现了内引外联、跨域销

售。四是举办大型花事活动。成功举办了八届中原花木交易博会,构建了当地花农与外地花商合作、交易的平台,与省内外花木企业签订合同金额20多亿元。五是建立网上信息平台。以许昌农业信息网为依托,积极整合全市涉农网站,实现资源共享、信息查询、制作发布及网上交易,扩大流通领域。

⑥抓服务体系建设。一是加强农业信息体系建设。建成了许昌农业信息网等25个农业网站,90个乡镇农业信息服务站,30个乡镇农业信息服务大厅,1 800个村农业信息服务点;在市教育电视台,开办了农业信息综合节目,在市广播电台开办了《金色田园》栏目,在市农业信息中心开通了"12316"农业咨询服务电话;强化农业信息资源整合,以许昌农业信息网为依托,把6个县(市、区)、90个乡镇的农业网站和市畜牧网、农机网、科技网、水利网、林业网、劳务经济网等9家市直涉农部门的网站整合成为一个网,达到了"一站登录,各站共享"的目的,有效推进了农业信息的进村入户。二是加强农产品质量检验检测体系。市农产品质量检验检测中心开展了对部分蔬菜品种的定性、定量检测,每月发布农产品质量安全信息。在市区主要农产品市场进行了蔬菜准入试点。

⑦抓产业延伸。围绕"花木"资源,利用好"中国蜡梅文化之乡"这张名片,按照"一个支撑、两园贯通、文化补充"的思路,加快发展生态旅游业,对旅游项目实施合作开发、拍卖经营,初步建成了彭店樱桃荷花观光景区、柏梁和大马5万亩花木农家乐游览区、大马二道河生态休闲区和陈化店花都温泉休闲度假区等一批旅游景点。同时,通过园区建设,积极培育特色主导产业,建成了一批农产品生产基地,形成了优质小麦、大豆、生猪、"三粉"、烟叶五大产业链,进一步拓宽了农业产业链条。

⑧抓基础设施建设。不断加大资金投入,集中搞好基础建设。已累计向花卉苗木产业投入资金近5亿元,发展花卉节水灌溉20万亩,架设10千伏线路36公里、400伏线路120公里,新修花卉区道路321公里,花木主产区农业生产条件得到了较大改善,综合生产能力明显提高。

分析讨论:许昌市国家农业科技园区的运作模式,并对其未来发展提出建议。

开发绿色食品的意义

2003年,杜丽华看上了农业,因为"对于企业来说,农村是一片处女地,无论是资本运营,还是资产运营都还没有开始"。

2004年,杜丽华第一年当农民,种了淫羊藿等一些中药材,但只有微利。这是一个无法接受微利的女企业家。于是她开始寻找有高附加值的项目,"最后我们捕捉到了五味子"。五味子分南五味与北五味,其中北五味为佳,而北五味中,尤以长白山五味子最佳。在市场价格处在高峰的时候,1公顷(15亩)长白山五味子的净利润可以达到100万。"我们干事比较猛,2005年我一下就种下了6 000亩,请来吉林省最好的五味子专家做技术总监,一炮就打响了。"那一年杜丽华第一次在农业上体会到了丰收的快乐。"现在长白山地区适合种五味子的地基本都在我们手里边了。"冷占仁说。到2008年,旺民长富的五味子种植面积已经达到1.7万亩,成为全国最大的五味子种植企业。

2006年,杜丽华又看中了蓝莓,这种主产于美国的高端水果至今在国内也极为少见,而且在全球市场都价格高昂。杜丽华听说吉林农业大学有蓝莓技术,就上门谈合作。对方问她打算种多少，杜丽华张口就是1万亩，结果对方以为她是骗子，"被吓跑了"。到2007年，杜丽华出高价一次性买断了吉林农大分布在辽宁、山东等北方省份的所有1万亩种植基地，基本垄断了国内成规模的蓝莓种植资源。"到挂果的时候，一眼望不到边的成片的蓝莓，非常壮观。"冷占仁说。由于蓝莓从种植到挂果需要6年时间，因此2008年旺民长富的收获面积只有1 000亩，但实现利润6 000万。"你种的哪里是蓝莓树呀，分明是摇钱树呀。"杜丽华自豪地复述着鼎晖投资合伙人王功权的评价。2008年，杜丽华进行了第一轮融资，投资方是霸菱投资。融到的资金又全部被杜丽华用来买地，扩大种植规模和增加种植品种。到2008年底，旺民长富的香菇和双孢菇种植也已经形成规模，而为下一个项目林下参储备的土地也达到2 800多公顷。"我会不断把新东西加入进来，后面还会有黑西红柿、刺五加、黑加仑、野生猕猴桃。"旺民长富的蓝莓基地都配备有可以自动调节土壤pH值的滴灌设备，保证喜酸的蓝莓在最适宜的环境里成长。公司自主研发的有机肥可以让作物增产30%，而组织培养中心则可以实现植物的细胞繁殖，使植株数量以"裂变"的速度增长。"别人买我们的小苗至少要6块钱一棵，出床的苗我们要卖到15块钱，但我的成本连6分钱都不到。"组培中心已经成为杜丽华手中又一个利润中心。

"为什么说我的利润还不高呢？因为我现在还只是种植，后面如果做产品的深加工，利润还要高得多。"杜丽华举例说，从蓝莓中提取的花青素做成片剂，一百片的价格就是1 800块钱。在杜丽华看来，她的公司和出租土地的农民之间也实现了共赢的关系。农民在一次性拿到几十年的土地租金之后，如果愿意还可以负责原有土地的管理。公司会按照一亩地一年800块钱的标准给管理者发放管理费，而种植需要的有机肥和农药都是公司免费提供，因此这800块钱很像工人的工资。到果实的采摘季，公司还会按照采摘时间再付一笔费用。"在我们这里打工的农民收入比城市里的一般干部还要高，"冷占仁说，"很多山东的农民都放下家里的地，来我们这儿打工。"

分析讨论：请依据案例，试述我国农业企业的绿色食品的开发前景。

绿色食品的开发

如今，无论在城市的街头还是乡间的田野，随意询问人们对"吃"的看法，得到的回答一般都是"吃自然的、健康的、方便的"。作为世界上最讲究饮食的国度，餐桌上的变革正悄悄改变着人们的生活。

正在此间举行的第三届长春国际农业食品博览会上，绿色食品成了"抢手货"，1 300多个食品展位中80%都打出了"绿色"标志。五花八门的展台宣传牌前，多数都会有详细的介绍告诉消费者：某产品在哪些方面有营养，富含哪些微量元素，食用会使消费者哪些方面受益。

据统计，截至2002年6月底，共有1 402家生产企业的2 791个产品经过中国绿色食品中心认可，使用"绿色食品"标志，比去年同期增长40%。

目前，中国绿色食品的发展建立起了一套"从农田到餐桌"全过程质量控制的技术标准体系，涵盖产地环境、生产过程、产品质量、包装标签、储运等各个环节。整体水平达到欧盟、美国、日本等发达国家食品质量安全标准，其中AA级绿色食品标准与国际有机食品接轨。

"这一发展具有深远意义，它表明，在中国这个人口众多的发展中国家，吃已不再只是为了温饱，而是为了人们生活质量的进一步提高。"吉林省社会科学院院长邴正说：除了追求绿色、健康以外,简餐和方便食品也在消费者中间占据了越来越多的市场。在长春农博会上,方便食品品种之多、花样之全令人瞠目。从传统的方便面到方便玉米、方便汤、方便菜,五花八门无所不包。

如今,在家里做饭的人少了,经常到饭店吃饭的人多了。还有很多人利用假日买来大量方便食品装进冰箱,以减少每天采购食品的麻烦。人们在减少烹制食品时间的同时,更多的是用这些时间来从事些自己喜欢的事情。对于长期以来热衷于煎、炒、烹、炸的中国人来说,这一转变表明一种的新的崇尚简约的观念正逐渐在人们心中扎根。

与这种潮流对应的是,不仅"肯德基""麦当劳"等"洋快餐"在中国各地不断增加连锁店,而且大大小小的中国风味饭店、营养快餐也如雨后春笋般涌现。

分析讨论:农产品加工业如何应对这种情况?

项目11

农业企业资产管理

【知识目标】

1. 了解农业企业财务管理。
2. 熟悉农业企业集资的渠道。
3. 掌握农业企业资产管理和成本利润管理。

【能力目标】

1. 会农业企业财务管理和进行农业企业资金筹集。
2. 能够进行农业企业资产管理和成本利润管理。

任务 11.1 农业企业财务管理及资金的筹集

为了适应社会主义市场经济发展的需要,必须规范农业企业财务行为才能有利于公平竞争,加强财务管理和经济核算,提高经济效益。结合农业企业实际情况,建立健全财务管理制度,完善内部经营责任制,做好财务管理基础工作,财务部门应当履行财务管理的职责,如实反映企业财务状况,依法计算和缴纳国家税收,保证投资者权益不受侵犯,接受主管财政机关的检查监督,参与经济预测和决策,做好财务的计划、控制、核算、分析和考核工作,依法合理筹集资金,有效利用企业各项资产。

11.1.1 农业企业财务管理的主要职能

无论实行哪一种财务管理方式、哪一种财务管理制度,财务管理必须贯彻执行国家的财经政策。在国家统一的方针、政策指导下,根据上级核定的预算,为农业生产建设事业的发展有计划地供应资金,监督资金的运用,并结合农业行业特点,开展多种经营、筹集资金。通过财务管理手段,发挥它对各项生产建设事业的保证作用和监督作用,概括起来,财务管理的职能有三个方面:

1)有计划地、合理地分配和供应资金

根据国家投资和收支情况,按照事业计划,进行合理分配和预算平衡,保证生产建设计划的顺利进行。

2)发挥财政的监督作用

财政资金的合理分配和使用是财务管理的重要环节。分配和使用是否得当以及资金使用效果的大小,直接关系到事业发展的进程。对财政资金的运转过程,尤其是对资金的使用,要进行科学的管理和严格的监督,提高资金的使用效果。财务管理部门要督促所有财务活动认真执行预算,严格执行财政制度,对违反财经政策、违背国家计划、不遵守财经纪律、浪费国家资金的行为进行监督。

3)合理地组织收入

在现阶段,要从我国国情出发,充分利用农业业务特点,在为人民提供优良服务、丰富人民文化生活、满足人民需要的前提下,积极做好增加收入工作。通过组织收入来扩大农业部门的自给能力,减少国家的负担,更加有效地加速农业事业的发展。

为此,财务管理部门要克服单纯的财政观点,做到面向生产、支持生产、参与生产、促进生产的要求;协助业务部门运用有利条件,积极开展多种经营,努力组织收入,推行经济核算制,实现高产、优质、低消耗的目标,减少国家的支出。

11.1.2 经济核算

随着管理科学的发展,为了提高经济效益,许多非盈利为目的的事业单位也广泛地实行

了经济核算制度。

经济核算适用于国民经济的一切部门,不论是事业单位,还是企业单位,所有经济部门都要按经济核算的原则进行管理。就农业部门来说,生产、建设、养护、服务各个方面以及计划管理、劳动管理、技术管理、质量管理、物资管理等一切环节,都要讲究经济核算,用经济核算的手段反映它的经济效益。

经济核算并不是财务部门的事,财务部门仅仅是经济核算的组织者,通过财务计算反映各项经济活动的情况,必须实行全面的经济核算,把经营管理与经济核算紧密地结合起来,才能对各项生产业务活动进行经济评价。经济核算概括了一切经济活动的成果,它监督各项工作的进行。因此,正确运用经济核算手段并全面推行经济核算制度是做好农业事业的一项重要措施。

农业部门所属的事业单位,有的是按照核定的预算由国家按时拨给资金的,也有附属于农业事业单位之下的企业单位,要根据实际情况,分别确定符合农业事业特点的核算方法。所有实行经济核算的单位,概括起来应达到以下基本要求。

1)提高对经济核算的认识

不断进行思想教育工作,提高职工对经济核算的认识,同时要把经济效果的好坏与职工的物质利益联系起来,按照劳动的数量和质量进行分配,在发展生产、提高经济效益的前提下,才能逐步提高职工的生活水平,正确安排好国家、单位和个人三者的利益关系。

2)在单位内部推行责任制

实践证明,一个单位能不能办好,必须克服职责不清、任务不明、干好干坏一样吃"大锅饭"的状况,这是保证经济核算工作持续发展并不断巩固提高的重要条件。

建立了责任制,才有可能把各项经济技术指标实行分级分口管理、分级分口核算;才有可能把计划指标分解到各部门、各班组以至职工个人,分头负责,贯彻执行;才有可能考核各部门、各班组和各个职工完成任务的好坏以及经济效果的大小,做到赏罚分明。搞责任制的根本目的是为了使职工关心自己的事业,主动搞好生产业务工作,挖掘各方面的潜力,提高经济效益。

3)建立健全规章制度

建立健全规章制度是做好经济核算的基础工作,科学的、严格的规章制度,是一个单位进行正常生产业务活动的必要条件。所有单位都应该根据自己的实际情况,在计划、生产、服务、技术、劳动、物资、财务等方面建立规章制度,并且严格按照规章制度办事,做到事事有人管、人人有专职,克服无章可循、有章不循的混乱现象。要及时检查总结规章制度的执行情况,坚持合理的规章制度,改革不合理的规章制度,使其不断完善,以适应生产事业发展的需要。扎实的基础工作是搞好经济核算的前提条件,要依靠群众搞好定额管理、原始记录、质量验收等基础工作。要建立完整先进的定额体系,定额是计划管理的基础,也是搞好经济核算的条件,没有定额就像没有尺子一样,没有核算的依据。

依靠管理人员、技术人员和工人,在总结经验的基础上,要逐步对材料、工具消耗、工时消耗、设备利用、物资储备、流动资金占用、费用开支等制定合理的定额。要按定额制订计划、安排生产、业务工作,考核工作效率和经济成果。定额不是一成不变的,要随着生产技术的进步和管理水平的提高及时修订。

在生产业务活动的各个环节中所反映的数量、质量和人力、物力、财力的消耗,都要有原始记录,以便准确、完整、及时地反映生产经营活动情况,要统一各种原始记录的格式、内容、填制方法及至签署传递和汇集方法。同时,对物资的购进、领用、运输、生产过程中的转移,都要实行严格的计量验收制度,既要验量又要验质,做到准确无误。

4)搞好群众性的经济活动分析

经济活动分析是检查、分析经营成果的重要方法,通过分析才能揭露各种矛盾,促进全面完成计划,是提高经济效益的一项重要工作,应该建立经济活动分析制度,按年、按季、按月进行综合分析,并针对关键问题进行专题分析。各个职能部门要进行定期或不定期的专业分析,基层单位直接到班组要开展一事一议的经常分析。

进行经济活动分析,必须做好调查研究,要对各项经济活动进行全面、深入的分析对比,例如,考核某项任务的完成情况和经济效果,可与计划比,可与历史先进水平比,可与同行业先进水平比。只有经过分析比较,才能从中找出差距,发现问题,得出经验和教训。

专业部门的单项分析比较,要注意总结经验,交流经验,表扬好人好事,发现经济活动中的问题,要通过分析找出原因,并提出改进措施。

经济活动分析不能单靠财务部门,要发动各部门、班组和广大职工群众参加,实行专业与群众相结合,使人人关心经济效益。群众性的经济活动分析是提高经济效益的一个重要方法,群众性的经济活动分析是群众参加管理一种形式。班组核算要按干什么、管什么、算什么的原则,分析不同内容。经济活动分析要与责任制结合起来进行,用经济分析的方法考核经济效益,反映事业成绩的大小,同时要与奖惩制度结合起来,这样才能使经济活动分析持久地进行下去。

11.1.3 筹集资金

1)筹集资金的基本原则

(1)合法性

合法性原则是指筹资主体要自觉遵守国家各种法律法规、方针和政策。

(2)适度性

筹集的适度性原则是指企业筹集的资金一定要与企业对资金的需求规模相适应的筹资金额、时机、期限和方式的适当性。

①筹资金额的适度性。是指企业筹资时应做到既保证合理供应,又不超过合理需要。

②筹资时机的适度性。是指企业应掌握好筹资的时间,因为筹资具有极强的时效性,只有在恰当的时间进行恰当的投资,才能获得高额的投资回报。

③筹资期限的适当性。是指对所筹资金的期限进行合理搭配,使其与生产经营或建设的周期相吻合。

④筹资方式的适当性。是企业应根据自身具体情况和资金使用的要求,对各种筹资方式所能筹到资金的数量、期限、成本、风险及其所需办理手续的繁简程度等因素进行全面的考虑,以作出合适的选择。

(3)负债经营担保原则

负债经营担保原则是指企业在筹集资金时,应对其负债提供相应的担保。主要是为了杜

绝企业因多头贷款而超重负债的现象出现,加强筹资的风险管理。负债经营中的担保,还可以把许多负债经营中的风险转嫁给不想直接参加负债经营成为负债经营提供资金的第三方。

(4)择优性原则

择优性原则是指在多种备选筹资方案中选择最佳的筹集资金的方案。企业筹集资金的渠道和方式很多,各种筹资渠道和方式都有其不同的特点,各有所长,各有所短。因此,企业必须根据资金需要情况,从多种筹资的方案中,根据筹资成本、筹资条件和筹资时间的代价等方面进行比较,选择最佳方案。

(5)风险和效益统一原则

风险和效益统一原则要求企业在筹集资金的过程中对不同风险的筹资工具使用后,所得到的效益与之相对应。

2)筹集资金的渠道

筹资渠道是指资金来源的方向与通道,体现着资金的来源与流量。我国现行的企业筹资渠道主要有以下几种:

(1)国家财政资金

国家对企业的直接投资是国有企业最主要的资金来源渠道,从产权关系上看,国家投资的财政资金,产权属国家所有。

(2)银行信贷资金

银行对企业的各种贷款是我国现有各类企业最为重要的资金来源之一。

(3)非银行金融机构资金

非银行金融机构是指信托投资公司、保险公司、租赁公司、证券公司和财务公司等,它们所提供的各种金融服务包括信贷投放、物资融通,为企业承销证券等。

(4)其他企业资金

在市场经济条件下,企业间的商业信用和互相投资业务十分频繁,企业可通过联营、入股及商业信用等方式获得长期资金的使用或短期资金的调剂。

(5)居民个人资金

资金市场开放后,企业可以通过发行企业债券、股票、可转债等形式获取职工和居民个人的民间资金,这也是企业的重要资金来源。

(6)企业自留资金

企业自留资金是指计提折旧、提取公积金和未分配利润等企业内部形成的资金。这些资金无须企业通过特定的方式去筹集,而直接由企业内部自动生成或转移。

11.1.4 农业企业筹集资金的方式及程序

筹集资金方式是指企业筹措资金所采用的具体形式。目前我国企业的筹资方式主要有吸收直接投资、股票筹资、银行借款筹资、企业债券、融资租赁、商业信用等。

1)吸收直接投资

（1）方式

吸收直接投资可以采用多种形式。从投资者的出资形式看，主要分为吸收现金和非现金投资两种类型。其中，吸收非现金投资又可分为吸收实物资产投资和吸收无形资产投资。吸收非现金投资时，应注意两个问题：一是要做好资产估价；二是对于无形资产出资应符合国家规定的出资限额。

（2）程序

①确定吸收直接投资的资金数额，投资者出资金额是其分享权利、承担义务的确认依据，因此，必须确定好各直接投资者的资金数额，据此确定各出资者所占权益资金比率。

②确定吸收直接投资的具体形式，即现金投资、实物投资或者无形资产投资。不同的出资方式都为企业所需，但必须做好估价工作，以确定各出资者的出资比率。

③签订合同或协议等文件，规定出资金额、方式、时间以及其他权利义务等。

④取得资金来源，按合同或协议的规定及时取得资金。

2)股票筹资

（1）方式

股票是股份公司为筹集自有资金而发行的，表示持有人按其持有的股份享有权益和承担义务的可转让的书面凭证。股票持有人即为公司的股东，它作为出资人按投入公司的资本额享有所有者的资产受益、企业重要决策和选择管理者的权益，并以其所持有股份为限对企业承担责任。股票作为股份企业资本所有权的证书，具有不返还性、风险性、流通性等特点。

（2）股票的种类

股票按照不同的标准，可以分为以下几种：

①按股东权益划分，可分为普通股票与优先股票。普通股票是股份制公司发行的代表股东享有平等的权利、义务，不加特别限制且股利不固定的股票，它是公司最基本的股票；优先股则是公司发行的优先于普通股东分得股息和公司剩余财产的股票。

②按股票票面有无记名划分，可分为记名股票和无记名票。记名股票是在股票票面记载股东的姓名或名称的股票，股东姓名或名称要记入公司的股东名册；无记名股票则是在股票面不记载股东的姓名或名称。

③按票面中是否标明金额划分，可分为面额股票和无面额股票。面额股票的票面标有金额；无面额股票的票面不标金额，而只在股票上载明所占公司股本总额的比例或股份数。按照我国《公司法》的规定，股票必须标明其面额。

④按投股主体不同划分，可分为国家股、法人股、个人股和外资股。

⑤按发行对象划分，可分为 A 股和 B 股。A 股是指我国个人或法人买卖的，以人民币标明票面价值并以人民币认购和交易的股票；B 股则是专供外国的我国港、澳、台地区投资者买卖的，以人民币标明其面值但外币认购和交易票，也称为人民币特种股票。

（3）程序

①公司作出新股发行决议。公司应根据企业生产经营情况，在认真分析和研究的基础上，提出发行新股的计划，并提交董事会讨论表决。董事会应根据资本授权制度和新股发行计划作出发行新股的决议（根据资本授权制度，在授权限额内，股票发行可由董事会决定，但

超过授权限额应由股东大会表决)。

②做好前期准备工作。

③提出发行股票的申请。企业聘请会计师事务所、资产评估机构、律师事务所等专业机构,对其资信、资产、财力状况进行审定、评估和就有关事项出具法律意见书后,按照隶属关系,分别向省、自治区、直辖市、计划单列市人民政府或者中央企业主管部门提出公开发行股票的申请。

④有关机构的审核。政府证券管理部门根据有关法律规定对申请书进行逐项审查,确认是真实的、合理的,即可批准发行,被批准的发行申请送证监会复审。证监会应当自收到复审申请之日起 20 个工作日内出具复审意见书,并将复审意见书抄报证券委员会。

⑤签署承销协议。

⑥公布招股说明书。在获准公开发行股票之前,任何人不得以任何形式泄露招股说明书的内容,在获准公开发行股票后,发行人应当在承销期开始前 2~5 个工作日内公布招股说明书。

⑦向社会发出公告。

⑧向社会公开招股。

⑨认股人缴纳股款。

⑩承销机构向公司交付股款。

⑪向认股人交割股票。

⑫变更公司董事会与监事会。

⑬办理资本的变更登记。

3)银行借款筹资

(1)方式

银行借款是指企业根据借款合同或向银行或其他金融机构借入的款项。我国商业银行与企业在进行信贷业务时,应当遵循"平等、自愿、公平和诚实信用"原则。

(2)程序

①选择借款银行。企业在借款时,除了重点考虑借款种类、借款利率、借款条件、管理等因素外,还必须对提供贷款的金融机构进行分析,择优选择。

②提出借款申请。企业需要向银行借入资金,必须向银行提出申请,提供如下申请资料:借款申请书;借款人及保证人的基本情况;抵押物清单及同意抵押的证明;财政部门或会计师事务所校准的上年度财务报告;项目建议书和可行性报告;原有的不合理借款的纠正情况;贷款金融机构认为需要提交的其他资料。

③银行审查借款申请。银行对企业的申请进行审查,以确定是否对企业提供贷款。

④签订借款合同。贷款银行对借款申请审查后,认为各项条件均符合规定,并同意贷款的,应与借款企业签订借款合同。

⑤企业取得借款。双方签订借款合同后,贷款银行按合同的规定如期发放贷款,企业便可取得相应的资金,企业可根据借款合同办理提款手续,提款应在合同规定的期限内按计划一次或多次办理。如企业想变更提款计划,须提出申请,银行同意后方可变更。企业取得借款后,应按借款合同约定的用途使用借款。

4) 企业债券

（1）企业债券

企业债券是指企业为筹集资金而发行的,约期还本付息的借贷关系的有价证券。企业债券通常又称公司债券,简称为公司债。

（2）企业债券的种类

企业发行的债券,按不同的标志可分为以下几种。

①按有无特定的财产担保,分为抵押债券和信用债券。抵押债券是指发行企业以特定的财产作为担保的债券;信用债券是指发行企业没有设定担保,而仅凭其信用发行的债券。

②按是否记名,分为记名债券和无记名债券。

③按能否转换为本公司股票,分为可转换性债券和不可转换性债券。可转换性债券是根据发行契约允许持券人按预定的条件、时间和转换率,将持有的债券转换为公司普通股票的债券;不可转换债券是指不能享有这种权利的债券。

④按筹资期限长短,分为长期债券和短期债券。长期债券是指筹资期限在一年以上的债券,主要用于满足企业长期、稳定的资产占用需要;短期债券则是指筹资期限在一年以内的债券,主要用于满足临时性的流动资产需要。

（3）程序

①企业权力机关做出发行债券决议。

②编制企业发行债券的章程。

③提出办理债券等级评定手续申请。

④报请国务院证券管理机关批准。

⑤与承销机构正式签订承销合同。

⑥发出募集债券。

⑦印制相应的文件和表格。

⑧登记认购申请。

⑨交付债券,收缴债券款。

5) 融资租赁

（1）方式

租赁是指出租人以收取租金为条件,在契约或合同规定的期限内,将资产租给承租人使用的一种经济行为。按租赁业务性质,租赁分为经营租赁、融资租赁两种。

融资租赁是由出租人按照承租人的要求融资购买设备,并在契约或合同规定的较长期内提供给承租人使用的信用业务。它通过融物来达到融资的目的,是现代租赁的变相剥削形式,具有以下特点:设备租赁期较长,一般按近期资产经济使用年限的 70% ~ 80%,至少不低于使用寿命的一半;不得任意中止租赁合同或契约;租赁期满后,按事先约定的方式不处置资产,或退还、续租或留购;租金较高,其租金一般包括设备的购置成本、预计设备残值、利息、租赁手续费。

融资租赁一般可分为直接租赁、售后回租和杠杆租赁三种类型。

（2）程序

①选择租赁公司。

x

②办理租赁委托。

③选择设备。

④签订购货协议。

⑤签订租赁合同。

⑥验货与投保。

⑦租赁期满后的设备处理。

6)商业信用

商业信用是企业在商品购销活动过程中因延期付款或预收货款而形成的借款关系,它是筹集短期资金的一种方式。

从筹资角度看,商业信用主要表现为应付账款、应付票据、预收货款等具体形式。

任务 11.2   农业企业资产管理

11.2.1   流动资产管理

1)流动资产的概念

流动资产是指可以在1年内或者超过1年的一个营业周期内运用或变为现金的资产,包括原材料、低值易耗品、在成品或半成品等各种存货、现金及各种存款、应收及预付款项等。

2)流动资产的特点

(1)流动性较大

农业企业流动资产的占有形态是经常变化的,一般在现金、材料、产品、产成品、应收款、现金之间顺序转化,通常在一个生产经营周期内完成一次循环。流动资产每次循环都要依次经过采购、生产、销售过程。流动资产的整体,从空间上看是以不同的存在形态同时并存于生产经营的每个阶段上。各种形态在空间上保持并存性,在时间上保持继起性。

(2)流动资产具有波动性

企业需要的流动资产数量,不是固定不变的,即使在同一时期的不同阶段,需要量也不一样,不管是季节性生产企业,还是非季节性生产企业都是如此。

(3)流动资产具有变现性

流动资产一般具有较强的变现能力,如果遇到意外情况,企业出现资金周转不灵、现金短缺时,便可迅速变卖这些资产以获取现金。因此,流动资产回收时间较短,一般企业流动资产的资金在一年或一个营业周期内能够得到回收。

除了上述特点外,流动资产提供的信息具有很强的综合性,流动资产的运动,综合反映了企业供、产、销的工作情况和企业各方面的管理水平。

3)流动资产管理的内容

流动资产在生产经营过程中不断流转,由货币形态转化为实物形态,再由实物形态转化为货币形态,其价值是一次性转移到产品中去的。流动资产管理的主要内容包括现金、短期有价证券、应收账款、存货、其他应收款等。

x

（1）现金管理

在企业内以货币形态存在的资金统称为现金。现金可以有效地立即用来购买商品、货物、劳务或偿还债务，是企业中流动性最强的资产，包括库存现金、银行存款、银行本票和银行汇票等。现金管理的目标，就是要在资产的流动性和盈利能力之间作出抉择，具体做到：合理配置，保持最优资产结构；加速流动资产周转，提高其使用效果；正确处理盈利和风险之间的关系。

①现金的使用范围。现金是专门用来预备支付企业日常零星开支的。现金只能用于支付包括：职工工资、各种工资性津贴、个人劳务报酬、个人奖金、各种劳保、福利费用及符合国家规定的个人其他现金支出，收购单位向个人收购农副产品和其他物资支付的价款，出差人员携带差旅费，结算起点（1 000 元）以下的零星支出，以及确实需要现金支付的其他支出。

②库存现金限额。库存现金量的大小，视企业一定时期实际支付的现金总额（不含工资及其他一次性支出）而定，一般是 3～5 天的平均需要量，最高不得超过 15 天的日常开支，企业收入的现金应于当日送存银行。企业应建立健全的现金账目，逐笔记载现金支付，日清月结，账款相符。

③银行存款管理。企业除了限额持有现金以外，应将款项存入银行，还要通过银行进行货币资金的转账结算。货币资金存入银行利率很低，所以是一种非盈利性的资产，尽量减少货币资金，把货币资金维持在某一特定水平上。维持一定量的货币资金，目的是为了支付和预防，保证生产经营活动顺利进行。货币资金的合理持有量是企业保证生产经营的最低资金需要和银行存款额。

④现金收支管理。现金收支管理的目的在于加速现金周转速度，提高现金的使用效率。为达到这一目的，可运用下列方法：

一是加速收款。企业应在不影响销售收入的前提下，尽可能地加快现金的收回。不仅要尽量使顾客早付款，还要尽快使这些付款转化为可用现金。为此，企业应抓好以下几个环节：加速客户汇款的速度；减少收到客户开来支票与支票的兑现时间；加速资金存入开户银行的时间。

二是调整现金流量，提高收支的匹配程度。如果企业能使现金流入与现金流出发生的时间趋于一致，就可以使企业持有的交易性现金余额降低到最低水平。

三是使用现金浮游量。所谓现金浮游量，是指现金在从企业开出支票到银行将款项划出企业账户这段时间的占用。在使用现金浮游量时，一定要控制好使用时间，否则会发生银行存款透支。

四是延缓应付账款的支付。企业采取赊购方式购买原材料或其他商品，应尽量享受供应方给予的信用条件，将付款期推迟到信用期的最后一天。此外，在不影响企业商业信用的前提下，可延缓应付账款的支付，以缩短现金周转的周期。

（2）短期有价债券管理

短期有价债券管理是指企业能够随时变现或持有时间不超过 1 年的各种有价债券，是企业现金的一种转换形式，获取收益是持有有价债券的原因。

①短期债券的种类有以下三种：

一是政府债券。是由中央政府或地方政府发行的债券。投资政府债券的优点是：风险很

小,流动性强,免交收益所得税;缺点是投资收益相对较低。

二是金融债券。是由金融机构发行的债券。投资这种债券的风险较小,流动性强,能够获得比政府债券高、比企业债券低的收益。

三是企业债券。又称公司债券,它是由企业发行的债券。投资企业债券能够获得比政府债券和金融债券高的收益,但是本金和收益的风险稍大,一般都要交纳收益所得税。

②影响债券价格的因素。可分为内部因素和外部因素。

影响债券价格的内部因素主要有:

a. 票面利率。债券的票面利率越低,债券价格越容易变动,当货币市场利率提高时,票面利率较低的债券价格下降较快;当市场利率下降时,它的增值潜力较大。

b. 提前赎回规定。提前赎回条款是债券发行人所拥有的一种选择权。它允许债券发行者在债券发行一段时间后,按约定的赎回价格在债券到期前部分或全部偿还债务。这种规定在财务上对发行者是有利的,因为发行者可以在市场利率降低时发行较低利率的债券,取代原先发行的利率较高的债券,从而降低融资成本;而对投资者来说,他的再投资机会受到限制,再投资的利率也较低,这种风险是要从债券价格中补偿的。因此,具有提前赎回可能性的债券应具有较高的票面利率,也应具有较高的到期收益率,其内在价值也就较低。

c. 税收待遇。一般来说,免税债券的到期收益率比类似应纳税债券的到期收益率低。

d. 市场属性。是指债券可以迅速出售而不会发生价格损失的能力。如果某种债券很难按市价卖出,持有者会因该债券的市场属性差而遭受损失,这种损失包括较高的交易成本以及资本损失。这种风险也必须在债券的价格中得到补偿,因此,市场属性好的债券与市场属性差的债券相比,具有较高的内在价值。

e. 违约风险。违约风险是指债券发行者不能按期履行合约规定义务,无力支付利息和本金的潜在可能性。一般来说,除政府债券外,其他债券都是有违约风险的,违约风险越大的债券,投资者要求的收益率就越高,债券的内在价值也就越低。

影响债券价格的外部因素主要有:

a. 银行利率。银行是信用度较高的一种金融机构,其存款的风险较低,因此,银行利率是决定债券价格时必须考虑的一个因素。一般来说,政府债券由于没有风险,其收益率要低于银行利率,而一般企业债券的收益率要高于银行利率。

b. 市场利率。利率风险是各种债券都面临的风险。在市场总体利率水平上升时,债券的收益率水平也应上升,从而使债券的内在价值降低;反之,在市场总体利率水平下降时,债券的收益率水平也应下降,从而使债券的内在价值提高。同时,市场利率风险与债券的期限相关,债券的期限越长,其价格的利率敏感度也就越大。

c. 通货膨胀。通货膨胀会使投资者从债券投资中实现的收益不足以抵补由于通货膨胀而造成的购买力损失,从而使债券的内在价值降低。

③债券投资的风险包括以下五类:

一是违约风险。是指发行者无法按时支付债券利息和偿还本金的风险。回避违约风险的方法是不购买偿债能力较差的企业债券和金融债券。

二是利率风险。是指由于市场利率变动而使投资者遭受损失的风险。由于债券价格会随市场利率变动,即使没有违约风险的政府债券,也会有利率风险。

三是通货膨胀风险。是指由于通货膨胀而使货币购买力下降的风险。一般说来,预期收益率不变的较会上升的资产的购买力风险大;利率固定的债券由于收益率不变,受到的影响更大。回避通货膨胀风险的方法是通货膨胀期间不买长期债券。

四是变现风险。是指无法在短期内以合理价格出售债券的风险。回避变现风险的方法是不购买市场属性差的债券。

五是再投资风险。是指债券变现后,难以找到比变现债券更高收益率的投资对象的风险。一般在预期市场利率处于上升通道时,不宜买入债券(特别是长期债券),以回避再投资风险。

（3）应收账款的管理

应收账款是指企业因销售产品、材料、提供劳务及其他原因,应向购货单位或接受劳务的单位收取的款项。企业在赊销条件下,才会产生应收账款,赊销是促进销售的一个重要手段。应收账款会给企业带来一定经济损失,原因是占用资金的利息,资金不能参加其他获利投资的机会成本,收款费用支出以及可能的坏账损失。因此,企业应加强对应收账款的管理与控制。采用赊销时应注意:

①根据自身情况,确定客户信用标准。信用标准定得过高,企业在赊销时遭受坏账损失的可能性就越小,应收账款的机会成本也越小,但会限制企业通过赊销扩大营业额的规模,如果信用标准过低,虽可扩大营业额,但坏账损失的可能性较大。因此,要确定适当的信用标准。

②规定适宜的信用期。信用期过短,会影响营业额扩大,放大信用期限虽对扩大营业额有利,但企业得到的利益可能被增长的费用所抵消。所以要确定适当的信用期,同时规定用户提前偿还贷款的折扣率和折扣期限。

③建立健全的收款办法体系。企业对应收账款应按期催收,对逾期付款的客户可规定一个允许拖欠的时间,并加强催收。收款政策要宽严适度,当客户超过允许拖欠期限后,应先发函通知对方;如果无效,则打电话或登门催交货款;如果确有困难,可商谈延期付款办法;如果以上措施均无效,可诉诸法律。要注意收账费用与坏账损失的关系,一般来说,收账费用支出愈大,坏账损失越小。

④建立坏账准备金。坏账是收不回来的应收款。下列情况属于坏账:因债务人死亡,账款确实无法收回;因债务人破产,清偿后仍无法收回的款项;债务人逾期 3 年仍不能履行偿债义务。坏账会使企业减少盈利,影响投资者权益。因此,除在确认坏账时应十分慎重外,还要建立坏账准备金制度。

坏账准备金的作用是:有助于提高企业承担风险和参与市场竞争的能力;有助于准确反映企业经济效益及正确评价企业经营成果;有助于企业及时处理债务,防止亏损和三角债连续发生。

坏账准备金的提取应与潜在的坏账损失相一致。如施工类企业,一般于年终按年末应收款余额的1%提取坏账准备金,计入管理费用内,其计算公式是:

$$年末提取的坏账准备金 = 年末应收账款余额 \times 1\% - 坏账准备金年初金额 \quad (11.1)$$

（4）存货的管理

存货是指企业在生产经营过程中为生产或销售而储备的物质,存货管理的内容包括以下

几点：

①存货入账价值的确定。国内市场存货的实际成本包括买价（原价＋销货单位手续费）、运杂费（包装费＋运输费＋装卸费）、采购保管费（企业材料物资供应部门及仓库为采购、验收、保管、收发存货所发生的各类费用）。

国外购入存货的实际成本包括进口存货装运港船上交货价（FOB）、国外运杂费（从国外装运港到国内抵达港的国外运费、保险费、银行手续费等）、税金（进口关税等）、国内运费和装卸费、采购保管费。

建设单位委托施工企业自行采购的存货成本包括双方签订的合同中确定的存货价值、企业负担的运杂费。

企业自制存货的成本包括直接材料费、直接工资、其他制造费用。

委托外单位加工的存货成本包括耗用存货的实际成本、加工费、加工存货发生的往返运杂费。

投资者投入的存货成本包括国有企业投入的属于国有资产的存货（是国有资产管理部门评估确认的价值）、其他企业投入的存货（是双方合同或协议确定的价值）。

接受捐赠的存货成本包括有发票账单（是发票账单原价加企业负担的运杂费、保险费和税金等）、无发票账单（为同类存货市价）。盘盈存货的实际成本为同类存货的实际成本或市价。

②存货发出的计价。采用实际成本作为入账价值的存货，发出时可采用先进先出法、加权平均法、移动平均法、后进先出法等方法确定其实际成本。现对几种方法简述如下：

先进先出法：按先进库的货先发出，确定发出的方法和发出存货的实际成本。这种方法在发出存货时就可以确定其实际成本，能把计价工作分配在平时进行；但发出存货时要辨别批次，工作烦琐。

加权平均法：该法以存货的月初结存数量加上本月各批收入数量加权数计算的平均单价作为本期发出存货的实际单价，采用这种方法计价只能在月末使用。

移动加权平均法：该法可在发货时立即算出发出存货的实际成本，但计算工作量大。

后进先出法：即以后进库的货先发出的方法，确定发出存货的实际成本。

用计划成本核算存货：即先制订存货的计划成本，核算计划成本与实际成本的差异。发出存货时按成本计算期，将其计划成本调整为实际成本。

③低值易耗品和周转材料摊销。单位价值较低、耐用期限较短的低值易耗品和周转材料，采用一次摊销法，即在领用时将其价值一次计入有关成本。

④存货盘盈、盘亏、毁损、报废的处理。存货种类多、数量大、保管分散，容易造成盈、亏和毁损，所以要及时盘点、发现问题、查明原因及时处理，保证年度财务报告真实、准确。对于盘盈、盘亏、毁损、报废的存货，在扣除过失人或保险公司赔款及残料后的净损失，按下列原则处理：企业材料部门和仓库在采购过程中发生的，除由供货者、运输者负责赔偿外，计入采购保管费；属于企业生产、施工单位在生产施工过程中发生的，计入管理费用；存货毁损，计入营业外支出。

⑤经济订购批量（经济库存量）和经济保险储备。按经济订购、批量订购，亦应按此量进库保管，所以又称为经济库存量。经济保险储备量是指企业为预防材料供应出现异常而建立

的储备。主要材料应有保险储备,在当地可随时取得补充或建立了季节性准备的材料,不建立保险储备。在需求不肯定的情况下,最佳保险储备量应使存货短缺造成的损失和保险储量的储存成本之和最小,即

$$年保险储备成本 = 年缺货损失 + 年保险储存成本 \qquad (11.2)$$
$$年缺货损失 = 年订货次数 \times 缺货数 \times 短缺概率 \times 短缺单位材料的损失 \qquad (11.3)$$
$$年保险储存成本 = 保险储备量 \times 单位材料年储存费用 \qquad (11.4)$$

⑥流动资产清查。流动资产清查包括对货币资金、短期投资、应收款项及存货的清查。

a.货币资金及短期投资的清查。货币资金和短期投资在清查时,着重进行数量上的核实。

b.应收款的清查。首先要查实应收款是否能收回。如有希望收回,要切实加强催讨。当最后查实应收款无法收回,应将其列为坏账损失。特别是施工企业应收工程款数额巨大,一旦定为坏账所形成的损失,对投资者、企业及职工来说,都是极为不利的。因此,企业在确认坏账时,应格外慎重。

c.存货的清查。保持存货价值的准确性,对于准确反映企业资产、正确计算损益有着重要的意义。由于企业存货种类多、数量大、存货分散、管理不当,极容易形成存货的盈、亏和毁损。因此,企业对存货应定期或不定期盘点,年度终了前必须进行一次全面的清查,发现问题应查明原因及时处理,以保证年度财务报告的真实性和准确性。

对于盘盈、盘亏、毁损、报废的存货,在扣除过失人或保险公司赔款和残料价值后的企业净损失,按下列原则处理:第一,企业材料物资供应部门和仓库在存货的采购、保管过程中发生的损失,除应由供货单位、运输单位负责赔偿的以外,计入采购保管费用。第二,用于企业施工、生产单位在施工、生产过程中发生的以及企业行政管理部门发生的,计入管理费用。第三,存货毁损和非常损失部分类似,计入营业外支。

11.2.2 固定资产管理

1)固定资产的概念

固定资产是指其使用期限超过 1 年,单位价值在规定标准以上,并且在使用过程中保持原有物质形态的劳动资料,包括房屋及建筑物、机器、运输设备、仪器、工具、器具等。不同时具备以上三个条件的称为低值易耗品。固定资产的财务特性是:

①固定资金(固定资产的货币表现)的循环周期主要取决于固定资产的使用年限。

②固定资产的价值补偿与实物更新在时间上是分离的,前者渐次进行,后者一次实现。

③固定资产投资是一次性的,投资回收分次进行。

2)固定资产管理的基本要求

①合理核定固定资产需用量,既要保证生产,又要节约资金、减少资金占用。

②正确提取与使用固定资产折旧基金,以保证固定资产更新的需要。

③加强固定资产日常管理,提高其利用效益,固定资产日常管理的内容包括固定资产的建账、记账和清查,实行固定资产的分级归口管理,进行固定资产的构成及利用效果分析经营管理等,通过加强日常管理,保证固定资产完整无缺,合理使用。

④科学进行固定资产投资的预测,在固定资产更新时,要搞好投资项目的必要性、可行性

分析,保证投资决策的有效性。

3)固定资产的特点

①固定资产的用途相对稳定。房屋、建设物、机器、设备等固定资产,一般都有专门用途,不易改变。

②数量比较稳定。固定资产作为生产手段,在数量上相对稳定,不像流动资产那样明显地随着产销量的变化而变化。

③其价值可以与实物形态分离。固定资产的价值是在生产经营过程中分期分批地转移到产品成本中,所以其价值补偿也是随着产品价值的实现分期分批逐步得到实现,而固定资产实物形态则是在其寿命周期结束后一次性更新。

4)固定资产管理的方法

(1)固定资产的分类

①按经济用途分。分为生产经营固定资产和非生产经营固定资产,前者直接参加生产经营过程或直接服务于生产经营过程,后者不直接服务于生产经营过程。

②按使用情况分。分为使用中、未使用和不需用的固定资产。使用中的固定资产是指正在使用过程中的生产经营用或非生产用的固定资产,由于季节性和大修理等原因而停用的、在车间内替换使用的,也列为使用中的固定资产。未使用的固定资产是指尚未开始使用的新增固定资产、调入尚待安装的固定资产,正在进行改建、扩建的固定资产及长期停止使用的固定资产。不需用的固定资产是指不适合本企业生产需要的、目前和今后都不需用的、准备处理的各种固定资产。

③按所属关系分。分为自有固定资产和租人固定资产。

根据不同分类要求计算各类固定资产的比例关系、结合企业规模、生产特点,在本企业进行不同时期的比较,在同类企业中进行对比分析,有利于揭示固定资产配置和投资使用方面的情况和存在的问题,调整投资方向,合理使用固定资产,提高利用率。

(2)固定资产管理办法

①固定资产管理负责部门。一般管理部门为资产管理部,维修部门包括生产部门和总务部门,与业务有关的建筑设备、机械设备、储存设备、电仪设备和杂项设备等由生产部门负责,其他固定资产的维修由总务部门负责。

②固定资产的编号。为了便于登记和保管,应由资产管理部门根据固定资产的分类,结合本系统单位的实际情况,制订适合于本系统的《固定资产目录》,对每件固定资产进行编号,予以标记,实行管理。

③固定资产铭牌。固定资产铭牌采用特制胶带,编号由财务科指定总务科按一定格式统一编制并打印,铭牌粘贴由使用和管理该设备的部门负责。

固定资产铭牌的粘贴位置应统一,生产设备全部粘贴在控制左上角,其他设备粘贴在前部醒目位置,避免接触水和原料,除了生产设备以外的固定资产(如办公家具、电脑、文件柜等)粘贴的位置由总务部决定。

④固定资产购置程序:使用部门提出申请,填写《请购单》,编制预算后,要按预算执行;经核准人同意后,交由采购人员办理采购作业,反之取消请购;固定资产在购买原则上必须与供应商签立契约书,其程序按《合同管理规定》办理;填写《合同申请书》,并连同契约书一起交

由财务,财务依据《合同管理规定》确认编号后,呈报总经理审核签约;固定资产购买后,必须填写入库单,写明编号;经办部门申请支付时须填写《付款申请书》,并写明合同编号和具体支付内容;固定资产验收确认后,验收单送交财务科,财务科记录固定资产台账。

⑤固定资产追加。固定资产追加时,使用部门书面通知财务科,财务科调整台账。

⑥固定资产的领用、调出。

a.固定资产的领用。领用固定资产应由使用部门主管人员和经办人员填制《财产物资领用单》,向财产管理部门申请领用;经单位领导人批准后,财产管理部门凭此发放财产物资,并在《财产物资领用单》上注明实发数量和财产编号,同时做财产分布记录。

b.固定资产的调出。由于工作任务和计划变更,或因为采购计划不同,或因机构缩小和人员减少,可能使一部分固定资产闲置不用,对于闲置不用的固定资产,必须从整体利益出发,向上级主管部门主动提出调拨,凡调出固定资产,应凭上级签发的《固定资产调拨单》办理调拨手续。但是调出固定资产,不论无偿或有偿,原则上应报主管部门审查批准,未经过批准,不得随意处理。

向外借出的固定资产,借用单位必须出具借据,并按商定归还的日期如期归还。借出的固定资产,在借出和归还时,应由借出与借用单位共同检验有无损坏。如在借出期间,借用单位对借出的固定资产有损坏,应按损坏程度进行赔偿。

⑦固定资产的报损、报废。使用的固定资产,由于正常使用磨损到一定程度不能继续使用和修复,就应予以报废。如果由于遭受非常事故,使固定资产受到严重破坏不能修复使用,则需要进行清理报损。固定资产报损、报废,都要减少固定资产的数量,必须报经主管部门审查批准,然后填写《固定资产报损、报废单》,并送资产管理部门,凭此销账。

对于固定资产的报损、报废,应分不同情况,按照下列要求加以妥善处理:

a.固定资产的自然损耗,可由使用部门或个人填写《固定资产报损、报废单》,经主管人员审查并签注意见后,报领导或其授权人批准。对于特别贵重的财产,还应通过有关部门讨论、鉴定,再提出处理意见,报领导审批,并报上级备案。

b.凡因使用人或管理人玩忽职守或保管不当,致使财产物资发生被窃、遗失等,应认真查清责任,分情节轻重给予应有的处分。

c.损坏公共财物一般都要按价赔偿。

d.凡经批准报损、报废的财产残品,应如数交由财产管理部门核对、验收,并加以利用或变价处理。

⑧建立固定资产的账卡制度。单位的每一件固定资产,都必须根据其不同的特点设立账、卡进行登记。

⑨固定资产维护包括以下几点:

a.固定资产编号的内容变更。固定资产地址变更时,由负责变更的部门书面通知财务部,财务部调整台账。

b.固定资产定期检查。为了维护固定资产的正常使用及公司资产的安全,固定资产每年至少检查一次,并做书面记录,检查组织由总务科负责,其他部门要积极参与,总务科汇总检查结果并对检查结果的处理,如有变动,应书面通知财务部,财务部调整台账。

c.固定资产日常的保管和保养。除公司有统一规定外,应由总务科委托各使用部门

负责。

⑩固定资产台账管理。固定资产台账由财务部管理,并与相关部门协调。

11.2.3 其他资产的管理

1)无形资产的管理

无形资产是相对于有形资产而言的,是指企业长期使用而不具备实物形态的特殊资产,包括专利权、商标权、著作权、土地使用权、非专利技术、商誉等。它有三个特征:一是没有实物形态;二是能在较长时期内使用,受法律保护;三是能为企业带来超额利润。无形资产为企业提供的经济利益具有很大程度的不确定性,随着科学技术进步和市场竞争的加剧,无形资产对企业越来越重要,必须加强对无形资产的收益与风险。

(1)正确认识无形资产的收益与风险

企业要管好无形资产,首先要正确认识、充分重视无形资产,要明确无形资产对企业成败的利害关系。无形资产的取得和收回,比有形资产具有更大的艰巨性和复杂性。一般来说,无形资产的外购常要付出极大的代价,而企业内部自创的均是企业经过了多年的苦心经营创造积累形成的。一旦失去,对企业的影响比有无形资产更深远、更重要。因为无形资产的丧失,一方面会影响企业的长期经营成果,另一方面,企业常要花较长的时期和更多的代价才能使原有的无形资产得以恢复和弥补。因此,在对无形资产进行投资决策时,一定要考虑到它的风险,谨慎选择。

(2)依法取得、使用或转让

企业自创的无形资产要合理使用维护相应的合法权益,未经允许,其他企业不得使用。企业外购的无形资产要通过正常的法定程序办理,合法使用,避免侵权。无形资产的转让不论是转让所有权还是转让使用权,应遵守无形资产转让合同的有关规定,以保护转让方的权益。

(3)重视无形资产的投资,积极创立和积累无形资产

既然无形资产有其使用价值和价值,那么它的取得或形成必然要付出代价。企业应该像重视有形资产投资一样重视无形资产的投资。从提高经济效益和提高产品的竞争能力、开拓市场、吸引顾客出发,研究无形资产的投资方向和投资规模,由于企业的无形资产种类繁多,因此创立无形资产工作也是多方面和多项的,有些方面不仅平时要进行一些小的投资,有时还要进行一些较大的投资。为此,对无形资产的投资作出安排,列入企业的必要经营支出。要遵循投入产出,企业长远利益和眼前利益相结合的要求,切实做好无形资产投资的可行性研究,进行充分的技术经济论证,认准目标,积极投入。此外,要注意投资的时间选择和空间选择,追求无形资产投资的最佳效益,尽量减少盲目性,防止浪费。

(4)正确评估无形资产价值,准确计价,合理摊销

企业的无形资产种类很多,价值差别很大。取得无形资产既能给企业提供经济效益,也会增加相应支出。因此,对企业已有的和即将取得的无形资产,必须按一定的原则准确地估计其价值,如成本计价原则、效益计价原则、行业对比计价原则、技术寿命计价原则、合同随机计价原则等。按这些原则,企业外购的无形资产按实际支付的价款计价;投资投入的无形资产按评估确认或合同、协议议定的金额计价;自行开发研制的无形资产按开发过程中的实际

支出计价;接受捐赠的无形资产按发票账单所列金额或者同类无形资产的市场价计价。除企业合并外,商誉不得作价入账,非专利技术和商誉的计价应当由经济评估机构评估确认。

无形资产的摊销,应在合理计价的基础上确定有效使用年限,分期等额摊销。无形资产的有效使用年限有的在法律中没有规定,有的在合同或申请书中有规定,没有规定的可按不小于10年的期限摊销。

(5)保护和发展无形资产

形成和积累无形资产的任务是艰巨的,保护和发展无形资产需付出更大的代价。比如,即使在取得较高的商誉的条件下,仍然要精益求精,始终严格规章制度,严禁刁难顾客,忽视商品质量,短斤少两,不恪守合同,发生有损于企业的信誉的行为,导致无形资产的损失和丧失。一旦出现上述情况,要及时补救,如公开检查、内部处理、及时补偿用户与消费者的物质损失和精神损害等。

(6)充分利用无形资产,提高利用效果

无形资产的投资是为了取得更大的经济利益,所以要利用无形资产尽可能、尽快地筹集资金;充分利用企业的商誉,享受在商品购进、货源占有、价格结算方面的优惠;充分利用商标权、专利权等,积极发展横向联合;对现有无形资产实行有偿或有条件转让。

2)递延资产和其他资产的管理

递延资产是指不全部计入当年损益,应当在以后年度分期摊销的费用。在企业财会实际工作中,有许多费用在本期发生,但其效用可递延至以后各期,这些项目就本期而言,历其属于可递延至下期使用的资产,其领用以备做将来支付的费用,应分期摊提;有的是本期收益负担不了的大费用及意外损失等,这些资产通常不能变为现金,故只能作为递延资产,而不能作为流动资产。递延资产主要包括开办费和以经营租赁方式租入的固定资产改良支出。

①开办费是指企业在筹建期间发生的费用,包括筹建人员工资、办公费、培训费、印刷费、注册登记费以及不计入固定资产和无形资产购建成本的汇兑损益和利息支出等。

②租入固定资产的改良支出是指承租人根据自己的需要对租入的固定资产进行改装、翻修、发行等支出,如租入建筑物的室内外装修工程所耗费用等。

对企业的递延资产的管理要依法划定范围,按有关规定正确地计价和合理地摊销。

其他资产主要包括特准储备物资、银行冻结存款、冻结物资、涉及诉讼中的财产等,企业对这一部分资产应严格根据有关规定和程序处理,不得随便挪用、转移、毁坏和变卖。

任务 11.3　农业企业成本利润管理

11.3.1　成本费用管理

成本作为企业经营的价值范畴,是企业垫支和耗用的资金补偿部分,与企业生产经营活动联系紧密。产品成本费用是企业制定产品价格的依据,也是衡量企业经营效益的基础,产品成本和费用的水平,集中反映了企业经营水平的高低。

成本费用控制是指运用以成本会计为主的各种方法,预定成本费用限额,按限额开支成

本和费用,用实际成本费用同限额比较,衡量经营活动的成绩和效果,并以例外管理原则纠正不利差异,以提高效率,实现低于预期的成本费用限额。

1)成本费用的概念

成本和费用是两个并行的既有联系又相互区别的两个概念。生产成本与企业特定资产或劳务相关,而费用则与特定期间相关;生产成本是企业为取得某种资产或劳务所付出代价的量度,而费用则是为取得收入而发生的资源耗费金额;生产成本不能抵减收入,只能以资产的形式反映在资产负债表中,而费用则必须冲减当期的收入反映在利润表中。尽管它们之间有本质的区别,但又有一定的联系,两者的经济内容是一致的,都是劳动耗费,因此通常把两者连在一起称为成本费用。

成本费用是企业在一定时期内生产产品(劳务)所发生的各种耗费和垫支的总和,其内容包括生产费用和期间费用。生产成本按照与产品生产的关系,可将生产经营费用分成两部分:一是与产品生产有直接联系的生产费用,它形成产品成本;二是与产品生产没有直接联系的管理费用、财务费用,统称为期间费用。所以,生产成本是针对一定产品而言的,是企业生产一定产品所支出的各种生产费用的总和。期间费用不针对一定产品,是从当期销售收入中进行补偿。

(1)生产成本

生产成本即生产制造成本,也称为产品成本,是企业为生产一定种类和数量的产品所支出的各种生产费用之和。它包括以下项目:

①直接材料。是指构成产品实体或有助于产品形成的原料及材料。包括企业生产经营过程中实际消耗的原材料(如农业种子、化肥、饲料等)、辅助材料、设备配件、外购半成品、燃料、动力、包装物、低值易耗品以及其他直接材料。

②直接工资。包括直接从事产品生产人员的工资、奖金、津贴和补贴。

③其他直接支出。包括直接从事产品生产的人员职工福利费等。主要用于职工的医药费、医护人员工资、医护经费、职工生活困难补助、职工福利设施的人员工资等。

④制造费用。包括企业各个生产单位为组织和管理生产所发生的生产单位(如生产队或车间)管理人员工资,职工福利费,生产单位房屋、建筑物、机器设备等的折旧费,租赁费(不包括融资租赁费),修理费,机物料消耗,低值易耗品摊销,取暖费,水电费,办公费,差旅费,运输费,保险费,设计制图费,试验检验费,劳动保护费,季节性、修理期间的停工损失以及其他制造费用。

(2)期间费用构成

期间费用是指企业在生产经营中为获得收益而发生的,不能直接归于某个特定产品负担的费用。它不受产品产量变化的影响,而是随着生产经营期的结束而结转,所以不计入产品成本,而是从当期销售收入中一次性扣除,不应递延到下一个生产经营期间。分清产品成本和期间费用,可减少成本计算的工作量,正确反映企业生产经营成果。

①管理费用。是指企业行政管理部门管理和组织经营活动的各项费用,包括公司经费、工会经费、职工教育经费、劳动保险费、待业保险费、董事会费、咨询费、审计费、诉讼费、排污费、绿化费、税金(指企业按规定支付的房产税、车船使用税、土地使用税、印花税等)、土地使用费(海域使用费、土地损失补偿费、技术转让费、技术开发费、无形资产摊销、开办费摊销、业

务招待费、坏账损失、存货盘亏、毁损和报废(减盘盈)以及其他管理费用。

②财务费用。是指企业为筹集资金而发生的各项费用。包括企业生产经营期间发生的利息净支出(减利息收入)、汇兑净损失、调剂外汇手续费、金融机构手续费以及筹资发生的其他财务费用等。

③营业费用。是指企业在销售产品、自制半成品和提供劳务等过程中发生的各项费用以及专设销售机构的各项经费。包括由企业负担的运输费、装卸费、保险费、委托代销手续费、广告费、展览费、租赁费(不含融资租赁费)和销售服务费用,销售部门人员工资、职工福利费、差旅费、办公费、折旧费、修理费以及其他经费。

2)成本费用的核算

成本费用的核算是指企业为生产一定种类和数量的产品时,对有关费用进行审核、记录、汇集和分配,并记录出产品总成本和单位成本的全过程。

产品成本费用核算的程序是:确定成本费用核算对象;按生产费用计入成本核算对象的方法汇集生产费用,其中制造费用按一定标准在各成本核算对象中进行分摊;将每一成本核算对象所担负的生产费用在完工产品和制品之间进行分摊,并计算出完工产品的总成本和单位成本。

成本的具体核算统一采用制造成本法,制造成本法是指企业的产品成本只包括制造成本(生产成本),而把期间费用直接计入当期损益的一种成本核算法。也就是说,按制造成本法核算的产品成本只包括生产工程中所消耗的直接原材料、直接工资及制造费用,而把企业行政管理部门管理、组织生产、销售发生的费用作为期间费用直接体现当期损益,从当期实现的销售收入中得到补偿。

例如,某单位的一个加工厂生产某种产品 50 件,其中,实际消耗原材料费用为 1 500 元;工人工资为 1 500 元(含奖金、补贴);制造费用为 600 元(含生产管理费用 450 元,劳保费 800 元,差旅费 350 元),那么,该产品的总成本为:

$$1\ 500\ 元+1\ 500\ 元+1\ 600\ 元=4\ 600\ 元$$
$$单位产品成本=4\ 600\ 元/50\ 件=92\ 元/件$$

在遵循制造成本法的前提下,企业可以根据生产特点和成本管理的要求来确定成本核算内容和成本核算对象,并可采取相应的成本计算方法,具体如下:

(1)简单法

简单法又称为品种法,是指在一定时期内,以企业生产的各种产品作为成本核算对象来汇集各项生产费用,并计算出各种产品的总成本和单位成本的核算方法。上面讲的例子就属于这一类方法。它适用于产品单一,生产过程简单,没有或很少有在产品的企业或车间,如制材厂、制材车间等。

(2)分步法

分步法是指以产品的生产步骤及半成品作为核算对象并汇集生产费用来计算产品成本的核算方法。其中,直接费用直接计入生产步骤的每种产品成本,间接费用(这里指制造费用)按一定标准在本步骤中各产品间进行分配。该方法适用于产品生产,分为若干连续、顺序的步骤进行大批量生产的企业,如木材、胶合板等生产。分步法按生产费用的结转方式的不同,又分为逐步结转分步法和平行结转分步法两种:逐步结转分步法是指上一生产步骤的半成品顺序结转为下一步相同制品的成本的分步方法;平行结转分步法是指各生产步骤不计算所消耗上一步骤半成品成本,而只计算本步骤直接所发生的费用,各生产步骤相同的制品成本平行汇总的方法。

（3）定额比例法

定额比例法是以每一品种（或类别）的产品作为成本核算对象,归集生产费用,然后按实际生产费用与定额生产费用之比,计算分配率,并在产品与产品之间进行分配的方法。

3）成本费用的控制

（1）成本费用控制含义

成本费用控制是指在生产经营过程中按照成本费用计划和管理要求,对发生的各项生产经营耗费和支出进行调节和监督,将成本费用控制在计划目标范围内的活动。对成本控制的理解有广义和狭义之分,广义成本控制贯穿于企业生产经营活动的全过程,包括成本的事前控制、事中控制和事后控制;狭义成本控制则仅指事中控制。

①事前控制。指在产品成本形成之前就采取降低成本的措施实行预防性控制,主要是确定成本控制标准。即在产品投产前,通过对影响成本的有关因素的分析研究,运用相关的规章制度、控制标准来约束成本费用的开支,预防损失浪费的发生。现代企业管理中的价值工程活动,就属于事前控制。成本事前控制对于成本形成具有导向性的控制作用。

②事中控制。是指对产品成本形成过程的控制。依据预定的消耗定额、控制标准,对各项费用支出进行严格的监督。对将发生的偏差,加以制止;对已发生的偏差,予以纠正。成本事中控制具有防微杜渐、及时纠偏的作用。

③事后控制。是指对产品成本形成以后的控制,即在产品成本形成之后,通过对成本的综合分析与考核而进行的控制。这种控制是将实际成本与目标成本相比较,分析差异,查明原因,制订相应措施,同时考核有关部门、单位和个人的业绩,具有全面分析考核、总结经验教训的作用。

以上成本控制的三个程序是紧密联系、前后衔接、缺一不可的。成本费用控制的程序是从工程成本的估算开始,经采取改善成本的对策,直到贯彻为止一系列成本管理工作。成本控制程序图如图11.1所示。

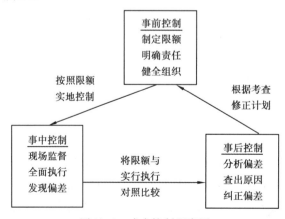

图 11.1　成本控制程序图

搞好成本控制,可以使企业有目的、有计划地掌握成本的形成,严格控制各种消耗和费用的发生,准确进行成本核算和成本分析,找到降低成本的途径;有利于企业不断健全各项规章制度,动员并督促各职能部门和广大员工履行节约、减少浪费、降低成本。

（2）成本费用的日常控制

成本费用日常控制是指在生产经营过程中按照成本费用计划和管理要求,对发生的各项生产经营耗费和支出进行调节和监督,将成本费用控制在计划目标范围之内。

①成本费用控制组织体系的建立。成本费用控制组织体系是贯彻落实成本费用计划的保证,要按照统一领导和归口分级管理的原则,建立有序的、高效率的成本费用控制组织体系,做到事事有人管、人人有专责。成本费用的日常控制,应由场(厂)部统一领导,场(厂)长对企业的成本费用控制工作负完全责任,会计师协助场(厂)长组织领导成本费用控制工作,技术人员协助场(厂)在生产技术方面采取降低成本费用的措施。场(厂)部除了统一编制成本费用计划外,还必须规范成本管理制度,统一组织成本费用的核算。

归口分级管理是指将成本费用计划指标按可控原则分解下达给各职能部门进行控制,各职能部门再将分管的指标在本部门内进一步分解,逐项下达给生产队(车间)、班组甚至职工个人,使各部门以及每个职工都明确各自在成本管理中的职责,形成一个纵横交错的成本费用控制体系。

②直接材料费用控制。材料费用的日常控制,主要是根据生产计划和有关的技术经济定额控制材料消耗。材料消耗归口由供应部门管理,财务部门协助供应部门做好以下工作,如对各种原料、主要材料和燃料,分生产队(车间)、分产品制订消耗定额。材料消耗定额的制订和修改由企业的技术部门负责,财务部门配合提供有关消耗定额执行情况的实际资料和分析资料,并按照成本费用计划的要求,提出降低材料消耗定额的建议。材料消耗定额的执行,主要由供应部门负责,即供应部门严格实行限额发料制度,根据生产计划和材料消耗定额确定发料限额,编制限额发料凭证,车间、班组只能在规定限额之内凭证领用。经过批准增加生产数量时,可以相应增加发料限额。如果因为使用浪费或其他原因需要超过限额领料时,必须经过规定的批准手续补领材料。对直接材料费用的日常控制,除了实行限额发料制度以外,还应做好以下两方面的工作:一是加强材料采购成本的控制。通过规定各类材料采购成本的控制指标,千方百计降低材料采购成本,这也是降低直接材料成本的重要环节。二是加强材料储存量的控制。材料积压不仅影响资金周转速度,而且还会增加仓储费用、银行利息、材料损耗等支出,使成本费用增加。

③直接工资费用控制。工资费用的日常控制,主要是根据先进合理的劳动定额和编制订员控制工资总额,提高劳动生产率。工资费用归口由劳动工资部门管理,财务部门会同劳动工资部门做好定额定员工作,对合理配备劳动力和提高劳动生产率提出建议。企业应加强劳动定额的管理,健全工时记录、产量记录,严格控制非劳动时间,提高劳动生产率,使单位产品的工时消耗量减少,或单位时间内的产量增加,这样就可以降低单位产品成本中的工资费用支出。此外,企业还必须正确编制定员,确定编制定员是规定企业完成一定生产任务必须配备的各类人员的数量。编制定员是有计划安排劳动力的依据,按编制定员控制使用劳动力也是节约工资费用支出的重要途径。

④制造费用和期间费用控制。制造费用和期间费用的日常控制,首先要根据《企业财务通则》和行业财务制度的要求,正确确定费用开支范围和各项目的开支标准;然后按照费用项

目的性质和可控原则,归口到各有关单位,如制造费用归口由各生产队(车间)管理,期间费用将各明细项目归口到各职能部门管理。各归口管理部门再将分管的费用指标按发生地点分解下达到生产队(车间)、班组、个人或有关耗费单位。制造费用和期间费用主要是通过预算来进行控制的,其中,有些费用项目的开支标准在行业财务制度中已有规定,企业必须遵照执行,如工会经费、业务招待费、固定资产折旧等;有些项目的开支标准由企业决策机关或董事会决定,如办公费、差旅费、公司经费等;有些费用项目的开支标准则是根据历年实际发生数或有关计划、定额进行预计的,如广告费、利息支出、设备修理费、机物料消耗等。费用预算下达后,应据此来审批费用开支,凡是超过费用开支标准的,一般不予支付。如因各种原因需增加某项费用预算的,必须由责任部门提出申请,并按规定程序经批准后才能执行。

(3)成本控制的方法

成本控制的方法一般包括成本差异分析法、量本利分析法、网络计划技术法、价值工程分析法等,最常用的方法是成本差异分析法。所谓成本差异,就是实际成本与目标成本的差额。其分析的具体步骤如下:

①确定目标成本。目标成本是企业在正常经营条件下制造产品的预计成本,也是企业所要努力达到的成本水平,一般有计划成本、定额成本和标准成本三种表现形式。计划成本是根据计划期内各项平均先进消耗定额、费用计划及其他有关资料计算的成本,一般是通过编制成本计划来确定。定额成本是根据现行各种消耗定额和费用定额计算的成本,如计划期内因考虑市场因素定额有所调整,则定额成本也要相应调整。标准成本是根据成本项目的消耗标准和价格标准计算的成本,它是现代企业管理会计中应用较广泛的一个指标。这里以标准成本作为目标成本,说明成本控制的方法。

②揭示成本差异。在产品生产过程中,把发生的实际成本与预定的标准成本进行比较即可发现两者的差额,即所谓成本差异。包括直接材料成本差异、直接人工成本差异和制造费用差异三部分,这三个成本因素项目都具有各自的价格标准(或工资率、费用分配率)和数量消耗标准,因此,它们的成本差异可以概括为"标准价格与标准数量"和"实际价格与实际数量"之差。

直接材料、直接人工和制造费用三项成本差异,可归结为价格差异(价差)和数量差异(量差)两大类,分析计算的方法也基本相同。

③分析差异原因。如果实际成本小于标准成本发生有利差异,就要总结经验,使有利差异继续增大。如果实际成本大于标准成本发生不利差异,就要分析原因,查明责任,采取措施加以改进。对于一些有普遍意义的措施,应作为规章制度去贯彻执行。

11.3.2 利润管理

1)利润分配的程序

利润分配是指企业实现的利润按照国家规定或投资人的决议进行分配的活动。企业在组织利润分配时,应切实维护国家、企业的投资人的权益。企业对实现的利润,首先应依法缴纳国家规定的所得税,缴纳税金后的利润按规定提取盈余公积金,再向投资者分配利润。缴纳所得税的企业,其发生的年度亏损,可以用下一年度的利润弥补;下一年度不足以弥补的,可以在 5 年之内延续弥补;5 年内不足以弥补的,用税后利润弥补。

根据我国《企业财务通则》规定,企业的利润总额,首先应按国家规定作相应调整后依法缴纳所得税,税后利润除国家另有规定外,需按以下顺序分配:

①用于抵补被没收的财物损失,支付违反税法规定和各项滞纳金和罚。

②弥补以前年度的亏损。

③提取法定盈余公积金,按税后利润扣除前面两项后的 10% 提取,用于发展企业的生产、弥补经营亏损或按国家规定转增资本金等,其累计额已达到注册资本的 50% 时,可不再提取。

④提取公益金,主要用于企业职工的集体福利设施支出。

⑤向投资者分配利润,股份制公司分配投资者利润,包括分派优先股股利和普通股股利。股份制公司在分派了优先股股利之后,分派普通股股利之前,对剩余的净利润可以按公司章程或股东会决议提取任意盈余公积金。公司通过提取任意盈余公积金,以控制向普通股股东分派股利,有利于公司增强财务实力。

2)利润分配的实施与调整

根据国家规定,税前利润总额的调整项目主要有:

①上一年度亏损的弥补。

②企业对外投资分得的利润、股利等投资收益,如在分回之前已缴纳所得税的,应从税前利润中扣除。在所得税税率不一致时,少缴的部分应按规定补足所得税。

③企业超出国家规定的税前列支的费用开支以及罚款、滞纳金等,在缴纳所得税时应对利润总额进行调整、追加,消除账面利润与应税利润之间的时间性差异和永久性差异。这两种差异,主要是由于按会计制度规定的本年账面利润总额与按税收制度规定的本年应纳税所得额,两者计算口径与方法不一致而形成的。时间性差异是指由于有些收入和支出项目计入会计利润的时间与计入应纳税所得额的时间不一致而造成的差异。永久性差异是指由于把按税收制度规定不能冲减纳税所得的某些支出(如违法经营的罚款和被没收财产的损失,非公益性的捐赠和非广告性赞助支出,超过中国人民银行规定贷款最高利率计算的利息支出等)依会计制度列入营业外支出或费用中而造成的差异。

3)公积金的提取与使用

(1)盈余公积金

企业从税后利润中提取的盈余公积金,是企业的积累资金,是企业用于防范风险、补充资本的重要资金来源,也是维护企业稳定经营的必要保证。从产权归属上看,盈余公积金属于企业所有者权益的一部分,为投资者所有。盈余公积金可分为法定盈余公积金和任意盈余公积金两类。

①法定盈余公积金。即按国家法律规定的比例提取的公积金。

②任意盈余公积金。除按国家规定提取法定公积金外,盈利丰厚的股份制企业,还可根据企业的发展需要,按公司章程或股东会决议,由企业自行提取任意盈余公积金。企业提取任意盈余公积金,主要是为了满足经营管理的需求,控制给投资者分配利润的水平,以及调整各年度利润分配的波动所采取的限制措施。提取的比例由董事会决定,提取的顺序是在分配优先股股利之后,分配普通股股利之前。

法定盈余公积金和任意盈余公积金,都可以用于弥补亏损和转增资本金。由于盈余公积金属于所有者权益的一部分,所以对弥补亏损后的盈余公积金经股东会特别决议,可按照不

超过股票面值6%的比率用盈余公积金分配股利。企业用盈余公积金弥补亏损和转增资本金后,法定盈余公积金的余额不得低于注册资本的25%。

(2)资本公积金

资本公积金即从非经营性收益中增加资本净值的一些积累资金。包括资本折算差额、资本溢价收入、财产重估增值、接受捐赠财产等。资本公积金来源非利润因素,主要用于转增资本金,一般不得用于弥补亏损,更不能用于向投资者分配。

4)公益金的提取与使用

公益金是企业从税后利润中提取的用于企业职工集体福利支出的资金。其提取比率按企业章程或董事会决定(《中华人民共和国公司法》)规定为税后利润的5%~10%。公益金在性质上属于所有者权益,由企业统一安排用于建造职工教育、保健、娱乐等集体福利设施,不能发给职工个人消费,职工对这些福利设施只有使用权,而所有权属于企业投资者。

5)向投资者分配利润

分配给投资者的利润是投资者从企业获得的投资报酬。企业以前年度未分配利润,也可并入本年度分配。向投资者分配利润之后剩余的部分就是企业的未分配利润。股份有限公司分配投资者利润,包括分派优先股股利和普通股股利。优先股股利是指股份有限公司按优先股发放章程的规定,按约定的股利率发放给优先股股东的投资报酬通常以现金发放。普通股股利是指股份有限公司按照董事会提交股东会审议批准的每股股利额,发放给普通股股东的投资报酬。

11.3.3 股份制企业的股利政策与股利支付

1)股利政策的影响因素

适度的股利政策对股份公司来说意义重大,在制订股利政策时应综合考虑以下因素:

(1)法律因素

为了保护债权人和投资者的利益,国家有关法律如《公司法》《证券法》等,对公司的股利分配作了一定的限制。主要包括:资本保全约束,即不得用股本发放股利;资本积累约束,即公司必须按税后利润的一定比例,依法提取法定盈余公积金和法定公益金;净利润约束,即公司累计利润为正数时,才可发放股利;偿债能力约束,即公司在分配股利时,必须保持充分的偿债能力。

(2)股东因素

股东因素是指股东从自身利益出发,对公司股利分配的影响。主要包括:股东出于投资的目的,为保证控股权而限制股利支付;出于避税目的而限制股利支付;出于稳定收益和避免风险,而要求多支付股利等。

(3)公司因素

公司因素是指股利分配对公司营运、筹资和投资等的影响。主要包括:股利分配是否影响公司盈余的稳定性;是否影响公司资产的流动性;是否影响公司的偿债能力;是否影响公司的投资机会;是否影响公司的筹资成本等。

(4)其他因素

其他影响股利政策的因素主要有:是否有合同条款限制;是否有机构投资者的投资限制

和通货膨胀等。

2）股利政策的选用类型

股份制企业选用的股利政策,通常有以下四种类型:

（1）剩余股利政策

剩余股利政策即企业将税后净利润,根据投资项目的资本需要予以留存,剩余的净利润作为股利分派给股东。这种政策通常在有良好的投资项目时采用。优点是既优化了资本结构,又降低了筹资成本;缺点是股利发放没有一个稳定的模式。

（2）固定或稳定增长股利政策

固定或稳定增长股利政策即公司将每年发放的每股股利稳定在一定的水平上,并在一定时期内保持不变,只有当公司确信未来的收益可以维持在更高的水平时,才提高每股股利额。这种政策使股东有稳定的股利收入。优点是可使投资者有稳定的股利收入,增强投资者对公司的信心,吸引保险公司等机构投资者;缺点是股利的支付与盈余相脱节,当公司盈利水平较低时,仍须支付固定的股利,可能导致公司支付困难。

（3）固定股利支付率政策

固定股利支付率政策即公司每年按净利润的一定比例作为股利分派给股东。优点是股利发放额与公司的盈利紧密结合,体现"多盈多分,少盈少分,不盈不分"的原则;缺点是使股东的股利收入随着公司的经营业绩的好坏而上下波动,不确定性较大,其传递给股市的是公司经营不稳定的信息。

（4）低固定股利加额外股利政策

低固定股利加额外股利政策即公司在一般情况下,每年都分派较低的固定股利,在盈利较多的年度,再向股东分派额外的股利。这种政策使公司在分派股利时有较大的灵活性,既保证股利支付的稳定性,又能实现股利和盈余之间的较好配合。当公司的盈余和现金波动都比较大的时候,采用此种政策最佳。

以上股利政策各有优缺点,企业应根据自身的生产经营状况、环境条件、投资者的承受能力等来确定股利政策。

3）股利的支付程序和支付方式

（1）股利的支付程序

当公司股东大会通过了利润分配方案后,公司董事会就开始进行股利发放,其程序如下:

①股利宣告日。是指公司董事会将股利发放情况予以公告的日期。公告中,宣布每股应支付的股利、股权登记日、除息日、除权日和股利支付日等。

②股权登记日。是指有权领取股利的股东资格登记的截止日期。它又称除权日,只有在股权登记日登记在册的股东才有资格领取股利。

③除息日。是指领取股利的权利与股票相分离的日期。在除息日前,领取股利的权利从属于股票,持股人享有领取股利的权利;自除息日起,领取股利的权利不再从属于股票,持股人不能分享股利。

④除权日。是指除去交易中股票取得本次送股权利的日期。当公司发放股票股利时,就要对股价进行除权处理,并规定一个除权（基准）日,除权日以前的股票为含权股,除权日以后的股票为除权股。

⑤股利支付日。是指向股东发放股利的日期。

（2）股利的支付方式

目前常用的发放股利的方式,有现金股利和股票股利两种:

①现金股利。是指股份有限公司以现金方式发放给股东的股利。现金股利是发放股利的一种主要方式。股东投资于股票的目的,主要是期望得到较其他投资方式更高的现金收益。现金宽裕的公司,通常采用发放现金股利的方式。

②股票股利。是指股份有限公司以增发股票方式分发给股东的股利。公司通过发放股票股利,将应分派给股东的股利转换为股本以增加公司的资本,从而避免现金流出,增强了公司的财务实力,有利于生产经营业务的拓展。股东取得的新股,可以随时在证券市场上抛售而获得现金,这种方式具有一定的灵活性。

 思考与练习

一、简答题

1. 简述农业企业财务管理的四个环节。

2. 什么是成本费用? 两者的关系如何?

3. 简述农业企业筹集资金的方式及程序。

4. 你认为农业企业应如何加强利润管理?

5. 简述农产品成本的计算方法。

二、实训题

1. 讨论分析:农业企业应如何加强流动资产管理?

2. 模拟实训:制作一份农业企业现金管理的规定。

三、案例分析

如何降低成本?

王涛任农业公司苗圃负责人已经一年多了,厂里各方面工作的进展出乎他的意料。记得他上任后的第一件事就是亲自制订了一系列工作的目标,如:为了减少浪费、降低成本,他规定在一年内要把原材料成本降低 10% ~ 15%,运输费用降低 3%。现在年终统计资料表明,原材料的浪费比去年更严重,浪费率竟占总额的 16%;运输费用则根本没有降低。他找来了有关方面的负责人询问原因,负责生产的副厂长说:"我曾对下面的人强调过要注意减少浪费,我原以为下面的人会按我的要求去做了。"而运输方面的负责人则说:"运输费用降不下来很正常,我已经想了很多办法,但汽油费等还在涨,我估计明年的运输费可能要上升3% ~ 4%。"

王涛了解了原因,又把两个负责人召集起来布置第二年的目标:生产部门一定要把原材料成本降低 10%,运输部门即使是运输费用要提高,也绝不能超过今年的标准。

分析讨论:王涛的控制有什么问题? 怎样才能实现他所提出的目标?

怎样制订收账政策?

北京科艺花卉有限公司近年来应收账款的数额逐渐增大,有些企业拖欠的货款越来越

多,且部分货款拖欠时间很长,使企业流动资金周转困难。为此,领导专门召开会议,责令财务部门和销售部门认真分析研究这一情况,制订出恰当的收账政策和措施,尽快使拖欠的款项回笼,减少损失。企业财务、销售部门对应收账款情况进行了分析,编制账龄分析表(如表8.1)。利用账款分析,他们掌握了以下情况:

1.在信用期内的欠款。下表显示,有价值80 000元的应收账款处在信用期内,占全部应收账款的40%。这些款项未到偿付期欠款是正常的,但到期后能否收回还待再定,因此要加强监督。

2.超过了信用期的欠款。按超过时间长短分类,并估计成为坏账的可能性。

下表显示有价值120 000元应收账款已超过了信用期,占全部应收账款的60%。其中,拖欠时间较长的(21~100天)有70 000元,占全部应收账款35%,这部分欠款回收有一定难度;拖欠时间很长的(100天以上)有10 000元,占全部应收账款的5%,这部分欠款有可能成为坏账。

在上述分析的基础上,该公司对每个拖欠企业又进行了资信等方面分析评估,制订了经济可行的收账政策;对可能发生的坏账损失,也提请企业领导提前做出准备,充分估计这一因素对损益的影响。

由于该公司加强了对应收账款的监督,加强了收账措施,使企业的应收账款情况有了根本好转,应收账款回收率提高到85%。

表11.1 某企业应收账款账龄分析

	账户数量/个	金额/万元	百分率/%
信用期内(30天)	200	8	40
超过信用期1~20天	100	4	20
超过信用期21~40天	50	2	10
超过信用期41~60天	30	2	10
超过信用期61~80天	20	2	10
超过信用期81~100天	15	1	5
超过信用期100天以上	5	1	5
应收账款总额	—	20	100

分析讨论:请你帮助本部门的相关人员,制订出恰当的收账政策和措施。

项目12
农业企业经营效益评价

📖【知识目标】

1.了解农业企业经营成果的分析。

2.理解企业经营效益评价的内容。

3.掌握企业经营效益的方法。

📖【能力目标】

1.会分析农业企业经营成果。

2.能进行企业经营效益的评价。

任务 12.1 农业企业经营成果的分析

12.1.1 经营成果分析的概念

企业经营成果是指一定经营期间的企业经营效益和经营者业绩。企业经营效益水平主要表现在盈利能力、资产运营水平、偿债能力和后续发展能力等方面。经营者业绩主要通过经营者在经营管理企业的过程中,企业经营、成长、发展所取得的成果和所作的贡献来体现。

企业经营成果的分析是指运用数理统计和运筹学方法,采用特定的指标体系,对照统一的评价标准,按照一定的程序,通过将企业一定经营期间的资产运营、财务效益、盈利能力、发展潜力等进行定量和定性对比分析,对企业经营成果和经营风险做出真实、客观、公正的综合评判。

12.1.2 经营成果分析的具体内容

1)农业企业经营成果分析的主要内容

(1)生产情况的分析

主要是区别生产和经营两个方面分析生产活动过程的状况,具体包括:

①生产成果的分析,即对产品(作业)的产量、产值、品种、质量等计划指标完成情况的分析。

②生产均衡性的分析,即对生产进度的分析,可按年分季分析,也可以按季分月分析,或按月分旬、按月分日分析。

③影响生产计划完成情况主要因素的分析,查明原因,提出措施,改进工作。

④生产技术经济效果的分析,包括作业(产品)设计工艺改进经济效果的分析;推广新技术新品种经济管理效果的分析;技术组织措施(方案)经济效果的分析;以及生产组织状况的分析等。

(2)劳动情况的分析

主要分析劳动生产率升降情况,由此查明劳动力的配备和使用情况、职工技术业务水平提高以及劳动组织的情况。

(3)原材料、辅助材料、工具、动力消耗的分析

主要反映其消耗量的变化,对单位产品(作业)成本和企业经济产生的影响以及消耗、占用是否合理,应如何改进等。

(4)机械设备等固定资产使用情况的分析

主要分析利用率、维护修理费用以及由于这些因素对企业经济效果带来的影响,通过分析提出挖掘潜力,提高利用程度的建议。

(5)成本分析

首先是对全部产品(作业)成本、单位产品(作业)成本和可比产品(作业)成本降低情况

进行分析,再对各成本项目的支出情况作分析。

(6)财务分析

主要是对各种资金的占用和利用情况以及收支状况(包括利润增长情况)进行分析等。

(7)市场分析

依据市场需求,确立企业经营规模,即把市场与企业生产、经营结合起来分析。

2)经营效益

经营效益是指企业在生产经营过程中所获得的效益。影响企业经营效益的因素很多,归纳起来主要有两方面:一是企业外部环境,如生产力布局和发达水平、交通运输条件、产业结构、居民购买力水平、市场行情,税收金融法律环境等;二是企业内部因素,如产品结构、销售网络构架、职工劳动态度和业务水平、资金周转速度、设备利用率、费用水平等。提高企业经营效益,既需要通过政府及有关部门支持,也需要企业自身努力。对于企业经营管理者来说,重点应立足于本企业,通过改善经营管理来提高经营效益。

实际上,经营效益也是企业在其经营活动中表现出来的经营能力或经营实力所形成的经济效率、经济效果或经济效益。经营能力大,经营活跃程度高,经营安全性能好,经营的效率、效果或效益就好。经营的活跃程度,主要由企业的活力来反映;经营安全性,则由企业资产构成及经营项目组合间的相互平衡与协调,以及抗御外来风险的能力来表示。

经营效益与经济效益、经济效果、经济效率既密切相关,但又不相同。一般认为,经济效果是指提高经营水平而得到的实际成果或利益,其表达式为:

$$经济效果 = 产出 - 投入 \quad 或 \quad 经济效果 = 劳动成果 - 劳动消耗 \qquad (12.1)$$

在经济活动中,经济效果有三种情况:产出 > 投入;产出 = 投入;产出 < 投入。不管出现哪种情况,结果都是一个绝对数值。因此,经济效果的临界值是"0"。

经济效益则是投入与产出的比较,一般的表达式为:

$$经济效益 = \frac{产出(劳动效果)}{投入(劳动消耗)} \qquad (12.2)$$

在经济活动中,经济效益也有三种情况:产出/投入 > 1;产出/投入 = 1;产出/投入 < 1。不管出现哪种情况,结果都是一个相对数值。因此,经济效益的临界值是"1"。绝对数很直观,但相对数比绝对数更能揭示投入与产出的内在联系,且具有可比性。效率原本是一个技术术语,表示机械功能转换的能力。后来在管理经济学中和日常经济生活中借用了这一术语,但理解并不完全一致,大体有两种:一种是为实际成果与控制标准之比,即"效率 = 实际/标准"。例如,美国《现代经济辞典》的注释说:"经济效率是以最有效的方式来利用各种资源。"方式越先进,效率越高;二是为单位时间里完成的工作量和产量,即

$$效率 = 时间/工作量(产量) \qquad (12.3)$$

或

$$效率 = 工作量(产量)/时间 \qquad (12.4)$$

综上所述,从企业的角度看,经营效益包含经济效益、经济效率,它们三者都是经营效益的重要组成部分。经营效益是一个微观概念,贯穿于经营活动的全过程。

12.1.3 经营效益的形态

农业企业的经营效益由农业生产的特点所决定,广义来看,其基本形态主要有经济效益、

生态效益和社会效益。

1) 经济效益

经济效益存在于经济活动的全过程,任何一种生产经营活动都包含着经济效益的内容。按经济效益在经济活动中形成的途径和存在的方式不同,可分为结构效益、规模效益和管理效益三种。

(1) 结构效益

结构效益是指通过优化企业的经营结构,使资源合理配置、充分利用而产生的经济效益。从对资源合理配置和利用的角度看,农业企业的经营结构包括企业组织结构、人员构成结构、生产结构、技术结构、收入结构、分配结构等,这些结构还可以往下细分成若干子结构等。譬如生产结构中包括种植业、养殖业等,种植业又包括粮、棉、油、麻、桑、茶、糖、菜、烟、果、药、杂等,粮食之中又包括小麦、大麦、玉米、大米,或简称为夏粮和秋粮。

(2) 规模效益

企业规模效益是指通过生产集约化、技术集约化、规模扩大化的途径而产生的经济效益。这是企业经济效益的一个重要形态。1978 年以来,我国农业经营体制变革的重要成果是确立了家庭联产承包责任制,使农户成为生产投入、经营决策、收入分配的主体,从事商品生产的经济实体。这是由于农业生产力适合于家庭经营特性所决定的。但是,农业的家庭经营规模一般偏小,商品生产率低下,对现代科学技术利用受到资金不足、信息不通、规模过小等条件的限制,人均剩余产品较少,规模效益低。因此,适度规模化,讲求规模效益,是我国农业企业经营的发展方向。

(3) 管理效益

在企业中经营与管理是不可分离的,有经营活动就需要科学管理。上述结构效益、规模效益无疑是科学管理的内容,这里的管理效益是指企业经营过程中运用科学的管理方法所取得的经济效益,诸如全面计划管理、全面质量管理、全面经济核算、科学决策技术、谋划运筹技术以及现代信息管理技术等方法的应用,能够节约劳动耗费,增加产品产量,使"整体大于部分之和",降低单位产品成本,从而提高了经济效益。

综上所述,企业的结构效益、规模效益和管理效益是相对而言的,它们是不可分割的统一体。结构是企业经营系统的轮廓、框架,而规模则是框架里的因子和内容,有什么样的因子,就有什么样的结构,规模经营的发展,决定并引起经营结构的相应变化,在这个变化中科学管理是不可缺少的方法、手段和机制。

2) 生态效益

生态效益是指自然界生物种群之间的能量、物质转化效率以及维护生态环境稳定与平衡的过程中,其投入与产出的比较。生态系统是由生产者(植物)、消费者(动物)、分解者(微生物)和无机环境(日光、空气、土壤、水、营养元素)所构成。这种生产、消费、分解的过程,形成了生态系统中的物质循环和能量流动。农业生产必须利用生物机体实现物质循环和能量转换,借助植物生活机能,将太阳能转化为化学潜能,将无机物质转化为有机物质,其转化效率可用单位时间、单位面积上生产有机物质的速率或固定能量的速率(千卡/平方米/年、克/平方米/年)来衡量,借助动物生活机能,将植物产品转化为动物产品,或将一种动物产品转化为另一种动物产品,其转化效率通常用能量转化率即摄入总能量与被同化为自身能量之比率来

衡量,如肉料比、蛋料比等。借助微生物生活机能,将有机物质分解为各种元素才能被农作物吸收,微生物的生态效益是指对植物、动物和无机环境之间所产生的分解能力。上述转化效率高、生物产量高,则经济效益高,农业经营效益才有可能提高,因此,提高农业企业经营效益,亦有赖于生态效益的提高。

3)社会效益

社会效益是指企业的经营活动为社会和他人所带来的效益。

（1）产品的使用价值

提高产品质量,开发新产品、新用途,全年均衡地供应鲜活农产品,能够更好地满足消费者的需要。

（2）社会化协作效益

企业与协作单位之间按照经济合同提供原材料和配件,及时结算货款、清理债务,搞好往来,可以促进国民经济协调持续发展的效益。

（3）环境效益

环境效益是指企业消除或尽可能地减少对环境的污染,积极参与社区公益活动履行社会义务,以改善人类生存的自然环境和企业的社会环境等所带来的效益。

（4）赋税效益

赋税效益是指企业通过纳税方式为国家提供的财政收入,在农业企业中还包括工农产品交换的"剪刀差"为工业化积累资金所作的贡献等。

经济效益、生态效益、社会效益之间的关系,既是相互依存的,又存在着矛盾,必须正确地认识和处理,既要防止和克服不顾生态效益与社会效益片面地追求经济效益的错误倾向,也要防止和克服只强调社会效益与生态效益而忽视讲求经济效益的错误倾向。

任务 12.2　经营效益评价的内容

经营效益的评判,要依赖于一定的标准和评价指标体系,构建科学的评价指标体系是经营效益研究中的重要内容之一。经营效益指标及其指标体系的设计必须遵循全面性、科学性、实用性和可比性的原则,企业经营效益评价的内容主要有以下几个方面。

12.2.1　企业的资产营运水平

资产营运水平是反映企业资产管理水平和使用效率的一个重要内容,资产利用率的提高在一定的程度上等于资产的节约和资产的增加。资产营运状况,反映了企业的盈利能力,同时也间接地反映了企业基础管理、经营策略、市场营销等诸多因素的影响,因此,评价企业资产营运状况是十分必要的。其评价指标如下:

1)总资产周转能力

总资产周转能力一般用总资产周转率指标来反映,总资产周转率是指企业在一定时期内销售收入净额与资产平均总额的比例,表示总资产的周转次数。其计算公式为:

$$总资产周转率（次）= \frac{销售（营业）收入净额}{平均资产总额} \times 100\% \qquad (12.5)$$

式中,销售收入净额是指企业当期销售产品、商品、提供劳务等主要经营活动取得的收入减去销售折扣与折让后的数额。总资产周转率主要用来分析企业全部资产的管理质量和利用效率,一般来说,该指标数值越高,说明资产的周转速度越快、利用率越高,反之亦然。

2）劳动产出能力

劳动产出能力即劳动产出率,企业职工的积极性和主动性是提高企业劳动产出率的前提和基本保证,因此,劳动产出率可以直接反映企业的产出能力。对劳动产出率的分析通常使用劳动生产率指标,它是用单位时间的产品数量或单位产品的劳动时间来表示。其计算公式如下：

$$劳动生产率 = \frac{产品数量}{劳动时间} \times 100\% \qquad (12.6)$$

或
$$劳动生产率 = \frac{劳动时间}{产品数量} \times 100\% \qquad (12.7)$$

劳动生产率还可分为直接生产人员劳动生产率和全员劳动生产率。在一定条件下,单位时间生产的产品数量越多或生产单位产品所耗费的劳动时间越少,劳动生产率就越高,经营效益也就越好。

3）资金周转能力

企业资金周转能力和供、产、销各个经营环节的运转密切相关,任何一个环节发生问题都会影响经营资金周转和生产经营活动的顺利进行。借助于资金周转能力的分析可以了解企业的资产经营状况。常用经济指标有：

（1）存货周转率

存货周转率是指企业一定时期内销货成本与平均存货的比率。其计算公式如下：

$$存货周转率 = \frac{销货成本}{平均存货} \times 100\% \qquad (12.8)$$

$$平均存货 = \frac{期初存货 + 期末存货}{2} \qquad (12.9)$$

存货周转率是衡量企业销售能力和存货是否合理的指标。存货周转率在反映存货周转速度、存货占用水平的同时,也反映了企业的销售效率和存货使用效率。一般情况下,该指标值越高,表示企业资产由于销售顺畅而具有较高的流动性,存货转换为现金的速度越快,存货占用水平低;存货周转率过低,则表示企业的库存管理不善,存货积压,资金沉淀,销售状况不好。

（2）应收账款周转率

应收账款周转率是指企业一定时期内赊销收入净额与平均应收账款余额的比率。其计算公式如下：

$$应收账款周转率 = \frac{赊销收入净额}{平均应收账款余额} \times 100\% \qquad (12.10)$$

$$赊销收入净额 = 销售收入 - 现销收入 - 销售退回、折让、折扣金额$$

$$平均应收账款余额 = \frac{期初应收账款余额 + 期末应收账款余额}{2} \qquad (12.11)$$

农业企业经营管理

应收账款周转率反映了企业应收账款的流动速度,即企业本年度内应收账款转换为现金的平均次数。这一比率高,说明回收账款速度快,坏账损失越少,反之亦然。该指标目的在于促进企业通过合理制定赊销政策,严格销售合同管理,及时结算等途径,以加强应收账款的前后期管理,加快应收账款的回收速度,活化企业营运资金。

（3）流动资产周转率

流动资产周转率是指企业在一定时期内,销售收入净额与流动资产平均总额之比。其计算公式如下:

$$流动资产周转率 = \frac{销售收入}{流动资产平均总额} \tag{12.12}$$

$$流动资产平均总额 = \frac{期初流动资产 + 期末流动资产}{2} \tag{12.13}$$

流动资产周转率反映企业全部流动资产利用效率的综合性指标。它是将销售收入净额与企业资产中最具活力的流动资产相比较,既能反映企业一定时期流动资产的周转速度和使用效率,又能体现每单位流动资产实现价值补偿的高低,以及补偿速度的快慢。该指标值越高,说明流动资产周转的速度越快,利用效果越好。在较快的周转速度下,流动资产相对节约,其意义相当于流动资产投入的扩大,从某种程度上增强了企业的盈利能力,周转速度慢,则需补充流动资金参与周转,形成资产的浪费,降低企业的盈利能力。

（4）不良资产比率

不良资产比率是指企业年末不良资产总额与年末资产总额的比率。其计算公式为:

$$不良资产比率 = \frac{年末不良资产总额}{年末资产总额} \times 100\% \tag{12.14}$$

式中,年末不良资产总额是指资产中存在问题、难于参加正常生产经营运转的部分,主要包括三年以上的应收账款、积压的产品物资和不良投资等。不良资产比率着重从以上三方面反映企业资产的质量,揭示企业在资产管理及使用上存在的问题,用于对企业资产的营运状况进行补充修正。一般情况下,该指标值越高,说明企业沉淀下来的不能参加经营运转越多,资金利用率越低。该指标值越低越好,零为最优水平。

12.2.2　企业的偿债能力

1）资产负债率

资产负债率亦称负债比率或举债经营率,是企业一定时期内负债总额与资产总额的比率,表示企业总资产中有多少是通过负债筹资的,该指标是评价企业负债水平的综合指标。其计算公式为:

$$资产负债率 = \frac{负债总额}{资产总额} \times 100\% \tag{12.15}$$

资产负债率是衡量企业负债水平和风险程度的重要判断标准,亦是反映债权人发放贷款的安全程度的指标。

资产负债率对于企业的债权人、经营者和企业股东来说,具有不同的意义。从债权人来看,他们最关心的是其贷给企业的资金是否有安全保障,因而要求资产负债率越低越好,如果该比率过高,意味着债权人将承担较大的经营风险,可能蒙受损失。从股东的角度来看,其主要关心的是投资收益的高低,如果企业负债所支付的利息率低于资产报酬率,股东就可利用举债经营获得更多的投资银行收益。从企业经营者来看,他们关心的主要是投资收益的高低,既要考虑企业的盈利,又要顾及企业所承担的财务风险。资产负债率作为财务杠杆,不仅反映了企业的长期财务状况,也反映了企业管理者的进取精神,如果企业不利用举债经营或负债比率很小,说明企业比较保守,利用债权人资本进行经营活动的能力较差,对前途信心不足。但是,负债也必须有一个适度,负债比率过高,企业的财务风险将增大。

2) 流动比率

流动比率是指企业一定时期流动资产与流动负债的比率,用以衡量企业在某一时点偿付即将到期债务的能力。其计算公式为:

$$流动比率 = \frac{流动资产}{流动负债} \times 100\% \tag{12.16}$$

用流动比率衡量企业资产流动性的大小,能充分考虑流动资产规模与流动负债规模的关系,判断企业短期债务到期以前,可以转化为现金用于偿还流动负债的能力。流动比率高,说明企业短期偿负能力强,流动资产流转得越快;流动比率过高,说明企业的资金利用效率低下,对企业的生产经营特不利。一般而言,流动比率对不同的企业有不同的要求,生产周期较长的行业,则其企业的流动比率就可相应提高;若生产周期较短的企业,则其企业的流动比率就可相应降低,国际上公认的标准比率为200%,我国较好的比率为150%左右。

3) 速动比率

速动比率是指企业一定时期速动资产与流动负债的比率。用于衡量企业在某一时点上,运用随时可变现资产,偿还到期债务的能力。其计算公式为:

$$速动比率 = \frac{速动资产}{流动负债} \times 100\% \tag{12.17}$$

$$速动资产 = 流动资产 - 存货 \tag{12.18}$$

速动比率是对流动比率的补充,该指标值越高,表明企业偿还流动负债的能力越强。一般保持在100%的水平比较好,表明企业具有良好的债务偿还能力,又有合理的流动资产结构。国际上公认的标准为100%,我国较好的比率为90%左右。由于行业之间的关系,速动比率合理水平值的差异较大,在实际运用中,应结合行业特点分析判断。

4) 长期资产适合率

长期资产适合率是指企业所有者权益与长期负债之和同固定资产与长期投资之和的比率。长期资产适合率是从企业资源配置结构的角度,反映企业的偿债能力。其计算公式为:

$$长期资产适合率 = \frac{所有者权益 + 长期负债}{固定资产 + 长期投资} \times 100\% \tag{12.19}$$

该指标在充分反映企业偿债能力的同时,也反映了企业资金使用的合理性,分析企业是否存在盲目投资、长期资产挤占流动资金,或负债使用不充分等问题,有利于加强企业的内部管理和外部监督。从维护企业财务结构的稳定性和安全性出发,该指标值高一些较好,但过高也会带来融资成本增加的问题,理论上认为,长期资产适合率大于或等于100%较好。因此,应根据企业的具体情况,参照行业平均水平确定。

5) 经营亏损挂账比率

经营亏损挂账比率是指企业经营亏损挂账额与年末所有者权益总额的比率。它反映的

是企业由于经营亏损挂账而导致的对所有者权益的侵蚀程度。其计算公式为：

$$经营亏损挂账比率 = \frac{经营亏损挂账}{年末所有者权益总额} \times 100\% \qquad (12.20)$$

$$经营亏损挂账比率 = \frac{经营亏损挂账额}{年末所有者权益} \times 100\% \qquad (12.21)$$

该指标可以揭露企业经营中的问题,促使企业改善经营管理,增强盈利能力。该指标值越高,表明企业经营亏损挂账额越多,经营中存在的问题越多,留存收益受到的侵蚀越大,该指标值越小越好,零为最佳状态。

12.2.3 企业盈利能力

企业盈利能力的分析是企业的所有者、经营者、劳动者都十分关注的问题,因为盈利能力与他们各自的利益有着密切的关系。其分析指标主要有:

1) 总资产报酬率

总资产报酬率是指企业一定时期内,税后净利润与资产总额的比率。它反映的是企业包括净资产和负债在内的全部资产的总体获利能力,是评价企业资产运营效益的重要指标。其计算公式为:

$$总资产报酬率 = \frac{净利润}{资产总额} \times 100\% \qquad (12.22)$$

式中,资产总额可以用期初与期末的平均数,也可用期末数。一般情况下,企业可据此指标与市场资本利率进行比较,如该指标大于市场利率,则表明企业可以充分利用财务杠杆,进行负债经营,获取尽可能多的收益。该指标值越高越好,表明企业投入产出的水平越高,企业的资产运营越有效。

2) 净资产收益率

净资产收益率是指企业一定时期内的净利润同平均净资产的比率。净资产收益率充分体现了投资者投入企业的自有资本获取净收益的能力,突出反映了投资与报酬的关系,是评价企业资本经营效益的核心指标。其计算公式为:

$$净资产收益率 = \frac{净利润}{平均净资产} \times 100\% \qquad (12.23)$$

式中,净利润是指企业的税后利润,即利润总额扣除应交所得税后的净额,是未作任何分配的利润。平均净资产是企业年初所有者权益同年末所有者权益的平均数。它是评价企业自有资本及其积累获取报酬水平的最具综合性与代表性的指标,又称为权益净利率,反映了企业资本运营的综合效益。该指标通用性强,适应范围广,不受行业局限。在我国上市公司业绩综合排序中,该指标居于首位。通过对该指标的综合对比分析,可以看出企业获利能力在同行业中所处的地位,以及与同类企业的差异水平。一般认为,企业净资产收益率越高,企业自有资本获取收益的能力越强,运营效益越好,对企业投资人、债权人的保证程度越高。

3) 资产保值增值率

资产保值增值率是指企业本年末所有者权益扣除客观增减因素后同年初所有者权益的比率。资本保值增值率表示企业当年资本在企业自身努力下的实际增减变动情况。其计算公式为:

$$资产保值增值率 = \frac{扣除客观因素后的年末所有者权益}{年初所有者权益} \times 100\% \qquad (12.24)$$

式中,本年末所有者权益扣除的客观增减因素具体包括资本金及其权益以及因客观因素增加额和资本金及其权益因客观因素减少额两大类。资本保值增值率是根据"资本保全"原则设计的指标,更加谨慎、全面地反映了企业资本保全和增值状况。它充分体现了对所有者权益的保护,能够及时、有效地发现侵蚀所有者权益的现象,同时也反映了投资者投入企业资本的保全性和增长性,该指标越高,表明企业的资本保全状况越好,所有者的权益增长越快,债权人的债务偿还越有保障,企业发展后劲越强。

4) 销售(营业)利税率

销售(营业)利税率是指企业一定时期销售(营业)利润同销售(营业)收入净额的比率。它表明企业每单位销售(营业)收入能带来多少销售(营业)利润,反映了企业主营业务的获利能力,是评价企业经营效益的主要指标。其计算公式为:

$$销售(营业)利润率 = \frac{销售(营业)利润}{销售(营业)收入净额} \times 100\% \qquad (12.25)$$

它是从企业主营业务的盈利能力和获利水平方面对资本金收益率指标的进一步补充,体现了企业主营业务利润对利润总额的贡献,以及企业全部收益的影响程度。该指标体现了企业经营活动最基本的获利能力,如没有足够高的销售(营业)利润率就无法形成企业的最终利润,为此,结合企业的销售(营业)收入和销售(营业)成本分析,能够充分反映出企业成本控制、费用管理、产品营销、经营策略等方面的不足和成绩。该指标值越高,说明企业产品定价科学,产品附加值高,营销策略得当,主营业务市场竞争力强,发展潜力大,获利水平高。

5) 成本费用利润率

成本费用利润率是指企业在一定时期内利润总额同企业成本费用总额的比率。成本费用利润率表示企业为取得利润而付出的代价,从企业支出方面补充评价企业的收益能力。其计算公式为:

$$成本费用利润率 = \frac{利润总额}{成本费用总额} \times 100\% \qquad (12.26)$$

它是从企业内部管理等方面,对资本收益状况的进一步修正,该指标通过企业收益与支出直接比较,客观评价企业的获利能力。该指标从耗费角度补充评价企业收益状况,有利于促进企业加强内部管理,节约支出,提高经营效益。该指标值越高,表明企业为取得收益所付出的代价越小,企业成本费用控制得越好,企业的获利能力越强。

12.2.4 企业的发展能力

1) 总资产增长率

总资产增长率是指企业本年总资产增长额同年初资产总额的比率。总资产增长率衡量企业本期资产规模的增长情况,评价企业经营规模数量上的扩张程度。其计算公式为:

$$总资产增长率 = \frac{本年总额产增长率}{年初资产总额} \times 100\% \qquad (12.27)$$

它从企业资产总量扩张方面衡量企业的发展能力,表明企业规模增长水平对企业发展后劲的影响。该指标值越高,表明企业在经营周期内的资产经营规模扩张的速度越快。但实际

操作时,应注意资产规模扩张的质与量的关系以及企业的后续发展能力,避免资产盲目扩张。

2)资本积累率

资本积累率是指企业本年度所有者权益增长额同年初所有者权益的比率。资本积累率是表示企业当年资本积累能力,是评价企业发展潜力的重要指标。其计算公式为:

$$资本积累率 = \frac{本年所有者权益增长额}{年初所有者权益} \times 100\% \qquad (12.28)$$

资本积累率是企业当年所有者权益总的增长率,它反映了企业所有者权益在当年的变动水平,体现了企业资本的积累情况,也是企业扩大再生产的源泉,从而展示了企业的发展潜力。即资本积累率可以反映投资者投入企业资本的保全性和增长性,故该指标值越高,表明企业的资本积累越多,企业资本保全性越强,应付风险、持续发展的能力越大。该指标如为负值,表明企业资本受到侵蚀,所有者得益受到损害,应予充分重视。

3)销售(营业)增长率

销售(营业)增长率是指企业本年销售(营业)收入增长额同上年销售(营业)收入总额的比率。它是衡量企业经营状况和市场占有能力、预测企业经营业务拓展趋势的重要标志,是评价企业成长情况和发展能力的重要指标。其计算公式为:

$$销售(营业)增长率 = \frac{本年销售(营业)增长额}{上年销售(营业)总额} \times 100\% \qquad (12.29)$$

不断增加的销售(营业)收入,也是企业扩张增量和存量资本的重要前提。世界500强就主要以销售(营业)收入的多少进行排序。该指标若大于0,表示企业本年的销售(营业)收入有所增长,指标值越高,表明增长速度越快,企业市场前景越好;若该指标小于0,则说明企业产品不适销对路、质次价高,或是在售后服务等方面存在问题,产品销售不出去,市场份额减少。

4)固定资产成新率

固定资产成新率是指企业当期平均固定资产净值与平均固定资产原值的比率。其计算公式为:

$$固定资产成新率 = \frac{平均固定资产净值}{平均固定资产原值} \times 100\% \qquad (12.30)$$

式中,平均固定资产净值是指企业固定资产净值的年初数与年末数的平均值。平均固定资产原值是指企业固定资产原值的年初数与年末数的平均值。固定资产成新率反映了企业所拥有的固定资产的新旧程度,体现了企业固定资产更新的快慢和持续发展的能力。该指标值高,表明固定资产比较新,对企业扩大再生产的准备比较充足,发展的可能性也就比较大。

12.2.5 综合指数

上述指标分别从不同的侧面反映了企业经营效益。为了对农业经济企业经营效益进行全面、科学地评价,以及便于进行横向和纵向比较,还必须设计出一个综合评价指标。农业企业经营效益综合指数是以农业企业各项经营效益指标实际数值,分别除以该项指标的全部平均值,乘以各自权数(权数是用于反映在综合指数中各项指标所占有的重要程度),加总后除以总权数求得。其计算公式为:

$$农业企业经营效益综合指数 = \sum \left[\frac{某项经营效益指标报告期数值}{该项经营指标全国标准值} \times 100\% \right] \div 总权益$$

$$(12.31)$$

在计算综合指数时,各项经营效益指标的分子、分母,应按报告期末累计数(如产品销售收入为报告期累计产品销售收入)或序数平均数(如平均营运资金为报告期止各月平均营运资金之和除以累计月数)来计算。综合指数有以下几个作用:

1)广泛性

由于采用相同的权数和标准值,在一定程度上消除了地区、行业及企业之间在产业结构、产品结构的不可比因素。因此,能够取得从企业到行业、从地区到全国各个不同层次的综合经营效益结果。

2)全面性

综合指数是根据不同时期的数据,分别计算各时期的经营效益。因此,它可以从静态和动态的趋势上,较全面地反映企业经营效益的变动。

3)综合性

综合指数是由多项经济指标加权平均求得。通过对总指数的分解,即分析单项指标的变化对总指数的影响,有利于探求影响农业企业经营效益提高的原因,以便采取相应的改进措施。

4)公平性

由于使用全国统一的经营效益指标体系及评价标准,与其他评价指标相比,综合指数更有利于克服以往在经济效益评价中简单地以上年为基数进行环比分析所造成的"鞭打快牛"的弊端。

任务 12.3 经营效益评价的方法

12.3.1 比较分析法

比较分析法是指通过指标对比,分析经济现象间的联系和差异,研究差异产生的原因和影响程度,寻找改进措施的一种管理方法。常用于:本期实际完成数与计划指标比较,反映计划完成的程度;企业不同时期的同一指标进行对比,用以反映企业纵向发展水平;本企业与同类先进企业的同一指标进行对比,用以反映企业横向发展水平;生产经营要素利用程度的对比,用以反映企业的经营能力;部分与全体比,进行结构对比分析,用以反映企业的发展趋势。运用对比分析法,要注意对比指标的比较内容、计量单位、计量方法和时间期限等方面的可比性。

12.3.2 比率分析法

比率分析法是指以两个互有联系的指标的比率进行对比。采用这种方法,可以把某些不同条件下的不可比指标变为可比指标,通过原指标算出新指标,获得新认识,使之具有可比性。例如,对比不同规模的企业之间的利润水平时,先分别求出各企业的资金指标与利润指标的比率,即资金利润率、资金周转率等指标,然后进行对比,这一方法是以事物的相互联系为基础的。即用作计算比率的两个指标,必须具有某种联系,如原因和结果、部分与整体等,无关的指标不能计算比率。

比率分析法广泛应用于企业经营效果与财务状况分析。如资产负债表和利润表,它们分别反映企业某一时点和某一时期的财务状况与经营成果。资产负债表有关项目的比率,主要反映资产与负债、资产与所有者权益、所有者与债权人之间的关系;利润表中有关项目的比率,主要反映企业的获利能力等。

12.3.3 因素分析法

因素分析法是指分析两个或两个以上因素对某一指标影响程度的一种方法。通常是在假定一个因素可变,其他因素为不变的前提下,逐个地替换因素,并加以计算。因此,它又称连环替代法。其步骤是:

①确定影响分析对象变化的组成因素,并按各因素的依存关系排列先后顺序,一般是先数量指标后质量指标,先实物指标后价值指标;

②将各因素的计划数值,依次用实际数值替代,求得各因素变动所得的结果;

③求出替代前后的差额,计算实际因素指标对分析对象产生的影响程度;

④计算出各因素的影响数值之和,并具体说明影响分析对象的主次因素。

假设指标 N 的组合因素为 a、b、c,其关系式为:

$$N = a \times b \times c \qquad (12.32)$$

式中,N_0 为计划指标,N_1 为实际完成指标。

举例说明:某企业牛奶销售收入 N,受奶牛头数 a、奶牛单产量 b、牛奶单价 c 三个因素的影响,其变动情况如表 12.1 所示。

表 12.1　某企业牛奶销售收入变动因素分析　　　　　　　计量单位:千克、元

项　目	替换因素	影响因素			N 销售收入	销售收入差数	差异原因
		a 头数	b 单产	c 单价			
计划		100 (a0)	5 000 (b0)	0.5 (c0)	250 000 (N0)		
第一次替换	a1	80 (a1)	5 000 (b0)	0.5 (c0)	200 000 (N2)	− 50 000	头数减少
第二次替换	b1	80 (a1)	5 500 (b1)	0.5 (c0)	220 000 (N3)	+ 20 000	单产增加
第三次替换	c1	80 (a1)	5 500 (b1)	0.55 (c1)	242 000 (N1)	+ 22 000	单价提高
实际与计划比较		− 20	+ 500	+ 0.05		− 8 000	

从上表看出,该企业没有完成销售收入计划,尽管单产和单价都提高了,但头数减少了,这是未完成计划的唯一因素。

运用因素分析法时应注意:所选择的因素必须是和该经济指标有直接联系的因素。应保持严格的替换顺序。不同的替换顺序,其计算结果不尽相同。因此,在替换计算之前,必须研究各因素的相互依存关系,按其影响程度,排出主次先后顺序;此种方法是假定一个因素变动时,其他因素保持不变的条件下进行计算的,带有一定的主观性,故应结合实际情况作具体分析。

12.3.4 趋势分析法

趋势分析法是利用财务报表提供的数据资料,将各期实际与历史指标进行定基和环基对比,以反映企业经营成果变化趋势和发展水平。采用趋势分析法,一般是将连续数期的同一财务报表资料并列一起比较,分析时可用绝对数比较,也可用相对数比较。具体内容包括:

1)增长量

增长量是指报告期水平与基期水平之差,是不定期时间内增加的绝对量。其计算公式为:

$$增长量 = 报告期实际数量 - 基期数量 \tag{12.33}$$

2)发展速度

发展速度是指报告期水平与基期水平之比,可用百分数或倍数表示。其计算公式为:

$$发展速度 = \frac{报告期数量}{基期数量} \tag{12.34}$$

3)增长速度

增长速度是增长量与基期水平之比,用以说明某一经济指标增长的相对程度。其计算公式为:

$$增长速度 = \frac{增长量}{基期水平}$$
$$= 发展速度 - 1(或100\%) \tag{12.35}$$

4)平均发展速度

平均发展速度是指逐期发展速度的平均数。其计算公式为:

$$平均发展速度 = n\sqrt{\frac{报告期数量}{基期数量}} \tag{12.36}$$

5)平均增长速度

平均增长速度亦称递增速度,是指平均发展速度减去 1 或 100%。

$$平均增长速度 = 平均发展速度 - 1 \tag{12.37}$$

应用趋势分析法时,要注意划分经济发展的阶段性以揭示发展规律性。由于动态指标的平均数仅反映发展变化的一般水平,不能反映整体内部的差异状况,故应结合运用典型调查以说明问题。

12.3.5 综合评分法

综合评分法是对企业经营活动的多项指标进行综合的数量化分析方法。其数学表达式为:

$$分析对象的综合分数 = W_1 P_1 j + W_2 P_2 j + \cdots + W_n P_n j = \sum_{j=1}^{n} W_i P_i j \tag{12.38}$$

式中,$P_i j$ 为 j 分析对象的第 i 个分析项目的评分,W_i 为第 i 个分析项目的权重。

综合评分法的具体步骤是:选定分析对象的评价项目;确定各个项目的权重,其中权重的确定,有一定的主观随意性,应慎重对待;确定各个项目的评分标准;计算总分,比较优劣。

对农业企业经营效益综合分析还可用杜邦分析法,这是美国杜邦公司最先采用的一种分析方法,认为企业的经营活动是一个系统,内部各种因素有着相互依存、相互作用的关系,各种指标比率之间有一定的相互关系。因此,可以利用几种主要的比率关系来综合地分析企业的经营状况。杜邦系统图如图12.1所示。杜邦系统图直观、明了地反映出企业主要比率之间的相互关系。对我国农业企业经营活动分析有参考意义。

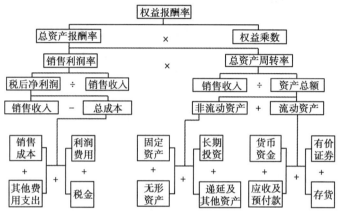

图 12.1　杜邦系统图

综上所述,企业经营效益受企业经营活动的各个环节、各个方面因素的制约,因此提高企业的经营效益有多种途径。

从投入与产出的关系看,应当增加生产,厉行节约。一是要增产,采用先进技术,提高管理水平,增加产量,提高劳动生产率;二是要节约,减少物资消耗,降低成本,力求以尽可能少的劳动占用、劳动消耗,生产出更多的优质产品。

从经营环节看,必须面向市场,灵活经营。依据市场供求变化,调整产品结构与生产规模,实行以销定产、订单生产。在市场导向下,使企业销售、生产、供应诸环节协调运转,人、财、物合理组合,全面提高企业的经营效益。

一、简答题

1.简述经营成果分析的内容。

2.简述影响企业经营效益的因素。

3.请对经营效益评价的几种方法进行评判。

4.请谈谈对农业企业生态效益和社会效益的认识。

二、论述题

你认为我国加入WTO后,如何更有效地提高农业企业的经营效益?

三、案例分析

袁隆平农业高科技股份有限公司是一家以生产杂交水稻种子为主营业务的农业上市公司,以下为其 2014 年的资产负债表(见表 12.2)和利润表(见表 12.3)。

表 12.2 资产负债表

编制单位:袁隆平农业高科技股份有限公司　　　　2014 年 12 月 31 日　　　　(单位:元)

项 目	期末余额	年初余额
流动资产:		
货币资金	608,266,741.85	331,960,084.22
交易性金融资产	9,572,035.49	17,593,256.73
应收票据	200,000.00	0.00
应收账款	106,157,112.23	116,770,022.20
预付款项	129,308,238.53	276,669,538.53
应收利息	294,250.00	443,500.00
应收股利	0.00	0.00
其他应收款	58,272,000.79	75,091,722.00
买入返售金融资产	0.00	0.00
存货	678,059,970.47	575,595,712.15
一年内到期的非流动资产	0.00	0.00
其他流动资产	0.00	0.00
流动资产合计	1,590,130,349.36	1,394,123,835.83
非流动资产:		
可供出售金融资产	0.00	0.00
持有至到期投资	10,000,000.00	10,000,000.00
长期应收款	0.00	0.00
长期股权投资	104,933,728.58	104,823,872.48
投资性房地产	0.00	0.00
固定资产	252,027,101.51	211,638,671.07
在建工程	50,772,564.87	17,205,061.61
工程物资	869,901.00	38,704.00
无形资产	151,788,185.97	128,215,699.36
开发支出	14,099,299.73	6,140,533.58
商誉	11,838,819.15	11,838,819.15
长期待摊费用	9,421,637.46	7,289,597.93
递延所得税资产	8,558,882.01	9,014,834.05

续表

项　目	期末余额	年初余额
其他非流动资产	0.00	0.00
非流动资产合计	614,310,120.28	506,205,793.23
资产总计	2,204,440,469.64	1,900,329,629.06
流动负债:		
短期借款	680,300,000.00	456,500,000.00
交易性金融负债	0.00	0.00
应付票据	7,160,000.00	32,050,000.00
应付账款	108,708,911.73	112,909,484.98
预收款项	109,499,422.85	77,546,166.76
应付职工薪酬	58,962,417.05	40,466,011.48
应交税费	-12,484,615.87	-9,390,651.02
应付利息	0.00	0.00
应付股利	647,630.70	1,195,064.77
其他应付款	48,063,660.39	66,082,140.54
一年内到期的非流动负债	0.00	0.00
其他流动负债	0.00	0.00
流动负债合计	1,000,857,426.85	777,358,217.51
非流动负债:		
长期借款	0.00	0.00
应付债券	0.00	0.00
长期应付款	1,145,855.14	1,119,695.14
专项应付款	25,130,555.64	25,005,869.51
预计负债	0.00	0.00
递延所得税负债	0.00	0.00
其他非流动负债	17,192,246.57	919,000.00
非流动负债合计	43,468,657.35	27,044,564.65
负债合计	1,044,326,084.20	804,402,782.16
所有者权益(或股东权益):		
实收资本(或股本)	277,200,000.00	252,000,000.00
资本公积	532,108,220.89	528,395,598.60
减:库存股	0.00	0.00

续表

项 目	期末余额	年初余额
盈余公积	45,893,869.47	43,961,154.17
未分配利润	93,028,949.77	89,331,376.09
外币报表折算差额	-1,153,376.96	-1,278,873.78
归属母公司所有者权益合计	947,077,663.17	912,409,255.08
少数股东权益	213,036,722.27	183,517,591.82
所有者权益合计	1,160,114,385.44	1,095,926,846.90
负债和所有者权益总计	2,204,440,469.64	1,900,329,629.06

表 12.3 利润表

编制单位:袁隆平农业高科技股份有限公司　　　　2014 年 1—12 月　　　　（单位:元）

项 目	本期金额	上期金额
一、营业总收入	1,054,749,535.16	1,081,301,739.71
二、营业总成本	1,034,981,005.66	1,080,939,149.33
其中:营业成本	779,749,818.47	841,344,300.52
营业税金及附加	1,173,322.65	1,319,058.61
销售费用	96,190,448.66	102,231,367.69
管理费用	117,337,287.20	94,663,356.69
财务费用	20,368,224.39	28,975,163.07
资产减值损失	20,161,904.29	12,405,902.75
加:公允价值变动收益	996,015.49	-5,434,654.13
投资收益	55,998,242.10	69,731,574.60
汇兑收益	0.00	0.00
三、营业利润	76,762,787.09	64,659,510.85
加:营业外收入	14,251,913.01	13,758,794.21
减:营业外支出	7,849,299.67	6,700,494.50
四、利润总额	83,165,400.43	71,717,810.56
减:所得税费用	2,346,749.34	5,704,174.53
五、净利润	80,818,651.09	66,013,636.03

分析讨论:请依据上述资料分析企业的偿债能力、营运能力、盈利能力和发展能力,并运用传统杜邦分析体系,分析企业的综合财务状况。

参考文献

[1] 杨名远.农业企业经营管理[M].北京:中国农业出版社,1997.

[2] 吴一平,等.现代企业经营管理[M].郑州:河南人民出版社,1994.

[3] 姜克芬,郑风田.中国农业企业经营管理学教程[M].北京:中国人民大学出版社,1998.

[4] 胡宇辰,李良智.企业管理学[M].北京:经济管理出版社,1997.

[5] 蔡根女.农业企业经营管理[M].北京:高等教育出版社,2009.

[6] 程云喜.现代企业管理[M].河南人民英雄纪念碑出版社,2005.

[7] 欧阳清,杨雄胜.成本会计学[M].北京:首都经济贸易大学出版社,2003.

[8] 张先治.财务分析[M].大连:东北财经大学出版社,2001.

[9] 郭复初.财务管理[M].北京:首都经济贸易大学出版社,2003.

[10] 汪永太.企业经营与管理[M].北京:电子工业出版社,2007.

[11] 邵冲.人力资源管理案例[M].北京:清华大学出版社,2006.

[12] 孙跃纲.政治经济学[M].北京:科学出版社,2004.

[13] 鲍观明.现代流通企业信息化管理与实践[M].北京:科学出版社,2003.

[14] 胡奕明.财务分析案例[M].大连:大连理工大学出版社,2001.

[15] 戴庚先.现代企业管理[M].北京:电子工业出版社,2005.

[16] 朱清贞.财务管理案例教程[M].北京:清华大学出版社,2006.